KB070303

6판

의사소통장애 상담

Counseling Persons with Communication
Disorders and Their Families (6th ed.)

David M. Luterman 저 | 심현섭 · 이은주 공역

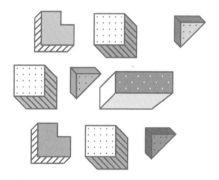

학지사

역자 서문

일반적으로 상담을 정의하라고 하면, 내담자가 자신의 생각과 감정을 살펴보고 자신의 문제를 객관적으로 바라보아 올바른 의사결정을 하도록 도움을 주는 과정이라고 말할 수 있다. 이와 같은 상담과정이 실제 상황에서 온전히 이루어지도록 하는 것은 결코 쉬운 일이 아니다. 왜냐하면 상담과정은 특정 매뉴얼을 따라서 진행되는 단순한 과정이 아니라 매우 복잡하고 역동적인 과정이기 때문이다. 상담과정이 복잡하다는 것은 다양한 의사소통장애를 접하는 언어재활사와 청각사가 상담을 망설이는 이유 중 하나일 것이다. 언어재활사와 청각사는 수업을 통해 진단평가나 치료와 관련된 전문적인 지식을 어느 정도 습득할 수 있다. 하지만 의사소통장애 및 그 가족과의 효과적인 상담을 위해서는 이론중심적인 지식만으로는 부족하다. 왜냐하면 상담을 할 때는 여러 가지 심리ㆍ정서적 요인을 고려해야 하기 때문이다. 이러한 맥락에서 이 책의 저자인 Luterman 교수는 의사소통장애 학생이나 전문가에게 단순하게 상담기법의 이해에 초점을 맞추어 상담을 가르치는 것이 결코 바람직한 교육방법이 아님을 피력하고 있다.

최근 한국 사회에서도 상담의 필요성에 대한 사회적 인식이 높아져서 국가적 재난 피해자들의 심리ㆍ정서적 트라우마를 치유하기 위한 노력이 국가 차원에서 이루어지고 있다. 시대적 추세에 발맞추어 다양한 상담세팅에서 사용되는 상담기법에 관련된 전문서적이 많이 출간되고 있다. 아울러 언어병리학과 청각학 분야에서도 상담 교육의 필요성이 제기되고 있고, 언어재활사 국가자격시험 교육과정에 선택과목으로 지정되었다. 하지만 일반적인 상담 교재에서 다루고 있는 내용을 바로 언어치료나 청각치료의 임상현장에 적용하기는 어렵다.

『의사소통장애 상담(Counseling Persons with Communication Disorders and Their Families)』은 1984년 초판이 출판된 이후 2017년 6판이 나오기까지 Luterman 교수의 오랜 세월 동안의 의사소통장애인 및 청각장애인 그리고 그들의 가족과의 상담경험이 고스란히 담겨 있다. 이 책은 여러 가지 상담 모델을 소개하고 있으며, 특히 인본주의적이고 가족중심의 상담을 강조하고 있다. 앞서 말한 현실에 비추어 볼 때, Luterman 교수의 이러한 접근방식은 한국의 언어재활사 및 청각사가 상담을 하는 데 통찰력과 지혜를 제공할 것이라고 생각한다.

역자들은 의사소통장애, 특히 유창성장애를 전공하고 가르쳐 오면서 우리가 가르친 학생들이 임상에서 성취감을 느끼기 위해서는 장애인과 그 가족의 어려움을 공감하고 상담하는 능력이 절대적으로 필요함을 체감해 왔다. 의사소통장애 및 청각장애에 대한 이해의 깊이와 실천적인 측면에서 이 책이 학생들에게 상담을 가르치기에 매우 적합하다고 판단하였다. 나아가 이 책이 의사소통장애를 갖고 있는 분들은 물론 그들의 가족이 겪고 있는 많은 스트레스와 역경을 잘 헤쳐 나가는 데 보탬이 되기를 바란다. 마지막으로, 이 책의 번역을 허락해 주신 학지사의 김진환 사장님, 책이 나오는 과정에서 크고 작은 도움을 준 민경주, 허고은, 송다인 그리고 세심하게 교정을 봐 주신 학지사 편집부의 정은혜 과장님을 비롯한 여러 선생님께 심심한 감사를 전한다.

2019년 8월
심현섭, 이은주

추천사

　의사소통장애 분야에서는 지난 수십 년간 의료기술, 컴퓨터공학 및 첨단 기술이 발전한 덕분에 말·언어·청각장애인에 대한 연구 및 치료에서 혁신적인 변화가 일어났다. David M. Luterman 박사는 『의사소통장애 상담 (Counseling Persons with Communication Disorders and Their Families)』 6판에서 기술혁명만큼 헤드라인을 장식할 정도로 현란하지 않지만 혁명이 조용히, 천천히 진행되고 있음을 보여 준다. **의식의 고양과 점진적 자각(raising of consciousness and gradual awakening)**이라는 용어는 의사소통장애 및 관련 보건 분야에서 점차 강조되고 있는 것이 무엇인가를 좀 더 정확하게 반영해 준다. 이러한 용어들은 의사소통장애인 및 그 가족의 치료에서 심리사회적 변화(psychosocial process)가 핵심이 되어야 한다는 것을 인식하고 있음을 보여 준다. 하지만 David는 의사소통장애의 인간적인 서비스 측면을 중시하는 속도가 느리고, 학생들에게 기법과 사실중심 교육 및 훈련이 우선시되고 있는 것을 한탄했다.

　David는 일찍부터 의사소통장애 분야에서 인본주의와 가족중심 측면을 강조하는 선구자 역할을 했으며, 이번 6판의 여러 곳에서 의사소통장애 분야에 종사하는 임상가들이 말-언어 혹은 청각평가와 치료능력뿐만 아니라 의사소통장애인과 함께 일하고 지원하는 능력을 갖추어야 한다고 주장한다. 나아가 David는 유능한 임상가가 되려면 단순히 좋은 의도를 갖거나 의사소통장애로 고통을 받고 있는 사람들이나 가족과 공감하는 것만으로는 충분하지 않다고 단호하게 말한다. 그는 임상가라면 장애가 장애인 자신과 그 가족들에게 어떻게 영향을 미치는지 그리고 엄청난 스트레스가 부과되는 힘든 상황을 극복하기 위해 자신의 능력과 전략(적응적·비적응적 모두)을 어떻게 만들어 내는지에 대한 실제적 지식을 갖고 있어야 한다고 주장한다.

그의 메시지가 특별한 이유는 David가 상담과정의 복잡성을 존중하기 때문이다. 보건 전문분야에서 상담에 대한 지배적인 태도는 가족 지원과 상담은 쉬운 일이기에 특별한 훈련이 요구되지 않는다는 것이다. 하지만 우리가 이런 전문직종에 종사하는 것은 사람들에게 관심을 갖고 있기 때문이다! 그러나 나는 장애인의 가족이 교육 혹은 건강관리제도 및 그 분야의 전문가들(그들 스스로는 선한 의도를 가지고 있으며 세심한 임상가로 자부하고 있을지도 모르는)로부터 받는 스트레스가 장애 자체로 인한 스트레스보다 훨씬 더 크다는 '전쟁 같은 체험담'을 들려줄 때마다 계속 놀라고 있다. 나아가 임상가 및 학생들과 가장 힘든 일, 전문가로서 일하면서 느끼는 불편 혹은 불안의 근원에 대해 토의해 보면, 장애를 대처하는 것과 같은 정서적 문제를 겪고 있는 가족이나 내담자와 함께 일하는 것은 항상 토의 목록의 가장 우선순위를 차지한다. 분명히 우리는 내담자들(clients)과 함께 일을 더 잘할 수 있으며, 학생들도 더 잘 실습시킬 수 있다.

이것이 David가 이 책 전체에서 강조하고 있는 메시지이다. David의 상담에 대한 철학적 견해는 성장과 변화를 이루어 낼 수 있는 인간의 능력에 대한 낙관적 믿음에 깊게 뿌리내리고 있다. 성장능력은 인간관계의 시스템에서, 즉 전문가, 내담자 그리고 장애인 가족뿐만 아니라 실습생들에게 중요한 이슈이다. David는 장애로 인해 힘든 삶을 살고 있는 사람들과 가족들이 적응하고 대처해 나가는 과정은 힘든 상황에서 의미를 발견해 나가는 과정이며, 이러한 과정을 통해 그들이 개인과 가족의 성장을 위한 기회를 발견하게 된다고 믿는다. 개인과 가족은 가족 구조, 문화 및 종교가 다르고 장애를 둘러싸고 있는 환경이 특수하기 때문에, 그들의 적응 및 대처과정은 매우 주관적이고 개별적이다. David는 훈련된 임상가의 지도 및 지원이 적절한 때에 제공된다면, 장애인과 그 가족은 권리옹호(advocacy) 및 의사결정에서 역량을 강화할 수 있게 되고, 도전에 대처할 수 있는 더 큰 자신감을 갖게 되며, 가족 내에서 관계를 잘 설정할 수 있게 되고, 인생여정을 다시 생각해 볼 수 있는 궁극적인 결실을 맺게 될 것이라고 주장한다. David에 의하면, 가족들이 기본적인 역량을 갖고 있다는 믿음이 상담과정의 기저를 이루어야 한다. 왜냐하면 이러한 믿음이 있어야 가족들이 장애인과 가족 구성원에 관한 중요한 의사결정을 할 때 적합한 지원을 받을 수 있기 때문이다.

이와 같은 철학적 견해는 David가 의사소통장애 분야 및 보건관련 전문가를 훈련시키는 데 중요한 기초가 된다. 즉, 효과적인 상담을 위해서는 자신의 신념체계와 일치하는 자기만의 철학적 견해를 발전시켜야 하며, 기법과 사실만을 학습하는 것은 의미가 없다. 따라서 학생과 전문가는 실수를 통해 배워야 하고 내담자가 느끼는 고통을 두려워하지 말아야 한다. 멘토와 감독자의 역할은 처방을 해 주고 '올바른' 답을 제공해 주는 것보다는 들어 주고 지지해 주고 안내해 주는 것이다. 이러한 과정을 통해서 학생과 전문가는 개인적이거나 전문가로서의 취약성을 이해하고 받아들이게 되며, 궁극적으로 자신이 치료하는 사람들을 더 잘 이해하게 된다. David는 이러한 과정을 통해 임상가가 전문가의 가면을 벗어 버리고 내담자의 개별적이고 독특한 필요에 따른 지원을 할 수 있게 된다고 주장한다. 내가 관찰한 바에 의하면, 어떤 임상가들은 수년간의 전문가로서 그리고 개인적인 경험을 통해 이러한 '통달(expertise)' 수준에 도달할 수 있다. 하지만 David가 정확하게 지적했듯이 전문가 훈련과 임상세팅의 내재적 제약으로 인해 치료사의 자기발전이 저해되고 무관심한 태도를 갖게 될 수도 있다. 다행스럽게도, 독자들은 David의 저술을 통해서 임상가로서뿐만 아니라 교수로서의 긴 세월 동안 뛰어난 그의 경력과 그 자신 그리고 그의 가족이 겪어 낸 도전을 통해서 많은 교훈을 얻을 수 있을 것이다.

이 책은 전문가와 학생들에게 모험을 제안한다. 모험은 우리가 어떻게 내담자나 가족과 관계를 맺을 것인지를 깊이 생각하고 그들의 고통과 슬픔을 이해하기 위한 힘든 여정을 떠날 것인지, 아니면 마음을 주지 않고 객관적으로 먼발치에 남아 있을지를 결정하는 것을 포함한다. 또한 이 모험은 단순한 처방은 도움이 되지 않고 확정적인 해답도 없는 세계로 들어가는 위험을 포함한다. 하지만 '요리책'과 같은 접근을 벗어나면, 우리는 앞으로 나아갈 수 있고 내담자와 그 가족과의 관계에 도움이 될 수 있다. 우리가 조심해야 할 위험은 우리의 인생의 업적, 혹은 우리의 서비스를 받는 사람들을 지나치게 걱정하는 것이다. 하지만 위험이 크면 그만큼 보상도 커지게 된다. 즉, 의사소통장애 내담자와 그들의 가족과 함께 일하는 것이 우리 삶의 중요한 부분이고 인간으로서의 성장과 발전의 한 부분임을 자각하게 된다.

전문가로서 그리고 개인적인 성장을 위해 이러한 모험을 해 볼 준비가 된 전문가와 학생들에게 David보다 더 위대한 멘토는 생각할 수 없다. David의 가르침으로 내담자, 부모 그리고 학생들에 대한 나의 이해가 훨씬 넓어졌으며, 효과적으로 그들과 함께 일할 수 있었다. 나는 수년 동안 아동 및 그 가족과 친밀하게 일해 왔다(내가 좋은 임상가라는 전제하에). 하지만 지금은 내가 과거에 알았던 것으로는 감당하기 어려운 일에 도전하고 그 깊이를 경험하고 있다. David에게 직접 배울 수 있다니 우리는 매우 운이 좋다. 이 책을 읽는 독자들이 David가 제공하는 지혜와 경험으로 성장하기를 바란다. 그리고 나는 이 책을 통해 독자들이 자신의 일에서 많은 성취와 도전을 경험하게 될 것이라고 확신한다.

이 책의 2판에서 David는 그의 묘비에 "여기 이 사람은 임상가들로 하여금 감정과 가족에게 관심을 갖게 함으로써 우리 분야를 확장시켰다."라고 새겨진다면 만족한다고 말했다. 나는 이번 6판에서 "그는 뛰어난 설득력으로 계속 그렇게 하고 있다."라고 답할 수 있다.

Barry M. Prizant, PhD, CCC-SLP

감사의 글

나는 아들 Dan의 엄청난 도움 덕분에 마지못해 21세기로 들어왔다. 다행스럽게도, 아들은 컴퓨터에 문제가 발생하거나 내가 컴퓨터에 미숙해서 정신 없이 많은 도움을 청해도 잘 참아 주었다. 지난 5판 출간 이후, Dan은 기술에 뒤떨어진 부모의 자식들을 위해 지지 단체를 조직하고 있다. 나는 Dan의 역할은 그의 아들 Josh에 의해 보완될 수 있고, Josh의 역할은 그의 사촌에 의해 대체될 수 있으며, 그의 사촌의 역할은 그의 자매에 의해 대체될 수 있을 것이라고는 생각하지 않았다. 이들의 도움이 있었기에 할아버지인 내가 오랫동안 이 일을 할 수 있었다. 나는 독수리 타법으로 모든 원고를 타이핑했다. 그러다가 문제가 생기면 Dan이나 손주들 중 한 명을 급하게 찾았다. 그들에게 커다란 감사의 빚을 졌다. 그리고 매우 뛰어난 도서관 사서인 에머슨 대학의 Dan Crocker는 전형적인 사서 타입이다. 그는 흔쾌히 그리고 끈기를 갖고 관련도서를 추적해 찾아 주었고, 나의 인터넷 무능도 잘 참아 주었다. PRO-ED 출판사의 Becky Shore는 5판 및 6판의 출간을 위해 세심하게 편집을 해 주었다. 그녀는 글 쓰는 방법에 대해 무심히 나에게 많은 것을 가르쳐 주었고, 이 책이 출간되는 데 기여했지만 칭송받지 못한 영웅 중 하나이다. 또한 Lisa Scott은 자료를 찾는 데 많은 도움을 주었고, 공동연구자와 같은 역할을 훌륭하게 해 주었다. 그녀는 분명 멈출 줄 모르는 강한 여성이다. 내 아내 Leonie는 나의 광적인 팬이 되지 않고, 나를 짜증 부리는 늙은이가 되지 않게 해 준 인정 많은 비평가였고 조력자였다.

저자 서문

나는 최근에 81번째 생일을 지나 항해 중이다. 내 아내는 나에게 80은 새로운 60이라고 장담했지만, 내가 탄 보트는 조금씩 물이 새고 있다. 나는 느리게와 더 느리게의 두 속도로 항해하고 있다(내가 '느리게'에 대해 확신이 없었던 시절이 있었다). 나의 80세 선물 중 하나는 내가 쇠해 가는 에너지를 더 잘 사용할 수 있는 지혜를 개발했다는 것이다. 젊었을 때보다 더 생산적으로 나의 에너지를 사용할 수 있는 것 같다. 나는 속도를 조절하는 기술을 배운다. 어려울 것처럼 보였던 일도 천천히 하면 쉽게 해결된다. 나는 낮잠이 좀 더 필요할 뿐이다. 나이가 들면서 나에게 주어진 시간이 한정적이라는 것을 충분히 인식하고 있기 때문에, 나는 에너지와 시간을 잘 사용하기를 원한다. 인생의 자전거는 변함없이 달린다. 지난 5판의 출간 이후, 우리 가족에게는 결혼식이 여러 번 있었고 4명의 손주가 태어났다. 생애주기의 또 다른 측면에서 보면, 내 나이쯤인 사람 여러 명이 사망했다. 나도 곧 그들을 따라갈 것이라는 것을 알고 있기에, 내가 배운 것을 기록으로 남겨야겠다는 강한 의욕을 갖게 되었다. 그래서 6판을 출간하게 되었다. 5판 이후 내가 경험한 것을 계속 정리해 왔는데 그것이 마지막 장 '요약'에 정리되어 있다.

35년 전 이 책의 초판이 나왔을 때, 나는 의사소통장애인 상담과목의 수업을 맡기로 결정했다. 그 당시 관련 책이 많을 것이라고 생각했는데 만족스러운 책이 없었다. 임상현장에서 언어치료사에게 상담을 위한 시간이 점점 더 많이 요구된다는 것은 명백하다. 공립학교에 근무하는 사람들을 대상으로 조사한 결과, 그들은 자신의 시간 20% 정도를 상담하는 데 사용했다(Flahive & Schmitt, 2004). 하지만 언어 및 청각 전문가를 양성하기 위한 현재 강좌를 보면 아직도 상담의 중요성을 제대로 반영한 것 같지 않다. 이 책의 궁극적 목적은 의사소통장애 분야에서 일하는 전문가들을 위해 상담경험을 이해하기 쉽게 설명해 주는 것이다. 나의 바람은 임상가들이 이 책을 읽고 나서 임상에서 상호작용하는 동안 의사소통장애에 수반되기 마련인 감정이 표출되는 것을 더 편안하게 느끼게 되는 것이다. 또한 이 책이 관계형성하기(relationship building)와 그것이 상담과정에 미치는 효과에 대한 통찰력을 제공하기를 바란다. 임상관계(clinical relationship)에서 감정이 더 많이 발생하게 함으로써 정보를 제공하는 언어치료사 및 청각사의 역할이 더욱 증진되고 직업 만족도가 높아지기를 바란다.

아직 나는 우리 분야의 방향성에 대해 많은 걱정을 하고 있다. 초기 청각장애 아동에 대한 기술적 발달은 예측하지 못한 결과를 초래했다. 예를 들면, 신생아 선별검사가 부모주도(parent-driven) 진단에서 기관주도(institution-driven) 진단 모델로 바뀌었다. 그래서 현재 병원에서 선별검사를 한다. 부모나 아동에게는 이러한 방법을 실시하기에 최고의 시기가 아님에도 불구하고 아동이 시간이 있기 때문에 실시한다. 아이러니하게도, 이러한 변화로 인해 청각사가 아니라 청력손실에 관한 지식이 없으며 최소한의 상담 기술만을 갖고 있는 병원 직원이 초기 상담자가 된다. 이제 청각사들은 진단결과가 부모에게 전달되기 이전에, 진단과정에서 부모를 만난다. 이러한 변화는 청각사들이 세심하게 상담할 것을 요구한다. 왜냐하면 부모는 아동을 출산한 지 얼마 되지 않아서 감정적으로 취약하기 때문이다. 상담의 패러다임이 변화했지만 아직도 상담강좌가 부족한 실정이다. 많은 청각사가 아직 상담을 제공할 준비가 되어 있지 않다고 느낀다(Crandell, 1997; Phillips & Mendel, 2008).

와우이식수술 자체가 완치방법이라고 생각되면서 전문가들은 부모의 초기 애도 반응을 그냥 지나치거나 완화시키는 구실을 갖게 되었다. 하지만 이러한 기술은 부모를 위한 정서적 지원이 없을 경우 단지 그들이 겪게 되는 슬픔을 지연시킬 뿐이다. 이식수술 자체는 아동기 청각장애를 표면화된 장애에서 감지하기 힘든 장애로 전환시킨다. 하지만 이러한 미묘한 장애는 많은 전문가에 의해 이해되지 못하고 시간이 많이 흘러도 부모에게도 보이지 않는다. 이러한 기술은 경이적이고, 잘 사용되면 초기 아동기 청각장애의 영향을 완화시킬 수 있지만, 가끔 상담에 부정적인 영향을 미칠 수도 있다. 제5장 '상담과 진단과정'에서 이식수술 기술이 상담에 미치는 영향에 대해서 언급했다. 나는 이 장에서 선천성장애 진단(congenital diagnosis)과 지연된 진단(deferred diagnosis)을 구분하면서 각 진단에 적합한 특별한 상담의 필요성을 제시했다. 신생아 선별검사는 초기 아동기 청각장애를 지연된 상담이슈가 아닌 선천적 상담이슈로 변환시켰다.

나는 우리 분야가 의학적 세팅에 포함되면서 증거기반치료나 비용청구 가능시간이 강조되는 것을 우려하고 있다. 물론 치료효과성을 증명해야 하지만, 가끔 우리는 단지 관찰 가능한 것만을 측정하고 중요하지만 눈에 명확하게 나타나지 않는 것은 간과하기도 한다. 개인의 성장이나 행복감은 수량화하기 어렵다. 예를 들면, 말을 더듬는 사람에게 말 막힘이 감소되지 않았더라도 말하는 상황에 대해 좀 더 편안하고 자신감이 생겼다면 말더듬 치료는 성공적이라고 나는 생각한다. 이러한 말의 특성은 수량화하기 어렵고, 실제로 감소된 비유창성보다 신뢰하기 어렵다. 내가 만났던 말을 더듬는 사람 중에 가장 '유창한' 사람은 자신의 말더듬이 노출될까 봐 매일을 공포감으로 살아갔기 때문에 가장 불행한 사람이었다. 우리는 우리의 시선을 좀 더 미세한 변화에 돌리고 그에 적합한 측정방법을 고안해 낼 필요가 있다.

최근 나는 연례 건강검진으로 청각검사를 받았다. (청각사라도 노인성 청각장애는 피할 수 없다.) 그 청각사는 효율적으로 검사를 진행했다. 그녀는 면담지를 들고 와서 검사한 후에 청력도를 보며 검사결과를 설명해 주었고, 나에게 감소된 청각능력을 보완하기 위한 권고사항이 적힌 용지를 주었다. 나는 20분 동안 컨베이어 벨트에 놓인 채로 그녀의 사무실을 나왔다 들어갔다 하는 기분이었다. 병원 행정부서가 그녀에게 수익을 내도록 압력을 가한다는 것을 알고 있다. 대기실이 검사를 받으려고 기다리는 환자들로 꽉 차 있었으나, 나는 그녀가 나를 파악할 수 있는 시간을 좀 가졌으면 좋겠다는 바람을 갖고 있었다. 그러면 내가 좀 더 만족스러운 경험을 하지 않았을까. 그러한 환경에서 근무를 할 때 직업 만족도가 좋으리라고는 생각하지 않는다. 우리가 전문가로서 받는 압박감 때문에 우리의 직업을 가치 있게 해 주는 인간미를 상실할까 봐 걱정이 된다.

캘리포니아 대학교의 의학과 임시학과장인 Robert Wachter(2016)는 『뉴욕 타임즈(The New York Times)』의 도발적인 칼럼을 통해 교육 및 의학 분야에서 사용되는 측정방법이 두 전문직의 토대라고 할 수 있는 이타심을 얼마나 왜곡시키고 있는가를 언급했다. 우리가 전문가로서의 책무성을 지켜야 하는데 숫자를 너무 강조하고 있다면서 그는 다음과 같이 말했다. "우리는 과녁을 맞히려고 하지만 정확한 지점을 맞히지 못하고 있다." 그는 그의 칼럼에서 "품질을 측정하고 개선하려는 우리의 사무적인 노력은 우리를 타인을 돕는 전문직으로 이끈 이타심(altruism), 즉 사랑하는 마음을 가로막고 있다."라고 결론지었다.

이러한 주장은 의사소통장애 분야에도 정확히 해당된다. 숫자를 지나치게 강조하는 것에 대한 반발이 생겨났고, 현재 우리 분야에서도 이러한 추세에 대항하는 경향이 힘을 얻고 있다. 우리는 비용청구시간을 최대한 늘림으로써 기관의 수입을 창출해야 하는 압박을 받고 있으며, 증거기반치료를 통해 우리가 실시한 치료효과를 증명하고 있다. 즉, 이는 우리의 일정이 빡빡하고, 내담자주도 상호작용과 가족참여를 위한 시간을 거의 할애할 수 없음을 뜻한다. 기관주도 모델에서는 임상가들이 시간관리능력을 더 향상시켜야 한다. 보건 분야는 경제적인 이유로 좀 더 많은 내담자를 만나고, 내담자와의 대면시간을 더 짧게 하는 의학적 서비스 전달 모델을 추구하고 있다. 역설적으로, 이러한 모델은 임상가들로 하여금 서비스 전달에 불만족하게 하며, 환자주도(patient-driven) 모델과 가족주도(family-driven) 모델을 성장하게 하고 있다. 이 두 모델은 처음부터 우리가 남을 돕는 전문성을 갖도록 이끌었던 이상주의적 생각에 더 부합한다. 나는 최근에 발표된 환자중심 모델에 관한 몇 편의 논문을 보고 흡족했다. 환자중심 모델에서는 환자에게 더 많은 자율성이 주어지고 치료계획에 대한 결정이 협력하에 이루어진다. 이러한 생각은 이 책의 중심주제와 부합된다. Ekberg, Greenness와 Hickson(2014)은 의학 분야에서 발표된 환자중심 모델에 대한 논문들을 종합적으로 검토했으며, 청능재활을 강력하게 추천했다. Cienkowski와 Saunders(2013)는 청각 진단 분야에서 환자중심 모델을 추천했다. Duchan(2004)은 청각 분야에서 의학 모델의 남용에 관한 문제를 제기했다. Poost-Foroosh, Jennings, Shaw, Meston과 Cheesman(2011)은 내담자중심 접근을 했을 때 보청기 선택 및 만족도가 개선되었다고 발표했고, 반면에 Aazh, Moore와 Roberts(2009)는 이명(tinnitus)관리를 위한 환자중심 모델을 개발했다. 나는 이러한 논문들이 서비스 전달의 의학 모델에 선구적으로 대응한 논문이라고 생각하며, 미래에 의사소통장애 문헌에서 환자중심 상담이 더 많이 다루어질 것이라고 생각한다.

개정판의 집필과정은 마라톤을 하면서 동시에 새로운 집으로 이사 가는 것과 같은 매우 고통스러운 과정이었다. 문단 하나하나를 검토해야 하고, 때로는 수년 동안 작업해 온 일들을 손에서 놓아야 하는, 인내가 요구되는 긴 여정이었다. 하지만 별개의 요소가 서로 맞물릴 때 그리고 지난 개정판에서 언급된 내용을 정교화할 수 있을 때 느끼는 기쁨도 있다. 새로운 안목으로 우리 분야의 논문을 읽는 것도 즐거운 경험이다. 이러한 일은 드문 특권이며, 이러한 기회를 나에게 제공해 준 PRO-ED 출판사에 감사한다. 그러나 나는 『보스턴 글로브(Boston Globe)』의 최근 기사에 등장한 노인, 즉 한 번 등정하는 데 3일이 걸리는 워싱턴산을 50번째 등정한 90세 노인과 같은 기분을 느낀다. 그 노인은 "이번 등정은 다음 등정을 할 때까지는 마지막 등정이다."라고 말했다. 전문가로서 내 묘비에 적고 싶은 글귀는 "여기 이 사람은 임상가로 하여금 감정과 가족에게 관심을 갖게 함으로써 우리 분야를 확장시켰다."이다. 그러나 이러한 글귀를 묘비에 새기기는 좀 어려울 것 같다.

이번 개정판에는 80년 동안의 내 생애와 50년 이상의 내 임상경험이 담겨 있다. 50년이란 시간이 긴 것 같지만 정신없이 빨리 지나갔다. 이 시간을 내가 기대한 것보다 훨씬 더 잘 달려왔다. 나는 가끔 어떻게 그 긴 시간을 소진되지 않고서 고통과 역경 가운데 열심히 임상활동을 할 수 있었을까를 스스로 질문해 본다. 이것이 가능했던 이유는 나 자신이 열심히 자기를 돌보았고, 내담자와 종속적인 관계를 발전시키는 것을 피했으며, 무엇보다도 개인의 성장은 의사소통장애로 인한 고통의 도가니 속에서도 만들어진다는 나의 믿음 때문이라고 본다. 나는 장애가 비극이 아니라 장애를 초월할 수 있는 막강한 힘을 가진 선생님이라고 본다. 우리는 인생이 요구하는 것에 자신의 삶을 바친다. 장애는 우리로 하여금 장애가 없었다면 잠자고 있을 능력을 개발할 수 있게 한다. 나는 개인의 성장을 증진시키는 일에 참여하기 원한다. 그리고 당신이 하는 일을 사랑하면 그것은 일이 아니다. 나는 가끔 내가 나의 일에 대한 보상을 받는다는 사실에 놀란다. 우리는 내담자의 개인적 성장을 촉진하는 일에 참여함으로써 우리의 전문직종이 더욱 귀하게 되는 은혜의 순간을 누리게 된다. 나는 또 다른 50년을 살고 싶지만 그것이 통계상 불가능할 것임을 안다.

차례

제1장 **언어치료사와 청각사의 상담**

제2장 **현대 상담이론**

| 제7장 | 집단상담 | 189 |

| 제8장 | 가족상담 | 217 |

| 제9장 | 상담과 의사소통장애 분야 | 267 |

제1장

언어치료사와 청각사의 상담

청각사가 되려고 훈련을 받았을 때, 나는 상담이 신중하게 사례력을 확보하고 진단검사를 시행한 후에 시작된다고 배웠다. 상담을 할 때는 항상 정보제공이 기본이며 청력도에 대한 설명과 후속검사를 위한 제언이 포함된다. 내가 대학원생일 때 내담자(client)의 감정을 다루지 말라는 확실한 지시를 받았는지는 분명히 기억하지 못하지만 우리는 감정을 다루지 말아야 하는 것처럼 행동했다. 만일 내담자가 감정을 표출하면(예: 울음으로써), 내담자를 임상심리사에게 의뢰하라고 배웠다. 내가 훈련 프로그램에서 받은 메시지는 내담자의 감정은 정신건강 전문가의 영역이며, 청각사와 언어치료사에 의해 이루어지는 상담은 정보전달에 기초를 두어야 한다는 것이다. 이러한 상담 모델에서는 나쁜 소식을 듣고 우는 것은 병리적인 것이기 때문에 내담자는 정신건강 전문가의 서비스를 받아야 한다는 생각을 할 수 있다. 이것은 확실히 의학적 진단검사 모델이며 의사소통장애 분야를 따로 떼어 냄으로써 정신건강 전문분야를 침범하는 것을 피하려고 한다. 또한 이것은 그 당시의 대학원 교육과정에 개인적응상담(personal adjustment counseling)에 관한 훈련이 부족했음을 보여 준다. 내용(content)에 머무르는 것이 전문가로서 안전하다. 내용에 기초한 상담을 할 때 학생들은 상호작용을 통제할 수 있다. 감정은 예측 불가능하기 때문에 잠재적으로 방해가 된다. 의학 모델(medical model)에서는 학생들이 감정이 개입되지 않은 태도를 선택하여 내용중심으로 의사소통(content-based communication)함으로써 임상 상호작용(clinical interaction)을 통제할 수 있다.

　　의학 모델은 적어도 청각사들 사이에서 일반적인 상담 접근 모델이다. Flahive와 White(1982)는 청각사 226명을 대상으로 설문조사를 한 결과, 대부분이 개인적응상담보다는 정보전달상담에 시간을 사용한다고 했다. 또한 그들의 훈련 프로그램의 90%가 정보전달상담이고 개인적응상담은 10%에 불과했다.

　　많은 청각사와 언어치료사는 상담훈련을 전혀 받지 못하고 있다. McCarthy, Culpepper와 Lucks(1986)는 미국언어청각협회(ASHA)의 인증을 받은 훈련 프로그램을 대상으로 조사했다. 응답 학과 가운데 단지 40%만이 학과 내에 상담강좌를 제공했다(36%는 학과가 직접 개설하지 않은 강좌를 제공하고, 23%는 강좌를 전혀 제공하지 않고 있었다). 이 조사의 중요한 발견은 응답자의 대다수가 상담 기술이 언어치료사가 습득해야 할 중요한 기술이라고 생각하고 있으나 프로그램의 12%만이 학생들에게 상담훈련을 실시한다고 답한 것이다. 이 조사를 반복 시행한 연구(Culpepper, Mendel, & McCarthy, 1994)에 의하면, 훈련 프로그램에서 제공하는 상담강좌의 수에는 거의 변화가 없었다. 청각훈련 프로그램을 조사한 Crandell(1997)에 의하면, 48%의 프로그램만이 상담강좌를 제공하고 있었다. 그는 "상담 기술이 청각장애인의 재활에 중요한 변인이라는 점에 많은 사람이 동의하기 때문에"(p. 84), 상담훈련의 부족함을 크게 우려했다. 더 최근에 Phillips과 Mendel(2008)은 임상교수(clinical fellow)를 대상으로 조사했는데, 응답자의 80%가 자신이 근무하고 있는 기관에서 상담강좌를 제공하고 있지 않다고 답했다.

　　이러한 상담훈련의 부족현상은 청각사들이 상담을 효과적으로 하지 못한다고 보고한 여러 조사 연구에도 반영되고 있다. Williams와 Derbyshire (1982)는 최근 1년 내에 청각사를 만난 중도 및 심도의 11세 미만 청각장애 아동의 부모들을 대상으로 설문조사를 실시했다. 이 설문조사 및 인터뷰 결과는 놀랍고 낙심할 정도였다. 부모의 84%가 자신들에게 제공된 정보를 이해할 수 없었다고 응답했으며, 72%가 청력손실이 자기 아이에게 어떠한 의미인가를 알지 못한다고 답했다. 그리고 부모의 64%는 청력손실이 자신의 삶에 어떠한 영향을 미치는가에 대한 현실적 인식을 갖고 있지 않았다. 연구자들이 부모에게 청각사가 청력손실이 미치는 영향에 대해 설명한 것을 다시 말해 보도록 한 결과, 40%는 전혀 다시 설명하지 못했고, 24%는 연구자들이 보기에 부정확하게 답했다. Martin, Kruger와 Bernstein(1990)은 청각검사를 받고 난 후에 청각사로부터 장애관련 내용에 관한 상담을 받은 청각장애 성인 35명을 대상으로 상담이 끝난 후 바로 설문조사를 실시했다. 이 연구에서는 "청각장애 성인들은 청각사들이 청각검사를 실시하는 동안에 관련된 모든 정보를 제공했다고 느꼈으나, 제공된 지식에 대해 아직 제대로 알지 못하고 있었다."(p. 32)라고 결론지었다. 믿기 어려울 정도로, 이 설문조사에서 응답자 누구도 모든 청각검사가 끝난 후에도 **청력도**(audiogram)가 무엇인지 알고 있지 못했다. Haggard와 Primus(1999)는 청각장애의 표준분류방식이 부모의 이해도를 저하시킨다는 것을 확인했고, 청각장애의 표준분류방식이 부모보다는 임상가의 필요에 의해 발전되어 왔다고 결론지었다. Margolis(2004)는 최근의 논문에서 자기가 말한 것을 부모가 거의 기억하지 못한다고 지적하면서 개인적응상담에 더 많은 시간을 사용해야 한다고 언급했다.

Lerner(1988)는 미발행 석사논문에서 어린 청각장애 아동(진단할 당시 나이는 2세)의 부모와 아동을 검사하고 부모와 상담을 했던 청각사들을 대상으로 심층 인터뷰를 실시했다. 부모는 지적인 사람들로 아버지는 의사, 어머니는 컴퓨터 프로그래머였다. 청각사들은 매우 경험이 많은 사람들로, 모두 박사학위가 있고 경력은 10~12년 정도였다. 이 청각사들은 부모에게 필요한 정보를 잘 전달해 주었다고 생각했다. 하지만 부모는 청각사가 전문용어를 부적절하게 사용했다고 하면서 매우 불만족스러워했다. 예를 들면, 그들은 아동의 청력손실 정도를 나타내는 **중도-심도**(severe to profound)라는 용어가 아무런 소용이 없다고 느꼈다(청각사들이 이러한 용어를 얼마나 자주 사용하는가!). 부모가 가장 잘 기억하는 것은 청각사가 코멘트를 할 때의 부정적이고 비관적인 말의 어조(tone)였다.

내 임상경험으로 이러한 반응은 처음 청각장애로 진단받은 아동의 부모에게서 볼 수 있는 전형적인 모습이다. 청각사의 사무실을 떠날 때 그들은 황당하고 감정적으로 상처를 받고, 상담에서 제공된 정보를 많이 흡수하지 못한다. 이 사건은 감정과 함께 부모의 뇌에 저장되지만 제공된 대부분의 내용은 사라진다. 부모는 청각사가 입었던 옷이나 넥타이 색깔처럼 불필요한 것들을 잘 기억하고 내용은 잘 기억하지 못하지만, 청각사의 감정적인 어조(낙관적이고 희망적인지, 차가운지 등)는 잘 기억한다.

확실히 우리 분야에서도 효과적인 상담이 다소 제공되고 있으며, 때로는 정보를 제공하는 것이 매우 적절하다. Saunders와 Frostline(2013)은 초기 진단과 성인 보청기 피팅 회기가 있은 지 몇 주 후에 시행되는, 정보전달 위주로 이루어지는 30분 정도의 후속 회기는 보청기의 사용 및 만족도를 높이는 데 효과적이었다고 보고했다.

세심하게 계획된 Dunchan(2004)의 연구에서는 청각사들이 지나치게 의학 모델을 사용하고 있지는 않은지 질문했다. 의학 모델은 신체적 원인과 장애의 완치를 강조하며 전문가들을 권위자로 만들지만, 이러한 모든 것은 청력손실의 심리적·사회적 측면을 해친다고 그녀는 언급했다. Dunchan에 따르면 심리적·사회적 이슈들이 의학 모델에 포함되어야 하나, 아직 이러한 이슈들이 많은 주목을 받지 못하고 있다. 그녀는 청각사들에게 개인적응상담이 큰 비중을 차지하는, 내담자-전문가 상호작용의 사회 및 내러티브 모델(social and narrative model)을 고려해 볼 것을 강하게 제안했다. 또한 English(2000)는 청각사들이 개인적응상담을 실시할 것을 제안했다.

그녀는 내가 제안한 것처럼 이러한 상담능력을 필수적인 것으로 보았다. Erdman(2009)은 청각재활에 집단방식을 제안한 논문에서 청각학에 대해 다음과 같이 언급했다.

전문분야로서의 청각학은 사회과학과 행동과학에 뿌리를 두고 있는데도 불구하고 그 안에 내재된 소중한 지식을 거의 사용하지 않고 있다. 이와 같은 실패는 부분적으로는 시대에 뒤처진 서비스를 전달하는 의학 모델과 꾸준히 새로워지는 기술 장비에 안주하고 있기 때문이다. 그러나 청각사 및 전반적인 보건 분야의 인력은 청각장애나 청각기기보다는 사람을 임상중심에 놓아야 한다는 인식 전환에 직면해 있다(p. 24).

최근에 Ekberg, Greenness와 Hickson(2014)은 청각사와 보청기를 착용한 노인 63명 간의 상호작용을 녹화한 것을 분석했다. 분석 결과, 많은 사례에서 내담자가 표현한 심리사회적 염려와 그에 대한 청각사의 반응 간의 불일치가 발견되었다. 청각사들은 내담자의 정서나 사회적 요구에 대한 반응을 하지 않고 계속해서 내용중심의 의사소통을 했다. 이 연구의 결론은 "청각학에서 개인적응상담이 더 강조된다면 청각장애 서비스의 질을 향상시킬 수 있고, 전반적인 비용 대비 효과를 향상시킬 수 있다."는 것이다(p. 348). Cienkowski와 Saunders(2013)가 보청기를 피팅하는 동안의 상담 내용을 분석한 결과, 청각사와의 의사소통 중 66% 이상이 정보전달에 관한 것이었다. 이 연구자들은 만일 청각사가 개인적응상담에 좀 더 편안함을 느끼면 내담자에게 많은 도움이 될 것이라고 결론지었다.

언어치료사도 의학 모델을 사용하지만 의료시설에 상대적으로 적게 배치되어 있기 때문에 청각사보다는 덜 사용할 것이다. 후두적출수술 전후의 상담을 분석한 Zeine와 Larson(1999)의 연구결과에 의하면, 놀라울 정도로 부적절한 상담이 실시되고 있다. 믿어지지는 않지만 수술 환자의 21%가 수술을 받으면 음성이 손실된다는 것을 알지 못했다고 보고했다. 이 연구는 1978년에 실시된 연구의 후속 연구이다. 최근 연구에서도 상담의 내용이 과거의 연구보다 향상되지 않았다. Flahive와 Schmitt(2004)의 연구에 의하면, 공립학교 언어치료사들은 내담자를 만나는 시간의 20%를 상담에 사용한다. 그리고 만날 때마다 정보전달상담에 시간당 7분을 사용하고, 추가로 시간당 6분 정도를 개인적응상담에 사용한다. 이 연구에 의하면 청각사에 비해 언어치료사가 더 기꺼이 개인적응상담을 실시하려고 하는 것 같지만 아직 소수의 언어치료사가 이러한 상담을 실시하고 있고 상담효과가 낮아 보인다. Simmon-Mackie와 Damico(2011)는 언어치료사와 실어증 환자의 임상 상호작용을 분석한 결과, 많은 언어치료사가 치료를 하면서 감정적 이슈를 다룰 수 있는 기회를 놓쳤다고 보고했다. 이 언어치료사들은 사실에 초점을 맞추고, 환자의 감정을 유머로 피하고, 치료 시 과제를 객관적 치료과제로 바꿈으로써 정서기반상담(emotion-based counseling)을 회피했다. Simmon-Mackie와 Damico는 연구결과를 논의하면서, 이렇게 언어치료사가 회피행동을 하는 것은 언어치료사라는 직업과 학습된 전문가적 가치관에 대해 편협한 시각을 갖고 있기 때문이라고 했다. Holland(2007)는 자신의 상담 저서에서 언어치료사들이 임상 상호작용에서 감정적 이슈를 회피하는 경향이 있음을 언급했다. 내 생각에는 이 모든 연구결과가 청각사 및 언어치료사를 위한 상담수업이 아주 적게 제공되고 있으며 또한 임상실습과정에서 얻어지는 상담경험이 적다는 현실을 반영한 것 같다. 치료사들은 정서기반상담을 경험하지 못하거나 그것이 실습 범위에 포함되어 있는 것을 인식하지 못하는 것 같다. 대신에 내가 그랬던 것처럼 예비치료사들에게 정보중심 모델과 조언 주기와 같은 상담기법이 선호되며, 이 기법들은 가르치기 쉽고 이해하기 쉽기 때문에 교육과정과 임상실습에 더 자주 등장하게 된다. 하지만 이러한 상담기법들은 별로 효과적이지 못하다.

내담자의 감정을 고려하지 않고 이루어지는 정보중심상담은 항상 실패하기 마련이다. 감정이 고조되었을 때 우리는 정보를 처리할 수 없다. **투쟁이나 도피(fight or flight) 반응**으로 알려진 생리적 반응현상이 있다. 이러한 행동을 담당하는 영역은 중뇌(감정과 기분을 담당)이지 대뇌피질(기억, 집중 그리고 사고 담당)이 아니다. 이러한 현상은 우리가 감정적으로 복받쳐 있는 상황에서 어떤 자료를 읽을 때 경험할 수 있다. 단어를 읽어도 뇌에서 그 단어들이 연결되지 않는데, 나도 이런 경험을 한 적이 있다. 이는 Margolis(2004)의 연구에서도 언급되었는데, 청각사 초년생일 때 보면 두 번째 방문한 내담자의 경우 첫 번째 미팅에서 내가 그에게 했던 말을 거의 기억하지 못했다. 내담자들은 내가 첫 번째 미팅 말미의 '상담'에서 이미 다루었던 내용에 대해 질문을 하곤 했다. 이 내용을 복습하는 것은 비효율적이고 내담자를 당혹스럽게 하며 자존감을 떨어뜨린다. 분명히 우리는 내담자에게 정보를 전달할 필요가 있다. 하지만 우리는 의사소통장애와 감정의 밀접한 관련성을 인식하고 내담자의 감정에 민감하게 반응하면서 정보를 전달해야 한다.

우리 분야의 많은 전문가는 지식전달상담 외에 매우 유혹적인 모델인 설득을 통한 상담(counsel by persuading) 모델을 사용한다. 이 모델의 전제조건은 "나는 전문가로서 많은 정보와 경험을 가지고 있다. 내담자인 당신은 알아야 하는 많은 것에 대해 무지하다. 따라서 나는 당신 혼자서 결정할 때보다 더 나은 결정을 내리게 할 수 있다."는 것이다. 이러한 접근법은 내담자로 하여금 자신의 한계를 확인하고 전문가가 선호하는 것에 동조하도록 한다. 내담자들은 가끔 자신이 부족하다고 느끼고 자기 앞에 놓여 있는 문제에 압도된다. 따라서 그들은 전문가의 주장이나 권고에 동의하게 되고, "선생님이 알아서 결정해 주세요."라는 입장을 취하게 된다.

나 역시 내담자를 설득한 기억이 있다. 심각한 청력손실이 있는 한 약사가 아내와 함께 왔다. 아내는 남편에게 보청기를 착용하라고 계속 잔소리를 했다고 한다. 나와 그녀는 한편이 되어 남편이 보청기를 착용하도록 설득했다. 그가 보청기를 착용하지 않는다고 하면, 아내는 남편과 생활하는 것이 매우 힘들다고 우겼고, 나도 남편이 약국에서 일하는 것이 얼마나 어렵고 고객에게도 위험한가를 주장했다. 6개월 후의 후속 미팅에서 드러났는데 보청기는 거의 항상 책상 서랍에 놓여 있었고 아내는 여전히 좌절한 상태이며 분노하고 있었다.

청각사에게 보청기를 판매할 권리가 있었던 1970년대는 영리목적으로 상담을 할 수 있는 문이 열려 있었다. 불행하게도, 보청기를 판매하는 청각사들은 경제적 측면에 관심이 있었기에 내담자들이 보청기를 구입하도록 유도했다. 따라서 설득을 통한 상담이 더 매력적이었다. Sweetow(1999)는 주로 상담과 보청기 피팅에 많은 지면을 할애한 저서에서 "상담과 판매는 분리시킬 수 없다. 청각사는 판매를 위해서 신뢰를 주입할 수 있는 이미지를 주어야 한다."(p. 9)라고 말했다. 분명히 이것은 설득을 통한 상담 모델이다. 이 모델은 내가 이 책에서 제시하는 상담 모델과 대립되는 모델이다. 내가 이 책에서 설명하는 상담에서는 상담자가 특정한 견해를 갖지 않고서 내담자가 자기증진(self-enhancing)에 도움이 되는 결정을 할 수 있도록 사심이 없이 들어 주어야 한다. 이 모델에는 '판매(selling)'는 없다. 아마도 내담자가 보청기를 구입하지 않는 결정을 할 수도 있다. 사심이 없는 상담자가 외우는 주문은 "이것은 내 이야기가 아니야."가 될 것이다. 이러한 나의 견해는 다음의 여러 장에서 좀 더 자세히 다룰 것이다.

설득을 통한 상담은 좋지 않은 접근법이다. 왜냐하면 내담자들이 자신의 행동을 전혀 '인정'하지 않기 때문이다. 그들은 자신의 결정에 대해 책임지지 않는다. 책임은 전문가들의 몫으로 남는다. 내 경험상 설득을 통해 청각장애 아동과 대화하기 위해 수화를 배우기 시작한 부모는 초기에 수화수업을 중도에 포기하며, 가정에서도 토털 커뮤니케이션을 거의 사용하지 않았다. 마찬가지로, 설득을 통해 보청기를 착용한 성인은 규칙적으로 보청기를 사용하지 않는다. 진정한 행동 변화는 스스로 결정하고 결정을 실행할 의지가 있을 때에 내면으로부터 나온다.

청력손실이 있는 사람에게 보청기를 착용하도록 설득하는 것은 자명해 보인다. 하지만 그렇지 않다. 최근 청각장애 아동의 감독교사가 에머슨 대학의 가족중심 프로그램을 방문했다. 그 교사는 한 아동이 보청기를 착용하지 않은 것을 보았다. 그리고 아동의 어머니로부터 아직 아동에게 보청기를 끼울 준비가 되지 않았다는 말을 들었을 때, 그 교사는 놀라면서 "음, 아동이 보청기를 착용할 수 있도록 어머니는 반드시 상담을 받아야 합니다."라고 말했다. 이 교사는 상담을 내담자를 설득하여 '옳은 일을 하게 하는 것'으로 여긴 것이다. 이 당시에 프로그램의 담당자는 어머니를 설득하기보다는 당시 어머니가 아동에게 보청기를 착용하게 할 능력이 없음을 받아들이면서 어머니가 결정하기를 기다렸다. 몇 주 만에 아동은 실제로 보청기를 착용하고 있었는데 이것은 어머니가 결정한 것이었다. 어머니가 아직 감정적으로 아동의 청력손실을 받아들일 수 없는데도 만일 프로그램 담당자가 딸에게 보청기를 끼울 것을 어머니에게 주장했다면 그 치료효과는 오래가지 못했을 것이다.

설득을 통한 상담의 또 다른 문제점은 그것이 내담자들에게 자신이 부족하다는 느낌을 갖게 하여 올바른 결정을 할 능력이 없다는 느낌을 강화한다는 것이다. 따라서 '전문가를 신뢰하는' 내담자의 성향이 강화된다. 이러한 상담방식은 내담자를 의존적으로 만들고 문제를 해결하기 위한 자주적 행동이나 책임감을 갖지 못하게 한다. 그리고 모든 일이 '더 현명한' 언어치료사에게 떠맡겨진다.

임상심리학자인 May(1989)는 조언을 하는 것에 대해 다음과 같은 견해를 피력했다.

조언하는 과정에는 심층적 생각이나 공감이 적게 들어간다. 조언(일상적인 의미에서)은 항상 피상적인 것이다. 그것은 위에서 내려오는 일방적인 것이다. 진정한 상담은 좀 더 깊은 영역에서 작동하여야 하며, 진정한 상담의 결론은 동일한 차원에서 두 사람이 협력함으로써 얻어진다(p. 117).

정보전달과 설득하기라는 상담의 두 가지 접근은 서로 배타적이지 않다. 대부분의 의학 모델 상담 회기에는 이 두 가지 요소가 포함된다. 일단 검사 결과를 내담자에게 전달한 후, 전문가는 내담자가 무엇을 해야만 하는가에 대해 설득하기 시작한다. 단기적인 측면에서 정보전달과 설득하기를 조합하

는 상담 전략은 매우 효과가 있다. 내담자가 정보에 압도되면 내담자의 자신
감은 약화되기에 설득되기 쉬워진다.

세 번째 상담 접근방식은 내가 선호하는 접근방식으로, 내담자가 하는 말
을 경청하고 소중히 여기는 상담으로 내담자의 역량을 강화시켜 주는 것이
다. 이 접근법에서는 내담자를 좋은 의사결정을 내릴 수 있는 지혜를 갖고
있는 사람으로, 전문가를 내담자가 자신의 가능성을 발견할 수 있도록 도와
주는 특별한 지식을 소유한 사람으로 본다. 상담은 항상 가능성을 증가시켜
야 한다. 전문가가 내담자의 말을 듣고 내담자를 존중한다면 내담자의 자신
감이 증진되며, 궁극적으로 내담자가 자신의 안녕을 도모하기 위한 좋은 결
정을 할 수 있게 된다. 나에게 상담이란 서로가 정보 및 관심을 교환하는 상
호 교육적인 과정이다. 상담의 목표는 현재 내담자로 하여금 자신의 특별한
의사소통 문제와 잘 싸울 수 있는 능력을 갖게 하는 것이다. 언어치료사와
청각사에 의해 시행되는 상담은 의사소통 문제로 인해 감정적으로 혼란스럽
게 반응하는 사람들의 문제를 집중적으로 다루어야 한다. 이러한 상담 접근
은 심리치료와 반대되는 접근법이다. 심리치료는 만성적인 생활적응 문제
를 보이는 사람들을 치료할 수 있도록 특수하게 훈련받은 전문가들의 영역
이다. 상담자와 심리치료사에게 요구되는 기술들 중 많은 부분은 겹쳐 있다.
둘 사이의 중요한 차이는 내담자의 특성과 그들이 갖고 있는 문제의 특성에
있다.

언어 및 청각 전문가가 성공적으로 상담을 하려면, 그들은 내담자들이 좀
더 일치되거나(congruent, 역주: 진솔성과 진실성을 의미함) 마음의 중심을 잃
지 않도록 도와주어야 한다. 이 세상을 제대로 살려고 하면 데이터를 처리할
수 있는 인지능력과 세상을 직관할 수 있는 정서능력을 모두 가지고 있어야
한다. 어떤 사람이 **일치될** 때, 그 사람은 인지능력과 정서능력 모두를 갖고
있으며, 자기가 어떠한 사람인가를 잘 의식하기 때문에 좀 더 쉽게 의사결정
을 할 수 있다. 이런 사람은 상황에 대해 인지적으로뿐만 아니라 정서적으로
도 반응할 수 있다. 그러면 이런 사람의 행동은 항상 자아를 고양시키는 행

동이 된다. 최고의 일치 상태는 우리 모두가 인생의 특별한 정점에 있을 때에 느낄 수 있는 이상적인 상태이다. 우리는 전문가로서 항상 일상생활에서 좀 더 일치되려고 노력해야 할 필요가 있다. 그리고 내담자의 일치성을 증진시키는 데에도 노력해야 한다.

대부분의 사람은 자기만의 독특한 내부 조직 스타일(style of internal organization)을 갖고 있다. 어떤 사람은 인지적으로는 우수하고 정서적으로는 부족하다. 또 어떤 사람은 정보에 거의 의지하지 않고 자신의 정서적 성향에 따라 이 세상과 자신의 개인적인 문제에 접근하려고 한다. 이렇게 반대되는 성향들은 늘 서로에게 끌린다. 관계를 통해 이 반대 성향들이 일치성을 추구하기 때문이다. 이것은 우리가 커플을 상담할 때 명심해야 할 사항이다. 두 사람은 항상 서로 다른 관점에서 상황에 접근하려고 한다. 의사소통장애로 인한, 특히 장애 진단으로 인한 위기에 대한 스트레스는 사람들을 자기만의 인지적 성향 또는 정서적 성향으로 밀려가게 한다. 인지적 성향인 사람들은 '단지 사실만을' 원한다. 그리고 정서적 성향인 사람들은 감정이 충만하여 어떠한 사실도 제대로 다룰 수 없게 된다. 이러한 차이점이 상담자에게도 문제로 나타난다.

효과적인 상담이 이루어지기 위해서는, 정서적 성향인 사람이 자신의 감정을 분출해서 자신에게 필요한 정보를 처리할 수 있도록 해야 한다. 그리고 인지적 성향인 사람이 자기 감정을 살펴보게 하여 좀 더 일치하도록 도와주어야 한다. 이러한 경청과 존중의 상담 접근법을 사용하려면, 언어치료사와 청각사는 내담자가 감정을 표현하는 것에 편안해져야 하며, 감정을 끌어낼 수 있는 기술을 개발해야 한다. 나는 이러한 접근법이 우리 분야의 많은 사람에게 두려운 것임을 알게 되었다. 만일 우리가 정보를 제공하지 않고 설득도 하지 않는다면 우리는 누구인가? Gregory(1983)는 말더듬 상담에 대해 말하며 이러한 문제를 다음과 같이 설명했다.

정보를 제공하는 것은 주도권을 표현하는 것이며 방향을 제시하는 것은 상대방을 조종하고 통제하는 것과 관련이 있는 것 같다. 반면, 우리는 듣고 이해하려고 노력하는 것을 우유부단하고 자신이 없는 것으로 간주하는 것 같다. 어떠한 이유에서인지 학생 언어치료사와 언어치료사 모두가 정보와 방향을 제공하는 것이 더 쉽다고 생각하는 것 같다(p. 10).

내담자의 감정표출을 허락하는 것은 많은 언어청각 전문가에게 두려운 일이다. 정서적으로 취약한 내담자에게 자신의 감정을 말하고 드러내게 함으로써 우리가 그들의 마음에 상처를 줄 수 있다는 잘못된 생각을 갖고 있기 때문이다. 상담에서 중요한 규칙은 감정은 그냥 있는 것이라는 것이다. 내담자는 자신의 감정에 대해 책임이 없다. 하지만 자신이 어떻게 행동하는가에 대해서는 책임이 있다. 우리 모두는 내담자의 말을 주의 깊게 들어야 한다. 우리는 판단하지 않고 잘 들음으로써 그들의 경험을 인정해야 한다. 많은 경우 이 정도면 충분하다. 이런 일을 생각해 보면, 우리가 그들의 말을 듣고 그들을 존중하는데 어떻게 그들의 마음에 상처를 줄 수 있을까?

E. Webster(1977)은 이것을 다음과 같은 내용으로 지혜롭게 설명했다.

만일 상담행위가 처방을 받는 사람을 고려하지 않고 처방을 실행하는 것을 의미한다면 정말 해가 될 수도 있다. 수용적이지 않고 연민이 없는 치료사는 부모를 상처받게 할 수 있다. 마찬가지로 부모를 고려하지 않고 단지 아동에게만 집중하는 치료사도 부모를 상처받게 할 수 있다. 언어치료사와 청각사들이 제공하는 정보에 대한 해석을 다른 사람에게 맡기면 부모는 많은 해를 입게 될 것이다. 마찬가지로 치료사가 제한된 지식으로 잘못된 정보를 제공하면 부모는 해를 입게 된다.

반면에 내담자의 말을 듣고, 그가 겪는 세상이 어떠한가를 이해하려고 노력하고, 자기 안에 있는 것을 표현하게 하고, 정직하게 그가 필요로 하는 정보를 제공한다면, 실제로 치료사가 다른 사람에게 해를 입힐 가능성은 거의 없다. 상담학의 입장에서 보면, 치료사는 수용적인 청자(accepting listener)

의 역할을 해야 한다. 상담자는 자신의 판단을 미루고 부모를 현재의 모습 그대로 그리고 미래의 모습 그대로 수용하려고 노력해야 한다(p. 337).

현재까지 언어병리학 석사과정에서 상담수업을 제공하는 프로그램이 얼마나 있는가에 대한 연구는 없다. 상담이 자격증에 필요한 기술이지만 그 수는 적을 것이라고 생각한다. 미국언어청각협회(ASHA)는 장애관련 과목 9개와 연구방법 및 진단 절차에 관한 수업을 제공할 것을 요구하고 있다. 임상실습이 함께 요구되고 있기 때문에 상담수업에 대한 여유가 거의 없다. 내가 40년 동안 재직하고 있는 에머슨 대학에서도 상담수업이 1학점짜리 선택과목으로 축소되었다. 상담수업이 따로 제공되고 있지 않은 많은 대학의 프로그램에서는 상담을 장애수업에서 부분적으로 가르치거나 실습할 때 부수적으로 가르치는 것 같다.

나는 미국언어청각임상협회(2006)가 영유아 및 5세까지의 아동을 상대하는 청각사들에게 요구되는 기술에 관한 문서를 발표한 것에 고무되었다. 마침내 이 문서는 부모의 감정을 살피는 것이 필요하다는 것을 인정했다. 이 문서는 미국언어청각임상협회의 공식문서 중에서 정서적 상담(emotional counseling)을 허용하는 첫 번째 문서이다. 나는 이러한 제안이 다른 연령 집단 및 다른 사람들에게도 확대되기를 바란다. 이 문서의 작성자들은 다음과 같이 썼다.

정보전달 목적으로는 내용상담(content counseling)이 중요하다. 하지만 애도과정(grieving process)에는 정서적 지원과 안내도 필요하다는 것을 청각사들이 인식해야 하고 이러한 것을 제공해야 한다. 나아가 내용상담은 새롭게 진단된 난청이나 청각장애 아동의 부모에게 성공적이지 않을 수도 있다. 왜냐하면 그들은 아직 자신의 감정을 헤쳐 나갈 수 있는 기회를 갖지 못했기 때문이다. 청각사들은 애도과정에 있는 부모에게 정서적 지원과 안내를 시작할 때 부모의 고조된 감정을 인정해야 한다(ASHA, 2006, p. 9).

이 책은 언어청각 전문가들에게 정보전달과 설득을 넘어서 내담자와의 관계를 이루게 함으로써 임상활동의 폭을 확장하도록 돕는 것이 목적이다.

제2장

현대 상담이론

시각장애인과 코끼리에 관한 인디언 우화가 있다. 각 시각장애인에게 코끼리의 한 부분을 잡아 보게 한 후에 어떤 동물인지 말하라고 했을 때, 각 시각장애인은 서로 다른 답을 했다고 한다. 꼬리를 잡은 사람은 코끼리를 작고 가느다란 뱀과 같다고 했다. 다리를 잡은 사람은 코끼리가 크고 단단하다고 말했다. 몸통을 잡은 사람은 코끼리가 유연하고 힘이 세다고 답했다. 이 우화의 요점은 우리가 '동물'의 어느 부위를 잡고 있는가에 따라 현실에 대한 인식이 다르다는 것이다. 그리고 특정 시점에서 갖고 있는 우리 모두의 현실 인식은 제한적임을 시사한다.

내담자가 변화에 대처하도록 돕는 치료사는 우화의 시각장애인과 비슷하다. 치료사들은 코끼리에 대해 특정한 관점을 제공하는 이론적 틀에 따라 행동한다. 실제로, 성공적인 치료사들은 자신의 견해를 혼합할 수 있다고 생각하고 어떠한 관점이 치료목표를 달성하는 데 가장 유용한가를 항상 평가한다. 하지만 대다수의 상담자는 집중경향성에 따라 움직인다. 즉, 상담자들이 수용하고 있는 치료과정의 이론이 내담자의 행동을 바라보는 조직원리로 작용한다.

이런 점을 염두에 두고, 다음의 네 가지 상담이론(행동주의 상담, 인본주의 상담, 실존주의 상담, 인지적 상담 모델)을 의사소통장애 분야에 적용할 수 있는지 살펴보기로 하자.

행동주의 상담

행동주의 상담은 John Watson의 저서에 기초를 두며, 그 뿌리는 Pavlov가 개를 대상으로 실시한 고전적 조건화(classical conditioning) 실험에 둔다. 행동주의자들은 외적 · 환경적 영향을 강조하면서 엄격하게 관찰 가능한 것에만 집중했다. [이러한 강조점은 1950년경부터 미국 심리학을 침범하기 시작한 Freud 운동의 주관성(subjectivity)이 강조된 것과 대조된다. 이후에 많은 Freud 신봉자는 제2차 세계 대전 동안에 홀로코스트를 피해 미국으로 이민을 왔다.] 미국에서 행동주의 선두주자는 B. F. Skinner였다. 그의 저서 『과학과 인간행동(Science and Human Behaviors)』은 인간의 부적응행동을 교정하기 위해 행동주의자들의 개념을 임상적으로 적용할 때 기초가 되는 문헌이 되었다. 1950년대 이전에는 행동주의가 실험실 내에서 동물, 주로 쥐와 비둘기를 사용하는 학문적 차원의 연구에 국한되어 있었다(Rimm & Cunningham, 1985).

Skinner는 인간의 행동이 행동에 '작동하는' 환경에 의해 형성된다고 주장했다. 만일 특정한 행동이 보상을 받는다면—즉, 환경에 의해 강화되면—그 행동은 반복해서 일어난다. 목표행동이 일어났을 때 보상이 주어지면 강화는 정적(positive)이 되고 행동의 결과로 혐오적인 자극이 제거되면 강화는 부적(negative)이 된다. [부적 강화(negative reinforcement)와 처벌(punishment)은 혼동하지 말아야 한다. 처벌에서는 행동의 결과에 대해 전기충격과 같은 혐오적인 자극이 주어진다.] 정적 혹은 부적 강화는 정확한 스케줄에 따라 제공되어야 한다. 타이밍이 정확하면 개인은 보상과 행동을 연결시킬 수 있게 된다

(잠시 후에 알게 되겠지만 이것은 의식적인 수준에서 이루어질 필요는 없다). 강화물(reinforcer)은 개인의 행동을 변화시킬 수 있을 정도로 바람직하거나 아주 싫어하는 것이어야 한다. 엄격한 행동주의자들은 자유 혹은 선택을 허락하지 않는다. 그들은 모든 행동이 외적 강화(external reinforcement)의 산물이라고 본다.

행동치료사들은 관찰이 가능한 것에 기초하여 치료를 계획한다. 이러한 치료법은 설정된 치료목표를 달성하기 위해 과제를 일련의 여러 단계에서 작은 단위로 쪼개기 때문에 행동변화를 촉진하기 위한 '공학적' 모델이라고 할 수 있다. 각 단계의 목표에 점진적 접근(successive approximation)을 하려면 강화 프로그램이 신중하게 적용되어야 한다. 강화물이 적절하고, 타이밍이 정확하고, 목표행동이 생리학적으로 가능한 것이라면(우리는 코끼리를, 설령 아기 코끼리 Dumbo라고 해도 날 수 있게 하지 못한다), 행동은 변화된다.

출처가 불분명한 이 이야기는 조작적 조건화(operant conditioning)의 기법에 대한 강의를 하는 심리학과 교수로부터 들었을 것이다. 학생들은 교수를 조건화시키기로 결정했다. 교수가 오른쪽으로 이동하면 학생들은 바로 앉아 필기를 하고 수업에 흥미가 있는 것처럼 행동한다(이것은 어떠한 교수에게도 강력한 강화물이다). 교수가 왼쪽으로 움직이면 학생들은 의자에 비스듬히 앉고 수업에 전혀 집중하지 않는 척한다. 머지않아 교수는 강의실 오른쪽 끝에 있는 출입문 옆에서 강의를 하고 있다. 학생들은 이러한 일에 싫증이 나면 교수에게 왼쪽으로의 행동을 강화시킴으로써 교수의 행동을 수정했다. 그러면 얼마 지나지 않아 교수는 창문 옆에서 강의를 하고 있다. 지적이었던 교수가 스키너 실험상자(Skinner box)의 쥐나 비둘기와 매우 유사하게 반응했다. 이 교수는 학생들의 강화계획(reinforcement schedule)에 의해 희생물이 된 것이다.

인간의 행동이 체계적 강화를 통해 변화될 수 있다는 사실은 실험실 상황뿐만 아니라 일상적 상황에서도 볼 수 있다. 이러한 행동주의적 접근은 언어병리학 및 청각학 분야에서 다양하게 적용된다.

의사소통장애에서 행동주의의 적용

행동주의는 언어청각 클리닉에서 마주치는 일탈행동을 다루는 데 매우 매력적인 방법이다. 이 기법은 치료사, 특히 초보 치료사가 특정 행동을 변화시키려 하고, 일련의 과제를 세분화하여 점진적 접근이 가능하도록 하는 데 구조화된 틀을 제시한다. 각 단계에서의 향상 정도는 측정될 수 있다. Perkins(1977)는 이에 대해 다음과 같이 말했다.

> 언어치료는 행동수정(behavior modification)만큼 행동적인 특성이 있기 때문에(전자는 화용적인 측면에서, 후자는 조작적 학습원리에 측면에서) 말을 교정하기 위한 대부분의 방법이 동일한 치료적 원리를 갖고 있다. …… 한마디로 말하면, 치료사는 내담자가 실패하지 않고 할 수 있는 것에서 시작해야 한다. 그리고 강화 유형과 계획을 신중하게 선택함으로써 최종적인 목표에 한 발씩 다가가게 된다. 성공이 확신될 때까지 다음 단계로 넘어가면 안 된다. 실패를 할 징조가 보이면, 치료사는 전략적인 목적으로 성공적인 수행이 있었던 시점으로 다시 돌아가야 한다(p. 379).

행동수정기법은 우리 분야에서 광범위하게 사용되었다. 행동수정의 원리는 비교적 학생들에게 가르치기가 쉽고, 이 기법의 구조는 학생들의 치료에 대한 공포를 해소해 준다. 행동수정의 많은 기법이 공통적인 특성을 갖고 있다는 것은 초보 치료사에게 유혹이 될 수 있다. 우리 분야에서 행동수정기법이 많이 사용되던 1970년대에는 소위 '프루트 루프(Fruit Loop) 시대(역주: 아이들의 아침식사로 사용되는 달콤한 과일 시리얼)'라고 불릴 수 있었던 것 같다. 그 당시에 관찰실에서 지켜보면 거의 모든 학생치료사는 프루트 루프를 사용하여 아동의 행동을 수정하고 있었다.

행동수정 책략을 다루는 문헌들은 많다. 몇 개를 예로 들면, Shames와 Florance(1982)는 말더듬 아동의 유창성 형성을 하는 데 행동주의 접근을 추천했고, Moore(1982)는 음성남용을 감소/제거시키기 위해 행동수정을 추천했으며, Cottrel, Montague, Farb와 Throne(1980)은 발달지체 아동에게 어휘를 가르치는 데 조작적 기법을 사용했다. 조작적 기법은 검사하기 어려운 청각장애인들이 소리에 반응하도록 하려 할 때 청각학 분야에서도 광범위하게 사용되었다(Lloyd, Spradlin, & Reid, 1968; Yarnell, 1983).

조작적 접근법을 사용한 많은 연구 중에 2개의 연구가 눈에 띈다. Stech, Curtiss, Troesch와 Binnie(1973)는 내담자가 치료사의 행동을 조건화하고 형성할 수 있는 방법에 대해 기술했다(내담자가 역공을 하는 것이다!). 우리 분야에서 행동주의에 대한 최종적 연구는 학생들이 내담자를 조건화시키는 동안 이어폰을 통해 학생치료사를 조건화시키는 책략을 소개한 Starkweather의 연구(1974)이다(누군가 치료 감독자를 조건화시키고 있지 않을까).

행동주의의 한계

행동주의 접근은 언어청각치료사의 역할과 책임을 협소하게 하며, 그들의 일을 아침 시리얼 프루트 루프 중 하나의 종류를 제공하는 것으로 축소시킨다. 내담자와 치료사의 관계성은 신비롭고 예술적인 속성이 있는데, 이 접근에서는 아직 개발되어 있지 않다. 또한 행동주의 접근은 변화된 행동이 내담자의 환경으로 어떻게 전이될(carryover) 것인가에 관한 이슈에는 관심이 없다. 행동주의에서는 내담자의 환경에 존재하는 수많은 강화제가 일탈행동을 유지하게 한다고 본다. 이러한 강화물(reinforcer)은 단지 내담자와의 활동을 통해서만 주어지는 것이 아니다. 행동주의 접근을 통해 표면적 행동은 수정할 수 있으나 개인성장, 자아존중 및 불안감과 같은 모호한 개념은 다루지 않는다. 왜냐하면 이러한 개념들은 명확한 행동으로 나타나지 않기 때문이다. 하지만 이러한 개념들은 의사소통행동에 많은 영향을 미치며 치료효과를 얻기 위해서도 매우 유용하다.

행동을 통제하기 위해 비현실적으로 행동주의를 사용하면 이타심(altruism)

이 사라질 수도 있다. 철학자나 심리학자들에 의하면 인간은 이타적 행동을 보여 주는 종(species, 種)이다. 즉, 인간은 선행을 하기 위해 선행을 한다(하지만 철저한 행동주의자는 우리가 선행을 하는 것은 선행 후에 우리의 기분이 좋아지기 때문이며, 따라서 선행을 하는 것이 강화된다고 본다). 내 생각에, 결국 행동주의는 '그것이 나에게 무슨 이익이 있을까?'라는 태도를 갖도록 격려하고, 이러한 태도를 갖게 되면 이타적 강화물에 순종하여 표면적인 행동의 변화가 촉진된다고 본다. 예를 들면, 어떤 아동은 고운 말을 하는 것을 자신에게 중요한 것으로 볼 수도 있고 보상을 얻기 위한 싫증나는 전제조건으로 볼 수도 있다. 만일 후자에 해당되는 아동이라면 치료실 밖에서 전이가 일어날 가능성은 거의 없게 된다.

인간은 자신의 행동에 대한 선택권을 갖고 있다(행동주의자들은 그에 반대하지만). 만일 수강생들에 의해 조건화된 대학교수가 교실에서 무슨 일이 발생하는가를 알아차렸다면, 비록 학생들이 졸고 있는 것 같아서 기분이 나쁘지만 그 교수는 조건화에 저항하고 강의실 중앙에서 강의를 할 것이다. 인간이 환경 강화물(environmental reinforcers)을 통제할 수 있으려면 자신에게 무슨 일이 일어나고 있는가를 인식하고 기꺼이 행동에 대해 책임을 지겠다는 의지가 있어야 한다. 하지만 강화물은 동물실험실에서만큼 인간행동을 형성하는 데 강력하게 기여하지 않는다. 언어청각 분야에서의 행동주의는 1980년에 정점을 이루었고, 현재는 실험실에서 다루어지며, 임상문헌에서는 거의 볼 수 없다. 하지만 심리치료 분야에서 인지적 접근법의 선구자적 역할을 했다(Corey, 2013).

인본주의 상담

미국 심리학의 '세 번째 세력'(즉, Freud의 정신분석과 Watson의 행동주의 다음으로 세 번째)으로 알려진 인본주의 상담(humanistic counseling)의 발달은 행동

주의 발달과 병행했다. 미국에서 인본주의 운동에 대한 이론적·임상적 기초
는 Abraham Maslow와 Carl Rogers 각자에 의해 제공되었다. Maslow(1962)
는 모든 인간은 성장하려고 하는 동인(drive)—그는 **자아실현(self-actualization)**
으로 명명함—을 태어나면서부터 갖고 있다고 했다. 자아실현 동인은 가끔
아동에게 인정이나 지혜를 얻기 위해 다른 사람에게 의지하도록 가르치고
양육함으로써 방해를 받기도 한다. 치료의 목표는 자아실현에 방해되는 장
애물을 제거하도록 도와주고 진정한 지혜가 놓여 있는 내면적인 지시(inner
promptings)에 반응하는 것을 배울 수 있도록 하는 것이다.

　　정신과 의사인 Sheldon Kopp의 저서는 인본주의 상담과정을 잘 묘사하고
있다. 『If You Meet the Buddha on the Road, Kill Him』(1982)[역주: 국내에서
는 『천년의 지혜, 내 마음의 빗장을 열다』(여름언덕, 2010)로 번역됨]이라고 하는
이 책은 진정한 부처는 우리의 내면에 있기 때문에 길에서 부처를 만났다고
하면 그 부처는 가짜라고 하는 어떤 늙은 불교신자의 훈계 내용을 담고 있
다. 우리가 알다시피 인본주의의 뿌리는 고대로 거슬러 올라간다. 중국의 현
자인 Lao-Tze(노자, Laozi 또는 Lao-Tzu로도 알려짐)는 2,500년 전에 다음과
같은 글로써 인본주의적 신념을 명확히 설명했다.

　　　만일 내가 사람을 간섭하는 것을 자제하면, 그들은 자신을 돌볼 것이고
　　　만일 내가 사람들에게 명령하는 것을 자제하면, 그들은 스스로 행동할 것
　　이고
　　　만일 내가 사람들에게 설교하는 것을 자제하면, 그들은 스스로 개선할 것
　　이고
　　　만일 내가 사람들에게 강요하는 것을 자제하면, 그들은 스스로를 찾을 것
　　이다(Bynner, 1962, p. 32에서 인용).

　　임상 대상에게 인본주의 원리를 적용하는 것에 대해서는 Carl Rogers의
기념비적 저서에 잘 설명되어 있다. 『Client-Centered Therapy』(1951)[역주:

국내에서는 『사람-중심상담』(학지사, 2007)으로 번역됨는 현대 임상심리학에서 이념적 전환점을 찍은 역작이다(Arbuckle, 1970). 그 당시는 심리학자들이 직업상담, 지능측정 및 성격측정에 주로 관심을 갖고 있을 때이다. 반면에 Rogers의 내담자중심 상담은 진단 및 검사를 거의 강조하지 않는다. 이것은 내담자 성장을 위한 중요한 수단으로 대인관계의 질을 강조한다. Rogers에 의하면, 치료 환경에서 변화가 일어나려면 세 가지 전제조건이 요구된다. 첫째, 상담자는 내담자에 대한 무조건적인 존중(unconditional regard)을 개발해야만 한다. 그래야만 내담자가 자신이 원하는 것을 자유롭게 표현하려는 마음을 갖게 된다. 이것은 내담자를 전적으로 수용하는 관계 속에서 내담자의 말을 판단하지 않으면서 경청하고 중시함으로써 길러지는 것이다. 내담자에게는 '신경증' 혹은 '지적장애'와 같은 낙인이 주어지지 않으며 내담자 자신이 사용하는 용어로써 항상 받아들여진다.

둘째, 상담자는 공감적 경청(emphatic listening)—Rogers는 '미세한 노크 소리'를 듣는 것이라 함—을 해야 한다. 이것은 **반영적 경청(reflective listening)**으로도 불리며 인본중심기법 중에서 가장 쉽게 가르칠 수 있는 것이다. 불행하게도, 만일 내담자에게 집중하지 않고 기법에만 집중하는 초보 상담자가 이 기법을 공감(empathy) 없이 실시한다면 크게 실패하기 마련이다(이에 대해서는 제6장에서 추가적으로 언급된다). 공감적 경청에서 상담자는 내담자의 메시지에 담긴 감정을 다시 내담자에게 반영해 주어야 한다.

셋째 조건은 성취하기 가장 어려운 것인데, 상담자의 일치성(congruence)이다. 이에 Rogers(1980)는 다음과 같이 말했다.

> 내가 이 순간의 경험을 의식(awareness)하고 있을 때 그리고 내가 현재 의식하고 있는 것이 현재 나의 의사소통에 있을 때, 이 세 가지 차원이 서로 어울리거나 일치하는 것이다. 그 순간 나는 통합되거나 전체가 되고, 완전히 하나가 된다. 다른 모든 사람처럼, 나는 어느 정도의 불일치를 보여 준다. 하지만 나는 진실성, 진정성 혹은 일치성—당신이 이것에 대해 어떠한 용어를 사용하든

지―이 최상의 의사소통을 하는 데 기본이 된다는 것을 알게 되었다(p. 15).

상담자의 일치성을 확보하기 위해서는 상담자가 내담자의 필요와 경험에 연결되어 있어야 한다. 무조건적인 존중과 공감 그리고 일치성으로 무장이 되면, 상담자는 내담자와 치료적 연대를 형성할 수 있으며 내담자는 자아실현의 욕구를 방출할 수 있게 된다. 내담자중심상담의 가정은 이러한 촉진적 조건들이 갖추어지면 내담자가 자기이해 및 성장을 위한 역량으로 사용할 것이고 궁극적으로 변화가 일어나게 된다는 것이다.

의사소통장애에서 인본주의의 적용

언어병리학과 청각학에서는 오래전부터 일부 초기 치료사가 인본주의적 접근을 실시했다. Backus와 Beasley(1951)는 "언어치료는 도구에 의존한 치료에서 벗어나 치료적 관계성(therapeutic relationships)에 기초를 둔 치료로 옮겨 가고 있다."(p. 2)라고 말했다. Cooper(1966)는 말더듬 치료에서 내담자의 변화는 내담자와 임상가 사이에 오고 가는 정서적 상호교감의 특성과 관련이 있다고 보고했다. 또한 그는 말더듬 치료와 심리치료 사이에 중요한 유사점이 있다고 언급했다. 최근 Ginsberg와 Wexler(2000)는 말더듬 상담에서의 내담자중심 관점에 대해 논의했으며, Bryden(2002)은 초기 치매 단계에 있는 내담자에게 인간중심(person-centered) 접근을 사용했다. E. Webster(1966, 1977)는 언어치료사 및 청각사들에게 특별히 부모와 관계를 맺을 때뿐 아니라 치료적 대면(therapeutic encounter)을 할 때도 인본주의 상담 모델을 사용할 것을 지속적으로 주장했다.

Caracciolo, Rigrodsky와 Morrison(1978)은 학생치료사를 감독할 때에 Rogers의 비지시적 접근(Rogerian nondirective approach)을 사용할 것을 제안했다. 이들이 기대하는 것은 감독자가 학생치료사에게 Rogers의 접근법을 모델로 보여 주면, 예비 치료사들이 이 접근법을 내담자와의 관계에 적용할 수 있는 것이다. 아마도 의사소통장애 분야에서 Albert Murphy(1982) 만큼 임상활동 및 저서에서 지속적으로 인본주의적 입장을 취한 사람은 없을 것이다. 그는 다음과 같이 주장했다.

> 고상한 의미에서 행복은 우리의 전문적인 역량과 마음 및 정성을 펼쳐서 타인과의 관계를 도와주면 물밀듯이 찾아온다. 가끔 우리 내면 깊은 곳에 있는 무언가는 인생에서 가장 중요한 것이 나 혹은 당신에게만 속한 어떤 것이 아니라 우리 사이에 일어나는 그 어떤 것이라는 점을 깨닫게 해 준다. 관계 속에서 일어나는 신성한 불꽃은 우리 모두에게 가장 중요한 삶의 동력이 된다(p. 402).

인본주의 모델의 한계

인본주의 접근의 문제는 어떻게 그것을 의사소통장애 분야에 적용하는가에 있다. 일치성, 공감 및 자아실현의 개념들은 불명확하고 쉽게 측정할 수 없으며 학생치료사에게도 가르치기가 쉽지 않다. 인본주의에서는 믿음의 도약을 요구한다. 치료적 환경이 올바르면 자아실현의 욕구가 조금씩 생길 것이다. 따라서 치료사는 어쩌면 불편하고 구조화되지 않은 틀에 남겨지게 된다. 인본주의 상담에서는 치료사가 치료의 일정—'치료계획'을 집어던질 것인지, 아니면 치료사와 내담자가 함께 자발적이고 평등주의적 입장에서 고안해 낼 것인지—을 내담자에게 양보할 것을 요구한다. 인본주의 상담은 내담자에게 많은 책임을 부과하며 치료사에게는 많은 자신감을 요구한다. 또한 치료사들에게 인본주의 상담을 가르치는 것은 어려운데 핵심적인 것을 말로 표현하기가 어렵다. 우리는 학생들을 인본주의 상담으로 인도할 수 있으나, 도약은 학생들의 몫이다. 이 모델은 사심 없이 들음으로써 심오한 내용에 집착하지 않는 것이 최선의 방식이라고 본다.

치료사는 전문가처럼 보이지 않도록 하는 행동을 학습해야 한다. 그들은 지시하기보다는 경청해야 한다. 이 접근법에서 치료사는 외적 자유를 최대한 허용해 주는 내면적 구조를 가지고 있어야 한다. 이 인본주의 접근법은 내담자와의 비구조적이고 자발적인 의견교환을 요구하기 때문에 아직 경험과 자신감이 부족한 젊고 불안정한 치료사에게는 특히 매우 어려운 기법이다. 또한 인본주의 접근법의 수칙을 다루기 어려운 임상 대상자, 즉 아주 어린 아동 및 심한 뇌손상 성인들에게 어떻게 적용할 것인가를 파악하는 것은 어려운 일이다.

상담과 실존주의

　미국에서의 인본주의는 유럽의 실존철학과 함께 발달했다. 실존주의자들은 19세기 덴마크의 철학자 Kierkegaard의 업적이 프랑스의 지식인 운동에 의해 재발견되면서 등장하기 시작했다(Yalom, 1980). 실존주의 철학자들은 전통적인 종교적 사상이 제공하는 위로에 의지하지 않고 인간의 존재에 관한 문제를 보려고 했다. 당시에 이들은 과학 혁명을 겪고 있었으며 과학적 사고를 삶의 이해에 적용하려고 했다. 하지만 이러한 노력은 전통적인 종교적 사고와 직접적인 갈등을 초래했다. 실존주의자들에게 삶의 문제는 존재론적 사실—즉, 우리는 죽어야 한다, 우리는 자유가 있다(하지만 책임이 따른다), 우리는 외로운 존재이다, 그리고 인생은 의미가 없다—과 관련성이 있다.

　또한 실존주의자의 견해는 심리치료 접근법의 기초가 되었다. Victor Frankl, Erich Fromm과 Rollo May와 같은 치료사들은 실존주의 철학을 환자들이 제기한 삶의 문제를 이해하고 조사하기 위한 기초로 사용하기 시작했다. 실존주의 치료사는 대부분 현대판 정신분석학자이다. 전통적인 심리분석학적 사고에서는 불안(anxiety)을 환자가 보이는 일탈행동의 원동력으로 본다.

실존적 심리치료(existential psychotherapy)는 불안을 행동의 원동력으로 간주하는 역동적 치료법이다. 하지만 실존적 심리치료사에 의하면, 불안은 개인이 존재론적 사실―죽음, 자유/책임, 외로움 그리고 무의미―을 직면해야 할 때 발생한다. 실존적 심리학자에 의하면, 신경증 행동은 실존에 관한 기본적인 이슈들을 다루는 것을 회피함으로써 발생한다. 실존주의자들은 행동에 대한 발달론적 견해를 취하지 않는다. 왜냐하면 그들은 현재의 행동을 이해하기 위해 내담자의 초기 개인사를 특별히 이해하려고 하지 않기 때문이다. 이러한 입장은 내담자의 현재 행동을 이해하기 위해 그들의 개인사에 기초하여 그들의 과거를 들여다보려고 하는 전통적 심리치료와 대비된다. 실존주의는 '현시점(here and now)' 치료법이다. 이 치료법은 현재에 초점을 맞추며 내담자의 현재 행동이 실존적 이슈들과의 충돌을 반영한다고 본다. 실존적 이슈를 회피함으로써 불안이 생성되고 궁극적으로 개인간(interpersonal) 또는 개인 내적인(intrapersonal) 어려움에 처하게 된다. 실존적 사고를 심리치료에 적용한 우수한 사례는 Yalom(1989)의 저서 『Love's Executioner』[역주: 국내에서는 『나는 사랑의 처형자가 되기 싫다』(시그마프레스, 2005)로 번역됨]에서 볼 수 있다.

실존주의 이슈

실존주의가 상담에 미친 영향을 이해하기 위해서는 실존철학에서 중요한 역할을 하는 죽음, 자유/책임, 외로움 그리고 무의미 같은 요인을 심층적으로 살펴보아야 한다.

죽음

삶에 있어서 가장 중요하고 피할 수 없는 이슈인 죽음(death)은 대부분의 사람이 피하는 주제이다. 죽음에 대한 불안은 죽음이 찾아왔을 때 거기에 있고 싶지 않다고 말한 철학자 Woody Allen이 한 말에 잘 요약되어 있다.

Mitford(1963)는 장례 지도사가 우리의 죽음 회피에 응하면서, 죽은 자를 위해 우아한 옷과 부드럽고 탄력이 있는 매트리스를 제공하고, '잠자고 있는 시신'이 들어 있는 우아한 관을 마지막으로 접견하는 '수면 방'에서 멋진 말을 함으로써 그들이 이익을 얼마나 늘리고 있는가를 지적했다. 실존주의자들은 우리에게 만일 우리가 계속해서 죽음을 회피하려고 하면 죽음에 대한 불안으로 가득 찬 삶을 살게 될 것이라고 말한다. 우리는 매일의 실존에 대해 충분하게 생각하지 않은 채로 죽음을 연기하고 미루는 경향이 있다. 실존의 경계를 인식하지 못하면, 평범한 것을 즐기는 것을 회피하게 된다("어쨌든 우리는 영원히 살 거야."라고 하면서!). 죽음의 공포는 충실하게 살지 못했다고 느끼는 사람에게는 엄청나게 크게 다가온다. Yalom(1989)은 "이루지 못한 삶 혹은 발휘되지 않은 능력이 클수록 죽음에 대한 공포는 더 커진다는 공식은 잘 맞는다."(p. 6)라고 말했다.

반면에 죽음을 의식하며 살면 우리는 매일의 순간순간을 의미 있게 여기고 즐기며 살게 된다. 거기에는 내일에 대한 약속이 없다. 죽음을 의식하며 사는 사람들은 인생이 얼마나 덧없고 유한한가를 의식하게 된다. 그들은 시간을 허비하지 않는다.

Yalom(1980)은 암 환자들이 죽음이 얼마 남지 않았다는 것을 깨달았을 때 다음과 같은 삶의 변화를 보인다는 것을 발견했다.

- 인생의 우선순위를 재배열하기: 사소한 것은 하찮게 여기기
- 해방감: 원하지 않는 것은 하지 않기로 결정하기
- 미래의 그 어느 시점이나 퇴직할 때까지 삶을 미루는 것보다는 현재에 충실하며 살아야겠다는 의식을 고양하기
- 삶의 기초적인 요소에 대해 확실히 감사하기: 변화하는 계절, 바람, 떨어지는 낙엽, 마지막 크리스마스
- 발병 전보다 사랑하는 사람과 더 깊은 대화하기
- 대인관계 공포 줄이기, 거부에 대한 걱정 덜하기, 발병 전보다 더 모험적인

삶을 살기(p. 35)

우리 모두는 종착역에 와 있다. 암에 걸리지 않고서 죽음을 인식할 수 있다면 얼마나 좋은 일인가. 하지만 불행하게도 대부분의 사람은 오직 인생의 위기가 와야만 죽음을 인식하는 삶을 살고 있다.

🗣 자유와 책임

실존주의자들은 책임(responsibility)의 이슈에 대해서는 단호하다. 이것은 그들의 치료에 있어서 기초가 된다. 실존주의적 치료사나 철학자의 입장은 각 개인이 자기 인생에 대해 그리고 그들의 현실 세계를 구성하는 데 책임을 져야 한다는 것이다.

실존은 당신이 하고 싶은 대로 하는 것이다! 타협하지 않는 이러한 입장은 사람들에게 매우 불편한 감정을 줄 수 있다. 왜냐하면 자신의 실패에 대해 어느 누구도 비난할 수 없기 때문이다. 실존주의자들에게 있어 개인은 일상 생활에서 일어나는 일에 대해 어떻게 반응할 것인가를 선택하는 것은 물론 항상 무엇인가를 선택해야 한다. 예를 들면, 사람들이 청각장애나 뇌출혈을 갖고 태어나는 것을 선택한 것은 아니지만, 이러한 질병에 어떻게 대처할 것인가는 선택해야 한다. 시인이며 청각장애인인 David Wright(1969)는 자신의 청각장애 문제에 대해 다음과 같이 고상하게 언급했다. 그는 많은 긍정적인 것을 발견했다.

장애인은 인생에 특별한 목적이 없는 사람들을 괴롭히는 애매모호한 불행에 덜 휘둘린다. 목적이 없는 사람들은 소위 인생이 따분해서 더 많이 화를 낸다. 장애인들에게는 현재 이미 정해지고 준비된 목표가 주어져 있는데, 이는 그들이 좀 더 회복하기 위해서 넘어야만 하는 장애물이다. 교수형에 처해질 사람처럼, 장애인은 능력을 한곳에 집중시킨다(p. 111).

내담자가 장애에 대해 무엇을 할 것인가를 선택했기 때문에 상담자는 내담자에게 전혀 미안한 감정을 갖지 않는다. 선택의 책임은 성장할 수 있는 기회를 제공한다. 책임을 진다는 것은 모든 변화와 성장의 토대가 된다. 치료를 통한 첫 번째 변화는 책임을 진다는 것이다. 만일 자신의 어려움을 자기의 문제로 생각하지 않는다면, 어떻게 사람들이 그것을 변화시킬 수 있겠는가? 실존적 견해에서 볼 때 내담자가 가장 배우기 어려운 것은 삶에는 정확한 답이 없다는 것이다. 삶에는 선택지가 주어지고 선택을 하면 그에 따른 결과가 있다. 실존주의자들에 의하면, 우리는 선택의 결과로 고통을 받는다. 이처럼 마음을 불편하게 하는 철학이 있는 것은 놀라울 일이 아니다.

책임을 회피하려는 병리적인 현상은 심각한 것부터 일상적인 것까지 폭넓게 일어난다. 어떤 측면에서 보면 우리 모두는 책임을 회피하려고 노력한다. Erich Fromm(1941)은 그의 고전적 저서『자유로부터의 도피(Escape from Freedom)』에서 사회적 차원에서 자유(freedom)는 공포를 불러일으킨다고 주장했다. 따라서 민주주의를 유지하는 데 요구되는 책임감에서 벗어나기 위한 보호 장치로서 전체주의 정부가 발달했다고 했다.

실존적 틀에서 책임감 회피현상은 담배나 술에 중독된 사람들에게서 가장 많이 볼 수 있다. 실존주의자들에 의하면 담배나 술을 하는 것은 그들에게 어쩌다 일어난 사건이 아니다. 그것은 그들 스스로가 초래한 사건이다. 흡연가나 술 중독자는 담배를 **피워야만 하거나** 술을 **마셔야만 하는** 것처럼 느낀다. 하지만 실존적 입장에서 보면 그 사람들이 술을 마시거나 담배를 피우기로 **선택한** 것이다.(술 중독자가 일반인에 비해 생리학적으로 특별히 다르게 반응한다는 증거는 없으며 이것이 변명이 될 수 없다. 아직도 선택의 문제로 귀결된다.) 이러한 입장은 가혹해 보일 수도 있으나, 치료사로서는 어떠한 판단이나 비난을 하지 않는다. 이것은 현실에 대한 냉정한 관점이다. 중독현상을 멈추는 데 성공한 사람들은 누구도 자신을 변화시킬 수 없다는 사실을 인식하고 자신의 행동에 대한 책임을 지는 사람들이다. 그들에게는 익명의 알코올 중독자 자조모임(Alcoholics Anonymous)과 같은 집단에서 제공하는 정서적 지원이 많이 요구된다. 중독을 끊는다는 것은 쉬운 일이 아니고, 책임감이 없는 경우에는 불가능하다.

실존주의자들은 책임 인수(responsibility assumption)에 대해서 단호한 입장을 보인다. 우리는 날씨에 대해서 불평할 수 없다! 나는 Ralph Waldo Emerson의 다음과 같은 인용구를 좋아한다. "오늘은 진짜 완벽한 날이다. 만일 우리가 하루를 어떻게 보낼 수 있을지 알고 있다면!" 그러므로 '나쁜' 날씨일지라도 좋은 날씨로 만드는 것은 우리의 책임이다. 나는 Robert Louis Stevenson의 다음과 같은 인용구도 좋아한다. "인생에서 중요한 것은 패가 나빠도 카드놀이를 잘하는 것이다." 이 인용구는 우리의 운명에 대해 투덜거리지 말 것을 의미한다. 책임감을 갖고 자기의존적(self-reliant)이 되어야 성공적인 삶을 살 수 있다. 이러한 사실은 Holland(2006)가 '성공적인 실어증 환자'의 연구에서 발견했다.

🗣 외로움

우리는 각자 홀로 우주에 존재한다. 일단 태어난 후에는 우리는 다른 어떤 사람과 더 이상 합쳐질 수 없다. 실존주의자들에 의하면 아동기의 모든 불안은 분리(separation)를 의식하면서 시작된다. 스스로 생존할 수 없는 영아에게 부모와의 실제적인 분리는 곧 죽음을 의미하기 때문에 부모와 분리되는 것을 참을 수 없다. 따라서 분리와 외로움에 대한 불안은 사람들이 갖고 태어난다. 하지만 우리 모두가 혼자이다. 이러한 참담한 사실은 존재론적 사고에 매우 중요하다.

외로움(loneliness)에 대한 불안은 노래 가사에 나오는 '당신이 내게서 떠나면 나는 죽을 거야.'와 같은 낭만적 사랑을 낳는다. 낭만적 사랑은 의존적인 관계를 갖게 하기 때문에 개인적 성장이 없다. Scott Peck(1978)은 그의 저서 『The Road Less Traveled』[역주: 국내에서는 『아직도 가야 할 길』(율리시즈, 2011)로 번역됨]에서 사랑에 대해 논의했다. 그에 의하면 낭만적 사랑은 결혼, 출산 그리고 종족의 생존을 보장하기 위해 자연에 의해 계획된 생물학적 '올

가미'이다. 낭만적 사랑이란 성숙한 사랑으로 가기 위한 진화론적 단계라고 볼 수 있다. Peck은 성숙한 사랑을 "자신이나 다른 사람의 영적 성장을 도모하기 위해 자신의 자아를 확장하려는 의지"로 정의했다(p. 81). 이와 같이 성숙한 사랑에는 개인의 성장을 허락하는 분리가 포함되어 있다.

성숙한 사랑의 길로 가려면 실존적 외로움을 직면하는 위기를 통과해야 한다. 예를 들면, 외로움의 경험에 대한 심층적인 연구를 통해 그러한 경험이 사랑과 어떠한 관계가 있는가에 대해 집필한 Moustakes(1961)는 매우 심각한 병에 걸린 딸의 중요한 수술 여부를 결정해야 할 때 자신이 경험한 것을 다음과 같이 회고했다.

> 다른 사람의 생사에 관한 결정을 하는 상황에 처해 있을 때 그 책임은 엄청난 것이다. 이러한 어마어마한 책임감은 다른 누구와 공유할 수 없었다. 나는 철저히 나 혼자였고, 정신이 하나도 없었고 무섭기도 했다. 나의 존재가 위기 속에 흡수되어 버렸다. 누구도 나의 공포심을 제대로 이해할 수 없었고 이러한 공포심은 잠자고 있던 깊은 외로움과 고립감을 자극했다. 나라고 하는 존재 중심에서 이러한 외로움이 전에는 알지 못했던 자의식을 불러일으켰다(p. 2).

외로움을 마주한다는 것은 인간성에 대한 무조건적인 존중을 발견하기 위한 수단이다. 자아성장을 촉진하는 것은 죽음에 대한 의식과 같은 '경계적 경험(boundary experience)'이다. 외로움을 마주함으로써 나오는 사랑은 우리 자신의 풍성함에서 나오는 사랑일 수 있다. 주는 것을 통해 우리는 자신을 새롭게 한다.

무의미

실존주의자들에게 세상은 외형상으로 의미가 없다. 그들이 보았을 때 우리는 우주적 무관심에도 불구하고 우주 공간을 돌진해 가는 이 지구에 웅크리며 모여 있다. 우주의 무의미(meaninglessness)는 실존주의 사고에서 중요한 개념이다. 왜냐하면 인간은 자신에 대한 의미를 발견함으로써 자신을 구축하기 때문이다. 거기에는 '객관적' 진리는 없고 극도의 개인적 진리만 있다. 세상은 저기 밖에 있고, 그에 대한 형체와 실체는 단지 인간의 해석을 통해서만 존재한다. 간단히 말하면, 신을 창조한 것은 바로 우리이다. (실존주의자가 기성 종교와 부딪히는 것은 이상한 일이 아니다.) 의미가 없는 세상을 마주하면서 우리는 삶의 목적과 의미에 대한 우리의 비전을 스스로 구축해야하고, 어떠한 견해를 가질 것인가를 선택하여야 한다. 따라서 우리는 전통적인 종교적 견해(예: "우리는 선한 일을 하기 위해 존재한다."), 헌신적 견해(예: "우리는 특정 문제를 해결하기 위해 존재한다."), 인본주의적 견해(예: "우리는 자아를 실현하기 위해 존재한다.") 그리고 쾌락주의적 견해(예: "우리는 즐기기 위해 존재한다.") 중 하나를 선택할 수 있다.

실존주의적 치료사들은 내담자의 특정한 세계관을 이해하려고 노력한다. 그들은 좋다 또는 나쁘다고 전혀 판단하지 않는다. 그들은 내담자가 어떠한 세계관을 갖고 있고 그것으로부터 파생된 것이 무엇인가를 이해하고 내담자가 자신의 선택에 대해 책임을 질 수 있도록 요구해야 한다.

의사소통장애에서 실존주의의 적용

실존주의적 사고는 우리 분야에 넓게 적용되어 왔다. 실존주의적 이슈들은 우리 분야의 모든 임상적 상호작용에서 많이 발생한다. 나는 실존주의자들이 사용하는 용어와 그들의 견해를 접하게 되었을 때, Molière의 작품인 『신사평민(The Bourgeois Gentleman)』의 주인공인 Jourdan 씨가 자기가 평생 산문을 노래하고 있는 것을 발견했을 때 느꼈던 흥분을 느낄 수 있었다. Yalom(1980)은 정신의학자들이 실존적 이슈를 다루지 않는 것은 그들 스스로가 그 이슈들을 해결하지 못하기 때문이라고 언급했다. 내 생각에도 이러한 주장은 부분적으로 맞는 것 같다. 하지만 나의 경우 내담자의 행동을 보고, 내 힘으로 이렇게 많은 이슈를 해결하기 위해서는 이론적 틀이 필요했다. Faran, Keane-Hagerty, Salloway, Kupferer와 Wilken(1991)은 알츠하이머 환자의 가족에게 있는 많은 이슈를 찾아냈다. 간병인이 스스로 책임을 지고 삶의 의미를 찾을 수 있었던 것은 고통(suffering)의 과정을 통해서였다. 내 아내의 질병은 내가 모든 것을 중요하게 생각하고, 진실하게 살도록 하는데 도움을 주었다. 그리고 나는 삶에 의미를 부여했고 집중도 할 수 있게 되었다(Lutherman, 1995). Spillers(2007)는 애도 모델(grieving model)과 실존적 모델 모두 내담자의 이슈에 대한 강력한 통찰력을 제공하며, 이러한 이슈들에 대해 주의를 기울이는 것은 장기적 측면에서 볼 때 치료효과 증진에 도움이 된다고 했다. Spillers는 내담자가 실존적 이슈와 씨름하면서 걸어가야 하는 영적인 여정은 언어치료사들의 임상활동 영역에 포함된다고 생각한다.

죽음에 관한 이슈는 우리의 임상현장에 늘 있는 일이다. 많은 사례에서, 우리는 충격적인 변화를 겪고 있는 사람들을 만나고 있다. 이러한 변화에는 우리가 무엇인가를 포기하고 잃게 하는 죽음이 포함된다. (우리는 무엇인가를 얻지만 당시에는 그것을 인지하지 못한다.) 청각장애 아동의 부모는 '정상' 아동을 갖게 되는 꿈과 '정상적인' 삶을 갖게 되는 것을 포기해야만 한다. 실어증 환자와 그들의 가족은 독자적으로 의사소통할 수 있는 인간임을 포기해야 한다. 우리의 내담자 중 많은 이, 특히 후두적출수술을 받거나 뇌출혈을 겪고 있는 이들은 거의 죽음에 가까운 경험을 했다. 이러한 일로 인해 그들은 자신의 취약성을 인식하여 심한 공포감을 갖거나 자신에게 남겨진 시간이 많지 않다는 것을 알기 때문에 세상을 떠나는 것에 대해 두려워하게 된다. 뇌출혈을 경험한 언어치료사 M. Webster(1982)는 회복되면서 "나무, 꽃, 석양과 친구들 그리고 사랑하는 모든 사람에게 더 고마운 마음이 들었다." (p. 237)라고 했다.

죽음에 대한 의식은 내담자와 상담자를 움직이게 한다. 죽음이 언제라도 당신에게 찾아올 수 있다는 것을 의식하면, 당신은 더 이상 소심하게 살지 않기로 할 것이다. 당신은 마주치는 모든 것에서 최상을 얻기를 원할 것이고, 어떤 것도 영원한 것은 없다는 것을 인식하게 될 것이다. 상담자에게 종결은 중요한 임상적 도구이다. 모든 미팅에는 확실한 종결이 필요하다. 집단 미팅의 경우 종결시간이 가까울수록 더 격렬해진다. 내담자는 상담자와의 시간이 매우 제한되어 있다는 것을 알고 나면 더 열심히 해야겠다는 마음을 갖게 된다. 이러한 생각을 지지하는 실험 연구가 있다. Shlien, Mosak과 Dreikors(1962)에 의하면, 상담시간이 제한되어 있을 경우가 제한이 없을 경우보다 상담효과가 더 크다. Munro와 Bach(1975)의 연구에서도 제한된 시간 동안(8회기) 상담 서비스를 받는 대학생이 제한시간이 없이 상담 서비스를 받은 통제 집단보다 자기수용 및 독립심에서 훨씬 높은 향상을 보였다.

내담자와 상담자 모두가 시간이 제한되어 있다는 것을 인식하게 되면, 치료 동안의 노력의 질이 강조된다. 시간 그 자체로는 치유되지 않는다. 단지 활동만이 치유되게 하는 것이다. 그러나 시간제한을 인식하게 되면 활동은 증가하고 그에 따른 위험성도 증가한다.

자유와 책임은 모든 치료과정에서 매우 중요하며 행동이 내담자의 삶으로 전이되는 과정에서도 매우 중요하다. 치료관계를 관찰한 바에 따르면, 상담자는 내담자에게 선택과 행동에 대한 책임을 주는 것에 자주 실패한다. 내담자가 상담자를 '구조해 주기' 때문에 내담자의 역량이 강화되지 않고 성장하지 못하는 것이다. 뇌성마비 여배우인 Geri Jewell(1983)은 자신의 성장에 가장 큰 방해물이 선생님이 자신에게 낮은 기대치를 가졌으며 책임감을 요구하지도 않았다는 것이었음을 느꼈다. 청각장애인에 대한 반복적인 낮은 기대감과 관련하여 문제를 제기한 사람이 있다. White(1982)는 6개 청각장애학교의 교사와 상담자를 대상으로 실시한 일련의 워크숍 결과에 대해 보고했다. 281명의 교사와 상담자에게 24개의 사회적 능력 중에서 청각장애 아동에게 부족한 능력을 평정하라고 했다. 거의 모든 설문 참가자가 1위로 평정한, 청각장애 아동에게 부족한 능력은 '자신의 행동에 대한 책임을 지는 것'이었다.

교류분석(transactional analysis)을 실시한 Hornyak(1980)은 언어치료사가

내담자를 '구조'함으로써 내담자의 자율성을 빼앗을 수 있고 내담자가 무력 감을 느낄 수 있다는 위험을 지적했다. Hornyak에 따르면, 치료적 접근에서 시 내담자는 무력하지 않은 인간으로 지각되어야 한다.

궁극적으로 전문가들이 자기가 도와주고 있는 사람들의 구조자가 되면, 그들은 내담자의 성장을 제약하고 내담자가 자신의 행동에 대해 스스로 책임지는 것을 방해하게 된다. 어떻게 하든 말을 더듬는 사람에게는 비유창성에 대해, 음성장애를 보이는 사람에게는 음성행동에 대해, 조음장애를 보이는 사람에게는 오조음에 대해 책임감을 갖도록 해야 한다. 내담자는 변화의 시작이 외형적인 수단보다는 내적인 수단에서 온다는 것을 알아야 한다. 내담자가 자신의 능력과 책임을 경험하게 되면 그들은 특정 언어행동을 수정할 수 있으며 치료실 밖에서도 변화를 유지할 수 있다. Aazh, Moore와 Roberts(2009)의 이명증(tinnitus)을 위한 환자중심 모델은 내담자에게 이명증에 대한 다양한 대안을 제공한다. 내담자는 상담이 포함되거나 포함되지 않은 자신만의 치료계획을 선택한다. 이러한 접근법은 치료에 대한 책임을 내담자가 갖게 되는 실존주의적 틀에 부합하며, 내담자가 스스로 최선의 해결책을 발견할 것이라고 믿어 주는 인본주의적 틀에도 부합한다.

외로움에 대한 개념은 우리 분야에 광범위하게 적용된다. 의사소통장애를 갖고 있다는 것은 다른 사람과의 교류가 차단되었음을 의미한다. 이러한 현상은 불안을 유발한다. 현재 청각사인 내가 보았을 때 점차적으로 청력손실이 예상되는 내담자가 겪는 내면의 두려움은 단절되고 고립될 것이라는 느낌에서부터 생기는 것이 확실하다. 대인관계에서 외로움을 완화시킬 수 있는 주요 수단은 구어 의사소통이다. 만일 의사소통이 어렵다고 하면, 우리는 당혹스러울 것이다. 집에서 어머니가 다른 방에 있을 때에는 자기 목소리를 들을 수 없기 때문에 부모를 자기 시야에서 벗어나지 못하게 하는 청각장애 아동, 친구들이 농담을 할 때 중요한 부분을 알아들을 수 없기 때문에 선술집에 가는 것을 싫어하는 트럭 운전기사, 의사소통에 문제가 있기 때문에 외출하지 않으려는 청각장애 남편을 비난하는 아내 등등. 이 모든 사람은 여러 가지 형태로 외로움을 경험하고 있다. 말더듬 때문에 사람들과의 접촉이 제한적인 말을 더듬는 사람, 외출하기를 거부하는 후두적출 환자 그리고 자신의 모습 때문에 다른 사람에게 불편을 줄까 봐 사람들과의 접촉을 제한하는 구개열 환자 역시 매우 외롭다.

아마도 가장 외로운 사람은 의사소통의 창과 문이 모두 닫힌 채 개인 '감방'에 갇혀 있는 뇌손상을 입은 성인일 것이다. 우리는 닫힌 문을 부숴야만 하고 가끔 비언어적으로 소통해야 한다. 의사소통장애를 완화시켜 주는 것은 자애롭고 멋있는 일이다. 우리가 다른 사람에게 줄 수 있는 중요한 선물은 많지 않다. 개인의 삶에서 극적인 변화가 일어나면 평상시에 받았던 지원으로부터 차단되기 때문에 외로움을 경험하게 된다. 부모와 친구는 다른 사람이 갖고 있는 상실의 고통을 거의 이해하지 못한다. 그들은 다른 사람의 '기분을 좀 더 좋게' 하느라 바빠서 다른 사람의 슬픔에 반응하지 않기 때문이다. 그들은 매우 어색함을 느끼고 가슴 아픈 일을 경험한 사람에게 어떻게 접근해야 하는지를 모른다.

혈우병 환자인 Bobby의 어머니 Suzanne Massie는 다음과 같이 말했다.

> 외면과 고립이 장애 자체보다 적응하는 데 힘들었다. 우리는 그 어느 때보다 가까운 사람들과의 접촉을 통한 도움과 위로가 필요했다. 우리는 친구가 필요했다. 우리 처지에서 친구는 필수적이었다. 나는 Bobby의 장애 초기에 우리와 가까이 있던 사람을 한 사람도 기억할 수 없다. …… 우리는 마치 섬에 살고 있는 것 같았다(Massie & Massie, 1973, p. 148)

Moustakes(1961)가 자기 아이에게서 발견했듯이, 우리는 위기에 처하게 되면 실존적 외로움에 놓이게 된다. 그때 그저 우리 이야기를 들어 주고 공감해 줄 수 있는 친구에게 도움을 구할 수 있다면 얼마나 좋을까.

무의미에 관한 실존적 이슈는 위기들로부터 발전되어 나타난다. 우리 각자는 우주론적인 견해, 즉 사물들이 세상에서 어떻게 작동하는가에 대해 우리 자신에게 설명하는 방법을 갖고 있다. 대부분의 사람은 실존주의자들이 우리에게 존재하지 않는다고 말한 질서와 합리성을 이 세계에 적용하기를 원한다. 우리는 비극의 이유를 찾을 필요가 있고, 그것에 대해 어떻게든 설명해야 한다. 모든 문화에 공통된 설명은 천상에 있는 신(혹은 종교에 따라 이에 준하는 위치에 있는 존재)은 악한 사람을 처벌하며 선한 사람에게는 상을 준다는 것이다. (이것이 많은 문화권에서 장애를 숨기려고 하는 이유이다. 왜냐하면 장애는 부모가 저지른 '죄'를 상징적으로 보여 주기 때문이다.) 정반대의 견해는 신은 삶의 위기에 처한 사람에게 엄청나게 큰 딜레마를 주는 사악한 존재라는 것이다. 이러한 견해는 매우 고통스럽지만 우주론적 견해를 재평가한다. 매우 신앙심이 깊은 사람은 "내게 일어난 이 힘든 일은 나를 위해 신이 마련한 거대한 계획의 일부분이다. 하지만 나는 단지 인간이기 때문에 신의 전체적인 의도를 감지할 수 없다."라고 자주 말한다.

매우 신앙심이 깊은 Suzanne Massie는 우주론적인 질문인 왜를 갖고 씨름해야만 했다.

　　그리고 아직 의미를 발견해야 할 필요가 있다. …… 하나님, 왜 왜? 나는 Bobby의 혈우병을 나에 대한 처벌이라고 생각할 수 없다. 에너지와 힘으로 가득 찬 우리 아이의 밝은 눈을 보면 하나님이 아무 생각 없이 당신의 분노를 우리 아이에게 내리셨다고 도저히 생각할 수 없다. 우리에게 고난을 가르쳐 주려고 하는 것일까? 러시아 사람들은 고난에서 깨달음의 길을 보았다. 그들에게 그것은 재앙이 아니라 선을 위해서 마련된 신비이다. Svetlana는 "Suzanne, 기뻐하세요."라고 나에게 말하곤 한다. 그녀는 "깊이 기뻐하세요." "그리고 당신은 고난을 겪고 있기 때문에 여왕이라는 것을 잊지 마세요."라고 말하곤 한다. 소비에트 연방에서 한 친구가 나를 존중하는 마음으로 "혈우병은 당신 가족이 싸워야 할 대상입니다. 혈우병을 통해서 당신은 우리 주님의 고난을 잠시나마 볼 수 있을 것입니다."라고 말했다.

　　이윽고 나는 믿게 되었다. 이윽고 나는 우리에게 보고 느낄 수 있는 많은 기회가 주어진 것에 감사한다. 나는 Bobby에게 너는 많은 사람보다 일찍 고통을 맞이했지만, 어쩔 수 없이 고통과 실패는 모두에게 찾아온다고 말해 주었다. 나는 그에게 네가 젊었을 때 그러한 고통을 맞이한 것이 다행이라고 말했다. 그러한 고통을 먼저 만난 사람이 늦게 만난 사람보다 더 행운이라고 생각한다. 왜냐하면 늦게 만난 고통은 가끔 사람을 무너뜨리기 때문이다 (Massie & Massie, 1973, p. 148).

Vance(1988)는 뇌출혈에서 회복된 후 사랑과 의미를 발견했다. 그녀는 다음과 같이 썼다.

그러나 어떤 중요한 것보다 나는 우리 모두가 서로 얼마나 연결되어 있는가를 배웠다. …… 나는 나에게 가장 중요한 것이 내가 무엇을 집필하는가 또는 무엇을 연구하는가가 아니라 내가 다른 사람과 어떻게 관계를 맺는가라는 것을 배웠다. 우리는 이 지구에서 서로 연결되어 있다. 나의 위대한 일은 섬기고 사랑하는 것이다. 나는 우리 모두가 함께 여행을 하고 있다고 마음속 깊이 믿는다(p. 160).

내가 아는 모든 내담자는 의미를 찾느라고 끊임없이 몸부림치고 있다. 덜 종교적인 사람은 어떻게든 채워야 할 공허함을 갖고 있다. 뒷부분에서 다루겠지만, 성공적인 가족과 내담자는 자신에게 닥친 비극에 대해 어떠한 의미를 발견한 사람들이다. 치료사는 그들이 "왜 나에게 이런 일이 생긴 거야?"의 위기를 극복할 수 있도록 자기만의 의미를 발견할 수 있게끔 도와주어야 한다. 이것은 대부분의 치료사에게 불편한 영역, 즉 '하나님의 음성(God talk)'을 찾거나 듣는 것을 뜻한다.

실존주의적 이슈는 전문가인 우리에게 설득력이 있다. 죽음을 의식함으로써 우리는 일에 대한 열정을 회복할 수 있다. 죽음을 의식하면서 살고 있는 치료사는 삶이 따분할 수 없다. 실존주의에서의 책임감은 우리의 개인적 그리고 전문가적 성장에 기여한다. 외로움을 통해서 우리는 내담자를 진정으로 보살피는 성숙한 사랑을 발견할 수 있다. 그리고 무의미를 해결함으로써 우리의 삶에 전념할 수 있다. 나는 언어병리학 및 청각학 분야에서 실존적 이슈를 많이 경험할 수 있음을 발견했다. 나는 처음 청각장애로 진단받은 아동의 부모와 가깝게 일하면서 나의 삶에 의미를 더할 수 있었고 더 집중할 수 있었다.

실존주의의 한계

실존치료는 치료방법이라기보다는 철학이기 때문에 내담자를 어떻게 치료할 것인가에 대한 지침이 거의 없다. 실존치료는 우리와 내담자가 알고 관찰할 수 있는 것에 머물러 있을 것을 요구한다. 실존주의자들은 '지금'을 지향하고 있으며, 행동을 적절한 실존주의적 문제의 측면에서 해석하려고 하지만 이러한 이슈를 떠올릴 수 있는 통일된 전략이 없다. 상담자들은 혼자서 허둥대도록 남겨진다. 임상적 상호작용에서 실존주의를 적용하는 것은 언어치료사와 청각사의 전통적인 영역을 넘어선다. 예를 들면, 우리는 내담자들과 함께 '하나님의 음성'을 들으려고 하는 것을 발견하게 된다. 실존주의는 개인 및 전문가로서 우리가 현재 가지고 있지 못한 성숙함을 요구한다. 그러나 그것은 우리의 미래를 위한 성장의 통로가 될 수도 있다. 나는 실존주의를 앎으로써 인생에서 중요한 것에 집중하고 그것에 근거하여 살아가게 되었다.

인지치료

치료에서 인지적 접근은 '코끼리'의 네 번째 견해를 제공한다. 인지치료의 기저를 이루는 개념은 정서장애는 근본적으로 사고장애(disorder of thinking)라는 것이다. 인지치료사는 내담자로 하여금 자기 행동의 기저를 이루고 있는 자기 생각 중에서 어떠한 특정적 오해나 비현실적 기대감이 있지는 않은가를 확인하도록 도와준다. 그리고 내담자에게 현실에 비추어 자신의 생각이 맞는가를 시험해 보도록 요구한다. 이러한 방법을 직면 접근법(confrontation approach)이라고 하는데, 내담자에게 자신의 언어와 행동에 나타난 '비합리적' 생각들을 조사해 보도록 요구하기 때문이다. 인지치료사들은 과거에는 관심이 없고 내담자가 사건의 발생을 어떤 원인으로 돌리는가에 관심이 있다. 인지치료는 감정에 직접적으로 관여하지 않는다. 기본적인 가정은 '너는 네가 생각하는 대로 느낀다.'이며 네 생각이 정돈되어 있으면 너의 감정도 그렇게 될 것이라고 본다. 인지치료사는 누구의 행동 혹은 어떤 행동이 변화되는가를 지시하지 않는다. 이러한 결정은 항상 내담자의 요청에 따른다.

많은 인지치료사의 선각자는 합리정서치료(rational-emotive therapy)의 창시자인 Albert Ellis(1977)이다. 그는 내담자 생각의 기저에 자리 잡고 있는 비합리적인 생각들의 목록을 개발했다. 이러한 생각들은 신경증적 행동을 유발한다. 그의 저서에서 발췌한 목록은 다음과 같다.

- 사실상 지역사회에 있는 모든 '중요한 타자(significant others)'로부터 사랑이나 인정을 받는 것은 정말 필요하다.
- 가치 있는 존재로 여겨지고자 한다면 모든 면에서 유능해야 하고, 제 역할을 하고 성취를 이루어 낼 수 있어야 한다. 그리고 어떻든 간에 능력이 없으면 진짜 가치 없는 존재이다.
- 어떤 사람은 나쁘고 사악하고 악랄하다는 낙인을 받을 수 있으며, 죄에 대해서는 비난이나 처벌을 받아야 한다.
- 개인이 좋아하지 않는 방식으로 상황이 돌아가지 않는 것은 끔찍하거나 치명적이다.
- 불행은 외적인 것에서 기인하며 사람은 슬픔과 고난을 통제할 수 있는

능력이 없다.

- 위험하거나 두려운 일이 있으면 그것에 대해 심각하게 걱정해야 하고, 그러한 일이 생기지 않을까에 대해 계속 생각해야 한다.
- 인생의 어려움과 책임을 직면하는 것보다 피하는 것이 더 쉽다.
- 다른 사람을 의지하고 자신보다 힘이 강한 사람을 의지해야 한다.
- 한 사람의 과거는 현재 행동에 중요한 결정 요소이다. 한 번 인생에 크게 영향을 미친 것은 계속 그러할 것이기 때문이다.
- 사람들은 다른 사람의 문제나 고난에 대해서 매우 속상해야 한다.
- 인간사에는 항상 옳고 정확한 그리고 완전한 해결책이 있다. 만일 완전한 해결책이 발견되지 않으면 큰 문제가 된다.

합리정서치료의 발달과 동시에, Beck은 우울증을 겪고 있는 사람들을 대상으로 인지치료(cognitive therapy: CT)를 개발하고 있었다. **인지치료**는 통찰중심치료(insight-oriented therapy)이며, 비현실적인 부정적 사고와 부적응에 대한 믿음을 변화시키는 것에 주안점을 두는 교육심리학적 구성요소를 갖고 있다(Corey, 2013).

인지치료와 합리정서치료 모두 현재 지배적인 심리치료 중재방법인 인지행동치료(cognitive behavioral therapy: CBT)에 포함되어 있다. 다시 강조하지만, 인지행동치료에서 부적응의 원인은 내담자의 믿음체계이다. 특히 당신의 가치를 성공보다는 실수와 약점으로 측정하는 것은 잘한 것에 대해서는 거의 점수를 받지 못하고 실패한 것에 대해서는 모든 비난을 받는 의사소통장애 치료사에게 특별히 관련 있는 것 같다. 인지치료법들 간에는 미묘한 차이점이 있다. 하지만 모든 인지치료법은 현재(present)중심적이고 문제(problem)중심적이며, 내담자의 불행은 내담자의 인지(cognition)에서 나온다고 본다. 또한 이 모든 접근법은 합리정서치료와 불교철학에서 시작되었다.

의사소통장애에서 인지치료의 적용

인지치료는 우리 분야에서 많이 사용되는 상담 모델이지만 그 자체에 대한 이해가 부족한 상태인 것 같다. 예를 들면, 내담자를 설득하기 위해 보청기를 착용하여야 하는 이유나 인공후두를 사용하여야 하는 이유를 제시하면서 우리는 이 치료법을 사용한다. 하지만 내담자들이 기기를 구입하고 그것이 잘 작동하기만 하면 그들의 감정은 변화될 것이라고 가정하고, 그들의 감정에 대해서는 걱정하지 않는다.

인지치료의 체계적인 적용은 유창성장애 분야에서 볼 수 있다. Maxwell (1982)은 자기관리(self-management)와 자기모니터링(self-monitoring) 전략이 포함된 치료기법을 사용한 결과, 말더듬의 중증도가 확연히 감소했으며 말과 관련된 스트레스도 뚜렷하게 감소했다고 보고했다. Emerick(1988)은 말더듬 성인을 대상으로 사용한 인지적 접근법에 대해 자세히 언급했다. 우리 분야에서 인지행동치료(CBT)의 적용에 대한 체계적인 작업이 시작되고 있다. 예를 들면, Cima, Anderson, Schmidt와 Henry(2014)는 이명증에 관련된 75개의 논문을 검토한 결과, 31개의 논문이 이명증의 관리를 위해 CBT 치료법을 사용했으며, CBT 치료법이 가장 확실한 증거기반 치료법이라고 결론지었고, 다학문적 치료법을 시도할 때 가장 좋은 접근법이라고 말했다. Fry, Millard와 Botterill(2014)은 CBT를 말더듬 청소년을 대상으로 한 집중치료 프로그램에 사용한 결과 유창성이 향상되었음을 보고했다.

나는 Ellis(1977)의 아이디어가 나의 전문가적·개인적 만남에서 가장 유용한 것임을 발견했다. 그에 의하면 비합리적인 생각은 자신의 문제를 기술하기 위해 사용된 언어에 반영된다. 예를 들면, "내가 얼마나 화가 났는가를 내 소아과 의사에게 말할 수 없어요." 또는 "나는 전화로는 새로 배운 말하는 방식을 사용할 수 없어요."에서처럼 내담자들은 '……하지 않을 것을 선택한다'는 의미로 가끔 '할 수 없다'를 사용한다. 이것을 해석하면, '나는 안 하는 걸로 한다.'의 의미이다. 다음의 예는 내담자에게서 볼 수 있는 언어 변화

(language change)에 관한 것이다.

- '해야 한다'와 '……할 의무가 있다'를 '원한다' 또는 '원하지 않는다'로 변경한다. [예: "나는 새로운 목소리를 사용해야 한다."를 "나는 새로운 목소리 사용을 원한다(원하지 않는다)."로 변경한다.]
- '해야 한다' 혹은 '원한다'를 '선택한다'로 변경한다. (예: "나는 말을 더듬기 때문에 사람들을 만나지 말고 집에 있어야 한다."를 "나는 집에 있기로 선택했다."로 변경한다.)
- '우리' '우리에게' '사회' 등을 '나'로 변경한다. [예: "우리는 이 수업에서 행복하지 않다."를 "나는 이 수업에서 행복하지 않다(그래서 내가 선택을 한다면 그것에 대해 무언가 할 수 있다.")로 변경한다.]
- '……이다'를 다른 단어로 수정한다. (예: "나는 멍청한 사람이다."를 "나는 멍청한 일을 했지만 여전히 나는 똑똑한 사람이 될 수 있다."로 변경한다.)
- '그러나('응…… 그러나'의 문장에서처럼)'를 '그리고'로 변경한다. (예: "나는 대중 앞에서 말하기를 원한다. 그러나 나는 두렵다."를 "나는 대중 앞에서 말하기를 원하고 나는 두렵다."로 변경한다.) '그리고'는 당신이 대중 앞에서 말을 하도록 한다. '그러나'는 당장 당신을 멈추게 한다.

이와 같은 모든 언어 변화는 사람들로 하여금 자신의 행동에 대해 책임지게 할 수 있고, 자신의 행동에 대해 명확하게 생각하도록 할 수 있다. 다른 치료법들처럼, 합리정서치료의 기저에는 책임감이 강조된다. 내담자들이 사용한 언어에 나타나는 비합리적 가정들이 확인되면, 나는 그들의 언어를 약간 변화시켜 준다. 나는 이러한 나의 행동이 내담자에게 커다란 이익이 된다는 것을 발견했다.

'모든 사람이 나를 좋아해야만 한다.' '유능하고 훌륭한 사람은 실수를 하지 않아야 한다.'와 같은 비합리적인 생각을 드러내는 것은 학생치료사뿐만 아니라 전문가들과 일할 때 특히 중요하다. 특히 이런 사람들은 다른 사람이 자신을 좋아하게 하려고 매우 노력하기 때문에 어떤 방식으로든지 내담자의 기분을 상하게 하지 않으려고 한다. 따라서 학생이나 치료사 모두 자기 자신의 기대가 아닌 내담자의 기대에 부응하려는 경향이 있다. 큰 실수를 저지를 것 같다는 공포는 개인적ㆍ전문가적 성장을 제한시키며 학생 집단에서는 거의 고질적인 것이다. 이러한 현상은 학생들이 접하게 되는 아주 좋지 않은 교수법, 즉 실수와 무능력을 학습과정에서 나타나는 자연스러운 것으로 받아들이지 않는 교수법이 직접적으로 영향을 준 것 같다. 나는 항상 학생들에게 "네가 동일한 실수를 두 번 할 때만 실수를 한 것이다."라고 말한다. 내가 함께 일하고 있는 거의 모든 전문가 집단이 이와 같은 이슈로 힘들어하고 있으나, 전문가적 성장은 위험을 감수하려고 하지 않으면 가능하지 않다.

인지적 상담의 한계

합리정서치료는 자신의 감정이 객관적 실제와 심각한 불일치가 있는 사람들을 위해 개발되었다. 우리가 치료하는 의사소통장애가 있는 내담자들은 내가 제4장에서 언급한 대로 격한 감정을 가지고 있는데, 이러한 감정은 현실에 기초한 것이다. 당신의 아이가 청각장애이거나 당신의 남편이 실어증 환자이거나 당신이 후두적출 환자이기 때문에 기분이 좋지 않은 것은 매우 정상적이고 매우 적합하며 타당한 것이다. 나의 개인적인 편견일 수 있지만, 치료가 앞으로 나아가려면 이러한 감정이 표현되고 인정되어야 한다. 엄격한 인지적 접근은 감정표현을 가로막으며 내담자를 빨리(내 생각에는 너무 빨리) 지적인 영역으로 들어가게 한다.

인지치료의 또 다른 제한점은 설득 상담 모델로 돌아갈 가능성이 항상 존재한다는 것이다. 인지적 재구성과 설득 사이에는 매우 명확한 선이 존재한다. 상담자는 처방을 해 주지 않고 '비합리성(irrationality)'을 지적해야 하는데, 이것은 매우 어려운 일이다. 처방을 해 주면, 자기 자신에 대해 생각하지 않는 의존적 내담자, 즉 유능한 상담자가 원하는 내담자와 정반대(the reverse)되는 내담자를 만들어 낼 수도 있다. 내담자를 우리가 생각하는 대로 생각하게 만들고 싶은 유혹은 우리에게 매우 크다. 그러나 진정으로 도움이 되려면 이러한 유혹을 피해야 한다. 우리가 설득하기 시작하면 우리는 듣기를 멈추게 되고, 우리의 주장을 피력하느라 너무 바빠서 내담자가 실제로 말하는 것을 듣지 않는다. 이것은 효과적 상담에 해롭다.

상담이론의 비교

언어청각 분야에 적합하다고 생각되는 치료적 '코끼리'에 관한 4개의 관점이 있다. 이론적으로 보면, 이 접근법은 매우 다양하다. 실제로는 차이점보다 유사점이 더 많다. 이러한 접근법들을 대조해 보기 위해, 나는 담배를 끊으려고 상담자를 찾아온 한 남성의 실례를 사용하려고 한다. 행동치료사들은 내담자가 피는 담배의 수를 얼마나 줄이고 이 목표를 달성했을 때 주기적으로 어떠한 보상을 줄 것인가에 대한 계획을 수립한다. 인본주의, 내담자중심 치료사는 내담자에게 담배를 끊기 위해 필요하다고 생각되는 것을 요청함으로써 치료를 시작한다. 그리고 내담자와 함께 계획을 세운다. 실존주의 치료사는 내담자에게 담배를 피우는 것은 당신이 선택한 행동임을 지적해 준다. 그러면 아마도 내담자는 다른 것을 선택할 준비를 할 것이다. 인지치료사들은 내담자에게 흡연의 부정적 효과로 알려진 폐암 등과 같은 일들이 자신에게 일어나지 않을 것이라는 비합리적인 가정을 검토하도록 한다.

실제로 후기 행동주의자들은 성장을 도모하기 위해서 치료적 관계가 중요하다는 것을 충분히 인식한다. 행동치료사들은 상담의 첫 번째 목표 중 하나가 내담자와 관계를 형성함으로써 내담자가 상담자에게 자신을 자유롭게 표현할 수 있도록 하고, 상담자는 내담자의 문제를 해결하기 위해 노력하는 사람으로서 지각되어야 한다는 것임을 인식하게 되었다. 또한 내담자는 치료목표를 선택하고 치료사와 협력하여 현재 자기패배적인 행동을 유지시키는 환경적 강화물을 변화시킬 수 있어야 한다(Hansen, Stavis, & Warner, 1977).
이러한 상담에 대한 견해는 인본주의 상담자들에 의해 채택될 수 있다. 같
은 이유로, Yalom(1975)—이 사람은 행동주의자가 아니다—은 "모든 형태의
심리치료는 부분적으로 조작적 조건화에 의존하는 학습과정이다."(p. 57)라
고 말했다. 인지치료사와 실존주의자는 확실히 의미의 문제에 동의할 것이
다. 인본주의자는 실존주의자보다 더 낙천적이고 덜 철학적이지만, 이 둘은
서로 잘 연대하여 일할 것이다. 내담자의 책임 수락이 가정되지 않으면 어떤
변화도 일어날 수 없다는 것에 대해 모든 치료사는 동의한다. 목표로 가는
길이 서로 다르지만, 치료적 여정에서 많은 길이 서로 교차되고 있다.

이러한 상담기법들 중 어느 하나가 우월하다는 어떠한 실험적 증거는 없
다. 상담자의 능력, 상담이론의 순수성, 내담자의 부적응 수준, 변화의 측정
방법 등과 같이 통제되어야 하는 많은 변수가 포착되기 어렵기 때문에, 의미
있는 연구를 실행하는 것이 어렵고 연구결과를 치료효과로 해석하는 데 문
제가 따른다. 각각의 상담자가 자기 성격 및 세계관에 가장 잘 맞는 그리고
내담자의 필요에 맞는 특별한 접근법을 택하여야 한다. 내담자의 행동은 존
재한다. 따라서 그 행동을 보기 위해 어떠한 치료 렌즈(therapeutic lens)를 선
택할 것인가는 상담자의 몫이다.

상담자들이 고수하고 있는 일반적 상담이론에는 인간 및 인간이 어떻게
학습하고 변화하고 성장하는가에 대한 상담자들의 태도가 반영되어 있다.
이러한 맥락에서 볼 때, **이론**은 **관점**의 동의어가 된다. 이 관점은 상담자가 내
담자의 행동을 어떻게 바라보는가에 영향을 준다. 이론의 문제점은 빠르게
독선적 견해가 될 수 있고 상담자의 반응을 심각하게 제한시킨다는 것이다.
내 생각에 각 상담자는 내담자에게 접근하는 특정한 방법을 선택해야 하고
내담자-상담자 관계의 맥락 속에 능동적으로 적응해야 한다.

인본주의 틀에서 내담자중심 모델을 선호하는 나의 강한 견해가 이 책의
전체에 스며 있다. 나는 이 모델이 우리가 전문가로서 일하는 데 지배적인
방법이 되어야 한다고 생각한다. 또한 나는 전문가중심 모델에 대해서도 문

호를 개방하기 원한다. 전문가가 좀 더 적극적이고 결정적인 역할을 해 주기 원하는 가족과 상황이 있다. 우리는 항상 맥락을 고려해야 하며, 전문가적 편견을 갖고 있어도 유연해야 한다. 나의 개인적인 예를 들면 다음과 같다. 내 아내는 다발성 경화증 말기에 장애가 악화되어 많은 보살핌이 필요했다. 동시에 현재는 90대이신 장모님은 치매 증상을 보였고, 더 이상 혼자서 생활하실 수 없었다. 외동딸인 내 아내는 장모님에게 절대 요양원으로 보내지 않는다고 약속했다. 그 당시 우리에게 주어진 유일한 대안은 장모님을 우리 집으로 모셔 오는 것이었다. 그래서 내가 아내와 장모님 모두를 돌보는 간병인이 되었다. 이 일은 비록 친구, 가족 그리고 가정방문 전문가들로부터 도움을 받고 있음에도 불구하고 나의 역량을 넘어서는 것이었다. 우리는 여러 가지 요구에 얽매이게 되었다. 어느 날 방문 간호사가 와서 우리의 상황을 조사하더니, 아내에게 명확하고 단호한 목소리로 "이러한 상황이 지속되면 안 됩니다. 당신 어머니는 요양원으로 가야 할 필요가 있습니다. 이것이 문제해결방법입니다."라고 말했다. 그리고 그 간호사는 장모님의 주치의에게 전화해서 장모님을 일단 병원으로 옮기고, 거기에서 요양원으로 옮길 것을 요구했다. 내 아내는 이 제안을 받아들였다. 그 간호사는 아내가 상황이 요구하는 것을 하도록 했으며 해결방법도 제시해 주었다. 나는 이 간호사에게 영원히 감사할 것이다. 그녀는 진정한 나의 구세주였다. 내담자중심 모델은 효과가 있으나 시간이 오래 걸린다. 그 당시에 내가 더 이상 버틸 수 있는 시간과 에너지가 있었는지는 확신할 수 없다.

Corey(2013)는 심리치료를 다음과 같이 정의했다.

두 사람 모두 치료적 모험을 통해 바뀌어 가는, 두 사람 간의 참여(engagement)의 과정이다. 심리치료의 참모습은 상담자와 내담자의 진실한 대화의 과정을 통해 내담자의 치유가 촉진되는 협력과정이다. …… 치료사는 내담자를 변화시키거나 그들에게 문제를 해결하기 위해 빠른 조언을 제공해 주는 것을 목적으로 하지 않는다. 대신, 상담자는 내담자와 진실한 대화를 통해서 치유를 촉진한다(p. 6).

나는 이와 같은 정의가 상담에 관한 건전한 정의가 될 수 있으며, 우리와 같은 치료사들이 쉽게 채택할 수 있는 정의라고 생각한다. 우리가 심리치료사는 아니지만 내담자와 대면할 때 그들에게 다음과 같은 생각을 불어넣어야 한다. 모든 올바른 상담은 경청하고, 내담자의 맥락을 충분히 이해하며, 그들과 치료 동맹(therapeutic alliance)을 형성하는 것에서 시작된다. 우리가 이러한 것들을 실천할 때, 내담자는 우리에게 가장 도움이 되는 방법을 가르쳐 줄 것이다.

불교와 상담

나는 오랫동안 불교사상에 심취해 왔으며 우리 분야와 상담 영역에 적용해 보려고 했다. 불교는 매우 실존적인 종교이다. 예를 들면, 불교에는 초월적 존재가 없다. 당신은 당신의 종교적 신념과 타협하지 않고서도 불교철학에 감탄하고 그것을 활용할 수 있다. 이러한 측면에서 불교는 매우 포괄적이다. 불교철학은 생활에서 '현시점'을 강조하며, 인지치료사의 입장과 같이 우리의 고통은 마음의 습관에서 생긴다고 본다. 불교는 실존주의 치료사들처럼 모든 것은 영원하지 않다고 가르친다. 인본주의자들처럼, 불교에서는 행복은 연민을 실천함으로써 성취할 수 있다고 가르친다. 불교의 주요한 도구는 마음챙김(mindfulness)을 북돋아 주기 위한 명상이다. 이 방법은 현재 심리치료의 합법적 부분으로 인정되고 있으며, 의사소통장애 분야에서도 사용되기 시작하고 있다. 인지행동치료가 **마음**챙김인지행동치료(**mindful** cognitive behavioral therapy: MCBT)로 변형되었다. 이 치료법에서는 내담자를 대상으로 하는 역할극, 이완, 코칭 그리고 지도실습(명상)이 포함된 행동계획을 개발했다(Corey, 2013). 또 다른 인지적 접근법인 수용전념치료(acceptance and commitment therapy: ACT)도 마음챙김을 임상적 도구로 사용한다(Harris, 2009). 불교가 심리치료에 어떠한 영향을 주었는가에 관심이 있는 독자들에게는 Epstein의 저서『Thoughts Without Thinker』(2013) [역주: 국내에서는『붓다의 심리학』(학지사, 2006)으로 번역됨]를 추천한다. 반면에 Chodron의 저서(2002, 2009)는 일상생활에 불교사상을 적용한 훌륭한 책이다.

의사소통장애 문헌에서, 불교가 치료의 방향 설정에 유용하게 영향을 준다는 사실이 나타나고 있다. Orenstein, Basilakos와 Marshall(2012)은 마음챙김 명상이 실어증 환자에게 미치는 영향에 대해서 보고했으며, Silverman(2012)도 말을 더듬는 사람에게 마음챙김훈련을 실시한 결과 성공적이었다고 보고했다. Holland(2007)의 상담에 관한 책에는 이 책에서와 같이 불교에 관한 생각들이 많이 있다. 나는 다른 사람을 도와주는 전문직에게 다가오는 미래의 물결이 불교인의 감수성이라고 말하고 싶다. 이미 여기에 도달한 것 같기도 하다. 그것은 우리 분야에 매우 필요한 영적인 차원을 더해 주고 있다.

제3장

Erikson의 생애주기와 관계

내가 개인적으로 매우 존경하는 사람 중 하나는 Erik Erikson이다. 그는 유대인 어머니와 기독교인 아버지 사이에서 태어났으며, 의붓아버지는 유대인이었고, 히틀러가 집권하는 시기에 독일에서 성인이 되었다. 그는 젊은 시절 갈피를 잡지 못하고 있는 젊은이를 완곡하게 표현한 **떠돌이 예술가**였다. 그는 Freud와 친분이 있는 가정에 과외교사로 고용되었다. 초등학교 교사로 훈련을 받은 Anna Freud는 자기 아버지가 개발한 정신분석을 아이들의 양육에 적용해 보는 것에 관심이 많았고, Erikson이 과외를 하고 있는 가족과 관계를 맺고 있었다. Erikson은 정신분석 열풍에 휩싸였으며 Anna Freud와 함께 정신분석학자가 되기 위한 요건을 충족하기 위해 정신분석을 시작했다. 그는 1933년에 정신분석훈련을 끝마치고, 악화되어 가는 독일의 상황과 유대인 친척들 때문에 가족과 함께 미국으로 이민을 갔다. 그는 보스턴에서 아동분석가로 여러 해 동안 일했다. 그 당시 그는 미국에서 활동한 1세대 아동전문 정신분석가들 중 하나였다.

후에 Erikson은 서부 해안 지역으로 이사를 가서 인디언 부족인 수(Sioux)

족과 유로크(Yurok)족의 아동 양육에 대해 연구했고, 캘리포니아의 아동복지관에 등록된 아동들을 위해 일했다. 그는 문화가 어떻게 성격형성에 기여하는가에 관심을 가졌고, 미술가의 눈과 임상수련과정의 도움으로 영유아기부터 죽을 때까지의 생애주기 진화를 관찰했다. Erikson의 많은 저서 중에서 아마도 가장 뛰어난 저서는 생애주기에 대해 자세히 설명해 놓은 『Childhood and Society』(1950)[역주: 국내에서는 『유년기와 사회』(연암서가, 2014)로 번역됨]일 것이다. Erikson의 삶과 업적에 관심이 있는 독자들은 Robert Coles가 1970년에 집필한 Erikson의 전기를 읽기 바란다.

생애주기 모델로 가장 자주 사용되고 인용되는 Erikson 모델은 아동기부터 성인기까지 8단계 기간 동안 자아(ego)의 질이 어떻게 발전되는가를 볼 수 있는 아주 유용한 도구이다. Erikson에 의하면 연속적인 각각의 단계는 사회의 기본 요소와 특별한 관련성을 갖고 있다. 왜냐하면 생애주기와 인류의 제도는 함께 진화하기 때문이다. 자아발달의 각 단계나 **위기**는 인간이 다음 단계로 성공적으로 옮겨 가기 전에 적어도 부분적으로나마 해결되어야 한다. 이 단계들은 연속적인 것으로 보아야 한다. 이 연속선상에서 아동은 자아발달을 위한 요소를 확립하게 된다. 각 발달적 문제는 이전 단계에 존재하고 다음 단계에서 해결되기 때문에 단계들은 위계적 구조를 띠고 있다. 각 단계는 이중성을 띠고 있는데, 2개의 극단치가 서로 균형을 이루어 일상적인 결과를 보이기 때문이다. 각 단계에는 뚜렷한 표지가 없다는 것과 단계의 운동방향이 이론적 모델이 의미하는 것처럼 직선적이지 않다는 것을 독자들은 명심해야 한다. 사람들은 인지적 측면에서 아주 명확하게 설명될 수 있는 것을 원한다. 하지만 자연은 그러한 방식으로 진행되지 않는다. 자아성숙의 과정은 지적으로 설명하고 표현하기 어려울 정도로 엉성하고 두서가 없다.

Erikson의 8단계

1. 신뢰(trust) 대 불신(mistrust)

이 첫 번째 단계에서 유아는 이 세상이 기본적으로 안전한 장소라는 것, 즉 그들의 필요는 채워질 것이고 세상에는 어느 정도의 일관성과 질서가 있다는 것을 인식해야만 한다. 아동이 신뢰를 느끼기 위해서 세계는 예측 가능해야 하며, 이 세계에 사는 사람들(주로 주 양육자)은 신뢰할 만하고 예측 가능하고 긍정적인 방식으로 반응해야 한다. 이러한 기초적인 신뢰가 제대로 발달하지 못하면 심각한 유아 정신분열증으로 발전될 수 있다.

2. 자율성(autonomy) 대 수치심과 의혹(shame and doubt)

두 번째 단계 동안 아동은 자신에게 힘이 있다는 의식을 발전시키고 세상을 약간 통제할 수 있다는 의식을 갖게 된다. 이것은 약간의 운동능력이 형성되었을 때 시작된다. 그리고 말과 언어가 발달함에 따라 아동은 자신이 원하는 것을 전달하고 다른 사람을 통제하기 시작한다. 불행하게도, 자율성은 부모의 요구에 대한 부정적인 반응으로 자주 나타난다. 따라서 '미운 두 살'이 태어나게 된다. 아동은 자기 영역을 구축하고 있다. 그동안 부모의 임무는 아동이 온화한 양심을 갖고 자율성을 개발하도록 돕는 것이다. 만일 아동이 수치심의 지배를 받게 되면 그는 법의 정신보다는 수치심에 의해 지배를 받는 어른이 되고 충동적 행동으로 시달리게 된다.

3. 주도성(initiative) 대 죄책감(guilt)

세 번째 단계에서 아동은 자기주장을 학습하며 모험적 행동을 보인다. 일반 아동은 활발한 신체 움직임과 가끔 공격성(특히 형제자매들에게)을 보이면서 거슬리는 방식으로 성인사회로 이동한다. 또한 끊임없이 질문을 함으로써 불안정한 호기심을 보인다. 부모의 임무는 아동의 주도성을 제한하지 않을 정도로 단속하며 아동이 성인사회로 이동하는 것을 허락하는 것이다. 부모가 너무 많이 규제하면 아동은 죄책감으로 인해 매우 편협한 양심을 갖게 되며, 모험하려는 의지도 꺾인다. 이 단계에서 나타나는 정신병리 현상은 성인이 되었을 때 자신을 극도로 위축시키거나 자기망각(self-obliteration)을 보이는 히스테리성 부인(hysterical denial)이나 심인성질환(psychosomatic disease)으로 발전될 수 있다.

4. 근면성(industry) 대 열등감(inferiority)

네 번째 단계는 아동이 5세에서 11세 사이인 소위 잠복기와 일치한다. 하지만 이 시기에 무엇이 발생하는지 조사해 보면 '잠복기'라는 용어가 부적절한 것이 확실하다. 아동들은 자율성과 주도성의 개발이 허락되었기에 세상에 대한 신뢰감을 갖고 있고, 자신에 대한 신뢰감도 어느 정도 갖게 되었다. 따라서 이들은 공식적인 기술들을 학습할 준비가 되어 있다. 사회는 여러 형태의 학교를 제공하며, 아동은 학교에서 사회가 요구하는 기술적 기초를 학습한다. 아동은 성인기에 들어가기 위해 필요한 도구들을 습득한다. 이 연령대의 아동은 부모가 아동에게 학교에 가기 위한 준비를 제대로 시키지 못하거나 학교가 아동의 능력을 잘 개발시키지 못하면, 자기적합성(a sense of adequacy)이 발달되지 않을 수 있는 위험이 있다. 근면성이 일정 수준에 도달하지 못한 성인은 또래와 비교했을 때 무능함을 느낀다.

5. 정체성(identity) 대 역할혼란(role confusion)

청소년기의 경험이 정체성의 발달에 중요하다는 Erikson의 주장은 발달심리학자들로부터 많은 관심과 확증을 받았다. 청소년기에 중요한 것은 가족으로부터 독립하여 자유를 얻는 것이고, 청소년 후기 단계에서는 사회적 역할을 확립하는 것이다. 청소년은 부모를 자기의 첫 번째 역할 모델로 사용한다. 또한 그들은 가족으로부터 독립하기를 원하기 때문에 동성인 부모를 적으로 간주한다. 이때가 부모가 청소년에게 당혹감을 느낄 때이다. 이러한 현상은 특히 첫째 자식에게 나타난다. 그 아래의 아동은 2개의 역할 모델(부모와 자신보다 연장자인 형제자매)을 갖게 된다. 이 아동은 부모가 다루기에 좀더 쉬운데, 그들이 그들은 부모 모델과 첫째 자식 모델의 극단 사이의 어디엔가 위치해 있기 때문이다.

정체성 확립은 매우 복잡한 과정이다. 왜냐하면 그것은 가족 밖에 있는 중요한 성인들의 영향을 많이 받기 때문이다. 다른 가족 구성원, 선생님, 이웃, 그리고 연극이나 영화의 주인공 모두가 청소년이 정체성을 찾는 데 영향을 미친다. 형제자매가 없는 아동과 한부모 가정에서 자란 아동은 자신의 정체성 확립에 도움을 줄 사람을 외부에서 찾아야 한다. 궁극적으로 정체성은 생애경험을 통해 얻어진다. 성공과 실패가 있는 상황들을 접하면서 우리는 우리 자신에 대한 좀 더 균형 잡힌 모습을 갖게 된다. 정체성은 우리가 생애주기를 지나면서 지속적으로 진화하는 속성이 있다. 청소년기 동안 정체성을 확립하지 못하면 성 정체성 혼란과 역할혼란을 경험하게 된다.

6. 친밀감(intimacy) 대 고립감(isolation)

Erikson은 생애주기가 청소년기에 멈추는 것이 아니라 성인기에도 지속된다는 것을 인식한 1세대 아동분석가 중 한 사람이다. 성인기는 정지 상태가 아니라 많은 위기의 연속이다. 나는 어린 시절에 30대가 되면 '모든 것을 가질 것'이라고 생각했다. 지금에서야 나는 성장이 지속적인 과정임을 알게 되었다. 가끔 절정의 시기가 있고 때로는 '파탄'의 시기도 있다. 아마도 우리가 모든 것을 가졌다고 생각할 때는 단순히 즐기고 음미해 볼 수 있는 막간일지 모른다.

여섯 번째 단계 동안, 청소년은 독립적이고 자치능력이 있는 개인이 된다. 이 시기의 과제는 가족관계에서 벗어나 세상과 새로운 유대를 확립하는 것이다. 이러한 유대감은 새로운 주요 관계를 확립하고 자신이 해야 할 일을 찾는 데 도움을 줄 것이다. 깨질 것 같은 약한 정체감을 갖고 있는 성인은 자신을 잃어버릴까 하는 두려움 때문에 친밀한 관계를 맺지 못하게 된다. 반면에 자아의식이 거의 없는 사람은 다른 사람에게 매몰되며, 다른 사람을 통해 정체성을 확립하게 된다. 진정으로 친밀하고 사랑스러운 관계에서는 양쪽 모두 독립된 정체성을 유지할 수 있고 유지시킨다. 쉽지는 않겠지만 청소년은 이러한 균형감을 찾아야 한다.

우리는 직장생활에서 회사의 일부분임을 느끼면서 동시에 독립적 정체성을 유지하려고 노력해야 한다. 자아가 약한 사람은 회사가 자신을 삼켜 버리지 않을까 하는 두려움을 갖게 되는 반면, 개인 정체성이 거의 없는 사람은 무리하게 자기 정체성을 희생하면서 직장의 정체성에 매몰되는 경향도 있다. 이러한 두 방법 모두 건전하지 못하다. 친밀감 위기를 해결하지 못하면 깊은 고립감과 소외감을 갖게 된다.

7. 생산성(generativity) 대 침체감(stagnation)

일곱 번째 단계는 문자 그대로 부모가 되거나 젊은 사람들과 지식과 기술을 공유함으로써 인간의 생존을 보장해 주는 것을 포함한다. 이 단계는 생산성과 창의성으로 특징지어지는 생애주기이다. 이 단계는 성인들이 자신의 개인적 필요를 다른 사람들을 위해 희생하는 이타적 단계이다. 여기에는 '다시 돌려준다'는 강한 충동이 있다. 생산성은 항상 부모가 된다는 것을 의미하는 것은 아니다. 비유적으로 말하면, 사람들은 일이나 자선을 통해서 미래 세대를 가르칠 수 있고 돌볼 수도 있다. Erikson에 의하면, 성숙한 인간은 지도하고 가르칠 수 있다. 우리는 부모가 되려고 하거나, 책을 쓰려고 하거나, 심포니를 작곡하려고 하는 등의 욕구를 갖고 태어났다. 우리가 부모가 되었다는 단순한 사실이 우리가 생산성에 도달했다는 것을 보장하지는 않는다. 친밀감과 정체성의 단계를 해결하지 못한 부모는 다른 사람에게 줄 수가 없다. 그들은 아직도 심하게 자기에게만 관심이 있고 자아도취적이다. 즉, 그들은 자아발달의 초기 단계에 머물러 있다. 비슷한 맥락에서 어떤 사람은 오랜 시간 힘들게 일을 하지만 생산적이지 못하다. 생산성은 개인뿐만 아니라 사회를 풍요롭게 한다. 이러한 풍요함이 이루어지지 않으면 개인은 침체되는 것이다.

8. 자아통합감(ego integrity) 대 절망(despair)

앞의 일곱 단계를 성공적으로 헤쳐 나온 사람들, 즉 노인에게 이 단계는 지혜와 초연함의 시기이다. 죽음을 앞둔 시점에서 이들은 인간의 문제를 전체적으로 볼 수 있는 능력이 있다. 이들은 마음의 깊은 곳에서 인간을 널리 사랑할 수 있다. 성숙한 노인들은 계속 성장하고 적응해 간다. 자아통합감을 갖고 있는 성숙한 성인은 죽음을 두려워하지 않으며 죽음을 생애주기의 중요한 부분으로 생각한다. 늙는다는 것이 사람이 현명해진다는 것을 보장하지는 않는다. 아직도 죽음을 두려워하는 노인도 있고, 인생이 너무 짧아서 새로운 일을 해 볼 시간이 없다고 느끼는 노인도 있으며, 절망의 궁지에 빠져 있는 노인도 있다. 이들은 충족되지 못한 인생을 살고 있는 노인이다.

생애주기와 의사소통장애

의사소통장애 분야에서 Erikson의 생애주기 모델은 많이 사용되지 않고 있다. 나는 이 모델을 세심하게 적용한 사례를 발견했다. Schlessinger와 Meadow(1971)는 청각장애와 정신건강에 대한 연구에서 청각장애인이 정상적인 잠재성을 갖고 있는데 왜 상대적으로 성취도가 낮은가를 설명하기 위해 이 모델을 사용했다. 그들은 임상적 경험을 근거로 하여 생애주기 모델이 제공하는 발달적 틀이 청각장애 아동을 관찰하는 데 유용함을 발견했다. 건청 아동보다 청각장애 아동은 각 생애주기마다 특정한 위기를 해결하는 것이 엄청나게 힘든 일인 것 같다.

청각장애 아동의 경우 청각장애 진단의 지연과 불확실성 그리고 부모의 불안감 때문에 기본적 신뢰감이 정상적으로 발달되지 않는다. 신생아 간이 검사로 인해 부모와 아동 사이의 유대과정(bonding process)에 문제가 생기면 매우 어린 나이부터 신뢰감이 구축되지 못한다. 분노와 비통함이 수반되는 부모의 애도 반응은 청각장애 아동이 신뢰발달에 중요한 부모의 돌봄과 민감한 반응(responsiveness)을 지속적으로 받지 못하게 한다. 청각장애 유아가 진단을 받고 있는 동안 많은 낯선 사람이 옆에 있고 영문도 모르는데 부모가 함께 있지 않기 때문에 세상은 유아에게 무서워 보일 것이다.

명확한 의사소통이 이루어지지 못하면, 청각장애 아동의 경우 자율성과 주도성의 발달이 제한된다. 예를 들면, 부모는 왜 규칙을 지켜야 하는지를 설명할 수 없으며, 청각장애 아동은 세상을 파악하기 위해 필요하고 궁금한 것에 대해 질문할 수 없다. 그리고 부모는 청각장애 아동이 위험에 대해 부적절하게 대응할 수 있기 때문에 청각장애 아동의 신체적 행동을 제한시키는 경향도 보인다. 또한 부모는 높은 수준의 죄책감을 보인다. 부모의 죄책감은 "이번 딱 한 번은 너에게 나쁜 일이 생겼어. 하지만 너에게 다시는 나쁜 일이 일어나지 않도록 할 거야."라는 태도에 반영되어 있으며, 따라서 부모는 청각장애 아동을 과잉보호하게 되는 경향을 보인다.

능력 측면에서도 청각장애 아동은 낮은 의사소통능력과 교사와 부모의 과보호에 의해 다시금 제한된다. 교사가 청각장애 아동을 낮은 성취자로 간주하면 청각장애 아동의 능력을 제한시킬 수 있으며, 청각장애 아동은 이러한 의미 있는 타자들의 판단을 내면화하게 된다.

정체성 문제도 청각장애 아동의 부모가 건청인 경우에 특히 심각하다. 청각장애 아동은 자아를 확립하기 위해 정상적인 투쟁을 해야 하는 것 외에 '건청 세계(hearing world)'와 '농 세계(deaf world)' 사이를 확실히 선택해야 한다. 이런 청각장애 아동이 구화로 양육된다면 문제는 더욱 복잡해진다. 왜냐하면 건청 부모는 아동의 청각장애를 부인하고, 역할 모델로 사용될 수 있는 청각장애인을 연결시킬 수 있는 청각장애 또래 집단이 없기 때문이다.

Schlessinger와 Meadow(1971)는 청각장애학교가 청각장애 아동이 성인 세계에 잘 입문할 수 있도록 적절하게 준비시키지 못하고 있다고 보고했다. 그들의 연구에 의하면, 청각장애 청소년은 건청사회의 눈에 보이지 않는 규칙을 이해할 준비가 되어 있지 않으며, 교사와 부모에게 대단히 유감스럽게도 의존적인 상태로 회귀하기도 한다. 난청 및 농에 대한 사회적 차별 때문에 청각장애 청소년이 생산성 감각을 계발하는 것은 어렵다. 이러한 상황에서 사랑과 직업은 매우 어려워진다.

노인 청각장애에 대해서는 거의 알려진 바가 없다. 이것은 아직 연구되지 않은 영역이다. 청각장애인이 생애주기의 매 단계마다 어려움을 겪기 때문에 자아통합감을 확립하지 못할 것이라고 일반인들은 생각할 것이다. 또한 청각장애인이 각 단계에 도달했다고 하더라도 그들은 다른 경로를 가게 될 것이며, 이 길은 건청인이 가는 경로보다 더 힘들고 돌아서 가는 길이 될 것이다.

다른 종류의 장애를 가진 사람들을 대상으로 그들이 장애로 인해 어떠한 영향을 받는지를 알아보기 위해 Erikson 모델을 사용해 보는 것은 흥미로운 일이다. 내가 알기로 아직 이러한 노력은 시도되지 않았다. 내 생각에 의사소통은 인간의 발달에 아주 기초적인 것이기 때문에 의사소통장애를 갖고 있는 사람들은 생애주기에 어려움이 생길 것이다.

생애주기와 관계형성

나는 Erikson의 생애주기 모델이 성장에 매우 중요한 요소인 건강한 상담

관계의 발전과정을 파악하는 데 유용한 도구임을 발견했다. 나는 원활하게 작동하지 않는 관계를 진단할 때 가끔 이 모델을 사용한다. 이 모델은 내가 생산적인 관계로 발전시키기 위해 돌아가야 할 지점을 발견하게 한다. 생애주기의 개념은 나로 하여금 어떻게 관계형성을 해야 하는가를 이해하는 데 도움을 준다. 왜냐하면 관계형성에도 생애주기 모델과 비슷한 위계적 기능이 있기 때문이다. 생애주기 모델에서 각 단계는 전 단계를 기초로 하여 실행되며, 다음 단계에서는 더 많은 단계가 실행된다.

신뢰

신뢰(trust)는 건강한 관계의 기반이 된다. 불행하게도, 많은 전문가의 관계가 신뢰에 기초하여 세워지지 않는다. 신뢰가 없으면 관계가 발전하지 않는다. 신뢰구축에는 배려(caring) 일관성(consistency) 그리고 신용(credibility)의 세 가지 요소가 요구된다.

배려는 여러 가지 방법으로 내담자에게 전달될 수 있지만 적극적이고 민감한 경청을 통하지 않고서는 조금도 가능하지 않다. 심리치료사 Kopp(1978)은 이에 대해 다음과 같이 썼다.

> 나의 첫 번째 과제는 우리가 치료 동맹이 이루어질 수 있는 신뢰의 분위기를 만드는 것이었다. 나는 새로운 내담자가 무엇을 말하는지 그리고 어떻게 말하는지를 주의 깊게 듣기 시작한다. 나는 아직 내담자의 불행에 기여하는 기저의 역동적인 것은 듣지 않았다. 상담이 시작되면, 나는 그 특정 환자를 어떻게 느껴야만 하는가를 파악하려고 할 뿐이다. 잠시 동안 나는 내담자의 기분이 어떠할까 생각해 보고 그러한 감정을 내담자에게 다시 반향할 뿐이다. 자기가 어떻게 인생을 살아왔는가를 내가 이해하려 한다는 것을 그리고 자기를 판단하지 않고 자기의 감정을 명확하게 확인하도록 도움을 주고 있다는 것을 내담자가 알아차렸으면 그것으로 충분하다(p. 81).

신뢰구축에 중요한 것은 판단하지 않는 경청(nonjugdmental listening)이다. 만일 어떤 사람이 나의 두려움과 걱정을 기꺼이 들어 주고 "너는 그런 식으로 받아들이면 안 돼."라는 말을 하지 않고 내 감정에 반응해 준다면, 나는 그에게 좀 더 마음을 열게 되고 더 믿을 수 있게 될 것이다. 뇌출혈로 인한 실어증 환자였던 언어치료사 Joysa Post(1983)는 그녀를 담당한 치료사들이 배려를 보여 주었을 때 가장 많이 반응했다. 그녀에게는 "한 인간으로서 나를 배려하고 나에게 관심을 보이는" 치료사가 필요했다(p. 23).

신뢰는 어떤 사람이 믿을 만하고 일관성이 있다고 확신할 때 발전된다. 치료사들이 아주 간단한 것을 행함으로써 얻을 수 있는 것이 일관성이다. 예를 들면, 나는 미팅을 정각에 시작하고, 모두가 미팅을 종료하기 원할 때 종료한다. 미팅에 참석할 수 없다면 내담자에게 미리 알려 준다. 나는 내가 이슈를 잘못 표현했거나 어떤 방식으로든 실수를 했으면 사과하고 실수를 바로잡는다. 나는 나의 감정과 걱정에 대해 솔직하려고 한다. 내가 확신할 수 없는 것은 어떤 것도 내담자에게 말하지 않는다.

관계의 초기 단계에서 치료사인 우리는 명칭으로 인해 신용을 얻게 된다. 사람들은 '박사, 의사(특히 흰 가운을 입은 사람에게)'라는 명칭을 갖고 있는 사람을 신뢰하는 경향이 있다. 하지만 신용은 지속적으로 얻어야 한다. 우리는 우리가 알고 있는 것과 그것을 전달하는 방식에 의해 부분적으로 신뢰를 얻을 수 있다. 내담자는 진단 초기에 전문가가 제공하는 정보를 거의 기억하지 못하는데, 그 당시에는 그들의 감정이 격해져 있기 때문이다. 전문가나 내담자가 의식하지 못하지만 신용은 쌓이고 있는 것이다. 제공된 정보를 평가할 만한 많은 양의 정보를 내가 갖고 있지 않은 시점이라도 전문가가 자기 분야에 대해서 알고 있다고 하면 그 전문가를 신뢰할 것이다.

또한 내 행동이 어떠한가, 나 자신을 잘 통제하고 있는가에 따라서 그리고 내가 정보를 공유하고 있는가에 따라서 나의 무형의 신용이 다른 사람에게 전달되고 구축된다. 이상하게도, 나는 내가 어떤 것에 대해 알지 못한다고 기꺼이 말해 주었을 때 신용을 잃기보다는 오히려 신용을 얻었다는 것을 알게 되었다. 그러면 그들은 내가 제공하는 정보를 기꺼이 신뢰한다. 내가 어떤 내용을 알 수 없는 것으로 표시해 두면 내가 말한 것이 맞을 것이라는 확신을 내담자들에게 주게 된다. (물론 내가 안다고 생각한 것이 사실이 아닐 때가 있다. 내가 잘못된 정보를 너무 많이 제공하면, 나는 모든 신용을 잃게 된다. 전문가로서 나의 책임은 내가 가지고 있는 정보를 꾸준히 업데이트하는 것이다.)

신용을 잃게 되는 확실한 방법 중 하나는 안심시키려고 하는 것이다. 내가 치료하는 사람들이 종종 안심할 수 있는 말을 원하지만, 우리가 안심시키려 하면 우리 자신이 작아지게 된다. 우리가 사람들을 안심시키기 위해 "잘 될 거예요."라는 말을 했을 때, 그들은 호전될 것인지 여부를 우리가 알 수 없다는 것을 알고 있다. 따라서 우리는 신용을 잃게 된다. 나는 내가 듣고 싶어 하는 말을 하는 사람을 항상 의심한다. 그러한 말은 마음을 달래 준다. 하지만 다른 측면에서 보면 사람들이 나에게 하는 말을 신뢰하지 않게 된다.

자율성

관계에서 자율성(autonomy)이란 서로가 갖는 통제력인데, 이것은 어떤 일을 내가 잘 이해할 수 있게 일어나도록 할 수 있다는 느낌이다. 자율성은 항상 다른 사람과의 관계 속에서 확립된다. 자율성은 자기보다 더 많은 힘을 갖고 있다고 생각되는 사람과 협상할 때 요구되는 반동의 힘이다. 힘을 가진 사람이 부모일 때 아동은 어른이 좋아하는 선택을 함으로써 어느 정도 부모에 의해 통제된다는 지각을 하게 된다. 이러한 방식으로 아동에게 자율성을 허락하면 많은 고민을 줄일 수 있다. 나는 아내와 네 살짜리 딸과 함께 박람회장에서 걸었던 것을 기억한다. 그리고 우리가 점점 피곤해졌다는 것도 확실히 기억한다. 나는 딸에게 앉아서 좀 쉬자고 제안했는데, 당시 딸은 최대로 자율성을 발전시키고 있는 시기였기 때문에 딸이 할 수 있는 유일한 반응은 "싫어."였다. 아내는 딸에게 "Alison, 너 어떤 의자에 앉고 싶니, 빨간색 아니면 파란색?"이라고 말했다. 그랬더니 딸은 얼른 앉았다. 그 순간 딸은 약간의 통제권을 갖고 있었다. 선택권이 주어졌고 아이의 선택은 존중되었다. 우리 모두는 우리의 관계 속에서 어느 정도의 통제감이 필요하다.

많은 경우 상담관계에서 힘을 가진 사람은 전문가이다. 치료를 할 때 우리는 내담자에게 얼마나 많은 자율성을 줄 수 있을까? 내가 관찰해 본 바로는 내담자에게는 자율성이 거의 주어지지 않는다. 내 생각으로는 이러한 일은 '치료계획 증후군(lesson plan syndrome)'의 결과로 발생하는 것 같다. 실습생들은 구체적인 계획과 목표를 가지고 치료에 임한다. 이것은 불안정한 초보 치료사에게 자기가 상황을 통제하고 있다는 느낌을 제공한다. 얼마나 많은 치료사가 내담자와 함께 앉아서 치료 미팅에 관한 안건을 결정하고 내담자와 함께 치료계획을 수립할까? 내담자의 자율성은 준비된 말을 건네주고 내담자가 필요한 정보에 관한 모든 결정을 하도록 하기보다는 진단평가 후에 "더 알고 싶은 것이 있으신가요?"라고 질문함으로써 고취될 수 있다.

전문가가 내담자에게 자율성을 주기 어려운 이유가 두 가지 있다. 첫째, 대기실이 내담자로 꽉 차 있을 때 준비된 말만 하고 내담자를 밖으로 보내는 것이 더 편리하다. 이렇게 편리한 해결책이 장기적인 관점에서 보면 가장 비효율적이다. 왜냐하면 내담자는 치료사가 말한 것을 거의 기억하지 못하며 다시 잘 모르는 상태로 치료실에 오기 때문이다. 내가 내담자들에게 해 주는 말은 "15분 정도 시간이 있습니다(또는 내게 시간이 좀 있습니다). 당신은 이 시간을 어떻게 사용하기를 원하나요?"이다.

둘째, 전문가들은 내담자가 '제대로 된 질문'을 하지 않을 것이라는 두려움을 갖고 있다. 그런데 상담관계의 맥락에서 틀린 질문이란 없다. 일반적으로 내담자가 질문하지 않으면, 그들은 정답을 들을 준비가 되어 있지 않은 것이며, 제공되는 정보도 거의 이해하지 못한다. 불필요한 정보는 혼란을 가중시키고 별로 도움이 되지 않는다. 사람들은 배우고 흡수할 준비가 되어 있을 때 배울 수 있다. 준비도(readiness)를 나타내 주는 최고의 지표는 질문이다. 내담자가 질문을 하지 않아도 전문가로서 정보를 제공하는 것이 적합한 때도 있다. 이러한 방식이 성공하려면 우선 민감한 듣기(sensitive listening)를 통해 묻지 않은 질문에 반응해야 한다.

주도성

주도성(initiative)은 자율성과 밀접한 관련이 있는 요소이다. 주도성은 자율성의 긍정적 측면이다. 자율성은 힘 있는 타자와의 관계에서 '아니요'라고 함으로써 확립된다. 어떤 측면에서는 주도성을 얻는 것보다 더 쉽다. 왜 냐하면 사람들이 자신의 행동에 대해 책임을 질 필요가 없기 때문이다. 원하는 것을 얻음으로써 책임을 지는 것보다 원하지 않는 것이 무엇인가를 확인하는 것이 좀 더 쉽다. 전문가들은 여지를 남겨 둠으로써 주도성을 고양시키고, 특히 진공 상태를 만듦으로써 가르칠 수 있다. 만일 내가 진행되고 있는 것에 대해 전적으로 책임지지 않는다면, 관계 속에 있는 다른 사람이 책임져야만 한다. 그렇게 되면 나의 전문가로서의 자아는 손상된다. 내가 책임을 덜 질수록 다른 사람들이 관계 속에서 더 많은 것을 배우게 된다. 이러한 것은 상담자가 전문가로서의 책임의 개념을 수정할 것을 요구한다. 종종 전문가들은 직종의 요구사항과 감독자를 만족시키기 위해 무엇인가를 '한다'. 듣고 반응하는 것이 치료사나 감독자에게 항상 효과적인 전문가다운 행동으로 보이는 것은 아니다. 이러한 태도는 바뀌어야 한다. 전문가는 내담자의 침묵과 '아무것도 하지 않음'에 대해서 편안해질 필요가 있다. 그래야만 내담자들이 상담자에 의해 만들어진 공간에서 주도성을 쥘 수 있다. 사람은 자기를 보호하면서 한편으로는 균형 있게 책임을 받아들임으로써 성장한다. 내담자들은 이러한 균형을 습득하는 것을 배워야 하고 치료사는 내담자가 이러한 과제를 수행할 수 있도록 도와야 한다.

이렇게 주도성을 고양시키기 위한 접근에는 약간의 위험이 따른다. 첫째, 상담자의 이러한 행동은 전문가가 해야만 하는 것에 대한 내담자의 기대를 실망시킬 수 있다(내담자는 "내가 당신에게 왜 돈을 지불했지?"라고 물을 수 있다). 이러한 상담자의 위반은 내담자의 분노를 일으키며(표면으로 나타날 수도 있고 그렇지 않을 수도 있다), 잘 처리되지 않으면 관계를 왜곡시킬 수도 있다. 상담자가 이 문제를 세심하게 다루지 않으면, 내담자의 분노가 내담자에게 주도성을 갖게 하는 엄청난 원동력이 될 수 있다. 둘째, 행위를 하지 않음으로써 상담자는 신뢰를 잃게 될 수도 있다. 거기에는 전문가가 매우 신중해야 할 미세한 선이 있다. 차이는 **내담자를** 책임지는 것이 아니라 **내담자가** 책임을 지는 것(또는 반응하는 것)에 있다. 내가 일의 50%를 하고 내담자가 50%를 하도록 요청하지만, 책임에 관한 치료의 적도선을 찾는 것이 어렵다.

자율성과 주도성은 장애 아동과 부모가 개발해야 할 중요한 속성이다. 자율성과 주도성이 확립되면 자기옹호(self-advocacy)가 발전된다. 자기옹호는 아동이 인생을 살아가기 위해 필요하고 부모가 특수교육체제로 접근할 때 필요하다. 부모는 교육계획을 수립하기 위해 교육 전문가와 일할 때 자녀를 옹호할 필요가 있다. 그들은 공격적으로 보이지 않으면서 자기주장을 하는 것을 배워야 한다. 여기에는 아주 세심한 균형이 요구된다. 부모는 전문가와 대립하면 쉽게 주눅이 든다. 부모의 역량을 강화하는 것은 장애 아동의 성공적인 치료효과를 위해 필요한 요소이다. 많은 전문가의 관심은 부모의 자신감을 발전시키는 쪽으로 향해야 한다. 그래야 부모가 자녀를 강하게 옹호할 수 있다.

자기옹호는 아동의 평생에 걸쳐 필요한 기술이다. 아동이 과잉보호되면 자기옹호는 발달되지 않는다. 부모와 전문가의 딜레마는 아동을 심각한 피해로부터 보호하는 동시에 그들이 주도성을 갖도록 하기 위해 자신감을 발전시킬 수 있는 균형점을 찾는 것이다. 만일 아동에 대한 보호를 너무 일찍 철회하면, 아동은 많은 실패를 경험하고, 용기를 잃고 수동적이게 된다. 아동에게 주도성을 얻을 수 있는 많은 기회를 제공하지 않으면, 아동은 자신이 무능하다는 메시지를 받는다. 과잉보호와 보호는 얇은 종이 한 장 차이이다.

근면성

근면성(industry)은 전문가가 내담자와 맺는 관계의 정도이다. 거기에는 분명히 성취되어야 할 다음과 같은 과제가 있다. 의사소통장애를 극복하는 것, 난청이나 청각장애 아동을 교육하는 것 그리고 보청기를 착용하는 것이다. 불행하게도, 대부분의 전문가는 이슈 또는 문제중심적이기 때문에 신뢰, 자율성 및 주도성의 발달을 도외시한다. 전문가는 장애 정도가 좋아지지 않을까를 염려하기 때문에 효과적인 치료를 위해 필요한 것을 사전에 내담자와 함께 확립하는 것이 쉽지 않다. 전문가들이 자신의 몫인 50%보다 더 많이 일을 했을 때 치료 동맹은 확립되지 않고, 내담자가 동기화되지 않은 것을 불평하게 된다. 내담자에게 너무 많은 것을 해 주면 그를 무력하게 만들기 쉽다.

학습은 다음 세 가지 방법 중 한 가지를 통해 성취된다. 이야기(강의)를 통해, 봄(시범, demonstration)으로써 그리고 행동함으로써이다. 학습이 가장 오랫동안 유지되는 것은 행동을 통해 학습이 이루어지는 경우이다. 불행하게도, 특히 부모 집단에서 전문가들이 주로 사용하는 학습방법은 강의이다. 실제로 많은 부모 집단에서 전문가들은 부모들이 별로 선택하지 않은 주제에 대해 강의를 한다. 강의 형식은 가르치는 데 매우 비효율적이다. 왜냐하면 이 방법은 수강생이 모두 지식 측면에서 동일하다는 부정확한 가정에 기초하기 때문이다. 학습자의 신뢰 정도는 질문과 자신의 학습에 대해 주도성을 가지려는 학습자의 의지를 통해 확인할 수 있다. 특히 학습자 집단의 신뢰 수준이 낮을 경우, 강의 후에 부모들은 거의 질문하지 않는다.

시범은 꽤 까다로운 수업방법이다. 주의해서 사용하지 않으면 무력감을 증가시켜서 학습자를 단순화할 수 있다. 이러한 일이 내가 순회치료사로서 청각장애 아동의 부모, 교사와 함께 일할 때 발생했다. 교사 한 사람이 여러 가정을 방문하기 위해 이동해야 했기 때문에 아동과 함께하는 시간은 매우 제한적이었다. 교사는 아동이 좋아하는 장난감을 가지고 왔기에 수업은 항상 성공적이었다. 아동은 교사를 만나기를 매우 원했다. 왜냐하면 교사는 일

주일에 한 번 오며 항상 새로운 장난감을 가지고 왔기 때문이다. 수업은 항상
잘 진행되었고, 치료사는 관찰하고 있는 부모에게 한 주 동안 계속 이렇게 해
보라고 말했다. 부모는 치료사가 한 것을 그대로 모방하여 해 보려고 노력했
으나 실패했다. 실패한 이유는 여러 가지이다. 아동은 부모와 너무 친숙하기
에 교사 역할을 하는 부모를 원망한다. 부모는 아동에 대해 많은 정서적 문제
를 갖고 있어서 아동을 명확하게 볼 수 없다. 부모는 아마도 능력이 없다(왜
그럴까?). 그래서 애초에 부모가 이 프로그램에 속해 있는 것이다. 이런 종류
의 순회 프로그램에서 부모는 거의 실패할 수밖에 없기 때문에 자신이 더욱
무능하다고 느끼게 된다. 순회 프로그램에 대한 나의 의견은 프로그램이 전
적으로 부모중심적으로 운영되어야 한다는 것이다. 교사는 부모를 수업의
수혜자로 보고 아동과는 직접적인 활동을 거의 하지 않아야 한다. 그렇게 하
기 위해서는 교사에게 커다란 패러다임 전환이 일어나야 한다. 교사는 부모
를 내담자로 볼 필요가 있으며, 코치 그리고 부모의 협력자로서의 역할을 해
야 한다. 이러한 일은 대부분의 교사에게 매우 어려운 일이다. 왜냐하면 대
부분의 치료사 및 부모에게 치료의 초점은 아동에게 맞추어지기 때문이다.

나는 항상 회의에서 순회교사에게 부모중심적으로 일하고 있는지 묻는다.
그들의 대답은 항상 '그렇다'이다. 그러면 나는 그들이 장난감이 든 가방을
가지고 내담자의 집을 방문하는지를 묻고, 대부분은 '그렇다'고 대답한다. 그
러면 나는 "당신이 부모중심적이라면 왜 장난감을 가지고 가나요? 왜 그 집
에 가서 단지 부모와 해야 할 것을 하고 부모의 코치가 되지 않나요?"라고 묻
는다. 일부 치료사는 놀라면서 반응한다. 다른 치료사들은 집에 가서 오직
어머니하고만 활동한다고 하며, 그들이 색다른 경험을 했고 그 경험이 얼마
나 효과가 있었는지를 나에게 말해 준다.

이와 비슷한 능력 상실은 감독자가 학생치료사에게 바람직한 내담자 행동
을 확립하기 위한 효과적인 방법을 시범 보일 때 일어난다. 감독자는 이러한
시범식 교육을 노력하지 않고 쉽게 사용하지만 학생들은 무기력함을 느끼게
된다. 마찬가지로 감독자도 임상회의에 가서 치료하고 있는 석사과정 치료

사들을 관찰하면서 무기력함을 느낄 수 있다. 시범식 교육이 주의 깊게 이루어지지 않으면 의도하지 않은 반대효과가 나타날 수 있고, 학습자의 실력은 더 나빠질 수 있다. 이러한 말은 시범식 교육이 수업방법으로서 확실한 위치를 확보하지 못하고 있다고 하는 것은 아니다. 이 수업방법은 관계 속에 충분한 신뢰가 형성되었을 때 그리고 학습자에게 이미 어느 정도의 자아존중 감이 확립되었을 때 귀중한 도구가 된다.

감독자-교사의 관찰력이 특별히 뛰어나다면 행동을 통한 수업방식은 학습에 매우 효율적인 방법이다. 행동을 통한 수업방식은 가장 높은 수준의 신뢰감을 요구한다. 왜냐하면 누구도 무능해 보이는 것을 좋아하지 않지만 정의상으로 학습자는 능력이 부족하기 때문이다. 학습자는 배우기 위해 교사에게 자신이 모르는 것을 기꺼이 보여 주어야 한다. 불행하게도, 대부분의 교육 프로그램은 유능함에는 보상을, 무능함에는 처벌을 준다. 따라서 학생들은 위험을 회피하면서 선생님의 머릿속에 있는 것을 추측함으로써 선생님을 기쁘게 하는 것을 익힌다. 그들은 능력이 없는데도 능력이 있는 것처럼 보이려고 노력한다.

Holt(1964)는 초등학생에게 숫자를 추측해 보는 과제를 주었을 때, 아이들이 '응'이라는 대답에서만큼 '아니'라는 대답을 통해서도 많은 정보를 얻을 수 있는데도 '아니'라고 답하는 데 어려움을 겪는다는 것을 발견했다. Holt의 결론은 아동이 실패하는 이유 중 하나는 실패를 두려워하기 때문이라는 것이다. 틀려도 좋다는 의지가 없는 한 어떠한 주도권도 취할 수 없다. 효과적인 학습이 일어나기 위해서는 실패에 대한 일체의 처벌을 제거하고 실수를 격려해야 한다(다른 말로 하면, 그들이 모험을 해 보도록 격려해야 한다). 나는 성공보다는 실수를 통해 더 많은 것을 배웠다. 나의 성공은 이미 완전히 숙달했으므로 더 이상 학습할 기술이 없음을 의미한다.

내가 학습자에게 전달한 무조건적인 존중과 배려는 학습자가 모험을 시도하는 환경을 만들었다. 간단히 말하면, 신뢰는 가르치는 사람, 배우는 사람 모두가 갖춰야 할 기술이다. 강의, 시범적 교육 그리고 행동을 통한 수업방식 하나하나가 학습에 중요하고, 각 수업방법은 특정 시간과 특정 장소에 따라 적절해야 하며 타이밍이 핵심이다.

정체성

정체성(identity)은 매우 역할 종속적이다. 즉, 내가 나를 어떻게 정의할 것인가 그리고 다른 사람이 나를 어떻게 정의하는가가 나의 행동결정에 많은 영향을 준다. 정체성은 나와 타인이 어떤 특정 역할에 대해 갖고 있는 기대치의 기능이다. 그래서 역할에 구속되는 것은 매우 쉬운 일이다.

예를 들면, '부모'라는 역할은 아동의 교육과정이나 치료과정에 실제로 관여하지 않는 사람을 의미한다. 나는 과외활동 후에 딸을 데려오기 위해 학교 밖에서 기다리고 있던 일을 기억한다. 나를 모르는 교장선생님이 나를 학교 근처에 잠복해 있는 사람으로 이상하게 보고 있었다. 그가 나에게 누구인지 물어서 나는 "그냥(just) 부모일 뿐입니다."라고 대답했다. 한 박자도 놓치지 않고, 교장선생님은 "'**그냥** 부모'가 무슨 의미인가요?"라고 물었다. 우리는 이 이슈에 대해 상세하게 토론했다. 부모는 학교와의 관계를 설정할 때 아동의 부속물, 즉 교통수단과 학용품 그리고 점심 값을 제공하고 아이의 상황을 듣기 위해 회의에 참석하는 사람이다. 그들은 항상 주변적인 일에 머물러 있으며 학교에서 일어나는 학습과정에 중요한 인물이 아니다.

'부모'의 역할은 수동성(passivity)도 내포하고 있다. 그것이 내가 이 책에서 **환자**(patient)보다 **내담자**(client)라는 용어를 쓰는 이유이다. 환자가 되어 가는 과정에서는 개성(individuality)이 상실된다. 환자는 의사에게 가서 처방을 받고 회복하기 위해 처방을 따른다. 병원세팅에서는 전문가가 일을 하는 동안 환자에게는 수동적인 역할이 기대된다. 환자가 협력하기를 거부할 때, 즉 기대 역할에 부응하지 않을 때 의사와 간호사는 감정이 상한다. Lear(1980)의 저서『심장소리(Heartsounds)』에는 의사의 관점에서 환자가 되는 과정이 잘 기술되어 있다. 의사인 그녀의 남편은 자기가 심장병 환자가 되었을 때 주치의들이 자기의 말을 경청하기를 멈추고 자기를 사람이 아닌 질병으로 대하기 시작했음을 알아차렸다. 심장마비에서 회복하기 위해 그가 취한 첫 번째 행동은 자신의 인격(personhood)을 되찾기 위해 환자복을 입지 않는 것이었다. 요즈음 많은 주목을 받고 있는 전인건강 운동(holistic health movement)은 환자를 치유과정의 중심에 두고, 치료하는 과정에서 환자에게 일정한 책임을 부여한다. 나는 이러한 경향이 지속되기 바라며, 환자중심치료에 관한 의사소통장애 논문들에 의해 고무되어 있다. 가장 주목할 만한 논문으로는 Erdman(2009)의 논문 및 Greeness, Hickson, Laplant-Levesque와 Davidson(2014)의 논문이 있다.

　치료과정에서 역할이 가장 많이 구속되는 사람은 전문가이다. 전문가란 다른 사람들을 '더 좋게(better)' 할 수 있는 지식과 기술을 가지고 있는 사람으로 정의된다. 따라서 전문가는 사람들을 더 좋게 할 책임이 있다. 간단히 말하면, 전문가는 '현명하고' 문제에 대한 해답을 가질 책임이 있다. 전문가들은 처방을 쓰고, 권고하는 일을 한다. 복장은 아주 협소하게 규정되어 있다(일부 세팅에서 복장은 흰색 가운이어야 한다). 그리고 보통 환자와 치료사의 거리를 유지할 수 있는 격식을 갖추며 그들의 호칭은 조심스럽게 불려야 한다. 이러한 자기보호적 행동의 대부분은 훈련 단계에서 배우며 학생치료사들이 기꺼이 받아들인다. 자세하게 정의된 역할은 안전을 확보하기 위한 수단이기도 하다. 사람들은 기대하는 것이 무엇인지 정확하게 알면 기대치에 순응하고 적절하게 행동한다. 안전을 위해서 치러야 할 대가는 행동의 경직성인데, 이것은 성장을 제한시킬 수도 있다. 사실, 전통적인 환자-치료사 관계에는 건강한 관계의 발달을 저해하는 요소가 많다. 특히 책임 인수의 측면에서 실패하는데, 통제소(locus of control)가 환자의 외부에 있고 치료사에게 있기 때문이다.

　건전한 상담관계는 높은 수준의 신뢰가 있고, 환자와 치료사 모두가 자유롭게 주도성을 잡을 수 있으며, 역할이 엄격하게 규정되어 있지 않다. 그래서 일반 관찰자가 전문가와 내담자를 판단하기 어려울 수 있다. 이러한 상담

관계는 '전문가' 모델보다는 업무관계를 중시하는 협력 모델에서 사용될 수 있다. 나는 협력 모델이 장기적인 치료효과를 위해서 우선적으로 선택되어야 할 모델이라고 확신한다.

친밀감

친밀감(intimacy)은 신뢰와 매우 밀접하게 연결되어 있다. 관계 속에 높은 수준의 신뢰가 존재할 때, 우리는 마음을 열 수 있다. 마음을 여는 것은 배려심과 친밀감을 이끌어 낸다. 친밀감에는 위험도 있다. 친밀해지는 것이 두려우면 개인적으로 거리를 두는 행동을 자주 보이며, 이러한 행동은 오히려 문제를 더 키우는 자기패배적 행동이 된다.

상담관계에서는 쌍방 모두가 할 말은 할 수 있다는 느낌을 가질 필요가 있다. 그들 사이에서 중요한 것은 논의되어야 하고 표출되어야 한다. 친밀해지기 위해 내 은행 잔고를 노출할 필요가 없다. 하지만 적합한 때가 되면 내가 다른 사람에 대해 어떠한 감정을 갖고 있는지―언어적으로 혹은 비언어적으로―들려줄 필요는 있다. 관계 속에서 다른 사람이 어떠한 감정을 갖고 있는가를 확실히 알아야 한다. 친밀감에는 부정적 감정의 노출도 포함된다. 내가 화가 났다는 것을 보여 주려면 그 전에 많은 신뢰가 쌓여 있어야 한다. 역할에 얽매인 전문가들은 자기들이 내담자에게 화를 낼 권리가 없다고 자주 느낀다. 이러한 태도는 친밀감을 제한시킨다. 왜냐하면 관계 속에 존재하는 다양한 감정이 표현될 수 없다면 진정한 친밀감은 가능하지 않기 때문이다.

친밀감은 고통도 동반할 수 있다. 내가 사람들을 더 배려하고 더 가까워짐에 따라, 그들과의 관계가 종료되었을 때 나 자신은 더 쉽게 상실감을 경험하게 된다. 많은 사람이 분리의 고통이 예견되기 때문에 친밀해지는 것에 조심한다. 이러한 대응방식은 대인관계에서 고독이라는 대가를 지불하게 한다. 다시 말하지만, 각 개인은 개인적 선택을 해야 하고, 자신의 대인관계의 딜레마를 스스로 해결해야 한다. 가르친다는 것―더 넓게 보면 임상적 활동

—은 매우 고통이 따르는 전문적인 일이다. 왜냐하면 많은 관계에는 시간이 한정되어 있기 때문이다. 나아가 너무 친밀하지 않도록 해야 한다는 전문가들의 유혹과 이로 인한 고통은 매우 크다. 그래서 상담자들은 관계를 최대한 발전시키는 것을 회피하게 된다. 나는 내가 모험을 하지 않으려고 하면 내가 얻는 이득도 제한된다는 것을 발견했다. 따라서 나는 친밀한 관계로 발전시키는 것을 선택했다. 내가 한 학기 동안에 얻는 기쁨은 6월에 학생과 부모 모두가 떠났을 때 내가 지불해야 하는 대가만큼 충분한 가치가 있다. 어떠한 관계도 영원하지 않다는 것을 알기 때문에 나는 내가 갖고 있는 개개의 관계에서 최고의 것을 끄집어내기를 원한다.

생산성

생산성(generativity)은 근면성 단계에서 학습된 기술이 밖으로 표출된 것이다. 이제 내담자는 치료관계를 넘어선 다른 관계에서 향상된 기술을 보여 줄 수 있고 발전시킬 수 있다. 이것이 치료의 전이이다.

성공적인 치료적 관계 속에서 생긴 이타심에 대한 충동—다른 사람들을 위해 상황을 개선하려는 것—은 자주 일어난다. 일부 언어치료사가 실제로 치료를 받은 경험이 있는 것은 우연이 아니다. 이러한 사실은 치료사의 정체성 이슈에 대해 생각해 보도록 하지만, 이것은 자신이 받았던 값진 것을 다른 사람에게 주려고 하는 욕구가 반영된 것이다. 그것은 인류가 지니고 있는 욕구 중에서 가장 고귀한 욕구이다.

나는 부모의 애도과정을 지켜본다. 일반적으로 부모 자신에 대한 걱정에서 아이에 대한 걱정으로 발전하는 경향이 있으며, 최종적으로 난청이나 청각장애 아동에 대한 걱정으로 발전된다. 부모는 원대한 변화를 위한 잠재적으로 귀중한 자원이다. 치료사는 다른 사람을 돕고 싶어 하는 욕구를 지역사회에 더 큰 도움이 되도록 만들 수 있다. 부모는 입법을 도모하고 관료가 해야 할 일을 하도록 만드는 것에 매우 적극적일 수 있다. 이러한 유익한 에너지는 생산성 단계(productivity stage)로 진입하는 건강한 치료관계로부터 생길 수 있다.

자아통합감

자아통합감(integrity)은 관계의 마지막 단계이다. 치료사와 교사로서 우리의 사명은 우리의 일이 더 이상 필요하지 않아 실직할 때까지 일하는 것이다. 우리가 서비스를 제공하고 있는 내담자를 놓아줄 수 없다면 우리는 제대로 일하고 있는 것이 아니다. 고통이 따르지만, 죽음이 생애주기의 한 부분인 것처럼 치료종결은 치료주기(therapeutic cycle)의 필요한 부분으로 인식되어야 한다.

나는 죽음에 관한 문제를 회피했기 때문에 관계의 종결에 관한 논의는 절대적으로 최소화하려고 노력했다. 그런데 이것이 실수라는 것을 깨달았다. 일을 마치고, 관계에 대해 객관적으로 생각해 보고, 경험을 정리할 필요가 있다. 관계를 종결하고, 내가 어떤 일을 했거나 하지 않았던 이유에 대해 설명하고, 과거에 숨겼던 감정에 대해 말하고 감추어 두었던 감사의 마음을 표현할 필요가 있다. 나는 종결할 때 슬픈 감정과 상실감을 갖는다. 나는 가을에 시작되는 새로운 관계를 생각하면, 내가 이러한 과정을 다시 시작해야 한다는 실망감을 순간적으로 느낀다. 새로 맺게 되는 관계에 내가 만족할까에 대해서도 궁금하다. 새로운 사람을 만날 수도 있고, 나 자신에 대해 더 많은 것을 배울 것이라 예상함으로써 나는 약간 흥분된 감정을 갖게 된다.

임상 도구로서의 모델

부주의한 독자가 모델을 문자 그대로 받아들이면 위험하다. 왜냐하면 모델은 복잡한 과정을 단순화한 것이기 때문이다. 이 장에서 우리는 관계구축이 8개의 개략적 단계를 통해 부드럽게 진행된다는 것을 보았다. 그리고 관계가 멈추면 우리가 문제를 진단하기 위해 할 수 있는 것은 문제가 되는 지점으로 다시 돌아가는 것이다. 실제로 이러한 작업은 단순하지 않다. 관계구축과정은 매우 허술한 과정이기 때문에 각 단계가 작동하는 시기가 다르고 순차적이지도 않다. 가끔 어떤 문제는 부분적으로만 해결되고, 그 문제가 다시 발생하기도 한다. 가끔 일부 단계는 동시에 작동되기도 한다. 모델은 개념화 작업을 할 때 임상적으로 중요하다. 모델은 우리에게 관련된 용어를 제공함으로써 복잡한 과정에 대해 말할 수 있게 한다. 독자가 명심해야 하는 것은 모델은 단순화한 것이지 사건이 아니라는 것이다. 모델은 사건을 특별하게 추상화시킨 것에 불과하다.

나는 실존주의 모델과 Erikson의 생애주기 모델이 임상현장에 특히 도움이 된다는 것을 알아차렸다. 이 두 모델은 상보적이다. 실존주의 견해는 보편적인 것으로 보이는 현재의 행동에 초점을 두고 있고, 반면에 Erikson 모델은 우리 문화를 고려한 발달적 관점을 제공한다. 이 두 모델이 서로 중첩되는 영역도 크다. 예를 들면, Erikson의 자율성 단계와 주도성 단계는 실존주의 모델의 책임 인수 개념과 비슷하다. 정체성과 생산성은 의미 이슈와 밀접한 관련이 있다. 신뢰와 친밀감은 외로움의 경험과 많은 관련이 있다. 그리고 당연히 죽음은 자아통합 단계의 중요한 부분이다.

두 모델의 이러한 중첩성에도 불구하고 이 두 모델은 인간에 관한 서로 다른 견해를 제공한다. 그리고 우리는 무엇이든지 특정 행동을 기술하는 데 가장 적합한 것으로 보이는 개념화를 사용할 수 있다. 인간행동에 대해 '정답인' 견해는 없으며, 단지 특정 행동의 한 측면을 해석할 때 다양한 방식이 있다는 것을 명심해야 한다.

제4장

의사소통장애와 감정

의사소통장애에는 강한 감정이 동반된다. 이것은 내담자와 내담자의 가족 모두에게 해당된다. 의사소통은 인간에게 기본적인 것이기 때문에 그것이 왜곡되거나 막혔을 때 사람들은 감정적으로 혼란스러워진다. 가끔 내담자가 자신의 감정을 표출하는 것은 언어청각 전문가에게는 고통스러운 일이다. 내 생각에는 그들이 개인적응상담훈련을 받지 않았기 때문인 것 같다. 우리 분야의 전문가들은 자신이 대면하는 사람들이 감정적으로 취약하기 때문에 자신의 실수가 그들을 매우 화나게 할 것이라고 추측한다. 그래서 우리는 자신과 내담자가 감정을 노출하는 것을 경계한다. 신입 청각사 시절에 나는 감정표출을 미연에 방지하려고 했다. 왜냐하면 내담자에게 어떻게 적절히 반응해야 할지 몰라서 당황스러웠기 때문이다. 내가 어떻든지 그들에게 고통을 주었고 어떤 측면에서는 나쁜 소식의 전달자가 됨으로써 나도 고통을 받았다는 일말의 죄책감을 갖게 되었다.

나는 내담자의 감정적인 문제를 다루는 것이 힘들어서(내 사생활에서도 마찬가지이지만) 감정이 드러나는 것을 방지하기 위해 모든 종류의 전략을 사용한다. 가끔 나는 사람들의 기분을 좋게 하려고 주의를 환기시키기 위한 수단으로 유머를 사용한다. 대안적인 주요 방법으로는 내담자가 감정에서 멀어진 상태로 계속 인지 영역에 머물러 있도록 내담자에게 관련 정보를 제공하는 것이다. 하지만 상담의 목적은 사람들의 기분을 좋게 하는 것이 아니라 비생산적인 행동과 감정을 분리시키는 것임을 알게 되었다. 감정은 항상 인정되어야 한다. 사람들은 자기 기분을 좋게 만들기 위한 다양한 방법을 갖고 있다. 나는 그 방법들을 사용하라고 한다. 시간이 지나면서 내 생각만큼 사람이 나약한 존재는 아니라는 것을 파악했다. 처음부터 나의 문제는 감정을 표출하는 것에 대해 두려움과 불안함을 갖고 있다는 것이었다.

아무리 친절하게 말하더라도 내담자에게 "그렇게 느끼지 말아야 한다."고 말하는 것은 잘못된 것이다. 이런 말을 하면 그들은 자기 감정에 대해 죄책감을 갖게 된다. 누구에게도 가장 도움이 되지 않는 말은 "그것에 대해 걱정하지 마세요."이다. 왜냐하면 그들은 자신이 걱정하고 있다는 것을 이미 걱정하기 시작하기 때문이다. "걱정하지 마세요."라든지 "그런 식으로 느끼지 마세요."라는 말을 했을 때, 우리가 전달하려고 하는 것은 "당신이 감정을 표현해서 내 마음이 심란하네요. 그러니 제발 멈추어 주세요."가 된다. 이러한 표현은 도움을 받아야 할 사람에게 절대 도움이 되지 않는다.

이 책에서 기술하는 상담 모델이 권하는 규칙은 감정이란 나쁜 것도 좋은 것도 아니라는 것이다. 감정이란 그냥 있는 그대로인 것이다. 감정은 인정되어야 하며 판단되어서는 안 된다. 의사소통장애를 갖고 있으면 깊은 고통이 동반된다. 대부분의 경우 전문가로서 우리는 그 고통을 벗어나게 하는 어떤 일도 할 수 없고 어떠한 말도 할 수 없다. 고통은 있는 그대로 인정될 필요가 있다. 이는 힘든 상황에 대한 정상적인 반응이다. 이것은 상담자인 우리가 판단하지 않고 경청함으로써 이들의 고통스러운 감정을 끌어내려고 노력하고 감정의 적절성을 인정해야 한다는 것을 뜻한다. 간단히 말하면, 내담자의 감정과 함께하는 것이 치유의 과정이다. 고통을 품어 주는 것이 치유의 첫 번째 단계이다. 내가 도우려고 하는 부모 집단에서 한 부모가 나에게 "당신은 나를 울게 해요."라고 말을 해서, 나는 "아니요. 나는 당신이 우는 것을 허용하고 있어요."라고 답했다. 그러자 그녀는 울기 시작했다. 내가 감정을 만들어 내는 것이 아니라는 사실을 계속 기억해야 한다. 나는 감정을 표현할 수 있는 상황을 만들고 있는 것이다. 이것은 판단하지 않고 경청할 때에만 가능하다. 앞에서 언급한 어머니의 인생에서 누구도 우는 것을 허락한 사람은 없었다. 주위 사람들은 그녀의 감정을 좋게 하려고 노력했지만 결국 비참하게 실패했다. 후련하게 울고 그렇게 하도록 인정받으면, 사람들은 장애에 대처하기 위해 필요한 일을 시작할 수 있게 된다.

다른 한편으로, 행동은 판단될 수 있다. 우리는 행동이 자기향상(self-enhancing)하고 있는가를 알 수 있다. 즉, 그 행동이 달성하려고 하는 목표를 달성하고 있는지 여부를 알 수 있다. 만일 목표가 달성되지 않았으면 그 행동을 더 변화시키는 작업을 시작할 수 있다. 이 장에서는 언어청각 전문가들이 많이 관찰할 수 있는 것으로서 가족이 겪는 엄청난 변화와 관련된 감정에 대해 기술하고자 한다. 우리는 이러한 감정을 조사하고 그로부터 발생하는 행동에 대해 알아본다. 만일 치료사가 어떤 행동의 정서적 근원을 이해하지 못한다면, 그 행동으로 인해 치료사-내담자의 관계가 깨질 수도 있다. 나는 의사소통장애인들의 여러 집단 그리고 그 가족과 일을 해 왔는데, 적어도 우리 문화에서 감정은 보편적인 것이며 장애 종류에 따라 특별히 다르지 않다는 것을 발견했다. 인간인 우리는 정체성 상실과 정체성 변화가 수반되는 엄청난 사건에 동일한 방식으로 대응하는 것 같다. 감정의 표출방식이 개인에 따라 독특하며 내용도 장애에 따라 독특하지만, 감정의 폭은 동일하다.

내담자와 가족의 감정

애도

　모든 변화에는 상실이 따른다. 엄청난 변화를 겪은 사람 모두에게 가장 슬픈 것은 기대했던 미래가 상실된 것이다. 나와 내 첫 번째 아내는 아이들이 집을 떠나간 후의 우리 자신의 미래를 상상할 수 없었다. 우리는 여행도 많이 가고 하이킹과 달리기를 하면서 중년을 열심히 보내리라 기대했는데, 현실에서는 아내가 장애인이 되었다. 그녀가 휠체어에 앉아 있는 것은 전혀 계획하지 않았다. 상실에는 항상 고통이 따른다. 그리고 고통은 당신을 떠나지 않는다. 한 자폐 아동의 아버지는 "아이가 정상적이지 않은 것을 처음 알았을 때 마음의 고통이 엄청났어요. 그리고 아픔이 좀 무뎌졌지만 전혀 사라지지는 않았어요."라고 말했다. 타인을 돕는 전문직에 있는 대부분의 사람이 자신의 역할이 고통을 사라지게 하는 것이 아님을 깨닫는 것은 어렵다. 우리의 역할은 그 고통을 인정하고 허용하는 것이다.

　이러한 유형의 상실을 극복하는 과정은 죽음에 대한 반응과 유사하다. 왜냐하면 죽음은 꿈이나 기대감이 소멸되는 것을 의미하기 때문이다. 말기 환자와 임종을 앞둔 사람들을 관찰한 Kübler-Ross(1969)의 뛰어난 연구결과를 의사소통장애인과 그 가족이 겪는 상실감에 적용시킬 수 있다. 하지만 부정(denial), 분노(anger), 타협(bargaining), 우울(depression) 그리고 수용(acceptance)으로 이루어진 Kübler-Ross의 애도(grief) 단계는 남용되고 있으며, 복잡한 과정을 너무 단순화한 경향이 있다. 나는 항상 애도과정의 '단계' 개념을 미심쩍어했다. 이 과정은 기본적으로 애매모호하고, 그렇기 때문에 애도 단계는 직선적으로 진행하기보다는 본질적으로 유동적 경계를 가지고 순환한다. Tanner(1980)는 애도 반응에 대한 종합적인 논문을 발표하고 언어치료사와 청각사에게 적용했다. 그에 따르면 상실은 실제적이고 상징적이기도 하다. 애도란 단순한 반응이라기보다는 많은 감정과 상실을 극복하기 위한 시도가 포함된 복잡한 과정이다. 내 생각에는 애도 단계를 찾는 것보다는 상실과 관련된 감정을 조사하는 것이 임상적으로 더 성과가 있을 것이다.

자세하게 쓰인 Friehe, Bloedow와 Hesse(2003)의 연구는 의사소통장애와 관련된 슬픔을 고정된 단계의 진행과는 반대되는 일화적 경험으로 기술했다. 나는 이러한 연구방식이 옳다고 생각한다. 의사소통장애 분야에서는 미래의 꿈을 상실한 것과 같은 상징적 죽음을 다룬다. 이러한 상징적 죽음은 실제 죽음의 경험과는 반대로 만성적인 슬픔을 만들어 낸다. 실제 죽음에는 육체가 땅에 묻히고 가족들이 슬픔을 완화하기 위해 문화적으로 승인된 의식이 있다. 하지만 의사소통장애인의 경우에는 종착역이 없다. 장애인과 그 가족은 하루 24시간, 일주일에 7일 동안 상징적 죽음과 함께 산다. 거기에는 고통을 완화하고 새로운 정체성으로의 전이과정을 제대로 극복하기 위한 어떠한 의식도 없다.

일화적 슬픔은 '방아쇠' 역할을 하는 사건으로부터 온다. 아내가 다발성 경화증 초기 진단을 받아 엄청난 고통을 겪은 후, 아내와 나는 '정상적 장애'의 삶에 정착해 나갔다. 이 말은 아내의 장애 정도에 적응하는 것을 의미하며, 이것은 매일매일의 현실이 되었다. 이것은 모든 것을 부정하면서 세상과 단절하는 삶을 사는 것과 같았다. 머리를 숙인 채 주류에서 얼마나 벗어났는가는 생각하지 않고 단지 삶을 살아가는 데에만 몰두하게 되는 것이다. 이러한 고통은 중단될 수 있다. 하지만 이것은 우리의 현실이 변화될 필요성이 있어야 가능하다. 아내가 목발에서 휠체어로 옮겨 갔을 때 우리는 강한 충격을 받았다. 다시금 우리의 삶이 얼마나 정상적이지 않은지를 알게 되었다. 이러한 '방아쇠' 사건은 자주 일어났다. 방아쇠 사건은 우리 나이와 비슷한 부부가 함께 길을 가는 것을 보는 것과 같이 아주 단순할 수 있다. '정상적 청각장애'의 삶을 살고 있는 청각장애 아동의 부모에게도 이러한 방아쇠 사건은 아주 단순한 것에서 일어날 수 있다. 즉, 생일파티에 가서 다른 아이들이 말을 잘하는 것, 부모가 말로 아동의 행동을 쉽게 통제하는 것을 보는 것이 방아쉬 사건이 될 수 있다. 의사소통장애와 투쟁하는 가족들에게 슬픔은 만성적이면서 일화적이기도 하다. 이것이 한 자폐 아동의 아버지가 말한 "고통은 절대 사라지지 않는다."가 의미하는 바이다. 고통은 강렬하고 짧다. 하지만 슬픔은 평생 지속된다.

부족함

인생의 중대한 변화에 직면하는 사람은 누구나 그 재앙적인 사건에 의해 야기된 새로운 도전에 압도당하게 되고, 대처하기에는 불충분한 감정을 경험하게 될 것이다. 특히 장애 아동의 부모는 압도되는 느낌을 갖는다. 육아에 대한 책임은 엄청나다. 부모가 자녀에게 장애가 있다는 말을 듣게 되면, "아이의 성공은 부모에게 달렸다."라는 일부 전문가의 훈계가 부모의 양육에 대한 일상적 테러가 될 가능성이 기하급수적으로 증가한다.

압도감과 함께 동반되는 감정은 구출되고 싶은 욕구이다. 부모 입장에서 보면, 이러한 욕구는 여러 가지 형태로 표출된다. 부모지지 집단에서 자주 얘기되는 상상은 "누군가가 와서 내 아이를 말 잘 듣고 예쁘게 말하는 18세로 돌려놓으면 얼마나 좋을까."이다. 이러한 상상을 웃으면서 이야기한다. 하지만 이 말은 부모가 느끼는 이면의 불안함 그리고 아쉬움이 반영된 것이다(이러한 하소연은 부모로부터 책임을 떠맡은 기숙학교에서도 나온다).

한 부모 집단에서 한 아버지가 나에게 자기 팀의 쿼터백이 되어 달라고 간청했다. 나는 거절했고 다시 나에게 코치 자리를 제안했을 때에도 역시 거절했다. 내가 그의 일생에서 기꺼이 받아들일 수 있는 역할은 열광적인 팬의 역할이다. 나는 그에게 나는 열심히 응원하고 모든 정보를 공유하면서 스탠드에 있을 것이고, 당신은 선수를 선발하고 시합에 내보내야 한다고 말했다. 전문가들이 경기를 소집하면 부모는 관중이 되고 결과를 책임지지 않는다. 그들은 코치를 비난하거나 칭찬하거나 둘 중 하나이다. 그들은 게임에 관여하지 않는다. 관중은 수동적이며 거의 성장하지 못하거나 많은 것을 배우지 못한다.

불행하게도, 우리 분야의 많은 전문가가 기꺼이 경기를 소집하려고 한다. 이것은 피하기 어려운 올가미이다. 우리가 돕기로 굳게 맹세한 사람들이 심한 고통을 겪으며 부족함과 책임감에 압도당한 상태로 찾아온다. 그들은 다음과 같이 말한다. "나는 그냥 부모예요. 당신은 전문가이고요." ('갈고리'로 알려져 있는 이 말은 의존적 관계에 있는 내담자가 전문가로 하여금 책임을 떠맡도록 '옥죄는' 방식이다. 이 갈고리는 어떠한 비용이 들더라도 가족을 격려하고 역량을 강화시키기 위해 피해야 한다.) 상담자는 많은 정보와 연민을 갖고 있기 때문에 부모의 책임을 떠맡고, 그들을 구출해 주려는 유혹을 받기도 한다.

아마도 현대문학에서 최고의 구원자로서 가장 좋은 예는 Annie Sullivan과 Helen Keller의 이야기일 것이다. 특별히 영화로 만들어진 〈기적은 사랑과 함께(The Miracle Worker)〉는 우리 분야의 전문가들에게 직업의 열정에 관한 역할 모델이 되었다. Lash(1980)가 집필한 전기는 Annie Sullivan, Keller 부인, Helen Keller의 삼각관계에 관하여 더 생생하게 보여 준다. Annie Sullivan은 불우한 아동기를 보냈다. 어머니가 돌아가신 후에 여섯 살 Annie와 네 살 남동생은 알코올 중독자였던 아버지 때문에 생활이 궁핍하여 어떤 집에 입양되었다. 남동생은 시설에 맡겨진 후에 바로 죽었고, Annie는 가난한 노인들 사이에서 성장했으며 돈이 거의 없었다. 그녀는 시각장애가 있어서 보스턴의 퍼킨스 시각장애학교로 보내졌고, 그곳에 수용된 시각장애인들과 함께 교육을 받았다. Keller 가족은 Annie가 졸업할 무렵에 도움을 요청해 왔다. 그녀는 그 가족을 구조하기 위해 앨라배마로 갔다. 젊은 Annie Sullivan을 하늘에서 내려온 천사로 상상하거나, 이야기책의 주인공 Mary Poppins로 생각할 수 있다. 그녀는 보지 못하고 듣지 못하여 통제가 되지 않는 절망적인 Keller 가족에게는 적어도 그렇게 보였을 것이다.

전문가의 절정을 대표하는 영화의 한 장면이 있다. Annie가 Keller의 가정에 도착한 후 바로 일요일의 공식적인 만찬에서 그녀가 보살펴야 할 사람을 소개받았다. Annie는 Helen의 아버지와 남동생과 함께 음식이 가득 차려진 식탁에서 기다리고 있다. Keller 여사가 Helen과 함께 들어왔다. Helen의 어머니는 Helen을 통제하지 못하는 것이 확실했다. Helen은 소름끼치는 괴성을 내기 시작하면서 음식을 집어던져서 식사를 망쳐 버렸다. 아버지와 남동생은 화를 내며 나갔다. 그리고 Keller 여사는 절망스런 표정을 지으며 식탁 너머로 Annie를 보고 있었다.

이 시점에서 Annie는 Keller 여사와 함께하면서 그녀에게 Helen을 다루는 방법을 가르쳐 줄지, 아니면 Helen을 데려가서 Keller 여사를 구조해 줄지 선택해야 했다. 만일 Annie가 Keller 여사와 함께하기로 했으면 Annie는 유명해지지 않았으며 그만큼의 칭송도 받지 못했을 것이다. 아마도 Keller 여사가 받았을 것이다! Annie가 이렇게 했다면, 소위 심리학자들이 말하는 '자기지향적(내적) 통제소(inner locus)', 즉 속으로는 스스로 만족하면서 한편으로는 다른 사람이 칭찬을 받게 할 수 있는 능력을 가진 것이다. 이렇게 행동하려면, 그 사람은 상당히 일관성이 있는 사람이어야 한다. 궁핍한 어린 시절을 보냈고 필요한 것이 매우 많았던 Annie는 Helen을 사유지에 있는 오두막으로 데려가는 것을 선택했고, 그곳에서 그녀는 문자 그대로 밤에 Helen을 끈으로 묶었다. 2주가 지나서 Helen은 다른 사람과 의사소통할 수 있는 의젓한 아동으로 나타났다. 기적이 아닌가! 이 영화의 관객들은 Helen이 장애가 있음에도 불구하고 커다란 업적을 이룬 정말 뛰어난 청각장애 · 시각장애인으로 변화된 것으로 알고 있기 때문에, 이후에 그들이 행복하게 살았던 것으로 결론짓고 싶은 유혹이 있다.

그러나 Lash(1980)는 계속해서 이야기를 이어 나간다. Annie가 Keller 여사에게 미친 영향은 매우 크다. 짧은 시간에 Annie는 Keller 여사가 6년 동안 자기 아이와 해낸 것 이상을 이뤄 냈다. Keller 여사는 매우 감사했다. 동시에 그녀는 자신이 이러한 아동에게 적합하지 않은 어머니였음을 예전보다 더 확신하게 되었다. 결국 그녀는 Annie가 할 수 있었던 '기적'을 이뤄 낼 수 없었다. Keller 여사는 적극적으로 Helen의 어머니 역할을 포기했으며 그 이후로는 축소된 사랑스러운 아줌마 역할을 한 것 같다.

Helen과 Annie는 보스턴으로 돌아갔다. 그리고 Helen은 래드클리프 대학을 졸업했으니 외형적인 성공을 이룬 것이다. 그러나 둘 사이에 발전되었던 매우 의존적인 관계, 즉 Annie가 거의 모든 것을 통제하는 관계는 Helen에게 (혹은 Annie에게) 최선이 되는 방식으로 작동할 수 없었다. 양육의 책무처럼 가르침의 목적은 아동이 독립성을 갖도록 격려하는 것이다. Annie는 Helen에게 그렇게 할 수 없었다. 왜냐하면 Annie는 다른 사람을 도우려는 진정한 동기가 없었기 때문이다. 여러 측면에서 Helen이 Annie를 원했던 것보다 Annie가 Helen을 더 필요로 했다. Annie가 죽은 후에 Helen은 유급 보조인을 계속 고용했으나 누구도 Annie만큼 만족스럽지 않았다. Helen은 뛰어난 능력을 갖고 있었음에도 불구하고 독립적으로 사는 방법을 전혀 배우지 못했다.

Annie Sullivan의 이야기는 구원 신드롬(rescue syndrome)의 극단적인 실례이다. 가끔 전문가가 내담자에게 가장 도움이 되는 것은 도와주지 않거나 아니면 적어도 겉으로 드러나게 도와주지 않는 것이다. 나는 내 사무실을 나가면서 "그 사람 없이 우리가 뭘 하겠어요?"라고 말하는 사람보다 "우리가 왜 거기에 갔지요? 거기 가기 전에도 다 알고 있었던 건데."라고 말하는 사람에게 더 도움이 된다. 우리는 다른 사람을 도와주는 전문직에서 일한다. 그러나 진실로 도움을 주기 위해서는 내담자와 그 가족의 자아존중감을 고양시킴으로써 그들의 역량을 강화할 수 있어야 한다. 명시적인 도움에 대해 가끔 감사 인사를 받지만, 명시적인 도움은 도움의 수혜자가 결함이 있고 도움을 필요로 한다는 표현이기도 하다. 명시적 도움은 때때로 수혜자에게 분노를 일으킬 수 있고 자신감을 감소시킬 수 있다. 효과적으로 성장시키기 위해서는 수혜자가 항상 알 수 없거나 알아차리지 못하는 세심하고도 시기적절한 방식으로 도움을 주어야 한다. 우리는 전문가로서 자신의 필요를 잘 알고 있어야 하며, 다른 사람들이 그 공로를 인정받을 수 있도록 우리 자신을 토닥거릴 수 있어야 한다. 우리의 도움의 목표는 더 이상 도움이 필요하지 않은 독립적인 사람들을 만들어 내는 것이다.

분노

청천벽력 같은 변화를 겪은 사람은 대부분 어느 정도 분노(anger)를 경험한다. 사람들은 이러한 분노를 의식하지 못하고 표현하지 못할 수도 있다. 그렇지만 분노는 존재한다. 분노의 원인은 여러 가지가 있지만, 가장 확실한 것은 기대감이 무너졌을 때이다. 아주 단순한 차원에서 보면, 당신과 내가 만나기로 약속을 했는데 당신이 나타나지 않는다면 나는 화가 날 것이다. 이것은 정당한 분노이다. 모든 부모는 아직 태어나지 않은 아이에 대한 많은 기대를 갖고, 자기 아이는 정상적일 것이라 기대한다. 아동에게 '결함'이 있다고 하면, 부모는 분노한다. 그들은 속았다고 여긴다.

또 다른 기대, 많은 경우 이루어질 수 없는 기대는 장애가 완치되는 것이다. 부모가 힘들어하는 것은 아동에게 장애가 있다는 것을 수용하는 것보다는 완치방법이 없다는 것을 수용하는 것이다. 예를 들면, 부모가 "우리는 달나라에 우주인을 보내기 위해 엄청난 돈을 씁니다. 그런데 왜 뇌성마비 치료법은 발견할 수 없나요?"라고 묻는다. 또한 내담자는 전문가에 대해 이미 형성된 기대치가 있기에 Annie Sullivan과 같은 방식으로 돌보아 줄 것을 기대한다. 그들도 역시 영화 〈기적은 사랑과 함께〉를 보았다. 이와 같은 기대는 깨질 수도 있고 그렇지 않을 수도 있다.

내담자가 가지고 있는 가장 보편적이면서도 가장 해로운 기대는 그들이 어떻게 수행해야만 한다는 이상적인 이미지이다. 만일 그렇지 않으면 그들은 자신이 '부족하고' '연약하다'는 것에 분노한다. 그들은 자신이 아주 정상적이라는 사실을 알지 못한다. 자신에게 향한 분노는 매우 해로우며, 이것은 종종 우울증과 낮은 자아존중감으로 표출되기도 한다.

가족 구성원의 의사소통 문제를 돌보아야 하거나 자신이 의사소통장애를 갖고 있으면 개인의 자유를 상실하게 되는데, 이것은 분노의 또 다른 원인이 된다. 장애가 있으면 내담자와 가족은 삶의 선택권이 좁아진다. 그들은 이러한 구속된 삶에 매우 분노한다. 그들은 삶의 통제권 상실을 경험한다. 예를 들면, 한 청각장애 아동의 아버지는 다음과 같이 말했다.

> 나는 회사에서 승진하려고 수년간 열심히 근무했습니다. 승진을 엄청나게
> 원했고, 오늘 승진했다는 소식을 받았습니다. 하지만 내가 승진을 받아들인
> 다면 우리는 청각장애 아동에 대한 지원이 없는 소도시로 이사를 가야 했습
> 니다. 그러면 아들은 기숙형 청각장애학교에 진학해야 합니다. 아내와 나는
> 이러한 선택을 놓고 고민했습니다. 내가 승진을 받아들인다면 그것은 아이에
> 게 해를 끼칠 겁니다. 그러나 만일 승진을 받아들이지 않는다면 나의 경력에
> 흠집이 생길 겁니다. 나는 매우 분노했고 좌절했습니다!

　장애 아동을 돌봐야 하기 때문에 가정에 머물러 있고 승진을 포기하기로
결정한 어머니들처럼, 이 아버지의 분노는 매우 전형적인 것이다. 배우자는
아내나 남편의 장애 때문에 자기 삶의 계획을 조정해야 한다. 예를 들면, 점
진적 청력손실 때문에 회의에서 역할을 다 할 수 없는 회사 중역은 매우 분
노하고 분개할 것이다. 그의 아내는 자기의 사회생활이 제한되는 것에 매우
분노하고, 어느 아내의 말을 빌리자면 자신의 역할이 '청각 도우미견'으로 격
하되는 것에 분노할 것이다. 이러한 변화는 외부로부터 어쩔 수 없이 생긴
것이기 때문에 사람들이 거의 통제할 수 없다. 통제력이 상실되면 항상 엄청
난 분노가 생긴다.

　격노와 많이 비슷한 말인 분노의 또 다른 근원은 사랑하는 사람의 마음을
아프게 한 것에 대한 부모나 아내의 좌절 그리고 좀 더 나아지게 하지 못하는
자신의 부족함에 대한 좌절이다. 나는 아내가 어떤 곳에서 다른 곳으로 비틀
거리며 이동하는 것을 보면서 엄청난 무기력감을 느꼈다. 나는 상황을 개선
할 수 없었다. 모든 부모는 자녀의 상황을 개선할 것을 굳게 다짐하고 그렇게
하지 못했을 때는 분노로 표출되는 끔찍한 무기력함을 겪는다. 아버지와 남
편은 가족 안에서의 역할 때문에 이러한 종류의 분노를 더 많이 경험한다. 전
통적으로 남성은 가족의 수호자이다. 그들은 자신이 대문 앞을 지키며 가족

을 공격하는 용을 죽여야 한다고 생각한다. 가족 구성원이 아프면, 아버지는 자신을 실패한 사람으로 생각하여 좌절하고 분노한다. 하지만 여성은 전통적으로 분노를 내면으로 돌리는 경향이 있기 때문에 남성보다 우울증에 더 잘 걸리는 경향이 있다. 남성에게서 분노는 종종 전치(displace)된다.

내 생각에 우리 분야의 전문가들은 대부분 자신이 분노한 사람을 만나고 있음을 어느 정도 인식하고 있다. 감정적으로 거리 두기 전략은, 예를 들면 관계를 내용 혹은 문제중심으로 유지하는 것인데, 내담자의 '화산'이 '분출'되는 것을 늦추는 것을 목표로 한다. 내담자의 분노가 전문가에게로 자주 옮겨가고, 전문가는 쉽사리 피뢰침이 된다. 가끔 사람들은 자신이 받은 메시지가 마음에 들지 않을 때 전달자를 살해한다.

분노는 대부분의 관계에서 매우 어려운 감정이다. 그것은 종종 실연과 마찬가지의 취급을 받는다. 대부분의 가족은 분노를 억압하는 것 외에 좋은 전략을 갖고 있지 않다. 이는 관계에 매우 위협적이기 때문에 자주 죄 없는 희생양(개, 고양이, 전문가)에게로 옮겨 가거나 내면으로 들어가 우울증이 된다.

분노가 전복되어 수면으로 나타나지 않으면, 그것은 관계에 독이 된다. 나에게 화가 나 있는데 나에게 말을 하지 않으면 분노는 수면 밑에서 작동하게 된다. 예를 들면, 분노한 내담자는 만성적으로 약속시간을 어긴다. 이러한 내담자는 아주 사소한 것(사무실의 장식이나 온도)에도 방해를 받으며, 치료에 제대로 응하지 않는다. 만일 내가 분노를 확인하여 다루지 않으면, 절대 서로에게 만족스러운 관계가 될 수 없다. 전문가가 자신의 분노를 잘 다루지 못하면, 내담자에게 좋은 모델이 되지 못한다. 아주 가끔, 전문가는 내담자에게 화를 낼 권리가 없다고 생각한다. 이것은 내담자에게 매우 모욕적이다. 왜냐하면 이것은 내담자에게 "당신은 내가 분노할 만큼의 가치가 없다."라고 말하는 것과 같기 때문이다. 내담자가 자신의 분노를 억누르고 다른 곳으로 옮기는 것과 똑같이 전문가도 그렇게 한다. 이렇게 되면 치료적 관계는 깨진다. 관계 속에서 표현되지 않은 분노는 어느 때라도 발사되어 배를 침몰시킬 수 있게 갑판 위에 느슨하게 장전된 대포와 같다.

내담자와 전문가의 관계에서 분노의 근원은 직접 표현되지 않고 성취되지 않는 기대에 있다. 어느 정도 친밀한 관계에서는 자신에 대한 기대와 상대방에 대한 기대 그리고 관계에 대한 기대가 있다. 건강한 관계에서는 모든 기대가 명확하기 때문에 그것이 깨지게 되어도 관계를 쌓아 가면서 해결할 수 있다. 보다 건강하지 않고 보다 안정적이지 않은 관계에는 암시적인 기대가 더 많다. 우리는 다른 사람이 기대를 충족시켜 줄 것이라고 가정하지만, 기대를 표현하여 명확하게 하지 않는다. 그리고 기대가 깨어지면 우리는 분노한다. 우리가 우리의 기대를 명확하게 하지 않는다면 우리의 분노에 대해 서로 솔직해질 수 없다.

예를 들면, 나는 아침에 일어나서 오늘도 긴 하루가 될 것이라고 예상하고 조용한 저녁식사를 기대한다. 하지만 그것을 아내에게 말하지 않는다(아내는 나를 많이 사랑하고 결혼한 지 오래되어서 나의 마음을 읽을 수 있다고 생각한다). 나는 퇴근하고 집에 와서 아내와 함께 저녁을 먹는 것을 기대하며 출근한다. 그런데 아내가 나의 마음을 항상 정확하게 읽는 것은 아니기 때문에, 내가 퇴근해서 집에 왔을 때 저녁식사에 이웃을 초대했다. 초대는 일상적인 상황에서는 내가 좋아하는 것이다. 나는 오전에 우리 둘만을 위한 저녁식사로 파스타를 부탁하지 않았기 때문에 네 명이 같이 하는 저녁식사를 불평할 권리가 없지만, 그것이 나의 분노를 멈추지는 못한다. 그러나 분노를 표출하는 것은 옳지 않기 때문에 나는 분노를 표출할 수 없다. 평상시 같으면 내가 무시할 수 있는, 짜증나는 행동을 아내가 하기를 기다린다. 예를 들면, 내가 표현하지 않은 분노를 품고 있는 동안 아내가 컵을 떨어뜨려 깨뜨린다면, 나는 매몰차게 말할 것이다. 나에게 물어보지도 않고 저녁식사에 이웃을 초대한 것에 진짜 화가 많이 났을 때, 나는 컵을 깨뜨린 것에 대해 심하게 화를 낼 것이다. 깨진 컵을 놓고 계속 싸우는 한 우리의 관계는 발전하지 않을 것이다. 관계는 불공평하고 대치된 분노의 공격으로부터 무너져 버리기 직전까지만 유지될 수 있다. 그러나 우리가 저녁식사에 대해 논쟁을 한다면 우리의 계약을 다시 협상할 수 있으며 우리의 관계는 더 강력해질 것이다.

　많은 전문가-내담자의 관계는 암시적이고 성취되지 않은 기대 때문에 실패한다. 예를 들면, 많은 기대는 상대방이 자신의 책임을 다할 것이라는 전제에서 발생한다. 교사는 부모가 아이의 숙제를 도와줄 것이라고 전제한다. 그리고 부모는 학교공부가 교사의 영역이라고 가정한다. 이와 같이 서로가 의논하지 않은 기대는 명확하게 표현되지 않는 분노를 불러온다. 교사와 부모는 서로 기대하는 것에 대해 논의할 필요가 있으며 협의점을 찾아야 한다. 기대가 이루어지지 않았으면 분노를 명확하게 표현할 수 있어야 하며, 필요한 경우 협의점을 논의할 수 있다.

　명확하지 않은 기대 자체로 인해 문제가 발생하는 것은 아니다(불명확한 것을 명확하게 하고 서로 유사한 기대가 있는가를 확인하는 것이 도움이 되기도 한다). 분노를 명확하게 하지 않으면 관계가 무너진다. 분노는 관계 속에서 건강한 감정이 될 수 있다. 왜냐하면 분노에는 엄청난 배려와 에너지가 있어 변화를 위한 연료가 될 수 있기 때문이다. 만일 내담자가 나에게 화를 낸다면 나는 그 분노가 정당한지 알아보기 위해 분노를 들여다본다. 만일 내가 임무에 태만했다면 사과를 하고 가능한 한 시정할 것이다. 내가 충족시킬 수 없는 암시적인 기대가 있는 상황을 알게 된다면, 분노는 우리의 관계를 좀 더 명확하게 할 수 있는 기회가 되며 기대를 더 명확하게 할 수도 있다. 대치된 분노를 조사하면 우리는 분노를 명확하게 알 수 있다. 매우 자주, 부모는 자기 아이가 장애를 가진 것에 분노한다. 이러한 분노는 인정되기 어렵기 때문에 부모는 나에게 더 분노한다. 왜냐하면 어떤 면에서 나는 장애를 대변하고 있기 때문이다. 나는 부모가 사실은 스스로 알아차릴 수 있는 상황인데도 분노하고 있다고 분명히 말할 수 있다. 이렇게 대치된 분노는 유용한 곳으로 옮겨질 수 있다. 즉, 다른 부모와 아동이 장애와 더불어 살도록 하는 데 도움이 될 수도 있다. 특히 분노가 장애지원 프로그램의 예산이 부족할 때 정치가와 관료에게 향한다면 아주 유용한 에너지의 근원이 될 수 있다.

　분노를 공개적이고 솔직하게 다루더라도 아무런 손실은 없다. 내가 긴 시간에 걸쳐 깨달은 것은 관계에서 높은 신뢰와 친밀감이 없다면 분노는 나타나지 않을 것이라는 점이다. 안정된 사람만이 관계의 상실을 무릅쓰고 과감하게 분노를 보여 주는 모험을 시도할 수 있다. 서로 상대방의 감정을 수용하고 분노의 근원을 탐색하기 위한 의지가 있다면, 관계는 분노가 나타난 후에 강화되기 마련이다. 전문가가 안정적이어야 내담자의 분노를 허락할 수 있다. 만일 신뢰가 구축될 수 있는 기반이 만들어진다면, 논란이 있어도 관계는 지탱될 수 있고 성장할 수 있다.

죄책감

　분노 다음으로 장애인 가족이 가장 많이 경험하는 감정은 죄책감(guilt)이다. 특히 어머니가 아동의 장애에 대해 죄책감을 더 갖는데, 그 이유는 죄책감이 여성에게 더 많이 나타나기 때문으로 생각된다. 이러한 경향은 여성이 우리 사회에서 이러한 방식으로 동화되었기 때문인 것 같다. 여성에게는 영향력이 있다고 느끼는 것이 허락되지 않는다. 사회는 차라리 그들이 순종적이고 수동적이기를 기대한다. 죄책감은 힘의 표현이 되기도 한다. 이 말은 개인이 이러한 나쁜 결과에 영향을 미치거나 초래하는 어느 정도의 부정적 힘을 갖고 있다는 의미이다. 부모 집단의 어떤 어머니는 "비가 올 때 나는 더 죄책감을 느껴요."라고 말했다. 나는 "맙소사, 역시 당신은 힘이 있다고 느끼시는군요."라고 반응한다. 걱정에도 힘이 있다. 근심하는 것에 일인자인 나의 장모님은 항상 근심하신다. 이 말은 어떤 일을 염려한다면 그것을 통제할 수 있고 통제력이 있다고 느낄 수 있다는 뜻이다.

　죄책감은 자주 비생산적인 행동으로 나타난다. 이 감정은 부모로 하여금 아동을 과잉보호하게 한다. 왜냐하면 그들은 '내가 잘못해서 나쁜 일이 일어났다.'고 생각하기 때문이다. 이러한 부모는 아이를 치료사에게 맡기지도 못한다. 죄책감은 아동에게 몰두하게 하는 형태로도 나타난다. 부모는 장애의 발생을 막지 못한 것을 '보충하기 위해' 아동에게 거의 모든 것을 허락하며, 장애의 결과를 개선하기 위해 헌신적인 생활을 한다. 이렇게 과잉 헌신하는 부모가 진단 초기에는 전문가에게 매우 좋아 보인다. 하지만 죄책감을 잘 해결하지 않으면 죄책감에 사로잡힌 부모는 인생의 후반부가 매우 불행해진다. 모든 부모처럼 아동을 놓아주어야 하는데 이들은 그렇게 하지 못한다. 그래서 결혼생활과 아동의 형제자매에게도 부정적인 영향을 미친다. 아이의 양육이나 결혼생활에 집중할 에너지가 충분하지 않기 때문이다. 부모가 장애를 가진 아이에게 과도하게 헌신하기 때문에, 장애 아동의 형제자매는 부모에게서 방치된다.

취약성

삶의 실존적 사실은 우리 모두가 취약하다는 것이다. 우리가 장수한다면 나쁜 일이 우리에게 일어날 것이다. 그리고 우리가 장수하지 못한다면 나쁜 일이 이미 일어난 것이다. 인생의 실존적 사실에 의해 생기는 불안을 달래기 위해 우리는 불사신(invulnerability)을 만들어 냈다. 우리는 나쁜 일이 나에게는 일어나지 않고 다른 사람에게만 일어난다고 생각한다. 넓게는 우리의 일상생활에서 작동할 신화가 필요하다. 그렇지 않으면 우리는 절대로 비행기나 자동차를 타지 않을 것이다. 의자 아래에서 웅크리고 시간을 보낼 것이다. 아마 그곳도 안전하지는 않을 것이다. 삶에서 안전한 곳은 없다. 어느 누구도 삶에서 살아서 나가지 못한다.

우리에게 자폐성장애 자녀를 키우게 되는 것과 같은 나쁜 일이 일어나면, 우리 불사신의 망토에는 구멍이 뚫리게 된다. 우리는 우리가 벌거벗은 상태이고 외로운 존재인 것을 인식하게 된다. 그리고 우리가 얼마나 나약한 존재인가도 알게 된다. 우리는 불사신 신화가 제공한 가짜 편안함을 잃게 된 것이다. 이것을 깨닫는 것은 무서운 일이고, 그래서 우리는 잠시 소심해진다. 이러한 '취약성(vulnerability)의 위기'를 경험한 부모는 죄책감에 사로잡혀 과잉보호하는 부모와 비슷하다. 뇌막염으로 청각장애가 된 아동의 어머니는 다음과 같이 말했다.

병원에서 퇴원해 집에 왔을 때, 나는 아이를 밖에 전혀 내보내지 않았고 다른 아이들이 집에 오거나 함께 놀지 못하게 했어요. 아이가 다시 병에 걸릴까 봐 걱정됐거든요. 아이를 데리고 슈퍼마켓에 갔을 때, 나는 살균제를 가지고 가서 쇼핑 카트에 뿌렸어요. 처음 1년 동안 나는 아이가 다시 병이 걸릴까 봐 크게 두려워하며 살았어요.

해결되지 않은 죄책감으로 인한 과잉보호와는 다르게 취약성을 인식해서 생기는 공포는 긍정적인 힘이 될 수 있다. 우리가 취약성을 인식하게 되면 우선순위를 재조정할 수 있다. 우리 존재의 유한성을 깨달으면 좀 더 충만하게 살 수 있다. 뇌막염에 걸린 아동의 어머니는 다음과 같이 말했다.

그것은 당신을 좀 더 깨닫게 하고 좀 더 감사하게 합니다. 그것은 나로 하여금 잠시 멈추게 하고 전보다 더 자주 꽃향기를 맡게 했어요. 나는 항상 바쁘게 뛰어다니며 서두르면서 살았고 지금만큼 멈추지 않았어요. 지금의 나는 깨달았기 때문에 가능한 한 모든 것을 즐기고 있어요. 나는 당신의 취약성을 잘 모릅니다. 내일 무슨 일이 일어날지 누가 알까요. 그래서 당신도 지금을 즐기는 것이 좋을 것 같군요. 나에게 이러한 일이 전혀 일어나지 않을 것이라고 생각하곤 했어요. …… 그러나 더 이상 그렇게 생각하지 않아요. 이제는 전혀 부정적이거나 비관적으로 생각하지 않아요. 그것이 인생이지요. 그리고 당신은 인생을 통제할 수 없어요. 그래서 당연히 갖고 있는 것에 감사하고 그것에 최선을 다해야 합니다.

이와 같은 말은 어떤 실존주의 철학자도 할 수 있다. 우리가 부모로 하여금 애도과정을 통과하도록 하고 그들이 필요로 하는 사랑과 존중으로 치료를 한다면, 모든 종류의 좋은 일이 그들에게 일어날 것이다. 그들은 하루하루가 선물이라는 것을 배울 수 있다.

혼란

거의 모든 내담자는 학습과정을 겪으면서 혼란(Confusion)을 경험한다. 혼란은 학습과정에서 정상적이고 건강한 것이다. 우리가 평가해 보지 못한 새로운 정보를 습득하려고 할 때, 우리에게 전혀 익숙하지 않은 용어를 습득하려고 할 때, 우리는 혼란스럽다. 혼란을 해결하기 위한 방법은 시간을 두고 학습하고 반복하는 것이다. 불행하게도, 진단의 초기 단계에서 사용하기에 너무 많은 정보가 내담자와 가족에게 제공된다(정보중심 상담을 다룬 제1장 참조). 전문가는 자주 전문용어를 사용하고 한 번이나 두 번 그 용어에 대해 정의를 내려주고 내담자가 그 의미를 인지했다고 가정하지만 그런 경우는 거의 없다. 우리는 전문용어를 의식하지 않고 사용한다. **청력도, 청각사, 데시벨** 등의 용어는 소수만 이해 가능한 낯선 용어이다. 예를 들면, 나는 청각사가 청각장애 아동의 부모에게 검사결과를 여러 차례 설명해 주었음에도 불구하고 부모가 청력도를 이해하는 데는 거의 일 년이 걸린다는 것을 발견했다(그때쯤 되면, 부모는 초기 청각수업을 듣는 어떤 학생보다 청력도를 더 빨리 읽는다).

전문가가 내담자에게 '정보'를 전달하는 유일한 사람은 아니다. 명백하게 눈에 보이는 장애를 갖고 있을 때 장애인은 익명성을 상실한다. 이들이 외출을 하면, 거의 모든 사람이 자신의 감동적인 이야기를 해 주고 조언을 해 준다. 예를 들면, 아내가 휠체어를 타고 나와 함께 걸을 때, 그것은 일종의 모험이었다. 그녀는 좌우에서 "하나님의 축복이 임하기를 바랍니다."라는 말을 듣는다. 그리고 사람들은 공짜로 모든 종류의 조언을 해 준다. 우리가 이미 알고 있는 것을 확신하지 않으면 엄청나게 많은 선의의 조언과 정보가 우리를 실망시킬 수 있다. 정보의 과부하는 매우 해로울 수 있다. 왜냐하면 우리를 혼란시켜서 부족감과 불안감을 증폭시킬 수 있기 때문이다. 이러한 것들은 자신감을 떨어뜨릴 수도 있다.

내담자가 아직 정보를 받아들일 정도로 심리적 준비가 되지 않았을 때, 정보중심상담은 내담자를 혼란스럽게 만든다. 자신감이 없던 초기에 나는 거리 두기(distancing)를 위한 주요 전략으로 내용중심상담을 했다. 내가 내용전달에 관계의 초점을 두면(이것은 내담자와 나의 기대에 부응했다), 나 자신을 통제할 수 있었고 불편한 감정인 슬픔과 분노의 감정을 다룰 필요가 없었다. 이 전략은 나를 지식 전달자로 정의하기 때문에 관계를 매우 축소시켰다. 그리고 내담자의 혼란과 공포심을 가중시켰다. 왜냐하면 슬픔과정의 초기 단계에 내가 너무나 많은 불필요한 정보를 제공했기 때문이다.

전문가로서 나는 정보를 제공할 책임이 있다. 나는 경험에 근거하여 내담자들이 정보를 요구하지 않으면 제공하지 않는다. 나는 "당신은 무엇을 알고 싶으신가요?"라고 묻는다. 내담자로부터 "내가 질문할 정도로 아직 많이 알고 있지 않습니다."와 같은 대답―이것은 전형적인 초기 답변이다―을 들으면, 나는 "당신은 아직 많이 혼란스러운 것 같습니다."라고 말한다. 이러한 나의 대답은 내담자에게 자신의 감정을 말해 보라고 초대하는 것이다. 치료를 시작하고 싶어 하는 간절한 마음이 있고 아직 혼란스러운 상태이기에 아직 질문을 할 수 없는 부모에게 "당신이 알 필요가 있는 정보가 여기 있습니다."라고 말하는 전문가를 보았다. 전문가의 이러한 충동은 어떤 일이 있더라도 저지되어야 한다. 왜냐하면 이것은 내담자의 힘을 빼앗는 반면, 전문가에게 너무 많은 책임을 지우기 때문이다. 내용에 관한 질문은 내담자가 새로운 상황에 점차 편안해지고 애도과정이 진행되면서 자연스럽게 나타난다. 만일 우리가 공감적 경청을 통해 애도과정을 촉진한다면 내용(정보)에 관한 질문은 자연스럽게 나타난다. 전문가에 대한 신뢰가 쌓이면 부모는 '올바른' 질문을 하게 된다.

내담자가 특별한 내용에 관한 질문을 하면 나는 그것에 대답한다. 나의 대답에 개인적 의견은 없다. 하지만 나도 우리 분야의 다른 전문가들처럼 강한 편견을 갖고 있다. 내가 할 수 있는 최선은 부모와 이야기할 때 나의 대답 중에서 무엇이 개인적 의견인가를 확인하는 것이다. 관계의 아주 초기 단계에서도 내용 전달이 이루어질 필요가 있다. 그렇게 하면 전문가와 내담자 사이의 암시적 계약이 이루어진다. 내 생각에는 초기 단계에서 제공되는 정보는

무지를 완화시키는 것보다 신용을 얻게 하는 데 더 많은 역할을 한다. 우리
가 진정으로 도움이 되려면 신뢰를 얻어야 한다. 또한 신용이 쌓여 가는 과
정에서 우리는 관계에 예민해야 한다.

앞에서 언급한 감정—애도, 부족함, 분노, 죄책감, 취약성 그리고 혼란—
은 내담자와 그 가족이 자신이 장애를 갖거나 가족 구성원이 장애를 가질 때
경험하게 되는, 요동치는 감정이자 혼란스러운 감정이다. 이 사람들은 감정
적으로 화가 나 있는데, 이것은 아주 적절한 반응이다. 제4장의 도입 부분
에서 말한 것처럼, 감정은 좋지도 나쁘지도 않다. 내담자의 기분을 좋게 하
는 것은 우리의 책임이 아니다. 우리는 그들의 감정을 조용히 받아들이고 기
꺼이 그들의 감정이 내담자-전문가 관계의 일부가 되도록 허락함으로써 이
차적인 부정적 감정이 발생하는 것을 막을 수 있다. 예를 들면, 우리는 내담
자가 자신의 죄책감에 대해 죄책감을 느끼는 것을 막을 수 있다. 우리가 이
렇게 하면 대처과정(coping process)이 시작된다. 우리가 내담자의 애도과정
을 민감하게 이해하면 내담자의 혼란스러운 감정이 긍정적인 행동으로 변화
될 수 있다. 따라서 애도는 내담자로 하여금 가지고 있는 것에 감사하게 하
고 다른 사람을 위한 연민을 계발하게 한다. 분노는 변화를 가져오는 에너지
가 될 수 있다. 죄책감은 헌신이 될 수 있다. 취약성의 인식은 내담자가 우선
순위를 다시 정하는 수단이 될 수 있다. 혼란스러운 것의 해결은 학습동기가
될 수 있다.

전문가의 감정

이 장에서 다루어진 내담자의 감정은 전문가의 반응을 특징짓는다. 앞에
서 언급된 어떤 감정도 비정상적이거나 건강하지 않은 것이 아니다. 실상은
우리 모두가 형제이고 자매이다. 예를 들면, 청각사는 아동의 난청을 판단하
고 부모에게 적절한 상담을 해야 한다는 책임감에 압도되어 대처능력이 부

족하다고 느낀다. 이러한 감정은 특히 신입 청각사가 겪는 감정이다. 이들은 아직 검사기법과 적절한 상담 기술을 학습하고 있는 단계이다. 노련한 청각사도 정말 검사하기 어려운 아동과 상담하기 어려운 가족을 만나면 공포에 가까운 불안을 경험하게 된다. 싸늘한 실패의 공포를 느껴 보지 않은 전문가가 있을까? 공포심은 불안을 촉발시키는데, 이러한 불안은 전문가가 계속 발전하도록 하는 기폭제가 된다.

전문가 역시 분노를 경험한다. 그들은 그들이 추천한 대로 부모가 행동하지 않는 것에 분노한다. 전문가는 격노, 좌절을 느끼고 자기들이 치료하고 있는 아동이나 가족의 상황이 개선되지 않을 때 가끔 실망하기도 한다. 그리고 가족을 적절히 대우하지 않는 다른 전문가에 대해서도 강한 분노를 느낀다. 예를 들면, 아동을 적절하게 의뢰하지 않은 소아과 의사나 아동의 언어문제를 제대로 이해하지 못하는 교사가 이에 해당된다. 이러한 분노는 다른 전문가를 교육하고 계획적인 변화를 이끌어 내기 위한 에너지로 사용될 수 있다. 이들의 분노가 억압되면 그것은 우울증이나 탈진현상으로 나타날 수 있다.

죄책감도 전문가가 경험하는 감정 중 하나이다. 책임감이 있고 유능한 언어청각치료사 중에 과거의 사례를 잘못 다룬 것에 대해 후회하지 않는 사람은 없다. 모든 전문가가 불가피하게 경험하게 되는 실수는 우리에게 '황금덩어리'이다. 실수는 우리가 다음에 학습해야 할 것을 제시해 준다. 책임감 있는 전문가는 모두 '부족함의 언저리'에서 자신의 역할을 해야 한다. 그들은 모험을 해야 하고 가끔은 실수도 해야 한다. 그렇지 않으면 그들은 성장하지 못하고 침체되기 마련이다. 많은 언어청각치료사는 불필요하지만 위험 요인과 관련된 죄책감의 짐을 지고 있다. 다행스럽게도, 우리는 뇌수술을 하는 외과 의사가 아니고 대부분의 내담자는 나의 실수를 견뎌 냈다. 어떤 내담자들은 아주 잘 지내고 있으며 나도 그렇다.

특히 병원세팅에서 임상활동을 하는 우리는 심한 만성장애가 있는 사람들을 대면한다. 우리에게 불사조 신화와 같이 대부분의 사람이 누리는 믿음은 주어지지 않는다. 우리는 매일 깊은 고통 속에 있는 우리와 같은 사람들을 만난다. 그리고 우리는 "하느님의 은총이 없었다면 나도 그렇게 되었을 것이다."라고 자주 말하게 된다. 개인의 취약성을 깨닫는 것은 우리를 사려 깊은 치료사가 될 수 있게 해 준다. 그리고 그것은 우리의 개인적인 삶에 퍼져서 대부분의 내담자가 삶에서 진정으로 중요한 것을 깨달았을 때 하는 것처럼 우리가 우선순위를 다시 정렬하게 한다. 장애가 있는 가정과 함께 가깝게 일하면서 우리는 우리 자신의 연민을 발견하게 된다.

　의사소통장애와 관련된 감정을 기술할 때 부정적이고 고통스런 감정이 강조되는 것에 비해 긍정적 감정이나 경험은 거의 논의되지 않고 있다. 엄청난 기쁨과 성장의 기회가 자주 간과된다. 장애 아동의 부모는 양육경험을 통해 장애 진단결과가 나오기 전보다 더 확실한 자기 존재감을 갖게 되고 더 분명하게 우선순위를 정하게 된다. 많은 부모가 자녀의 장애가 자신의 인생에 의미와 방향을 주었다는 것을 발견한다. 그들은 아동의 성장·발달에 적극적으로 참여함으로써 기쁨을 느낀다. 그들은 어떤 것도 당연하게 받아들이지 않는다. 아동이 발달 이정표에 도달하면 부모는 자기가 아동의 발달에 도움이 되었다는 것을 알고 기뻐한다. 나는 Bertrand Russell의 "당신이 원하는 어떤 것을 갖지 못할 때 행복할 수 있다."라는 말을 항상 기억하고 있다.

　언어청각 전문가는 내담자의 가족과 함께 일하는 것에서 기쁨을 경험한다. 진단 초기에는 가족에게 모든 것이 암울하고 절망적으로 보인다. 하지만 언어치료사나 청각사가 그들의 생명줄이 된다. 가장 의미 있는 임상경험은 처음 청각장애 진단을 받은 아동의 부모와 맺게 되는 친밀한 관계에서 찾을 수 있다. 가족이 성장하고 잠재력을 발휘하는 과정을 내 눈으로 직접 보고 적극적으로 그 과정에 참여하는 것은 흐뭇한 일이다. 나는 부모에게 그들이 나와 기쁨을 공유한다면 나 역시 그들의 고통도 공유할 것이라고 자주 이야기한다.

대처과정

　나는 만성질환에 관한 연구를 하면서 우리의 임상적 상호작용에 많은 도움이 되는 대처과정(coping process)을 접하게 되었다. 다시 말하지만, 이 모델은 가이드로서만 유용하다. 각 단계가 우리가 등산할 때처럼 한번 도달하면 절대 뒤로 가지 않는 것이 아니다. 단계가 어떤 지점에 확고하게 고정된 것이 아니다. 즉, 성공적으로 대처하고 있는 사람들도 이전 단계로 다시 돌아가는 유동적인 일련의 지점이 있는 것이다. Matson과 Brooks(1977)는 다발성 경화증 환자를 대상으로 한 인터뷰를 기초로 하여 4단계의 대처과정, 즉 부정(denial), 저항(resistance), 긍정(affirmation) 및 통합(integration)을 발견했다.

부정

　부정(denial) 기제만큼 내담자-상담자의 관계를 해치는 요인은 없을 것이다. 전문가는 부정이 무엇인가를 파악하여야 한다. 부정은 부족감(inadequacy)에 기초한 대처 전략임을 알아야 한다. 어떤 사람이 뭔가를 받아들이지 못하는 상태, 즉 부정의 상태에 있다면, 문제를 심리적으로 '인정(owning)'하지 않은 것이다. 이들은 문제가 있는 것은 인정하지만 감정적으로는 참여하지 않는다. 부정은 우리 모두에게서 일어나는 아주 정상적이고 인간적인 반응이다.

　예를 들면, 내가 자동차를 몰고 가는데 엔진에서 이상한 소리가 들리면 나는 라디오를 켜는 것으로 반응한다. 엔진 소음이 더 크게 들리면 나는 볼륨을 높인다. 라디오를 켜는 것이 문제를 해결할 것 같지는 않지만, 그것이 내가 할 수 있는 유일한 것이다. 간단히 말하면, 나는 문제의 존재를 부인하고 저절로 문제가 사라질 것을 기대한다. 내가 이러한 라디오 전략을 채택하는 것은 엔진을 수리할 수 있는 나의 능력에 대한 자신감이 부족하기 때문이다. 당신이 만일 라디오를 켜는 것이 어리석다고 나를 질책한다면, 나는 멋쩍게 웃으면서 당신의 의견에 동의할 것이다. 이 지점에서 나는 수동적-공격적 전략을 사용한다. 이것은 내가 어린 시절에 권위 있는 사람을 다룰 때 학습한 전략이다. 즉, 당신의 의견에 동의하지만, 당신이 주위에 없을 때에는 하던 대로 계속한다는 것이다. 만일 나에게 대처하기 위한 다른 방법이 주어지고, 내가 어느 정도 자신감이 있다면 부정 전략을 사용하지 않았을 것이다. 예를 들면, 내가 당신의 도움을 받아 성공적으로 엔진관리수업을 이수했다면 엔진 소음을 듣고서 차를 옆길로 뺄 것이다. 나는 문제를 해결할 수 있다고 느끼고, 문제의 존재를 부정하기보다는 책임감을 갖고 위기에 대처해 나갈 수 있다.

장애 아동의 부모는 자신이 더 현명하거나 강해져야 한다는 새로운 요구를 받으면 부정하고 싶은 감정을 갖기 시작한다. 이 감정이 확실히 발생하는 시기는 진단이 내려질 때이다. 가끔 진단이 지연되는 경우가 있는데, 부모가 문제가 있다는 것을 받아들이지 못하기 때문이다. 부모의 환경에 있는 다른 사람들, 특히 조부모, 그리고 소아과 의사와 같은 전문가가 부정 전략을 사용한다.

부정은 부모가 자녀에게 장애가 있다는 것을 편하게 인정할 때에도 지속된다. 청각장애에 대처할 때, 부정은 청각장애를 구체화시키는 어떤 것에서든지 발생한다. 예를 들면, 보청기는 청각장애를 강력하게 다시 상기시키는 것이다. 부모는 보청기가 도움이 된다는 것을 알지만 아동이 착용하고 있는 것을 보기 싫어한다. 그래서 아동의 사진을 찍을 때 보청기를 빼게 한다. 그런데 이러한 행동을 통해 부모가 대처과정의 어디에 위치해 있는지를 알 수 있다. 긍정이나 통합 단계에 있는 부모는 아동이 보청기를 착용해야 한다고 주장한다. 반면에 부정이나 저항 단계에 있는 부모는 사진을 찍을 때 보청기를 빼게 한다. 부모가 총체적 의사소통 프로그램(total communication program)에 속해 있다면 주로 수화에 관련된 것을 부정한다. 따라서 그 수업에 전혀 참석하지 않는 부모도 있고, 수업에 참석하더라도 수화를 배울 수 없을 것 같은 부모도 있다.

아동중심 전문가는 부모의 부정을 아동발달의 장애물로 간주하기 때문에 부모에게 분노한다. 자신의 분노에 솔직한 전문가는 부모에게 보청기 착용의 중요성이나 부모의 수화수업 참여의 필요성에 대해 훈계조의 강의를 한다. 부모는 전문가의 의견에 동의한다. 그들은 전문가가 말하기 전에 그것이 얼마나 중요한가를 알고 있다. 그러나 내가 자동차에 대한 대처 전략이 없는 것처럼, 그들도 대처 전략을 전혀 갖고 있지 않기 때문에 부정 전략에 의지한다. 수화수업에 참가한 후이거나 보청기 사용이 증가한 후에도, 그들은 간혹 부정 단계로 되돌아가서 전문가의 분노를 자극한다. 만일 이러한 부정적인 부모-전문가 상호작용이 부모와 전문가 사이에 의사소통이 전혀 일어나는 않는 정도로 악화된다면 이것은 아동에게 피해를 주게 된다.

전문가는 부정을 도와 달라고 하는 간청으로 그리고 부족함을 느끼는 표시로 인식하는 것을 배워야 한다. 그리고 부모가 의무에 태만한 것으로 여기지 말아야 한다. 내가 만난 부모 중 아이에게 잘하려고 하지 않는 부모는 없다. 그러나 부모가 갖고 있는 공포심은 그들의 건설적인 역할에 방해가 된다. 부정의 밑바닥에는 공포와 낮은 자아존중감에 의해 방조되는 부족감이 있다. 강제로 사람을 부정 단계에서 벗어나게 할 수는 없다. 그들은 다른 대처 전략으로 더 성공할 수 있다고 느껴질 때에야 부정 단계를 포기하게 된다. 일반적으로 더 좋은 것을 갖고 있지 않다면 부정 기제에 맞서지 않는 것이 최선이다. 대체할 만한 어떤 것도 갖고 있지 않으면서 내담자가 현재 상황에 대처하기 위한 유일한 방법이라고 느끼는 부정 전략을 포기하는 것은 너무 부담스러운 일이다. 부모는 자신의 심리적 생존이 부정 단계에 달린 것처럼 느낀다. 어떤 점에서는 맞는 말이다. 부정 단계는 쉽사리 포기되지 않는다. 부모의 자신감을 감소시키지 않는 경청과 간접적 교훈을 통해 상담자는 부정보다 더 생산적인 대처 전략을 알려 줄 수 있다.

전문가가 아동에게 집중하고 아동의 안녕을 염려한다면, 부모의 부정

(denial)은 전문가와 부모의 관계가 생산적인 상담관계를 망칠 수 있는 갈등관계가 되게 할 수 있다. 전문가는 종종 부모에게서 아동을 '구출'하려고 한다. 아동을 가정에서 빼내지 않고서는, 이것은 가능하지 않은 일이다. 아동을 부모에게서 구출할 수는 없다. 어떤 의미로 우리 모두는 우리 부모의 실패에 대한 피해자이다. 전문가는 부모의 부정이 건강한 관계의 발달을 해치지 못하도록 해야 한다. 나는 전문가가 이러한 부정 기제를 이해하지 못한다면 어떤 성공적인 상담도 가능하다고 생각하지 않는다.

부정과 같은 행동을 확인하는 것은 까다롭다. 내담자가 언제 부정하고 있는지 혹은 내담자와 전문가 사이의 의견에 정당한 차이가 있는지는 항상 명확하지 않다. 전문가의 '진실'을 부모의 '진실'로 바꾸기 위해 꼬리표를 붙이는 방법이 사용될 수 있다. 그리고 두 사람의 의견 차이가 있을 여지는 두어야 한다. 어떤 사람의 부정이 다른 사람에게는 낙관론이 될 수 있다. 간혹 전문가가 아동의 예후에 대해 매우 비관적일 때, 부모는 "우리 아이는 이겨 낼 겁니다."라는 말을 계속한다. 아동은 기대치에 부응하는 방법을 갖고 있다. 그래서 기대가 부정적인데 아동의 수행이 좋은 경우는 거의 없다. 나는 부모가 옳은 경우도 자주 보았다. 부모의 행동이 적절한 관리과정에 어긋나지 않는다면 부모의 낙관론을 감소시킬 필요는 없다. 낙관론이 자주 희망으로 바뀌기도 한다. 그리고 많은 부모가 '언젠가는 완치방법을 찾게 될 것이다.'라는 희망을 갖고 있다. 이 희망은 부모로 하여금 현재 열심히 움직이게 하며 실망스러울 때 그들을 지탱시켜 준다. 그래서 전문가는 절대로 이 희망을 깨뜨리지 말아야 한다. 부모로부터 이 희망을 빼앗는 것보다 더 잔인한 행동은 없다.

부정의 긍정적인 측면도 많다. 1962년에 미국 정부는 스페인-미국 전쟁 참전자 중 수백 명만이 생존해 있는데 이들이 모두 장애인이라고 발표했다. 이 발표로 인해 그들은 보훈처로부터 모든 혜택을 받을 수 있는 자격을 갖게 되었고, 남자 노인에 대한 대규모 연구가 착수되었다. 그 당시에 이 남자 노인은 80대였다. 이 연구에서는 그들의 삶의 모든 측면에서 자료를 수집했다.

나는 청각 자료 수집에 관여했다. 나는 검사의 한 부분으로 그들에게 소리가 얼마나 잘 들리는지 물어보았다. 하지만 이 연구 프로토콜의 일부는 아마도 의미가 없었을 것이다. 왜냐하면 많은 경우 내가 소리를 높여 말을 해야 했는데 그들은 자신의 청력에 문제가 없다고 느꼈기 때문이다. 나는 이러한 현상에 대해 연구를 맡은 심리학자에게 보고했다. 그는 이러한 현상이 그의 연구에서도 많이 나타난다고 말했다. 그들은 꾸준히 자신의 질환을 부정했다. 그리고 그 심리학자는 단지 불성실한 대답, 즉 부지런히 부정을 실천하는 것이 고령의 나이까지 사는 중요한 비밀 중 하나라고 결론지었다.

저항

부정은 때때로 저항(resistance)과 섞여 있어서 서로 구분하는 것이 불가능하다. 저항 단계에서는 내담자와 가족이 "우리는 지금 문제를 갖고 있지만 특별한 사례가 될 겁니다."라고 말한다. 예를 들면, 청각장애 아동의 부모는 "우리 아이가 청각장애인 것은 알아요. 하지만 그는 슈퍼 청각장애 아동이 될 것입니다. 그는 정상적으로 말할 것이고 독화(lip reading)도 뛰어나게 해낼 것입니다. 일반인들이 청각장애 아동이 할 수 없다고 생각하는 것들을 놀랍게 해낼 거예요."라고 말한다. 나의 첫 번째 아내는 다발성 경화증 진단을 받은 후 "나에게 불구라는 것은 없어."라고 저항조로 말하며 10,000m를 달렸다. 아내가 뒤뚱거리면서 결승선을 지나는 것을 보았을 때, 나는 아내에 대한 존경심과 불안감으로 가득 찼지만 이것이 아내의 생애에서 마지막 경주였다.

저항은 부정과는 다르다. 저항 단계에서는 사람들이 자기의 문제를 갖고 있으며 그 문제를 이겨 내기 위해 열심히 노력하고 있다는 것을 인정하기 때문이다. 저항 단계에서는 장애를 정복하겠다는 개인적인 다짐을 하며 장애와 관련된 기관으로부터 어떤 도움도 받기를 거부한다. 저항 단계 동안에는 내담자가 어떤 지지 집단에도 가입하지 않으려 하거나 상담자와 어떤 형태의 미팅도 하지 않으려고 한다. 사실상 그들은 '옷장 안에 숨어 있는' 장애인이 된다. 예를 들면, 초기 진단 단계에서 나와 아내는 다발성 경화증에 걸린 그 어떤 사람도 만나고 싶지 않았다. 몇 년 동안 나는 중증장애인이 있는 미팅에 가는 것이 불가능하진 않았지만 매우 어려웠다. 나는 앞으로 펼쳐질 미래를 생각해 보는 것을 원치 않았다(아내는 나보다 나았다).

저항 단계에는 많은 에너지가 미친 듯이 그리고 비밀리에 전문가들의 의견이 '틀리다'는 것을 증명하는 것으로 향한다. 부정과 저항의 두 단계 모두가 애도과정의 고통을 미연에 방지하거나 최소화하기 위해 사용된다. 부정 단계에서 사람들은 "나는 정말로 이런 문제를 갖고 있지 않아."라고 말한다. 저항 단계에서 사람들은 "나는 이 문제를 극복해 낼 거야."라고 말한다.

내담자와 가족이 장애를 이겨 내기 어렵다는 것을 인식할 때 어려움이 찾아온다. 간혹 청각장애 아동의 부모의 경우 이러한 현상은 아동이 청소년기에 들어설 즈음의 늦은 시기에 나타난다. 이때쯤 부모는 아동이 자기들이 기대했던 슈퍼 청각장애 아동이 될 수 없음을 깨닫게 된다. 꿈이 사라지면서 애도의 과정이 새롭게 시작된다.

내담자는 애도과정에서 나아갈 수 있도록 감정의 바닥을 경험할 필요가 있다. 내담자는 부정은 전혀 효과가 없고 미친 듯한 저항도 생산적이지 않다는 것을 알 필요가 있다. 그래야만 그들은 장애를 깊은 마음에서 애도할 수 있으며, 긍정의 단계로 옮겨 갈 수 있다. 이 단계로 이동하려면, 부모는 순리적으로 장애를 대처하는 능력에서 자신감을 가질 필요가 있다.

긍정

긍정(affirmation)의 단계에서는 자기뿐만 아니라 세상 사람에게도 장애를 인정한다. 긍정 단계에서 볼 수 있는 진술은 "지금 나는 다른 사람이 됐고 우리 가족이 달라졌다."이다. 이 대처 단계에서 가족은 장애로 인해 에너지를 거의 소진한다. 그 에너지는 장애의 결과를 개선하는 데 집중적으로 쓰인다. 이 단계의 가족은 가족 구성원과 대중을 교육하기 위해 고안된 단체 내에서 매우 활동적이게 된다. 예를 들면, SHHH(Self Help for Hard of Hearing People, 청각장애인 자조 집단)는 청각장애인을 위한 지지 및 교육 단체이다. SHHH와 같은 단체에서 회원들은 청각장애인으로서 새로운 정체성을 확립할 수 있는 기회를 갖게 된다. 그래서 그들은 '장애라는 옷장에서 나올 수 있게 된다'. 새로운 정체성은 잠정적으로 자랑스럽게 여겨질 수도 있다(우리가 청각장애인의 사회에서 볼 수 있듯이). 이것은 새로운 정체성을 공개적으로 인정한 것이다. 이 단계에서는 다른 사람을 도우려는 강한 열망이 생긴다. 한 청각장애 아동의 부모는 "당신은 처음 아이가 청각장애라는 것을 알게 되면 자신을 안타깝게 여길 겁니다. 시간이 흐르면서 당신의 아이를 안타깝게 여길 거예요. 현재 나는 모든 청각장애 아동을 안타깝게 여깁니다."라고 말했다. 이렇게 자신의 고통을 밖으로 내보내는 움직임은 건강한 것이며, 통합으로의 전이가 일어나고 있음을 보여 준다.

통합

통합[integration, 수용(acceptance)으로도 알려짐]은 장애를 삶의 관점에서 바라보는 것으로 특징지어진다. 내담자와 가족은 장애와 함께 생활하는 것과 다른 일에 시간과 에너지를 사용하는 것을 배운다. 내담자는 "나는 걸어 다니는 청각장애 그 이상이다. 나는 잘 듣지 못하는 사람이지만 내 삶의 다른 많은 측면도 발달되어야 한다."라고 말한다. 통합 단계에서도 상실에 따른 고통은 아직 있지만, 장애로 인한 슬픔을 겪으면서 일어나는 변화는 다른 가치와 함께 새로운 생활방식에 통합된다. 사람들이 장애를 '이기는 것'은 항상 정상 수준에 도달했는가의 문제라기보다는 장애에 맞서 풍성한 삶을 사는 것을 배우는 것임을 인식할 때 긍정과 통합 단계에 도달하게 된다.

개인과 가족에 따라 통합될 수 있는 정도도 다르다. 어떤 가족은 그들에게 존재하는 단 하나의 대처 전략인 것 같은 부정에 영영 고착되어 있다. 그들은 공포로 인해 마비된다. 다른 사람들은 과정을 너무 빨리 통과하기 때문에 어떤 단계는 건너뛰기도 한다. 핵심은 가족의 자신감이다. 그들이 대처할 수 있는 능력을 갖고 있다고 느끼면, 부정과 저항에 동반되는 가짜 편안함을 포기하는 심리적 모험을 더 쉽게 시도하게 된다. 그리고 대처과정의 긍정 단계와 통합 단계에서 요구하는 책임감을 받아들이는 것도 수월해진다. 이제 대처과정에 대해 세부적으로 살펴보자.

대처

모든 대처(coping)는 사람과 환경 사이에 스트레스가 될 만한 상호작용을 포함한다. **대처**에는 어려운 실생활에서 고통을 회피하거나 예방하기 위한 모든 반응이 포함된다. 성공적인 대처는 항상 성장 가능성을 포함하며 변화도 요구한다. 장차 성장할 사람은 심적으로 편안하지 않다. 왜냐하면 그들은 변화하는 내적 또는 외적 요구를 해결할 수 있는 새로운 일련 반응을 도출해야 하기 때문이다. 우리는 인생이 요구하는 것에 생을 바치는 경향이 있다. 그리고 우리가 외부의 힘 때문에 스트레스를 받으면 성공적으로 대처하기 위해 우리 안에 있는 힘을 발견해야 하고, 우리의 자원을 개발해야 한다. 대처는 역동적인 과정이다. 거기에는 최종 단계가 없다. 영원히 지속된다. 때로는 대처의 순간순간에 처리해야 할 문제가 있다.

Pearlin과 Schooler(1978)는 대처에 관한 권위 있는 논문에서 매우 어려운 상황에 대처하기 위해 개인이 사용할 수 있는 네 가지 전략—도피(flight), 수정(modification), 재구성(reframing) 그리고 스트레스 감소(stress reduction)—을 개괄했다.

도피

도피(flight)는 첫 번째이자 아마도 가장 기본적인 전략이다. 어렵고 잠재적으로 스트레스를 주는 상황에 부딪히게 되면, 우리는 싸울지 아니면 달아

날지를 결정해야 한다. 사람들은 어떤 상황에서는 살아남을 준비가 부족하다고 느끼고, 자신의 개인적인 심리적 생존은 상황으로부터 도피할 수 있는가에 달렸다고 생각한다. 하지만 상황은 그렇지 않다. 성공적으로 대처하지 못할 것 같다고 느끼면 도피 반응이 나타나게 된다. 중요한 것은 개인의 사건에 대한 지각이다.

　장애 아동이 있는 가정에서는 이혼을 많이 한다. 별거는 장애 성인의 가족에게서 흔히 일어난다. 가끔 성인 자녀는 부모가 홀로 장애인 배우자를 돌보게 두고 부모를 떠난다. 대처 전략으로서의 도피는 사람들을 죄책감에 취약해지게 하며 자존감을 잃게 한다. 이혼 같은 실제적 도피 외에 심리적 도피가 장애인 가족의 부모와 배우자에게서 나타난다. 심리적 도피는 가끔 아동이나 배우자의 죽음에 대한 상상의 형태를 띤다. 이것은 많은 부모나 배우자가 인정하기 어렵지만 마음속 깊이 자리 잡고 있는 '바람'이다. 왜냐하면 이들은 이러한 감정에 대해 엄청난 죄책감을 느끼기 때문이다. 그들이 전문가에게 이러한 상상을 하고 있음을 인정할 때, 두 사람의 관계에는 아주 큰 신뢰가 생긴다. 그리고 그들은 전문가가 자신의 말을 액면 그대로 이해하기를 바란다. 전문가는 그들이 이러한 생각을 갖고 있다고 인정하는 것을 사무적으로 받아들이는 것이 중요하다. 이러한 감정은 흔하게 일어난다. 나는 그들이 정말로 아동이나 배우자가 죽는 것을 바란다고 생각하지 않으며 그들이 너무 힘들어서 그 상황이 빨리 사라지기를 바라고 있는 것이라고 말해 준다.

　죽음에 대한 상상은 배우자의 실제 죽음에 대한 준비를 하는 데 도움이 된다. 이러한 예기적 애도(anticipatory mourning)는 실어증을 가진 내담자의 배우자와 외상성 뇌손상을 입은 가족에서 볼 수 있다. 예기적 애도는 장애가 없는 사람이 장애가 있는 사람의 옆에 없어도 살아가는 것에 적응할 수 있도록 도와준다. 그리고 새로운 상황으로 진입할 수 있게 해 주며 심리적으로 보호해 주는 전이과정의 일부분이다. 이것이 사람으로 하여금 많은 죄책감을 느끼게 하지만 사람들은 매우 도움이 되는 새로운 역할을 맡으려고 한다. 전문가는 절대로 이러한 죽음에 대한 상상을 판단하지 말아야 한다. 그것이 상상으로 남아 있는 한 심리적으로 유용한 기능을 한다.

🗨 수정

어떤 사람이 장애를 갖고 있는 가족 구성원과 함께 살기로 결정한다면, 그다음 전략은 상황을 수정(modification)하는 것이다. 스트레스는 장애를 감소시키거나 변화시키는 직접적 중재에 의해 감소될 수 있다. 보청기를 착용한 내담자와 휠체어를 타고 언어치료를 받는 실어증 환자는 장애로 인한 스트레스가 감소될 수 있다. 언어청각치료사에 의해 실시되는 모든 치료는 스트레스를 감소시키기 위함이고, 내담자와 가족이 의사소통 상황에 대처하는 데 도움을 준다.

불행하게도, 우리 분야에서는 장애로 인한 스트레스가 수정되거나 제거될 수 없는 상황이 많이 있다. 예를 들면, 최대로 증폭시킨다고 해도 많은 내담자가 여전히 심각한 청력 문제를 경험한다. 우리는 이 내담자가 자신의 한계를 받아들이고 더 이상 환경을 수정할 수 없다는 것을 인식하도록 도와야 한다. 스트레스가 많은 상황을 수정하는 데 필요한 요령은 변화시킬 수 있는 것을 확인하여 변화시키고, 그다음에는 변화시킬 수 없는 것을 받아들이도록 학습하게 하는 것이다. 이러한 일이 항상 쉽지는 않다.

🗨 재구성

인지적 과정이 어떤 사건의 감정적 강도를 결정하기 때문에 변화가 불가능한 상황적 요소가 있을 경우, 스트레스는 상황을 바라보는 방식을 바꿈으로써 감소될 수 있다. 이것은 **재구성**(reframing)이나 스트레스 요인을 **인지적으로 중화시키기**(cognitively neutralizing)로 알려져 있다. 인지 중화물로 가장 많이 사용되는 말은 "더 악화될 수 있었는데……."이다. 부모와 배우자는 더 심각한 시나리오를 언급할 수 있다("그는 암에 걸릴 수 있었는데……." "그는 청각장애가 더 심할 수 있었는데……." "그는 죽을 수도 있었는데……." 등). 이것은 **긍정적 비교**(positive comparison)로 알려져 있다. 재구성 전략으로 긍정적 비교

를 사용할 때 문제가 되는 것은 내담자나 가족이 장애에 대해 아직도 마음이
상할 때가 있는 경우이다. 이러한 경우에는 죄책감을 느끼게 된다. 왜냐하면
자기가 슬퍼할 권리를 박탈했다고 느끼기 때문이다. "더 악화될 수 있었는
데……."에 대한 내 아내의 반응은 "그래, 당연히 더 좋아질 수 있어!"였다.

긍정적 비교를 통해 잠시 동안은 안심할 수 있다. 하지만 장애는 항상 파
고든다. 주위에 더 악화된 누군가를 찾아보는 것의 효과는 빨리 줄어들기 시
작한다. 더 유익한 재구성에 관한 방법은 제6장에서 논의될 것이다.

🌢 스트레스 감소

네 번째 전략은 스트레스를 직접 다루는 것이다. 수정과 재구성이 얼마나
성공적이었는가에 상관없이 많은 내담자는 스트레스를 경험한다. 그들은 스
트레스를 갖고 살아가는 방법을 배워야 한다. 사람마다 스트레스 감소(stress
reduction)를 위한 자신만의 방법이 있다. 어떤 사람에게 효과가 있는 것이
다른 사람에게는 효과가 없을 수 있다. 중증질환에 걸린 배우자를 인터뷰하
면서 운동과 일이 가장 보편적으로 스트레스를 감소시키는 방법임을 발견했
다. 운동은 부분적으로 효과적이다. 왜냐하면 그것은 건강한 배우자를 장애
가 있는 배우자와 대면하는 것으로부터 떨어져 있게 하는 일종의 타임아웃
경험이기 때문이다. 운동은 감정을 차분하게 하는 활동이다. 특히 조깅, 수
영이나 자전거 타기와 같은 반복적인 운동은 마음을 명상의 상태로 가게 한
다. 일은 장애에 대한 집중을 분산시킨다. 건강한 배우자는 답이 있거나 통
제가 가능한 문제에 몰두할 수 있다. 그리고 장애를 갖고 있는 배우자 외의
일에 대해 말하고 함께 생각을 나눌 수 있는 다른 성인들을 만날 수 있다. 사
실 '그림자 배우자(shadow spouse)'에 대해 내가 내린 정의는 일은 하고 싶고 집
에 오는 것은 두려운 사람이다.

언어청각 전문가가 내담자를 만날 즈음에는 이미 몹시 충격적인 일이 벌
어졌고, 슬픔과 대처과정은 이미 진행되고 있다. 우리는 내담자 및 그 가족
과의 상호작용을 통해 대처과정을 촉진시키거나 방해할 수도 있다. 이것은

특히 진단평가 때 그대로 적용되는데, 절망적인 사건으로부터 매우 가까운 시기이기 때문이다. 장애에 대한 충격이 아직 생생해서 내담자의 감정이 많이 출렁이고 있을 때, 우리는 대처과정과 내담자의 재활과정을 극적으로 변화시킬 수 있다.

제5장

상담과 진단과정

진단에서의 상호작용은 내담자-전문가 관계의 향후 과정을 결정하는 데 중요하다. 그것은 많은 내담자에게 긴 여정을 위한 첫걸음이다. 그리고 내담자의 마음에 전문가적 행동에 대한 향후 기대감을 설정하는 각인과정이다. 내담자와 전문가의 초기 상호작용에 감정적 요소가 있거나 처음부터 내담자의 역량이 강화된다면, 향후 전문가와의 만남에서 그들은 역량 강화와 보살핌을 기대하고 요구할 것이다. 불행하게도, 의학 모델이 너무 많이 사용되기 때문에 전문가의 역할이 정보전달과 내담자가 준수해야 할 것을 지시하는 것으로 한정되어 있다. 이 모델에서 내담자는 단지 '의사의 명령에 따르면' 되기 때문에 재활 프로그램에서 수동적인 참여자가 된다. 나는 이 장에서 의학 모델을 검사설비를 관장하는 데 적합하지만 내담자에게 항상 좋은 것만은 아닌 기관중심 모델(institution-centered model)로 간주하고자 한다.

기관중심 진단

의학 모델에서는 자세한 사례력이 확보된 후에 검사가 실시된다. 전문가가 아동을 검사하는 동안 아동은 부모로부터 분리된다(부모가 함께 있는 것이 허락되면, 부모는 수동적 관찰자가 된다). 검사 후에, 전문가는 검사결과를 제공하고 부모가 해야 할 일을 권고해 주면서 부모를 '상담한다'. 검사 후의 상담에서는 항상 정보가 제공된다. 나는 초기 청각사 시절에 의학 모델이 나에게 도움이 되고 안심하고 사용할 수 있는 모델임을 알아차렸다. 나는 검사가 끝났을 때 내가 해야 할 말을 준비해 놓았다. 준비한 말은 녹음기에 집어넣은 '테이프'와 비슷했다. 예를 들면, 보청기 작동방법을 설명한다. 청력도를 설명한다. 처음 청각장애로 진단된 아동의 부모를 위해 지역에 있는 청각장애학교 목록을 제공하고, 학교에서 사용하고 있는 다양한 교육방법을 설명해 준다. 표면적으로는 의학 모델이 매우 효율적인 것처럼 보인다. 나는 내담자와의 상호작용 시간을 통제할 수 있기에 진단시간을 계획할 수 있었고, 하루 최대 몇 사례를 볼 수 있을지를 알 수 있었다. 나는 10~15분 정도의 설명을 준비해 놓았고, 내담자에게 설명해 주었다. 나는 임상적 의무를 완수했다는 느낌을 받았다. 그보다 중요한 것은 다음 내담자를 정시에 볼 수 있는 것이다. 그리고 나는 내담자와 정서적 교류를 제한하는 데 성공했기 때문에 나에게 아주 불편한 것을 감정적으로 처리할 필요가 없었다. 나중에 나는 내담자를 '바라보는 것'을 멈추었다. 나에게 그들의 방문은 매우 일상적이고 기계적인 일이 되었다.

변형된 개인 의학 모델(individual medical model)은 위원회에 의한 진단과정(diagnosis-by-committee process)인데 겉으로 보면 더 효율적인 모델이다. 많은 교육 프로그램이나 퇴원 인터뷰를 하는 병원들은 개별화교육 프로그램(Individualized Educational Program: IEP)을 개발할 때와 같은 방식을 사용한다. 이 모델에서 환자는 보통 하루 동안 혹은 2~3일에 걸쳐 여러 전문가에게 진단을 받는다. 그 후 가족은 전문가들과의 회의에 참석하게 되는데, 거기서 전문가들은 검사결과를 전달한다. 이 미팅에서 전문가들은 가족에게 직접 말을 하지 않는다. 전문가들은 모든 사람에게 자신의 실력을 인상적으로 보이게 하려고 노력하기 때문에, 표현을 하려고 하기보다는 전문용어를 엄청 사용하면서 상대방에게 인상적으로 보이기 위한 말을 한다. 이 모든 과정에서 가족 구성원은 멍한 표정을 지으며 대부분 심리적 충격을 받는다. 테이블에 둘러앉은 '전문가' 집단이 당신이 사랑하는 사람에게 어떤 문제가 있다고 말하는 것을 듣는 것이 가족 구성원의 관점에서 볼 때 어떠한가를 상상해 본다면, 그것이 얼마나 악몽 같은지를 이해할 것이다.

내 개인적인 생각은 위원회에 의한 진단은 잔인하고 정상적이지 않은 처벌이 되기 때문에 제네바 협정에 근거하여 금지되어야 한다. 이 모델이 사용되는 이유는 그것이 기관중심적이기 때문이다. 단번에 모든 검사를 하고 부모를 '상담'하는 것은 효율적으로 보인다. 하지만 효율성은 단지 허상에 불과하다. 위원회에 의한 진단은 기관이나 전문가에게 편하다. 가족에게 미치는 효과를 조사해 보면 비효율적이다. 가족이 전문가가 말한 것을 많이 기억하고 있기보다는 중요하지 않은 세부적인 것들, 예를 들면 의사의 넥타이 색깔이나 안경의 종류 등을 기억하고 있다. 이들은 날짜를 생생하게 기억하며, 병원에 올 때의 여정에 대해서도 아주 상세히 설명할 수 있다. 하지만 그들은 중요한 어떤 정보도 기억하지 못한다(Martin, Krueger, & Bernstein, 1990).

어떤 진단과정이든지 사용된 상담 기법과 절차만큼만 유익하다. 전문가가 내담자와 효과적인 의사소통을 할 수 없다면 최고로 정확한 검사와 최고로 '효율적'인 검사 절차가 무슨 소용이 있겠는가? 우리가 가지고 있는 자료에 의하면 의학 모델은 그것이 위원회에 의해 시행되든 아니면 개인에 의해 시행되든 간에 효과적인 도구는 아니다. 제1장에서 인용한 연구들(Lerner, 1988; Martin et al., 1990; Williams & Derbyshire, 1982)은 부모가 기억하고 있는 정보가 얼마나 적은지 그리고 청각사에 대한 신뢰가 얼마나 낮은지를 보여 준다. 최근에 다시 의학 모델의 비효율성을 증명해 주는 연구가 발표되었다.

Saunders와 Frostline(2013)은 보청기를 구입한 성인에게 초기 진단 후 몇 주
가 지난 **다음에** 30분 정도의 정보전달상담 회기를 실시하는 것이 효과적일
수 있다고 보고했다. 그들에 따르면 두 번째 회기 후에 삶의 질 측정치와 보
청기 활용이 눈에 띄게 개선되었다. 관련 연구에 따라 강화된 나의 견해는
의학 모델의 효율성은 많은 경우 허상이라는 것이다. 대부분의 내담자에게
초기 진단검사 이후에 후속 미팅은 도움이 된다. 그리고 초기 단계에서는 내
담자중심 접근이 장기적인 측면에서 도움이 된다.

Duchan(2004)은 신중하게 말을 골라서 쓴 에세이에서 청각사들이 의학
모델을 너무 고집하고 있지는 않은지 묻는다. 그녀에게 의학 모델은 물리적
인과성에 한하여 집중하며 진단 및 완치를 지나치게 강조하기 때문에 결국
에 심리사회적 이슈의 해결에는 도움이 되지 않는 모델이다. 더 중요한 것은
이 모델이 전문가의 지식을 강조하고 환자와 가족의 경험 지식은 존중하지
않는다는 것이다. 나는 그녀의 의견에 진심으로 동의한다. 환자의 경험을 존
중하지 않으면 내담자의 역량을 빼앗게 된다. 이것은 내담자중심, 가족기반
의 진단 모델이 가족역량을 강화시키는 것과 반대되는 것이다.

내담자중심 협력 진단

지연 진단(deferred diagnosis)과 선천적이거나 갑작스럽게 시작된 장애
(congenital or sudden inception)라는 두 가지 진단 시나리오가 있다. 지연된
진단에서는 아동이 장애를 갖고 태어났으나 부모가 장애의 존재를 의식하지
못한다. 그래서 부모는 아동이 정상적으로 발달할 것이라 생각하고 퇴원한
다. 아동에게 어떤 문제가 있다는 것을 인식하는 데는 시간이 걸린다. 그리고
진단은 가족에 의해 시작된다. 반면에 태어날 때 명백한 장애가 있는 선천적
장애의 경우나 장애가 갑자기 발생하는 경우에는 진단과정이 기관에 의해 시
작되며 진단은 출산할 때부터 혹은 장애가 발생되는 시점부터 시작된다.

지연 진단

출생 당시 장애가 명확하지 않을 때 해당되는 지연 진단과정을 우선 살펴보자. 좋은 진단검사가 이루어지기 위해서는 전문가들이 가족력을 이해하고 연민을 갖는 것이 중요하다. 부모가 처음 클리닉을 방문하면, 무엇인가 문제가 있다는 것을 알아차리고 난 후에 오랜 시간 동안 개인적으로 고군분투한 이야기를 한다. 예를 들면, 언어발달지체 아동의 부모에 관한 시나리오는 다음과 같다. 부모 중 한 사람, 보통 어머니가 아동에게 문제가 있다는 것을 알게 된다. 아이에게 문제가 있을지 모른다는 의심을 할 때 부모가 자주 갖게 되는 두려움은 아이가 지적장애일지 모른다는 것이다. (지적장애는 보통 부모가 가장 두려워하는 것이며 가장 집착할 가능성이 있는 장애이다.) 어머니가 아동의 언어 및 이해에 문제가 있다는 것을 확인했을 때, 어머니는 아버지에게 자신의 두려움을 숨긴다. 왜냐하면 아버지는 아동에게 아무 문제가 없을 것이라고 말하고, 자신과 아내를 확신시키며, 그의 가족 중에 말이 늦은 사람이 있었는데 결국에는 정상적으로 발달했다고 말하면서 아동의 문제를 부인하기 때문이다(특히 할아버지가 이러한 핑계를 대는 것으로 유명하다). 이 시점에서 어머니와 아버지는 각자 자기의 두려움을 털어놓지 않고 몰래 아동의 언어이해검사를 시작한다. 이제 부모는 감정적 롤러코스터에 올라탄 것이다. 아이가 반응 혹은 유사 반응을 보이면 기분이 좋아지고 아이가 반응을 하지 않으면 마음이 부서지는 듯하다.

이러한 지연 진단 동안에 부정 기제가 작동하기 시작한다. 부모는 자기 아이가 반응하지 않는 것에 대한 많은 이유를 찾는다. (이것은 다른 신경학적 잠행성 질병에도 해당된다. 예를 들면, 나와 내 아내는 모호한 신경학적 증상을 해명하느라 시간을 사용하며 발병 초기를 보냈다. 사람들은 놀라울 정도의 일탈적 행동에 대해 괜찮은 이유를 발견하는 데 전문가가 된다.) 이렇게 불확실할 때 우리의 마음은 안심의 봉우리와 두려움 및 공포의 절벽 사이에서 흔들리기 때문에 매우 고통스럽다. 마침내 자료가 쌓일 만큼 쌓이면 결국 꼼짝없이 부정 기제가 무너지고, 가족은 두려운 마음으로 장애 진단을 받기 위해 전문가를 찾아간다. 이 시점에 가족은 무엇인가 잘못되었다는 것에 동의한다. 그들은 의학이 그 질병을 치유할 것이라는 생각으로 마음을 지탱하고, 비밀스럽게 그들의 걱정은 기우에 지나지 않기를 소망한다. 그들은 아동이 언어지체이면 수술, 치료, 기기를 통해 말을 다시 할 수 있게 하면 된다고 생각한다. (내 아내와 나도 신경과 의사가 질병을 치료할 수 있거나 최소한 아내의 기능저하를 막을 수 있는 약이나 운동 처방을 권해 줄 수 있기를 바랐다. 그리고 돌아보니 나는 의사가 아내의 증상은 나이가 들어서 생기는 것이라고 말해 주기를 바랐다.) 모든 내담자는 문제가 있다는 두려움과 함께, 그러나 걱정은 기우일 것이며 자신의 생각이 틀렸다고 증명될 것이라는, 아니면 이 장애는 확실히 치유가 가능하다는 희망을 갖고 진단에 임한다. 이러한 희망의 질주는 반작용으로 큰 고통과 슬픔을 불러오기도 한다.

내담자가 치료실에 오면 매우 걱정스러운 표정을 보인다. 그들은 무엇을 기대해야 할지 모른다. 그들은 자신의 생각이 틀렸다는 것에 희망을 버리지 않고 있다. 그들은 지금까지의 경험을 상세한 이야기로 만들어 누군가에게 들려주고 싶어 한다. 이것이 내담자에게 자기 이야기를 할 기회를 주는 중요한 이유이다. "어떤 일로 여기에 오셨는지 말씀해 주실 수 있나요?"와 같은 일반적인 질문으로 그들의 이야기를 끄집어낸다.

상담과정에서 내담자중심상담은 가족과 최초 연락을 하는 순간부터 시작되고 관계를 맺는 동안 지속된다. 초기에 상담자는 가족의 주된 염려와 전문가에 대한 기대를 확인해야 한다. 전형적으로 가족은 가족 구성원의 청각이나 언어 문제에 대한 걱정을 표현한다("당신 아이에게 가장 걱정되는 것이 무엇인가요?"라는 질문에 놀랄 만한 답을 할 수도 있지만). 나는 이 시점에서는 부모로부터 어떠한 가족력을 얻으려고 하지 않는다. 대신에 단순히 그들이 생각하기에 중요한 것이라면 어떤 것이든지 말하라고 한다. 그다음에 좀 더 세부적인 사항으로 들어간다.

가족이 함께 걱정을 나누고 이야기를 하고 나면, 나는 그들에게 동료로서의 역할을 요청한다. 그들에게 다음과 같이 말한다. "나는 언어 및 청각 검사의 전문가입니다. 하지만 당신은 이 아이에 대한 전문가입니다. 나는 당신의 도움이 필요합니다."

이렇게 도움이 필요하다는 발언은 부모를 치료에 관여시키려는 책략이 아닌 진정성 있는 발언이다. 부모는 진단과정에서 필요한 정보를 많이 갖고 있다. 부모는 대부분의 정보를 가지고 검사를 받으러 온다. Dale(1991)에 의하면, 2세 아이의 어휘와 통사능력에 대한 부모의 자기보고는 아이에게 실시한 표준화 검사결과와 .79의 상관관계를 보였다. 그는 부모보고가 다음과 같은 이유에서 말-언어 평가방법으로 사용될 수 있다고 했다.

1. 부모보고가 검사실에서의 샘플보다 영유아 언어평가의 대표성이 있다.
2. 부모보고가 신속하고 전반적인 아동 언어의 평가에 비해 비용 대비 효과가 높다.
3. 부모보고가 아동을 만나기 전에 이루어진다면 심층분석을 위한 평가 절차를 선택하는 데 좀 더 도움이 된다.
4. 부모보고는 중재를 통한 변화를 모니터하는 데 유용하다.

무엇보다도, 부모에게 진단의 동료로서 요청하는 자기보고는 가족역량을 강화시키는 과정의 시작이다. 나는 청각검사를 할 때 가족과 동반한 사람들 누구나(할아버지, 할머니와 형제자매 등) 검사실에 들어오게 한다. 만일 너무 어수선하다면, 다른 가족 구성원에게 자리를 피해 주기를 요청한다. 나중에 언급하겠지만 손위 형제자매는 아동이 진단을 받는 것에 익숙해지게 하는 데 도움이 된다. 나는 검사를 진행하면서 부모 중 한 사람에게 작성할 청각도를 준다. 이러한 방식으로 부모는 자기가 하고 있고 보고 있는 것에 필요한 정보를 얻게 된다. 부모가 청력도를 사용하고 있기 때문에 더 의미가 있게 될 것이다. 성인을 검사할 때에는 가족 구성원과 함께 검사실에 들어간다. 거기서 그는 청력도를 기록하고 변별검사 결과를 기록한다. 나는 다음

검사를 위한 약속시간을 정할 때 청각장애 성인과 가족 구성원이 함께 오라고 강하게 부탁한다.

검사음이 제시될 때, 나는 검사음이 얼마나 큰가를 데시벨 그리고 환경 자극(예: "이 소리 크기는 사람들이 이야기할 때 크기입니다.")과 연결 지어 설명해 준다. 그리고 난청 아동 부모에게 아동이 그 소리를 들었을 것이라고 생각하는지 묻는다. 우리는 아동의 연령에 따라 빛과 소리를 동시에 제시하는 **시각 강화 청력검사**(visual reinforcement audiometry)를 사용하거나 블록을 장난감 우체통에 넣어 특정 소리가 나게 함으로써 아이를 특정 소리에 조건화시키는 방법인 **놀이 청력검사**(play audiometry)를 사용한다. 나와 부모가 아동이 과연 소리를 들었는가에 대해 의견이 일치되지 않으면, 일치될 때까지 다시 검사음을 제시한다. 검사가 끝날 무렵에는 부모에게 아동의 청력에 대해 어떻게 생각하는지를 묻는다. 그리고 나서 우리는 아동에게 청력 문제가 있는가를 결정한다. 의견이 일치되지 않으면 검사를 계속한다. 아동이 검사에 협조적이지 않으면 스코틀랜드 형법에 의한 평결인 '증거 불충분'에 따라 다음 약속을 잡는다. 나는 부모의 의견을 전혀 무시하지 않는다. 아동에게 청력 문제가 있다는 나의 의견을 고수하지만, 내 의견을 부모에게 강요하지는 않는다. 내 의견을 강요한다면 그들은 너무나 많은 힘을 잃게 되고 아동의 재활 프로그램에 참여하는 데 충분한 시간을 내지 않을 것이다.

부모가 이러한 검사과정에서 느꼈던 감정에 대해서 수년 후에 나에게 이야기해 주었다. 그들은 아동이 검사음에 아무런 반응이 없는 동안 검사실에 앉아서 큰 검사음을 듣는 것이 얼마나 고통스러웠는지를 보고했다. 이러한 절차는 그들의 부정 기제를 약화시킨다. 왜냐하면 부모는 아동의 청각장애를 직접 목격했기 때문이다. 검사 절차는 부모의 지각에 따라 변경되기 때문에 그들에게 탈출구는 없다. 그리고 실제로 부모가 진단을 한다.

검사과정에서 가족을 분리시키는 임상적 절차는 검사결과를 더 부정하게 한다. 왜냐하면 부모가 검사에 대해 상상을 할 수 있기 때문이다. 즉, 부모는 기계가 고장 났거나 검사지가 바뀌었다는 상상을 할 수 있고, 아니면 얼마나 설명을 많이 해 주는가에 따라 결과가 달라질 수 있다고 생각한다. 아동과 부모를 분리시키는 절차가 장애를 감지하고 결정하는 데 임상적으로 좀 더 정확하다. 왜냐하면 검사자의 주의를 분산시키지 않기 때문이다. 하지만 부모가 검사결과를 수용할 수 없거나 수용하지 않는다면 그 검사는 아무 가치가 없다. 부모는 '몸 상태를 살필' 필요가 있다. 전통적인 장례의식에는 많은 민중의 지혜가 담겨 있다. 장례식장에 가고, 열린 관에 누워 있는 시신의 상태를 살피고, 영구차를 따라 묘지에 가고, 관을 무덤 아래로 내리는 것을 본다. 겉으로 보기에 이러한 것은 매우 잔인한 것처럼 보인다. 하지만 심리적으로는 매우 건전한 것이다. 왜냐하면 그것이 부정 반응을 감소시키고 애도과정을 시작하게 하기 때문이다. 이런 과정을 겪은 후에는 장애 때문에 헝클어진 삶의 재구조화가 시작될 수 있다. 우리 사회에서 심리적으로 불구가 된 사람들 중에는 참전 중에 실종된 베트남 전쟁 참전용사의 가족들이 있다. 이들 가족은 장례식에 참석하지 못했기에 종결되었다는 감정을 전혀 가지고 있지 않아 온전히 새로운 생활을 할 수가 없다. 가족 중의 일부는 사랑하는 사람이 돌아올 것이라는 기대를 하고 있다. 그리고 그 사람이 아직 살아 있을 것이라는 생각을 하며 모든 시나리오를 상상하고 있다. 이러한 경우의 부정은 애도를 막으며, 필요한 삶의 재구조화를 지연시키거나 약화시킨다.

　가족이 진단과정에 적극적으로 참여하는 것은 부정 기제를 약화시킬 뿐만 아니라 임상가와 부모 사이의 결속력을 강화시킨다. 가족은 내가 애도과정을 도와준 것에 대해 고마워하며 나를 적군보다 동맹군으로 보았다. 청각사와 언어치료사가 대기실에 있는 부모에게 아동에게 장애가 있다는 말을 건넬 때 깍듯하게 예의를 지켜 말한다고 하더라도, 그들은 적대감을 갖게 된다. 사람들은 '메시지가 마음에 들지 않으면 메시지 전달자를 죽인다'. Tattersall과 Young(2006)은 청각장애 아동을 확인하는 영국의 신생아 검사 프로그램에 참여한 부모를 대상으로 연구를 하였는데, 그 결과 검사과정에서 부모의 만족도는 치료를 진행하면서 부모가 파트너로서 느끼게 하는 정도와 밀접한 관련이 있음을 발견했다. 이 프로그램은 부모를 초청하여 그들이 일어나고 있는 것들에 대한 수동적 관찰자가 아닌 능동적 관찰자가 되도록 했다.

가족이 공동진단자의 역할을 할 때의 또 다른 이점은 그들이 검사과정과 장애에 대한 교육을 받는다는 것이다. 정보가 그들에게 전달되고, 그들은 진단에 참여하기 때문에 대기실에서 정보를 전달받을 때보다 훨씬 더 많은 내용을 기억할 수 있다. 또한 그들은 아동이 가정환경에서 무엇은 알아듣고 무엇은 알아듣지 못하는가에 대한 아이디어, 즉 재활과정에서 아주 유용한 정보를 얻을 수 있다. 이렇게 가족이 진단에 참여하는 것은 성인의 가족에게 특히 도움이 된다. 왜냐하면 그들이 장애 정도를 볼 수 있으며 재활과정에 효과적으로 참여할 수 있기 때문이다.

검사가 끝난 후에 아동이 청각장애라고 결정이 되면, 나는 불필요한 정보를 제공하지 않는다. 아동의 청각재활을 효과적으로 운영하기 위해 첫 번째 회기에 제공된 정보보다 많은 정보가 부모에게 '필요'하다는 것을 알지만, 이 시점에서 나는 많은 정보를 제공하여 그들을 당혹스럽게 하지 않는다. 이 시점에서 나는 부모에게 "당신이 지금 알아야 할 필요가 있는 정보는 무엇입니까?" 혹은 "그것이 당신에게 얼마나 도움이 됩니까?"라고 질문한다. 검사가 끝난 후의 이러한 질문은 역량 강화에 도움이 된다. 왜냐하면 이러한 질문은 내담자와 부모가 자기 나름대로 학습경험을 쌓아 갈 수 있도록 하기 때문이다. 보통 나는 부모에게서 두서없는 질문을 받는데, 이러한 행동에 대한 나의 대답은 간단하고 명료하다. 왜냐하면 아직 부모가 쇼크 상태에 있기 때문이다. 부모는 나에게 최종검사가 끝난 후에 그들이 바라는 것은 어디로 가서 울고 싶은 것이라고 말한다. 가끔 지연 진단을 받은 부모는 안도하며 진단에 응한다. 그 이유는 첫째, 그들이 극도로 두려워하는 지적장애가 아니라 청각장애이기 때문이다. 둘째, 누군가가 최종적으로 그들을 믿고 아동의 정상에서 벗어난 행동에 명칭을 부여했기 때문이다. 사람들은 장애의 명칭이 주어지면 장애를 통제할 수 있다고 생각한다. 부모에게 청각장애가 완치될 수 없다는 정보가 주어지면 슬픔의 과정은 시작된다.

나는 수년에 걸쳐서 우리는 부모가 원하거나 갈 수 있는 속도보다 더 빨리 갈 수 없다는 것을 알았다. 임상가는 재활과정을 계속해서 진전시켜야 한다는 심한 불안감을 가졌을 때 자신이 효과적으로 다룰 수 있는 사례를 제한시킨다. 그렇게 되면 임상가는 부모의 슬픔을 다루는 것을 건너뛴 채 사례를 적극적으로 다룸으로써 항상 부모를 수동적이고 의존적인 존재가 되게 하는데, 이럴 경우 장기적으로 볼 때 아동의 치료효과는 없게 된다. 만일 우리가 진단의 초기과정에서 가족 구성원에게 좀 더 슬퍼할 시간과 공간을 제공함으로써 그들의 필요에 대해 세심한 주의를 기울인다면, 아동이나 성인 모두 장기적인 측면에서 효과가 있을 것이라고 확신한다. 이를 위해서 전문가는 진단과 치료 개시 사이의 시간이 흘러가도록 놓아두어야 한다. 치료 서비스가 필요한 아동이 즉시 치료를 받지 않는 것을 보는 것은 대부분의 전문가에게 어려운 일이다.

나는 부모이면서 전문가인 Janice Fialka가 진단과정에서 중요한 대인관계 및 정서적 문제를 다룬 다음과 같은 시를 우연히 접하게 되었다.

'케이스 콘퍼런스(사례 회의)'에 참여하는 전문가들에게 주는 조언

케이스 콘퍼런스 전에
나는 다섯 살 된 아들을 바라봤다.
금발 소년
아기인 여동생이 손뼉을 치는 것을 보고 웃는 소년
자발적인 포옹과 인사로 어른을 사로잡는 소년
황홀한 음악으로 부모의 마음을 사로잡는 소년
산책하는 백발노인을 돌보는 소년
특별한 영혼과 친구가 될 수 있는 특별한 능력을 가졌기에

방문한 곳에서는 전설처럼 기억되는 소년

젊은이보다 약간 느리게 걷는 소년

'평화 행진' 놀이를 하고 싶어 하는 소년

네 살 때 디트로이트 공공도서관에 가서

Martin Luther King에 관한 책을 빌린 소년.

케이스 콘퍼런스 후에

나는 다섯 살 된 아들을 바라봤다.

그는 금발 머리를 잃은 것 같았다.

나는 그의 얼굴에 붙어 있는 단어 몇 개를 보았다.

우리를 공포와 역겨운 메스꺼움으로 몰아넣는 단어들

이런 단어들

말-언어 표현장애

심도 시각 운동지체

감각 통합장애

소근육 및 대근육 지체

발달성 실행증 그리고 리탈린.

내 아들을 되찾고 싶다. 그것이 전부이다.

나는 지금 그를 되찾고 싶다. 그러면 내 인생을 계속 살아갈 것이다.

당신이 이렇게 엄청난 고통의 깊은 곳까지 느낄 수 있다면

당신이 우리 슬픔의 깊은 곳까지 볼 수 있다면

그러면 당신은 감동을 받아 돌려줄 것이다.

망가진 신경세포와 상관없이 햇살에 반짝이는

다섯 살 된 우리 아들을.

제발 내 아들을 돌려주세요.

당신의 낙인과 검사결과, 등급이나 장애분류 때문에

상처 입지 않고 있는 그대로

만일 당신이 그렇게 할 수 없다면, 우리 아들을 그대로 돌려줄 수 없다면

그저 우리와 함께 조용히 있어 주세요.

우리가 느낄 수 있도록 다정하게 연민으로

우리가 슬프고 무기력함을 느낄 때 인내심을 갖고 귀를 기울이며 앉아 주세요.

해질 무렵 작고 비어 있는 예배당에서

우리와 함께 앉아서 고요하게 있어 주세요.

거기에서 우리와 함께 있어 주세요.

나의 증인으로, 나의 친구로.

제발 나에게 조언, 제안, 비교,

다음 약속, 이런 것을 하지 마세요. (나중에 합시다.)

우리는 단지 고요한 당신의 어깨를 원할 뿐이에요.

지금 너무나 무거운 우리 머리가 쉴 수 있도록.

만일 당신이 우리의 달콤한 꿈을 돌려줄 수 없으면

그러면 오늘 저녁 내내 우리를 위로해 주세요.

우리를 붙잡아 주세요. 아침햇살이 슬며시 들어올 때까지 우리를 위로해 주세요.

그러면 우리는 일어나서 새로운 날을 시작할 테니까요.

- Janice Failka, MSW, ACSW

(Copyright 1977 by the author. Reprinted with permission)

내가 검사 부스에서 나올 때 부모에게 던지는 또 다른 질문은 "당신의 기

분이 어떠했는지 알 수 있을까요?"이다. 이 질문은 정서적 충격에 대해 말해보자는 나의 초대장이다. 가끔 나는 부모에게 "어떤 부모님은 트럭에 치인 것 같은 기분이라고 하던대요." 혹은 "어떤 부모님은 다른 사람의 악몽을 걸어가고 있는 것 같은 기분이라고 하던대요."와 같은 말을 함으로써 부모에게 도움을 준다. 가끔 어떤 부모는 울기 시작한다. 그러면 나는 그들 곁에 머물러 있는다. 나의 경험에 의하면 초기 진단과정에서 많이 울었던 부모는 냉정하게 진단결과를 받아들이는 것처럼 보인 부모보다 오랫동안 더 잘하는 것 같다. 우는 사람은 일반적으로 부정 기제를 정말 제대로 사용하지 못한다. 그들은 신속하게 장애에 대한 감정적 주인의식을 갖는다. 진단 초기에 그들의 감정이 무너졌지만, 그들은 매우 잘 회복하고 일하기 시작한다. 극기심이 강한 사람은 부정 기제에 의해 아주 자주 힘을 받고, 때로는 부정 기제로 인해 아동과는 제대로 지내지 못하게 된다.

청각사가 경도 청각장애 아동의 부모에게 자주 저지르는 실수는 더 악화될 수도 있었는데 다행이라고 말하면서 부모의 기분을 좋게 하려는 것이다. 첫째, 이것은 고통을 겪고 있는 사람의 기분을 달래려고 할 때 저지르는 실수이다. 왜냐하면 이렇게 말하는 것은 그들의 감정을 인정해 주는 것이 아니기 때문이다. 부모가 받은 메시지는 부모는 기분이 상할 권리가 없다는 것이다. 둘째, 장애의 정도는 항상 구경꾼 입장에서 본 것이다. 이 부모에게 장애는 더 심각하게 보일 수도 있으며, 그들의 감정은 존중받아야 할 필요가 있고, 축소되지 말아야 한다. 이 시점에서 부모는 자신의 말을 판단하지 않고 경청해 주는 사람이 필요하다. 그리고 자기가 받아들일 수 없는 내용에는 주의를 집중하지 않으려는 사람들이 필요하다.

나는 첫 번째 미팅을 끝내면서 새로 진단받은 아동의 부모에게 자기 아이보다 연장자인 청각장애 아동의 부모 이름과 전화번호를 전달해 준다(일단 그들은 아직 부정 단계에 있기 때문에 거의 전화를 하지 않는다). 그리고 일주일 후에 다시 만나기로 약속한다. 나는 이 장애 진단이 그들에게 재미있는 인생—그들이 기대하는 인생이 아닌 궁극적으로 재미있는 인생—을 보장할 것이라고 말해 줌으로써 부모의 상황을 재구조화한다. 나는 각 회기를 "지금 알아야 할 필요가 있다고 생각하시는 것이 무엇인가요?" 혹은 "어떻게 도와드릴 수 있을까요?"와 같은 동일한 질문으로 시작한다. 나는 부모가 결국에 모든 중요한 질문을 한다는 것을 발견했다. 부모의 질문 순서는 내가 질문에 대한 내용을 완전히 통제하고 있을 때와 다르다. 하지만 이들의 질문에서는 중요한 모든 이슈가 다루어진다. 부모는 질문에 대한 답이 준비되어 있을 때 하나씩 질문을 한다. 아동의 보청기 착용이나 교육 프로그램의 등록에 걸리는 시간이 내가 초기부터 통제했을 때보다 좀 더 걸리겠지만, 결국에 아동은 목표에 도달한다. 중요한 것은 부모가 책임감이 있을 때 교육결정과정에 적극적으로 참여하게 되고, 교육운영실습을 완수하려고 할 때 아동이 목표에 도달하게 된다는 것이다.

　언어치료사도 같은 방식으로 진단평가를 할 수 있다. 예를 들면, 말-언어 평가에서 부모를 진단 동료로 그리고 자기 아동의 전문가로 요청할 수 있다. 그리고 부모가 검사결과의 점수를 산출하거나 아동으로부터 반응을 이끌어 내도록 요청할 수 있다. 이러한 절차는 부모의 역량을 강화시키고 교육시킬 수 있다. 성인 환자의 경우, 배우자(또는 중요한 타인)뿐만 아니라 내담자의 역량을 강화시키는 것이 필요하다. 나는 배우자를 청각검사 부스에 들어오게 하여 그들에게 청각검사를 하거나 청력도에 표시를 하게 한다. 내담자가 자신의 보청기를 선택하고 검사의 모든 것을 안내한다. Rollins(1988)는 실어증 환자를 대상으로 검사를 할 때 배우자를 능동적 검사자로 그리고 언어치료사는 '코치'로 참여하는 것을 추천했다. 진단정보의 획득과정에 가족이 참여하게 되면 상담은 좀 용이해진다.

　진단결과가 합의되면 곧바로 나오는 질문은 장애의 원인이 무엇인가이다. 이 질문을 다루는 것은 매우 민감한 상담이슈이다. 우리는 책임을 전가하지 않으면서 누구에 책임이 있는가를 결정해야 한다. 원인을 찾는 것에 집착하는 부모는 일반적으로 죄책감을 갖고 있다. 그들은 자기에게서 기인하지 않은 것 같은 '원인'을 찾기를 원한다. 이러한 상황을 다루는 것은 매우 어렵다.

임상가는 비난과 불확실성 사이의 진퇴양난 상황을 잘 조정해야 한다. 치료 효과가 성공적이기 위해서는 부모가 과거와 원인을 찾으려는 것을 포기하고 그들의 '현재'를 건설적으로 다루어야 한다. 이 시기에 죄책감 이슈를 끄집어 내기는 어렵지만 죄책감에 관한 문제를 탐구하기 시작하는 것은 유익하다. 차라리 "아이를 오랫동안 떠맡아야 할 책임이 있기에 쉽게 죄책감을 가질 수 있지요."라는 중성적인 말이 아동의 청각장애에 대한 원인을 찾아 달라고 나를 압박하는 어머니에게 도움이 될 수도 있다. 나는 가끔 어머니에게 아동의 청각장애 발생에 기여하는 행동을 했는가를 물어본다. 이러한 질문은 매우 예민한 질문이며 신뢰가 요구되는데, 이는 다음 장에서 더 자세히 논의될 것이다. 나는 또한 부모에게 불확실성을 갖고 사는 방법을 배워야 한다고 말한다. 왜냐하면 어머니가 아동의 청각장애를 일으킨 원인이 무엇인지를 확실히 알지 못하기 때문이다.

가끔 나는 진단에 전혀 반응을 하지 않는 것 같은 부모를 본다. 이들에게는 청각장애도 가족에게 일어난 여러 가지 부정적인 일 중 하나일 뿐이다. 예를 들면, 세 아이의 어머니가 클리닉에 왔다. 그녀의 남편은 가족을 집도 없고 돈도 없는 채로 남겨 두고 떠났다. 이 어머니는 딸의 청각장애를 다루는 데 최소한의 신체적·정서적 에너지를 사용했다. 청력손실에 관한 설명을 들을 때 어머니는 조용히 체념하며 반응했다.

사람들은 다양한 방식으로 감정을 표현한다. 일부 가족과 문화에서는 감정을 공개적으로 표현하는 것을 부적절하다고 본다. 이러한 가족은 심하게 고통을 느끼고 있지만 진단에 반응을 하지 않는 것 같다. 아동에게 장애가 있는 것을 가족이 발견하면, 임상가는 부모에게 너무 관여하지 말아야 하고 가족이 자신들이 하던 방식으로 반응하기를 기대해야 한다. 우리는 너무 쉽게 가족을 판단한다. 그러나 이것은 어떠한 일이 있어도 하지 말아야 한다. 우리가 연민의 눈으로 가족을 바라보면 거기에는 비난이 없다. 우리는 단지 그들을 이해하려고 노력하면 된다.

나는 진단과정을 내담자가 가야 할 긴 여정의 첫 단계로 본다. 우리가 전문가로서의 역할을 잘한다면 우리는 약진할 수 있으며, 내담자가 그들 앞에 놓인 많은 위험을 피하도록 도와줄 수 있다. 또한 전문가는 앞으로 내담자의 재활을 더 쉽게 할 수 있을 것이다.

요약하면, 건강하고, 내담자중심적이고, 협력적인 지연 진단과정을 위해서는 다음과 같은 7단계가 요구된다.

1. 내담자와 가족이 자신의 이야기를 하도록 한다. "어떤 일로 여기에 오셨나요?"와 같은 열린 질문이 매우 유용하다.

2. 가족을 진단자로 요청한다. "당신은 아동에 관한 전문가입니다. 그리고 나는 검사 전문가가 될 것입니다."와 같은 말로써 그들의 역량을 강화한다.

3. 가족과 내담자를 검사 절차에 적극적으로 참여하게 한다. 가능하면 내담자에게 선택권을 주어야 한다. 그리고 가족에게는 반응을 유도하거나 반응 점수를 매기는 것을 하게 한다.

4. 내담자와 가족을 온전히 최종 진단에 참여하게 한다. 이상적인 상황에서는 그들이 진단한다.

5. 다음과 같은 말로 역량을 강화한다. "지금 알아야 할 필요가 있다고 생각하시는 것이 무엇인가요?" 또는 "어떻게 도와드릴 수 있을까요?" 당신이 얼마나 많은 정보를 제공해야 하는가는 그들에게 맡기라.

6. 가족의 정서에 관해 듣고 반응한다. 자신이 돌봄을 받고 있고 서두를 필요가 없는 분위기에 있다고 느끼는지에 대해 말해 보게 한다. 만일 시간이 한정되어 있으면 초반에 이것을 말한다. 예를 들면, "앞으로 15분 정도의 시간이 있습니다. 어떻게 도움을 드릴 수 있을까요?"라고 말한다.

7. 다음 약속을 정한다. 한 번의 약속에서 모든 문제를 다루려고 하지 말라. 이것이 불가능하다면 가족이 동료상담의 형태로 추가적인 지원을 확보하는 것을 도와주라.

선천적이거나 갑작스럽게 시작된 장애의 진단

뇌졸중을 가진 성인의 경우처럼, 기질적이거나 갑작스럽게 시작된 진단은 전문가에게 좀 다른 시나리오와 문제를 제시한다. 이러한 상황에서는 기관주도 진단이 일반적으로 아무것도 모르는 가족에게 제공된다. 이러한 시나리오는 구개파열이나 다운증후군 또는 신생아 검사 후에 진단된 청력손실 등에 적용된다. 신생아 청각검사는 지연 진단부터 선천적 진단에 이르기까지 많은 측면에서 진단에 관한 패러다임을 바꾸어 놓았다. 갑자기 발병한 장애를 진단받는 것은 엄청난 사건이기에 어떤 준비도 할 수 없다. 이때의 쇼크는 대단하다. 이러한 패러다임에서는 사례력의 내용이 제한적이다. 그러나 가족 구성원은 원인을 찾아내기 위해 과거를 조사하는 데 많은 시간을 투자한다. 가족 구성원은 상황이 심각하므로 당혹스러워하고 무서워하고 쇼크 상태에 빠진다. 이러한 갑작스런 진단의 초기 단계에서 많은 정보를 제공하는 것은 무의미하다. 다음 장에서 논의되는데, 가족 구성원의 감정을 이끌어 낼 수 있는 반응이 이 시점에서 많은 도움이 된다. 가족 구성원은 그 상황을 인지적 차원에서 이해할 수 있기 전에 자신들의 감정을 분출하기 위한 기회가 필요하다. 그들은 시간, 연민 그리고 무엇보다도 말을 들어 줄 사람이 필요하다. 그들은 동일한 이야기를 계속해서 이야기하는데, 그것이 그들의 현실이 될 때까지 계속해서 똑같은 이야기를 한다. 정보를 요청하는 질문은 서서히 나올 것이다. 그러나 그들이 질문을 하면, 전문가는 가족의 수준과 이해 정도에 맞추어서 솔직하게 대답을 제공할 필요가 있다.

기관이 주도하는 선천적 진단에서의 전문가는 나쁜 소식의 전달자이다. 이 말의 의미는 우리가 아무것도 모르는 가족에게 감정적 고통을 가한다는 것이다. 이것은 다른 사람을 도와주는 많은 전문가가 피하려고 하는 일이다. 가족의 고통을 덜어 주기 위해 우리는 "당신의 아이가 청각장애입니다. 하지만 아동에게 엄청나게 도움이 되는 와우이식수술 방법이 있습니다." 또는 "이 장애를 초기에 많이 개선시킬 수 있어서 당신에겐 참 다행입니다."라고 말을 하는 경향이 있다. 그러나 이러한 종류의 말은 가족에게 도움이 되지 않는다. 그들은 자기 힘으로 기분이 좋아지게 할 수 있다. 이런 말은 가족이 슬퍼하는 것을 용인하지 않는다. 이 시점에서 그들에게 필요한 것은 필요에 따라 정보를 제공해 줄 수 있는 연민이 많은 청자이다. 전문가는 나쁜 소식을 전달하는 방식을 재구조화할 필요가 있다. 소식의 전달을 고통을 가하는 것으로 보기보다는 재활과정의 시작으로 접근해야 한다. 고통은 진단과정에 필요한 요소이지만 장애를 개선시키기 위한 시작 단계이기도 하다.

　부모에게 가장 힘든 것은 바로 아이가 태어난 직후에 소식을 접하는 것이다. 부모는 출산에 대한 스트레스를 방금 끝냈고, 호르몬 수치가 심하게 오르내렸으며, 기쁨으로 벅차 있었다. 그런데 이 기쁨이 심하게 내동댕이쳐진다. 이 경우 부모-아동의 유대관계를 방해하는 잠재적 위험성이 높을 것이다. 그리고 가짜 양성 비율, 즉 신생아의 경우 장애아로 잘못 진단되는 비율이 높다는 사실로 인해 신생아 검사 절차가 틀렸다는 것을 입증하려고 할 것이다. 신생아 검사에서 가짜 양성 비율은 70% 정도이다(Spivak, Sokol, Auerbach, & Gershkovich, 2009). 이렇게 비율이 높은 이유는 부분적으로는 신생아의 귀에 있는 잔해(debris) 혹은 출산과정에서 생기는 신생아 머리의 휘어짐(distortion)으로 인해 전도성 난청으로 진단되기 때문이다. 이러한 종류의 청력 문제는 수일 내에 저절로 해결된다.

　청각장애로 확진을 받은 아동의 부모는 장애가 조기 발견된 것에 감사하지만, 과거경험을 반추해 볼 기회가 있을 때 편안하게 신생아와 누릴 수 있는 기회를 전혀 갖지 못했기 때문에 사기를 당한 것 같은 기분이 든다고 항상 보고한다. 청각장애 확진을 받은 아동의 모든 부모는 청각장애가 발견될 수 있는 가장 좋은 시기가 생후 3~4개월 사이라고 말한다(Luterman & Kurtzer-White, 1999). 이 시기에 장애가 없었다면 부모는 아동과 함께 누릴 수 있는 기회를 가졌을 것이며 부모가 진단에 대해 신체적·정서적으로 더 수용적이었을 것이다. 3개월이나 4개월 정도에 검사를 하면 가짜 양성을 거의 없앨 수 있고 재활과정이 지연되지 않는다고 생각한다. 또한 부모는 전문가의 조언을 책임감 있게 더 잘 준수할 것이다. 어떻든 전문가는 이후로 간이검사를 연기하는 것이 필요하다. 나에게 이것은 실행계획만 제대로 있으면 해결될 문제인 것 같다.

48시간 안에 검사와 통보를 해야 하는 현재의 지침으로는 전문가는 반드시 **실패**(failure)라는 용어를 사용하지 않도록 요구받는다. 부모에게는 추가적 검사가 이루어질 것이고, 검사는 2개의 파트로 진행되며, 한 번에 끝나지 않을 수도 있다고 알려 주어야 한다. 검사를 통보할 때는 부모가 불필요하게 놀라지 않도록 미묘한 뉘앙스로 말할 필요가 있다. 하지만 조언하는 사항은 지켜져야 한다는 것을 강조해야 한다. 이러한 목적달성을 위해 신생아를 검사하고 부모에게 통보하는 역할을 하는 병원 직원들은 이와 같은 해당 지침이 잘 준수되도록 계속적인 훈련을 받을 필요가 있다.

부모를 신생아 검사에 적극적으로 포함시키는 것은 매우 어렵다. 확진단계에서 청각사가 실시하는 검사는 청각뇌간반응검사(auditory brainstem response test: ABR test)나 유발이음향방사검사(evoked otoacoustic emission test: OAE test)이다. 이 두 검사에서는 신생아가 깨어 있을 필요가 없다. 검사 결과는 자극에 대한 반응을 나타내는 '삐' 소리와 함께 그래프가 그려지면서 제시된다. 이 시점에서 청각사는 부모를 검사자로 요청함으로써 역량을 강화시킬 수 있다. 청각사는 부모와 함께 앉아서 그래프를 설명해 주고 옆에 나란히 앉아서 그래프를 보고 거기에 반응이 있는지 여부를 결정할 수 있다. 이러한 방식으로 검사가 끝난 후에 바로 아동이 반응을 했는지 여부를 결정한다. 그리고 상담은 부모주도 모델에 따라 진행된다. 예를 들면, Gravel과 McCaughey(2004)는 신생아 검사 후에 사용될 수 있는 가족중심 모델을 개발했다. 이 모델은 선천적 장애 진단을 위한 최적의 표준이 되어야 한다. 이 모델은 가족을 검사의 모든 부분에 포함시키고 진단 초기부터 정서기반상담을 제공한다.

나는 진단과정이 추후에 부모-임상가 관계에 미치는 영향을 매우 강조하고 싶다. 우리가 전문가로서 진단을 주의 깊게 실시하고 내담자의 역량을 강화해 주면, 임상가는 진단에 참여한 가족에게서 많은 이익을 얻을 수 있다. 그러나 우리가 가족 구성원을 진단과정의 수동적 관찰자 그리고 경험의 수혜자로 출발시킨다면, 부모는 의존적이고 수동적인 존재가 될 것이다. 진단은 무엇인가를 각인하는 시기이며, 후속적인 만남에서 쉽게 변화되지 않는 가족과 임상가 사이의 역동성을 마련해 준다. 내가 두려워하는 것은 기관주도 진단을 함으로써 전문가가 나쁜 소식의 발기인과 전달자로서 통제력을 유지하는 것이다. 우리는 마음을 돌보고 창의적인 협력적 진단과정을 기관주도 진단에 결합시킬 수 있으며, 이는 시도해 볼 만한 가치가 있는 일이다.

제6장

상담기법

나는 조금은 두려운 마음으로 이 장을 쓰기 시작한다. 학생들이 오롯이 그들의 상담기법에만 집중한다면 그 효과는 상당히 제한될 수 있다. 좋은 상담기법은 인격에서 나오고, 매끄럽게 이어진다. 기법은 내담자나 관찰자에게 쉽게 드러나지 않아야 한다. 이는 학생이 학습할 기법이나 규칙이 없다는 말은 아니다. 상담자가 더 많은 경험을 하고 더 안정감이 생길수록 기법은 인격과 통합된다. 그때 기법은 무의식적인 것이 된다. 나는 종종 학생 관찰자가 사후평가시간에 질문을 할 때 내가 어떤 일을 왜 했는지에 대한 이유를 만들어 내기도 한다. 상담은 내가 그냥 '하는' 어떤 것이다. 만약 내가 기법을 의식한다면 기계적이 될 것이고 관계의 진정성에 방해가 되므로 그 기법은 실패하게 될 것이다. 내담자가 자신이 상담을 받고 있다는 것을 알아차린다면 아마도 상담자가 잘못하고 있는 것이다.

상담은 전문가가 내담자가 있을 때만 걸치고 나머지 시간에는 버리는 망토가 아니다. 그것은 살아온 어떤 태도이다. 나는 어떤 사람이 내담자-전문가 관계일 때에만 배려하고 민감하며, 삶의 다른 모든 맥락에서는 그렇지 않을 수 있는지 모르겠다. 내 생각에 상담은 모든 대인관계에 대한 통합적인 접근이다. 상담자는 가까이 하는 모든 사람에게 배려하고 민감한 태도로 '상담한다'. 상담자가 사용하는 기법은 상담자가 내담자에게 다가가는 방식으로 일체화되는 상담철학뿐만 아니라 인격과 개인적인 조화로움에서 나온다.

개별 상담자는 개인의 사고 패러다임의 틀을 발전시키는데, 이 틀은 현실의 어떤 측면을 이해하고 설명하는 개인적 전략이자 개인의 인생경험, 편견, 구인(construct)에서 형성된 필터(여과장치)이다. **패러다임**은 개인이 현실을 어떻게 바라보는가에 대한 중심적인 조직자이다. 사건은 우리의 개인적인 패러다임을 통해 여과되고 우리에 의해 해석된다. 사람들의 학습방식에 대해 갖고 있는 철학적 개념이 상담 패러다임에 매우 지대한 영향을 미친다.

제2장에서 내담자를 바라보는 네 가지 방식을 논의했다. 행동주의자는 내담자를 조건적인 반응의 무리로 간주하고, 인본주의자는 성장을 추구하는 유기체로 간주한다. 실존주의자는 삶의 중대한 문제(죽음, 자유/책임, 고독, 무의미함)와 투쟁하는 사람으로 간주하며, 인지주의자는 아직 확립되지 않았고 평가되어야 할, 세상에 대한 인지적 가정을 만들어 낸 사람으로 간주한다. 기법은 특정 철학에 얽매여서는 안 된다. 나는 스스로 인본주의자라고 생각하지만 행동주의나 합리정서치료 범주에 해당하는 기법을 사용한다. 나는 전문가가 어떤 방법이 특정 치료이기 때문이 아니라 내담자에게 가장 도움이 되는 방법이라고 알려 주는 임상적인 경험에 근거한 증거 때문에 선택해야 한다고 생각한다. Arbuckle(1970)은 이 주제에 대해 다음과 같이 썼다.

결국 유능한 상담자는 상담이라는 인간적인 상호작용에서 실험경험을 통해 자신을 가장 효과적으로 사용할 수 있는 방법을 스스로 찾아내는 사람이다. 그의 방향은 지엽적이기보다는 절충적이며, 자신의 인생이 지속적으로 변화하는 상태에서 가장 효과적인 어떤 작업방식이 있다는 것을 알아차렸기 때문에 상담자로서 그의 작업에는 일관성이 있다. 그는 내담자와 함께할 수 있는 어떤 방법이라도 고려할 수 있지만, 모든 사람에게 모든 것을 해 줄 수 없다는 자신의 한계를 자각하고 있다. 그는 내담자로서 그를 찾아오는 모든 사람에게 똑같이 성공적일 수 있는 모델이나 방법, 기법은 없다고 생각한다 (p. 291).

상담 시 주의사항

상담은 해야 할 것만큼이나 하지 않아야 할 것들이 있다. 다음은 몇 가지 흔한 위험에 대한 설명이다.

유형화 오류

유형화 오류(stereotyping)는 내담자를 '작은 특징 상자' 안에 넣는 겉보기에 효과적인 방식이다. 만약 오랫동안 이렇게 해 왔다면 당신은 실제로 내담자가 누구인지 살펴보지 않고 오로지 그들에 대한 당신의 기대에만 반응할 것이다. 나는 문화적 혹은 인종적 소수 집단의 특징을 설명하는 자료를 읽는 것을 꺼리는데, 이는 불가피하게 유형화 오류를 유발할 수 있기 때문이다. 경험상 어떤 두 명의 여성, 어떤 두 명의 아프리카계 미국인, 어떤 두 명의 유대인도 완전히 똑같지 않다. 이것은 특히 장애 아동의 가족도 마찬가지이다. 그들은 자녀의 장애에 대해 아주 다양한 방식으로 반응하며, 나는 새로운 가족을 만날 때 내 선입견을 제쳐 두어야 한다. 예를 들면, 어떤 가족은 인지적으로 치우치는 편이어서 안정감을 느끼기 위해서 처음부터 많은 내용을 필요로 하는 반면, 다른 가족은 진단 초기의 내용에 당황하기도 한다. 따라서 실제로 문화적으로 민감해지기 위해서는 처음부터 각각의 내담자에게 주의 깊게 경청해야 한다. 내담자는 우리가 어떻게 그들을 도울 수 있을지 가르쳐 줄 것이다. 우리는 각각의 내담자를 하나의 놀라운 실험으로 생각해야 한다. 우리는 모두 다문화적인 존재이다.

투사

투사(projection)는 자기 자신의 생각, 느낌, 가치나 태도를 내담자에게 귀속 (attribution)시키는 것이다. 흔히 우리는 우리가 투사하는지 알아차리지 못한 다. 예를 들면, 내담자를 상담에 의뢰할 필요가 있다고 느끼는 것은 나의 부 족함(inadequacy)을 반영하는 것이지, 내담자의 부족함을 반영하는 것이 아 니다. 동료 치료사는 가끔 나에게 "언제 내담자를 상담에 의뢰해요?"라고 묻 는다. 나는 "절대 안 합니다. 나는 나 자신을 의뢰합니다."라고 답한다. 나는 내담자에게 우리가 현재 내가 할 수 있는 치료 범위를 벗어났으며 이대로 진 행하기를 바라지 않는다고 말할 수도 있지만 내담자를 상담에 의뢰하지 않 는다. 이런 경우 많은 가족이 스스로 상담을 알아보는데, 어떤 가족은 치료 를 원하는 것이 그들의 가치관에 맞지 않거나 그들이 잘 기능하고 있다고 느 끼기 때문에 상담을 알아보지 않는 것을 선택한다. 상담 의뢰는 **나의** 가치를 반영하는 것이고, 반드시 내담자의 가치를 반영하는 것은 아니다. 어떤 가족 은 정신건강 전문가를 매우 위협적으로 여기는데, 나는 그것을 존중할 필요 가 있다. 이와 비슷하게, 나는 가끔 "어떻게 아버지를 육아에 참여시키나요?" 라는 질문을 받는다. 그에 대한 대답은 "그렇게 하지 않습니다."이다. 어떤 가 족은 아버지의 참여 없이 꽤 잘 해내고 있으며, 그런 경우 양쪽 부모 모두 각 자의 역할에 상당히 행복해한다. 그들은 우리가 원하는 것만큼 역할을 하지 않을 수도 있지만, 그럼에도 불구하고 제 역할을 하고 있다. 투사는 항상 판 단적인 태도로 이어져서 우리의 상담능력을 크게 제한한다. 우리는 가족을 있는 그대로 받아들여야 하며, 우리가 원하는 모양대로 그들을 틀에 맞추려 고 해서는 안 된다. 누가 뭔가를 **해야 한다고** 생각하기 시작할 때마다 잠시 멈 추고 우리 자신의 가치를 내담자에게 투사하고 있지는 않은지 생각할 필요가 있다. 전문가는 세계에 대한 자기중심적인 관점을 버리고 내담자를 있는 그 대로 수용해야 한다. 그렇게 할 때, 그들(전문가와 내담자 둘 다)은 예측할 수 없는 성장을 이루어 낼 수 있다.

암묵적인 기대

아마도 타인의 행동에 대한 무의식적인 가정인 **암묵적인 기대**(implicit expectations)만큼 관계를 손상시키는 것은 없을 것이다. 이 문제는 책임을 맡는 문제와 관련하여 부모-전문가 관계에서 자주 발생한다. 종종 부모는 치료사가 아동을 '고칠' 수 있기를 기대하면서 관계를 시작하는 반면, 치료사는 치료과정에서 부모와 적극적이고 좀 더 협력적인 관계를 기대한다. 양쪽 모두 기대를 분명하게 하지 않는다면 관계는 수많은 무너진 기대 위에서 침몰할 것이다. 흔히 이런 시나리오에는 표현되지 않은 전치된(displaced) 분노가 있으며, 부모와 치료사 간의 제한적인 의사소통이 있다. 애초부터 치료사는 내담자로부터 기대를 끌어낼 필요가 있으며, 이들의 기대가 치료사 자신의 기대와 일치하는지를 점검해야 한다. 차이는 협상할 수 있고, 계약은 성사될 수 있다. 나의 모든 계약은 가족의 참여를 요구한다. 이것은 나에게 협상 가능한 것이 아니다. 하지만 참여 정도에는 협상의 여지가 있다. 우리가 동의하지 못한다면 가족을 다른 시설로 의뢰한다. 나의 경험은 내가 모든 사람에게 모든 것을 줄 수 없고, 더 적절하게는 그러지 않는 것을 선택해야 한다고 가르쳐 주었다. 그들이 원하는 것이 전문적인 경계를 벗어나기 때문에 나는 그들을 치료하지 않기로 하며, 나는 나의 임상적 한계와 전문적 한계를 벗어나지 않는 기대를 갖고 있는 내담자만 받아들이는 것이 최선이라는 것을 깨닫게 되었다.

묵시적인 비판

의사소통이 개방적이지 않거나 직접적이지 않을 때 말의 의미에 대한 추측 게임이 이어진다. 예를 들면, 아내와 산책을 하고 있을 때 잘 차려입은 신사가 옆으로 지나간다. 아내가 나에게 "저 사람이 얼마나 옷을 잘 입었는지 봐요."라고 말하면, 나는 '내 옷에 문제가 있나?' 하고 생각할 것이다. 치료 상황에서 이러한 형태의 의견 교환은 내담자가 다른 치료사나 다른 프로그램을 칭찬할 때 발생하며, 치료사는 그것을 현재 치료에 대한 비판으로 해석할 수 있다. 누군가가 A를 좋아한다는 것이 반드시 그(또는 그녀)가 B를 좋아하지 않는다는 것을 의미하는 것은 아니다. 그 사람은 A와 B를 모두 좋아할 수도 있지만 종종 그런 식으로 들리지 않는다. 피드백을 요청하는 것이 **묵시적인 비판**(implied criticism)에 의해 발생한 문제를 해결하는 분명한 방법이다. 묵시적인 기대와 묵시적인 비판을 모두 고려한다면, 관계의 시작 단계부터 개방적이고 명확하게 의사소통을 해야 한다. 전문가는 종종 내담자를 위해 개방적인 의사소통방식을 시범 보여야 할 것이다.

과도한 지원

과도한 지원(overhelping)의 예로 'Annie Sullivan 구원 신드롬'을 제4장에서 언급한 바 있다. 만약 우리가 임상에서의 결과에 대해 너무 큰 책임을 떠맡는다면 내담자는 무력감을 학습할 수 있다. 우리가 드러나게 상대방을 많이 도울수록 그들이 스스로 할 수 있는 일은 더 줄어들 것이며, 그들 자신의 능력과 자원을 개발시킬 기회는 줄어든다. 우리는 삶이 우리에게 요구하는 것을 삶에 바친다. 많은 경우에 역경은 가장 좋은 선생님인데, 그것이 잠들어 있었을 우리의 능력을 개발하도록 밀어붙이기 때문이다. 치료사는 가족을 도와주기 위해 '치료의 기준선(therapeutic equator)'를 발견해야 한다. 우리는 가족을 가능한 한 드러나지 않게 도와주고 가족이 그들의 성공에 대해 전적으로 인정받을 수 있게 해 주는 친절한 코치가 되어야 한다. 우리는 좋은 선생으로서 가족이 할 수 있다는 가정과 태도를 갖추고, 항상 가족이 배울 준비가 되어 있는 것의 주변에서 작업을 진행하려고 한다. 우리의 목적은 힘을 실어 주는 것이며, 과도한 지원이 아닌 지지적인 태도로 그곳에 있음으로써 목적을 실현한다. 훌륭한 치료사는 그렇지 못한 치료사와 달리 각각의 가족에게 적합한 시작점을 찾아낼 수 있다.

부정의 오해

이미 언급했지만, **부정(denial)**이 치료과정에서 중요하다는 것은 아무리 강조해도 지나칠 수 없다. 부정 기제의 오해는 전문가-내담자 관계를 심하게 망칠 수 있다. 부정이 내담자의 정서적 안녕에 중요한 역할을 한다는 것을 치료사가 이해하지 못하면 적대적인 관계가 될 수 있다. 부정은 공포에서 비롯된 감정에 기초한 대처 전략으로, 내담자(혹은 그 가족)가 그 당시 장애에 대처할 수 있는 유일한 방식이다. 둔감한 치료사에게는 내담자(혹은 가족)가 그냥 조언을 따르지 않는 것처럼 보일 수 있으며, 치료사의 입장에서는 화가 날 수 있다. 흔히 치료사의 훈계가 이어지고, 그 결과로 내담자의 수동적-공격적 행동을 유발한다. 이렇게 해서 죽음의 소용돌이 같은 관계가 시작된다. 내담자가 수동적-공격적이 될수록 치료사는 더 판단적이 된다. 상호적인 분노로 인해 실패한 관계는 좀처럼 직접적으로 표현되지 않는다. 치료사는 내담자의 행동을 좀 더 깊이 살펴볼 필요가 있으며 그것을 동기화시키는 불안과 공포를 봐야 한다. 불안과 공포를 인정하는 것이 항상 도움이 되고, 치료사는 내담자가 성공의 열쇠인 자신감을 기르도록 도와줄 수 있게 된다. 사람들은 부정 밖으로 밀려나서는 안 된다. 그들은 좀 더 주도적으로 대처할 수 있다고 느낄 때 부정을 포기한다. 역량 강화(empowerment)는 부정의 완화로 이어지는데, 이것이 바로 치료사가 치료의 초점을 두어야 하는 지점이다.

응원

도움을 주는 전문가로서 우리는 고통을 없애고 싶다. 우리는 그들을 응원(cheerleading)하고 싶고, 모두 잘될 것이니 걱정하지 말라고 말하고 싶다. 불행하게도, 우리가 다루는 대부분의 장애는 근절될 수 없고 되돌릴 수 없는 감정적 고통을 가져온다. 그렇게 하려고 하는 것은 내담자의 경험을 무효화한다. 고통의 근절을 시도하는 것은 본질적으로 내담자에게 그들의 느낌에 대한 권리가 없다고 말하는 것이며, 비록 일시적으로는 그들의 기분을 나아지게 할 수 있더라도 상실의 고통은 되돌아올 것이다. 그러면 그들은 죄책감을 느낄 것이다. 앉아서 고통에 처한 내담자의 말을 연민으로 듣는 것이 최선이며, 그럼으로써 그들의 경험을 인정하고 승인할 수 있다. 고통을 받아들이는 것은 치유의 첫 단계이며, 나는 사람들이 스스로 기분이 더 나아지게 할 수 있는 그들 자신만의 놀라운 능력이 있다는 것을 알게 되었다.

반응 유형과 상담자의 통제

상담관계에서 나는 어떻게 진행하는 것이 좋을지 임상적 결정을 내리기 전에 내담자의 마음에 어떤 문제가 있는지 들으려고 한다. 제5장에서 언급했듯이, 나는 자주 다음과 같은 질문으로 상호작용을 시작한다. "내가 어떻게 하면 당신에게 도움이 될까요?" 그리고 내담자의 진술이나 질문에 반응을 한다. 비지시적 접근이나 인본주의적 접근은 상담자가 많이 통제할 수 있다. 상담자가 선택한 반응방식은 미래의 상담자-내담자 상호작용 과정을 결정하는 데 큰 영향을 미친다. 반응은 타이밍이 중요하다. 내담자가 내용을 잘 활용할 수 있는 때가 있으며, 내용이 가장 촉진적인 반응이 아닌 때도 있다. 상담자는 내담자와의 상호작용 상황에서 어떤 반응이 가장 촉진적인지를 선택해야 한다. 이것은 주의 깊게 듣기를 요구한다. 우리가 주의 깊게 듣는다면 내담자가 무엇이 필요한지를 우리에게 말해 줄 것이다.

자폐 아동의 아버지는 "이번 주에는 자폐 아동에게 맞는 서비스가 아무것도 없어요."라고 말할 수 있다. 나는 다음과 같은 방식으로 이 진술에 반응할 것이다.

- 그에게 가능한 서비스를 말해 주고 서비스 안내책자를 제공하기[내용 반

응(content response)]

- 그에게 어떻게 그런 생각을 갖게 되었는지 질문하기[역질문 반응(counter-question response)]
- "아이가 이용할 수 있는 서비스가 부족하다고 생각했을 때 놀라셨겠어요."라고 언급해 주기[정서 반응(affect response)]
- 그가 맞다고 말해 주고 적당한 프로그램에 아이를 참여시킬 좋은 기회를 제공하는 것에 대해 언급하기[재구성 반응(reframing response)]
- 내 자녀를 위한 서비스를 찾았던 경험에 대해 그에게 말해 주기[자기공유 반응(self-sharing response)]
- 임상적인 '긍정'(역주: 고개 끄덕임, 그래요 등)으로 반응하기[확언 반응(affirmation response)]

가장 좋은 반응 유형은 한 가지가 아니다. (나는 가능한 여섯 가지 반응을 선택했고, 이것이 나에게는 임상적으로 가장 촉진적인 것으로 보인다.) 각각의 반응은 관계의 맥락 내에서 적절하다. 각 반응은 상호작용을 다른 측면으로 진행시킬 것이며, 치료 맥락에 대한 임상적인 판단에 따라 적절성이 결정된다. 치료사는 가르칠 때와 상담할 때를 구별해야 한다. 이것은 상호작용 관계에 집중하고 있을 때는 쉽지 않다. 상담하는 순간을 자주 돌이켜 보게 된다. 많은 비구어적 반응 특징(음성 어조, 얼굴 표정, 몸짓 언어)처럼 반응 타이밍이 중요하다. 각각의 반응 유형에 대해 좀 더 자세하게 살펴보자.

내용 반응

내용 반응(content response)은 전문가가 가장 보편적으로 사용하는 것인데, 일반적으로 관계를 기대 수준 그리고 다소 예측 가능한 수준으로 유지시킨다. 관계 초기 단계에서 전문가는 신뢰를 형성하기 위해 내용을 제공한다. 후반기에는 내용이 내담자가 적절한 결정을 내리도록 돕는 데 필수적인 것이 된다. 일반적으로 내용중심의 관계는 단기적이다. 전문가의 시간이 제한적일 때 내용이 우위를 차지하며, 대기실을 정리하는 (역주: 북적이지 않게) 경향이 있다. 전문가는 현재의 관련 정보를 유지하고 사실과 의견을 분리할 책임이 있으나 쉬운 일은 아니다. 내용은 적절하게 사용될 경우 큰 가치가 있지만, 여러 차례 언급했듯이 감정이 고조되었을 때에는 내용이 흡수될 수 없다.

역질문 반응

나는 사람들이 조언을 바라며 질문을 하는 것으로 보일 때조차 조언을 별로 바라지 않는다는 것을 알게 되었다. 사람들은 흔히 질문을 통해 그들의 역할 혹은 그들이 이미 내려놓은 결정을 확인하고 싶어 한다. 그 결정을 드러내는 대신 결정을 확인하고자 종종 질문을 한다. 조언을 하는 것은 거의 효과가 없다. 현명한 사람은 조언을 필요로 하지 않으며, 어리석은 사람은 그것을 받지 않을 것이다. 내 책상 위쪽에 다음과 같은 글귀가 있다. "나에게 물고기를 주면 나는 그것을 하루에 먹는다. 내가 물고기를 잡을 수 있도록 가르쳐 주면 나는 평생 먹을 수 있다." 조언을 하는 것은 '물고기'를 주는 것이다. 사람들은 주인의식이 없기 때문에 그것으로부터 배우지 않는다. 만약 그것이 효과가 있다면 그들은 더 많은 것을 위해 돌아오며, 실패한다면 조언을 준 사람을 저주한다. 하지만 두 경우 모두 그들은 배운 것이 없다. 종종 확인(confirmation)질문에 대한 가장 방어적이고 촉진적인 반응은 역질문이다.

역질문은 사람들로 하여금 자신의 의견을 드러내도록 한다. 예를 들면, 청각장애로 처음 진단받은 아동의 어머니가 만약 아들을 여기 어린이집에 보낸다면 스페인어를 사용하던 가정에서 영어로 말을 해야 하는지 물었다. 나는 만약 그녀가 영어를 쓴다면(그녀는 그 문제를 스스로 해결할 수 있었다) 아이가 덜 혼란스러울 것이라고 말하고 싶은 유혹에 저항했고, 대신 그녀가 어떻게 하길 원하는지 질문하는 것으로 반응했다. 그녀는 우리가 그녀에게 가정에서 영어를 쓰라고 했다면 여기 어린이집에 등록하지 않았을 거라고 했다. 나는 그녀에게 어린이집에서 영어를 사용하는 것이 이곳의 방침이며, 가정에서는 그녀가 원하는 대로 결정할 수 있다고 말했다. 어머니는 내 대답을 수용했고, 한 달 후 그녀가 준비되자 가정에서 영어를 사용할 것이라고 부모 지지 집단에서 알렸다. 그녀는 어린이집에 등록할 때에는 아이에게 건청 아동과 비스페인어 사용 아동 둘 다를 포기할 준비가 되어 있지 않았다. 부모에게 시간을 주고 할 수 있는 여유를 준다면 그들 스스로 '옳은' 대답을 찾을 것이다. 역질문은 매우 가치 있는 교수 전략이다. 그것은 학습자로 하여금 자신의 자원에 의지하도록 한다. "당신은 나의 질문에 대답하지 않았어요." 와 같은 내담자의 한탄에 대한 역질문 반응(counterquestion response)은 "왜 내가 당신의 질문에 대답해야 하나요?"이다.

내담자의 확인질문은 거절을 미연에 방지하는 데에도 사용된다. 질문은 상호작용에서의 위험을 줄인다. 질문자는 자신을 드러낼 필요가 없다. 대신 다른 사람이 어떤 것을 드러내도록 질문을 한다. 예를 들어, 내가 오늘 밤 바쁜지 질문을 받으면 나는 흔히 질문자에게 내가 뭔가를 해 주기를 바라는 마음이 있는지를 묻는 것으로 반응한다. 거의 모든 질문에 진술이 내포되어 있으며, 나는 진술에 반응할 수 있을 만큼, 최소한 그것을 끌어낼 수 있을 정도로 충분히 예민해질 필요가 있다.

나는 전문가-내담자 관계에서 신뢰 수준을 파악할 수 있는 가장 좋은 척도가 질문-대답의 상호작용 횟수라고 본다. 신뢰가 높지 않은 관계나 초기 단계에서는 흔히 질문을 많이 한다. 관계가 발전하고 성장함에 따라 내담자는 더 많은 위험을 수반하는 진술과 관찰을 기꺼이 내놓게 된다. 치료사가 항상 질문에 답하거나 내용을 제공하지는 않음으로써 이러한 치료의 진전을 촉진할 수 있다. 역질문은 초기 단계에서 벗어나 관계를 진전시키는 강력한 도구가 될 수 있다.

정서 반응

표면적으로는 정서 반응(affect response)이 위험해 보이지만, 실제로는 Carl Rogers가 강의에서 '희미한 노크'로 언급한 반응을 의미한다. 매우 주의 깊게 듣고 내담자의 세계관으로 보려고 노력하는 것 그리고 내담자의 느낌을 반영하는 것이 상담자가 관계를 시작하는 데 도움이 되는데, 이는 때로 매우 극적이기도 하다. 적절한 정서 반응은 내담자가 상담자가 자기 말을 잘 듣고 있다고 느끼게 하기 때문에 관계에서 친밀함의 정도를 많이 높여 준다. 나는 부정확한 반응도 해롭지 않다는 것을 알게 되었다. 부정확한 반응은 보통 사람들로 하여금 그들의 느낌을 명확하게 하며, 그 과정에서 우리와 내담자 모두 느낌을 더 잘 이해할 수 있다.

정서 반응은 친근한 관계를 형성하는 데 크게 영향을 미친다. 배려는 그 사람이 의미하려고 하는 것과 말할 수 없다고 하는 것에 대해 기꺼이 귀를 기울이고 반응하고자 하는 우리의 의지에 의해 전달된다. Rogers(1951)는 이것을 '공감적 경청'이라고 불렀으며, 이것은 처음에는 쉬운 기술로 보인다. 안타깝게도, 공감적 경청은 남용되고, 형식만 배우고 인본주의적 접근의 실체는 배우지 않은 사람들에 의해 앵무새처럼 흉내 내어지고 기계적인 것으로 이해되고 있다. 내과 의사 Sabbeth와 Leventhal(1988)은 논문에서 '시험 풍선(trial balloons)'(역주: 반응을 살펴보기 위한 말이나 행동)을 언급했는데, 부모와 가족이 의사와 상호작용할 때 '풍선'에 내포된 느낌에 반응하는 것이 의사의 책임이라고 했다. 나는 내가 치료했던 한 가족을 기억한다. 남편은 최근 심한 뇌졸중을 앓았으며, 부인은 작은 목소리로 말했다. "나는 내가 문을 잠갔는지, 난로를 껐는지 점검하지 않고는 집을 떠날 수 없어요. 때때로 나는 두 번, 세 번 되돌아가요." 나는 그녀에게 "당신은 당신 자신을 믿지 못하는 것처럼 보입니다."라고 반응했다. 이는 그녀가 남편의 장애에 대처하면서 가중된 책임감에서 느끼는 부족함과 불안에 대한 유익한 논의로 이어질 수 있었다.

정서 반응은 후속과정이 꽤 필요하므로 시간이 제한적일 때는 좀처럼 하기 어려운 반응이다. 나는 정서 차원에서 반응하는 것이 초기 진단 단계에는 더 도움이 된다는 것을 알게 되었다. 그것은 비극적인 질병을 둘러싼 강한 정서를 동반하는 이차 감정을 완화시키고 감정의 환기를 허용한다. 예를 들면, 남편이 뇌졸중이라는 것에 분노를 느끼고 있는 부인은 죄책감을 느끼지 않고 그녀의 분노에 대해 이야기할 기회를 가질 수 있다. 나중에 정서가 지배적이지 않을 때, 나는 보통 더 많은 내용 반응을 하거나 경험을 더 긍정적으로 재구성한다.

재구성 반응

재구성의 타이밍은 정확해야 하고, 너무 자주 사용되어서는 안 된다. 그렇지 않으면 전문가는 지나친 낙천주의자로 비난받을 것이다. 이 기술은 어떤 이에게 긍정적인 측면을 바라보도록 할 때 매우 효과적이다. 좋은 재구성은 항상 상대에게 충격을 준다. 그것은 상대로 하여금 잠시 멈추고 그(또는 그녀)의 진술에 내재되어 있는 가정을 검사해 보게 한다. 전문가로서 우리는 문제에 너무 집중하여 그 상황에 존재하는 도전을 좀처럼 보지 않는다. 재구성은 책임 인수를 북돋운다. 아동의 보청기를 본 낯선 사람이 던진 '바보 같은 질문'을 불평하는 부모는 청각장애에 대해 "누군가를 교육시킬 수 있는 멋진 기회군요!"라는 반응에 불평을 멈출 수 있다.

전문가는 내담자의 관계를 분석할 때 긍정적인 것을 찾아 반응을 재구성하는 것에서 도움을 받을 수 있다. 예를 들어, 동일한 행동이 완고하거나 단호한 것으로 해석될 수 있다. 치료사가 항상 내담자의 완고한 측면을 보고 있다면 내담자에 대해 부정적인 관점을 가지게 될 것이다. 단호한 내담자는 완고한 내담자보다 훨씬 더 많은 성공의 기회를 가진다. Prizant(2015)는 멋진 제목을 가진 책에서 자폐를 재구성했다. 그 책은 『독특하게 인간(Uniquely Human)』이며, 자폐성 행동을 근본적인 인식에 대한 정상적인 반응으로 재구성했다. 그것은 치료사가 행동을 병리화하는 것보다는 행동을 이해할 수 있게 한다.

나는 우리가 주로 너무 결함을 찾기 때문에 좀처럼 내담자의 강점을 고려하지 않는다고 생각한다. 학생치료사를 감독할 때 다음과 같은 질문이 효과적이다. "이 부모가 스스로 할 수 있는 것은 무엇인가요?" 그리고 "어떻게 하면 그 강점을 이용할 수 있나요?" 우리가 내담자의 결함을 강조하기보다 강점에 초점을 맞출 때 문제가 더 빨리 사라진다. 재구성할 수 있는 상황에 한계가 있는 것처럼 보이지만 그렇지 않을 수도 있다. 나는 Kübler-Ross가 말기 근위축성 측색경화증 여성을 상담하는 비디오를 시청한 것을 기억한다. 그 여성은 전신이 마비되어 있었고, 두 명의 딸이 그녀를 간호했다. 딸이 가까스로 입술을 움직이는 어머니에게 몸을 숙여서 그녀의 말을 전달해 주었는데, 그녀는 Kübler-Ross에게 질문했다. "내가 잘하고 있는 게 있나요?" 그러자 Kübler-Ross는 눈도 깜빡이지 않고 "당신은 당신이 딸들에게 해 줬던 모든 것을 되돌려 받을 수 있는 기회를 딸들에게 주고 있어요."라고 반응했으며, 이 반응은 그 여성을 만족시켰다.

나는 "왜 나입니까?"라는 질문에 대한 반응으로 좋은 몇 가지 재구성 방식을 가지고 있다. 나는 "당신이면 왜 안 돼요?"라고 반응한다. 처음 장애 아동으로 진단받은 가족에게 나는 다음과 같이 말한다. "이 아동은 당신에게 흥미로운 인생을 보장해 줄 것입니다." 나는 모든 '실수'를 사람이 어떤 가치 있는 것을 배울 수 있는 '금덩어리'로 재구성하려고 노력한다. 나는 내담자에게 그의 장애는 그에게(그리고 다른 모든 사람에게도) 강력한 교사라고 말해 준다. 나는 개인적으로 장애에 있어서 '교사'라는 개념이 매우 강력하다는 것을 알게 되었다. 이 개념은 대인관계와 임상적 관계에도 작용한다. 나는 어려운 내담자를 나의 강력한 교사로 재구성할 수 있으며, 예전의 불쾌했던 동료와 지인에게도 동일하게 할 수 있다. 만약 내가 그들을 내가 성장하도록 나에게 뭔가를 가르쳐 줄 사람으로 인정한다면 상호작용의 질은 현저하게 변화한다. 영악한 사업가에게 불평하는 고객은 상품을 향상시키는 데 도움을 주므로 불평하는 고객이 좋은 친구이다. 당신은 그런 태도로 세상을 변화시킬 수 있다.

재구성은 기술과 삶의 도구로서 매우 강력하다. 가능한 모든 반응 중에서도 특히 재구성 반응(reframing response)은 타이밍이 매우 중요하다. 애도의 과정에 있는 사람들을 너무 이른 시기에 재구성하려고 하면 사람들을 놓치기 쉽다. 잘못된 순간 혹은 잘못 전달된 재구성 반응은 공격적인 것으로 여겨질 수 있다. 다른 한편으로 상담의 궁극적인 목표는 내담자가 그들의 삶의 상황을 긍정적인 것으로 재구성하도록 도와주는 것이다. 이것을 내담자 스스로 해냈을 때 더 이상의 문제는 없으므로 상담자의 일은 종료된다.

자기공유 반응

우리 대부분이 가지고 있는 '전문가' 이미지는 항상 모든 것을 통제하는 사람이다. 대답을 알고 있는 사람이며, 그러므로 내담자가 존중하는 사람이다. 실제로 우리는 이것이 진실이 아니라는 것을 알고 있으며 개인적인 생활과 전문가로서의 생활에서 우리('전문가')가 통제하기 어려울 때가 있다는 것을 알고 있다. 임상실제표준(standard clinical practice)은 우리가 이를 내담자에게 드러내지 말라고 알려 준다. 하지만 나는 우리의 의심과 불확실성을 내담자와 공유하는 것이 가끔은 매우 유용하고 촉진적이라는 것을 알게 되었다. 우리가 항상 통제하고 있는 것처럼 보인다면 내담자는 매우 부족함을 느끼게 되는 경향이 있다. 한 다운증후군 아동의 아버지는 "나는 교사가 내 아들과 힘든 시간을 보내는 것을 보는 것이 좋아요. 그것은 역시 내 경험을 입증해 줍니다."라고 말한다. 때로는 부모에게 가장 도움이 되는 말은 "지금 당장 당신의 아이에게 뭘 해야 하는지 생각이 안 나요."이다. 그리고 부모에게 "당신은 어떤 아이디어가 있습니까?"라고 묻는 것이다. 이 반응은 부모에게 권한을 주고 동시에 전문가를 인간적으로 만든다. (관계 초기에는 이 반응을 사용하는 것을 권하지 않는다. 신뢰가 많이 형성될 때까지는 사용하지 않아야 한다.)

자기공유는 우리가 내담자에게 화가 났다는 것을 거리낌 없이 말함으로써 우리의 느낌을 공유하는 것도 의미한다. 이것은 관계에서 문제를 해결하는 기회가 된다. 내담자에게 직접 화를 내는 전문가는 거의 없다. 그들은 흔히 동료에게 감정을 표현하거나 화를 억누르는데, 이는 흔히 관계를 전복시킨다. 마찬가지로 전문가가 항상 내담자와 긍정적인 감정을 공유하는 것은 아니다. 나는 부모 집단과 함께할 때 그들이 얼마나 많이 알고 있는지에 항상 경탄한다. 나는 항상 나의 감탄을 그들과 공유한다. 자기공유는 동료인 인간으로서 우리의 진실성을 드러내는 것이다. 대부분의 초보 치료사가 가지고 있는 공포는 고통스러운 결과가 드러났을 때 내담자와 함께 우는 것에 대한 것이다. 나는 자기공유로 내담자와 함께 우는 것은 언제나 내담자와 치료사를 가깝게 만들어 주는 것으로 여긴다. 치료사가 배려와 연민을 드러내면 이것은 내담자-치료사 관계를 더 깊어지게 하는 쪽으로만 작용할 것이다.

내담자가 전문가 역시 치료실 밖에서 걱정, 공포, 생활이 있는 사람이라는 것을 깨닫는 것은 의미 있는 일이다. 이는 내담자가 책임을 맡는 데 도움이 되고, 전문가가 기적을 행사하는 사람의 범주로 승격되는 것을 방지하는 데 도움이 된다. 이 반응을 사용하는 타이밍이 특히 중요하다. 전문가가 너무 빨리 이 반응을 사용한다면 관계에 있어 신뢰형성이 중요할 때 신뢰를 상실하게 될 것이다. 자기공유 반응(self-sharing response)은 흔히 관계의 후반기에 나타나며, 상대적으로 높은 자존감을 가진 내담자에게 나타난다.

확언 반응

나는 확언을 생각하면 정신과 의사가 나오는 수많은 만화가 생각난다. 환자는 소파에서 말하고 있고, 정신과 의사는 환자 뒤에 앉아서 자고 있다. 아마 진전이 있을 것이다. 내담자는 종종 소리감응판이 필요할 뿐이다. 내담자는 말해도 되고 판단하지 않고 느낌을 표현해도 된다는 허락이 필요하다. 확언 반응(affirmation response)은 공감 반응인 "정말 힘들었겠어요."와 같은 진술이 될 수 있고, 아니면 "괜찮아요." 혹은 "그랬군요."가 될 수도 있다. 의심스러울 때는 확언이 최선이다. 확언은 거의 모든 상황에 사용될 수 있다. 적절한 비구어행동이 동반된 "그랬군요." 반응은 내담자의 느낌을 불러일으키는 데 큰 도움이 될 수 있다. "그랬군요." 반응은 또한 상담자가 내담자의 말을 듣고 있다는 확인이 될 수 있고, 내담자가 계속할 수 있도록 권하는 데 도움이 될 수 있다. 내 사무실에 학생들이 준 포스터가 있는데 "종종 아무 말도 하지 않는 것이 탁월한 언어능력을 보여 주는 것이다."라고 쓰여 있다. 때로는 당신이 전달하지 않은 것이 가장 촉진적인 발언이다.

반응방법 결정하기

치료사가 할 수 있는 반응의 범주는 넓다. 선택에 따라 내담자와의 관계 방향을 결정할 수 있다. 거기에는 '옳은' 반응은 없으며, 다른 길이 있을 뿐이다. 만약 당신의 반응이 유익한 방향으로 나아간다면 그것은 적절한 것이다. 덜 유익한 길을 선택했을 때 회복하는 것 또한 꽤 가능하다. 나는 중요한 일이 있으면 그 일이 자꾸 생각나서 감정이 좀처럼 사라지지 않는다는 것을 알게 되었다. 그것은 재생산되고 다시 나타난다. 나는 상호작용에서 비구어적인 요소가 중요하며, 아마 실제로 말해지는 것보다 더 중요하다는 것을 다시 한 번 강조하고 싶다.

다음에 선별된 질문과 진술은 내담자와 그들의 가족 구성원이 말한 것이다. 독자는 이 장에 논의된 다양한 반응을 연습해 보고 싶을 것이다. 각각의 진술 아래에는 가능한 반응이 있다. 이것은 다양한 반응 중 일부일 뿐이다. 앞에서 말했듯이, 옳거나 틀린 반응은 없지만 다른 반응은 임상적 상호작용을 다른 방향으로 나아가게 할 것이다. 반응의 가치를 결정하는 것은 맥락이다. 치료사는 당시에 인식하지 않을지라도 끊임없이 결정을 해야 한다. 상담의 기술은 맥락을 읽고 가장 촉진적인 반응을 선택하는 것에 있다. 이 능력은 가르칠 수는 없지만 경험을 통해서 학습된다고 생각한다.

1. "만약 이것이 당신의 아이(부모)의 일이라면 당신은 어떻게 하겠습니까?"

의견: 이것은 자주 받는 질문으로 화자의 불안함과 압도된 느낌을 반영하며 다음과 같이 다시 반영해 줄 수 있다. "당신은 지금 불안을 느끼고 있는 것처럼 들립니다." 궁극적으로 이 논의는 계약으로 이어질 것이며, 역할과 책임을 설명할 수 있다. 좋은 내용 반응은 어떤 선호도 드러내지 않으면서 부모에게 가능한 선택을 설명하는 것이다. 여기서 역질문도 유용할 것이다. 이 질문은 흔히 확인 문제이다. 당신이 무엇을 할지를 밝히면서 직접적으로 대답하는 것은 부모의 입장에서 의존성을 기를 수 있는 경향이 있으므로 피해야 한다.

2. "인공와우이식이 좋은가요?"

의견: 이 질문은 명백하게 확인을 구하는 것으로 역질문으로 가장 잘 대답할 수 있다. "이식에 대해 무엇을 들었나요?"

3. "남편의 가족은 감정을 너무 드러내지 않아요."

의견: "그건 당신을 많이 외롭게 만들었겠군요."와 같은 정서 반응이 효과적일 수 있다. "많이 힘드시겠어요."와 같은 확언 반응도 매우 촉진적일 수 있다.

4. "당신이 내 남편을 검사할 때 나도 지켜봐야 하나요?"

의견: 당신이 시간이 있다면 정서 반응이 가장 도움이 될 것이다. "거기에 앉아서 남편이 실패하는 것을 보는 것이 많이 힘드시겠지요." 시간이 제한적일 경우는 다음과 같이 질문함으로써 확인할 수 있다. "지켜보고 싶으세요?"

5. "청각장애학교 졸업생이 겨우 3학년 수준의 읽기가 가능하다는 것이 사실인가요?"

의견: 유용한 정서 반응으로 "많이 놀라셨겠네요."가 가능하다. "그런 통계 결과를 어디에서 알게 되었나요?"와 같은 역질문도 유용하다.

6. "무엇이 아이의 말더듬(혹은 다른 장애)의 원인인가요?"

의견: 이것은 매우 위험을 나타내는 경고질문이다. 겉보기에는 단순해 보이는 질문에 흔히 죄책감의 문제가 내재되어 있다. 보통 부모는 자신이 아동의 장애가 발생하는 데 뭔가를 했다는 의심을 가질 것이다. 이 단순한 질문이 문을 여는 열쇠가 될 수 있다. 만약 당신이 내용으로 반응한다면 부모의 가장 심한 공포를 무심코 확인시켜 줄 수 있다. 내 경험에 의하면 내담자는 원인에 대해 이미 많은 정보를 가지고 있으며, 그들은 확인을 구하고 있는 것이다. "당신은 장애의 원인에 대해 어떤 생각을 하고 있습니까?"와 같이 질문함으로써 확인을 가장 잘 해낼 수 있다. 만약 모험을 원한다면(다시 맥락과 신뢰에 따라) "당신이 장애가 발생하는 데 무엇인가를 했다고 생각하십니까?"와 같은 질문을 할 수 있다.

7. "내 아기(혹은 배우자)가 말하는 것을 배울 수 있을까요?"

의견: 이와 같은 질문은 흔히 화자가 목표를 달성하기 위해 옳은 일을 하고 있는지에 대한 불안감을 반영하는 것이다. 나는 자주 "미래를 예측할 수는 없지만 이것은 훌륭한 목표이므로 그에 도달하기 위해 우리 같이 열심히 노력합시다."라고 대답한다. 나는 안심시키는 것은 아니지만 "이런 불확실성을 가지고 살아가는 것이 많이 힘드시겠어요." 혹은 "이것 때문에 밤에 못 주무시나요?"라고 말함으로써 확언할 수 있다.

8. "남편은 집에 와서 아이하고 놀기만 해요."

의견: 당신은 정서 반응으로 다음과 같이 대답할 수 있다. 예를 들면, "남편이 책임을 공유하지 않아서 화가 난 것처럼 들리네요." 혹은 다음 예

와 같이 재구성할 수 있다. "가족 중 누군가가 그녀와 놀아 준다는 건
좋은 일이네요."

9. "나의 아내는 인공후두 소리를 참지 못합니다."

의견: 당신은 다음의 예와 같이 정서 반응으로 대답할 수 있다. "당신은 많
이 두렵겠어요." 혹은 "당신의 목소리가 결혼생활에 영향을 미치는
것처럼 보이네요." 혹은 다음과 같이 언급함으로써 확언할 수 있다.
"당신은 많이 힘드시겠어요."

10. "당신은 내 질문에 아무 대답도 안 했어요."

의견: 다음과 같이 반응함으로써 관계에서의 역할을 하도록 내담자를 초
대할 수 있다. "당신이 무엇을 해야 하는지 내가 알려 주길 바라는군
요." 혹은 다음과 같이 대답함으로써 정서에 반응할 수 있다. "그것
때문에 많이 괴로우셨겠어요." 역질문으로는 "내가 왜 질문에 대답을
해야 하죠?"가 있다. 이것은 변함없이 계약 문제를 논의하도록 이끌
며 더 나아가서는 내담자와 당신의 관계를 규정하게 한다.

통제소와 상담

모든 상담 기술의 중심에는 통제소(locus of control) 개념이 있다. 사회심
리학자 Rotter(1966)는 개인이 내적 혹은 외적 통제소를 가지고 있는지 측정
하는 척도를 개발했다. Rotter에 의하면, **내적 통제소**를 가진 사람은 그들이 개
인적인 능력이 있고 자신의 운명을 통제할 수 있다고 느끼는 경향이 있는 반
면, **외적 통제소**를 가진 사람은 자신이 다른 사람들에 의해 통제된다고 느낀
다. '외적(external)'인 이들은 행운, 운명 혹은 더 높은 힘에 의한 중재의 결과
로 그들에게 일이 일어난다고 믿는다. '내적(internal)'인 이들은 그들의 삶은

'그들이 하는 것'이라고 느낀다. 통제소는 연속적인 것으로 인식되고, 대부분의 사람은 전적인 통제(내적 통제)와 전적인 무기력(외적 통제)의 극한 사이에 위치한다. 상담 기술은 궁극적으로 내담자가 책임감과 영향력을 느낄 수 있도록 내담자에게 통제를 양도하는 데 목표를 둬야 한다고 본다. 요약하면, 상담은 통제소의 방향을 자기 내부로 이동시킴으로써 내담자의 역량을 강화시키는 것을 목표로 한다.

행동주의자는 내담자를 타인에 의해 통제되는 조건화된 반응 덩어리로 간주하기 때문에 행동주의 상담 기술이 광범위하고 부적절하게 사용되면, 내담자가 외적 통제소를 가지도록 고취시키는 경향이 있다. 세심한 행동주의 상담자는 내담자가 환경에서 강화물을 발견하도록 가르치며, 그리고 나서 역조건화 기술을 가르쳐 준다. 인본주의 상담의 영역 내에서 통제는 항상 내담자에게 부여된다. 따라서 내담자는 인본주의 상담 환경에서 내적 통제소를 발달시키는 것이 더 용이한데, 그 이유는 치료 시작부터 학습에 대한 책임이 내담자에게 주어지기 때문이다. 통제소는 책임/자유 개념에 내재된 실존주의 사고와 수월하게 잘 들어맞는다.

통제소 개념은 의사소통장애 연구에서 주목을 받았으나 충분히 주목받지는 못했다. Dowaliby, Burke와 McKee(1983)는 Rotter 척도를 청각장애 내담자에게 사용할 수 있도록 수정했고, 대학교에 입학한 청각장애 학생이 정상 청력을 가진 학생인 통제 집단보다 통제소에서 더 외적이라는 것을 알아냈다. White(1982)는 청각장애학교 6곳에서 일하는 281명의 교사와 상담자를 대상으로 실시한 일련의 워크숍 결과를 보고했다. 참여자들은 청각장애 아동이 가장 수행할 필요가 있는 것에 따라 사회적 능력 스물네 가지를 서열화하도록 했다. 거의 모든 참여자는 '자신의 행동에 책임지기'를 청각장애 아동에게 가장 중요한 문제로 평정했다. Bodner와 Johns(1977)는 38명의 청각장애 학생에게 Rotter 척도를 사용하여 그들이 건청 피험자보다 통제소에서 유의하게 더 외적이라는 것을 알아냈다.

청각장애 성인이 자신의 행동에 책임을 지는 것에 실패한 예를 생생하게 기억할 수 있다. 나는 많은 청각장애 성인이 참석한 회의에서 강의를 했고, 나의 강의는 통역되었다. 내가 한 시간 동안 강의한 후, 회의장 뒤쪽에 앉아 있던 한 청각장애 성인이 그가 통역사를 볼 수 없었기 때문에 전체 강의를 놓쳤다고 심하게 불평을 했다. 나중에 우리가 그 일에 대해 말할 때까지 회의 주최자는 그 사건에 대해 죄책감을 느꼈다. 이후 그녀는 책임이 그녀에게 있지 않다는 것을 깨닫게 되었다. 청각장애 성인이 그의 좌석을 옮겼더라면 아니면 강의를 시작할 때 불평을 했더라면 통역사는 이동했을 것이다. 그러나 그는 거기에 앉아 있는 선택을 했고, 그것에 대해 아무것도 할 수 없을 때에야 불평을 한 것이다.

통제소는 말을 더듬는 사람들에서도 연구되었다. Craig, Franklin과 Andrews(1985)는 적절히 수정하여 구성한 행동 통제소 척도를 17명의 말더듬 화자의 치료에 사용했다. 연구자들은 통제소가 내적 방향으로 변화한 내담자들이 시간에 따라 향상을 유지할 가능성이 더 높다고 밝혔다. 재발은 내적 변화가 되지 않은 내담자에게 더 잘 발생했다. Madison, Budd와 Itzkowitz(1986)는 더 큰 내적 통제소 경향을 나타낸 말더듬 아동이 상대적으로 외적 통제소를 가진 아동보다 치료 후 더 큰 향상을 나타냈다고 했다.

교육 프로그램에서의 통제소에 대한 적절한 연구는 별로 없다. 오직 한 편의 연구가 눈에 띈다. Shirlberg 등(1977)은 의사소통장애 전공자들의 통제소를 연구했다. 그들은 내적 통제소를 가진 학생이 외적 통제소를 가진 학생보다 더 나은 치료사로 평가되었다고 밝혔다. 저자들은 다음과 같이 기술했다. "사실 뛰어난 치료사는 그들 자신을 운명의 노리개가 아닌 조종사로 생각한다."(p. 315)

장애를 가진 사람들의 통제소도 연구되어 왔는데, 누구나 예상할 수 있듯이 그들은 일반적으로 외적 통제소를 가진 것으로 밝혀졌다. Hallahan, Gasar, Cohen과 Tarver(1978)는 28명의 학습장애 청소년이 통제 집단보다 외적 통제소가 더 유의하게 높았다고 했다. Land와 Vineberg(1965)는 시각장애인 피험자가 정상 시력 통제 집단보다 더 외적인 통제소를 가지고 있다고 보고했다. Jones와 Passey(2004)는 자신들의 인생이 자녀에 의해 통제되지 않는다고 믿는 발달장애 아동의 부모가 자녀에 의해 인생이 통제된다고 느끼는 부모보다 스트레스를 덜 나타냈다고 했다. Thomas와 Lincoln(2006)에 의하면, 뇌졸중 환자는 그들이 내적 통제소를 가질 때 우울증을 덜 나타냈다.

　장애 인구에서의 외적 통제소에 대한 결과는 전문가와 가족이 그들과 어떻게 상호작용하는 경향이 있는지를 고려한다면 놀라운 일이 아니다. 내담자를 끊임없이 '구출하고 있는' 전문가를 만나는 것은 흔한 일이다. 그들은 내담자가 실패나 고통을 또다시 경험하는 것을 원하지 않는다. 그래서 치료사는 이미 의존적인 장애인에게 그들보다 다른 사람들이 더 강하고 유능하다고 느끼도록 만드는 외적 통제소를 촉진한다. 내담자의 내적 통제소를 더 촉진하는 것은 임상적인 기술의 문제만큼 태도의 문제이기도 하다. 우리가 내담자에게 전달해야 하는 태도는 그들이 유능하고 그들의 인생의 많은 측면에 통제력이 있다는 것이다. 내담자가 항상 자기가 장애에 어떻게 반응할지에 대한 통제력을 가진다는 생각은 다른 무엇보다 중요하다. (비록 사람이 장애인이 되는 것에 대한 선택권이 없을지라도, 내담자는 항상 장애에 대해 무엇을 해야 하는지에 대한 선택을 할 수 있다.) 내담자를 돕는 데 사용하는 임상적 기술은 일반적으로 드러나지 않아야 하고, 내담자나 관찰자에게 분명하지 않아야 한다. 우리는 반응적이어야 하고, 염려하는 마음으로 함께 있고, 내담자가 스스로 문제를 해결할 수 있도록 하는 것을 제외하고는 아무것도 하지 않음으로써 가장 크게 도움이 될 수 있다. 때때로 매우 능력 있는 치료사는 내담자가 채워야 하는 공백을 만든 후 내담자가 행동하고 그들의 행동을 책임질 수 있도록 강화해 준다. 내담자는 그렇게 하면서 성장하게 된다. 예를 들면, 학습계획은 내담자가 치료과정을 계획하는 데 전적으로 참여하면서 상호적으로 도달해야 한다. 아동에게 어떤 장난감을 가지고 놀고 싶은지 물어보거나 앞서 언급했듯이 진단을 마칠 때 내담자에게 그들이 무엇을 알고 싶은지 물어보는 것은 그들에게 통제력과 책임감을 허용한다. 집단 미팅(다음 장에서 논의되는)에서 나는 참여자에게 절대로 요구하지 않는다. 그들은 그들이 원하는 대로 조용히 앉아 있어도 된다. 임상적 침묵이나 공백은 내담자의 내적 통제소 발달을 고취시키는 데 강력한 교수방법이 된다. 아쉽게도, 감독자는 그것을 항상 인정해 주지는 않는다.

언어 변화

언어 변화는 합리정서치료에 근거한 인지적 기술로 Ellis(1977)에 의해 개발되었으며, 제2장에서 더 자세히 설명한 바 있다. 언어 변화는 일반적인 의미론의 임상적 적용에서 시작되었다. 이 기술에서 전문가는 내담자의 언어에 주의를 기울여야 하는데, 이는 내담자가 만든 가끔은 비합리적인 가정을 조명한다. 내 사무실에 "세계의 모양은 내 언어의 형상이다."라고 쓰인 포스터가 있다. 상호작용하는 동안, 나는 가끔 내담자에게 그(또는 그녀)가 사용하고 있는 내재된 가정을 부드럽게 알려 준다. 예를 들면, '……해야 한다.'의 사용은 거의 항상 외적 통제소를 반영해 준다. 부모가 나에게 "침술요법을 시도해야 한다."라고 말하면 나는 "'……하기로 선택'한 것을 의미하는 게 아닌가요?"라고 말하고, 조금 후에 "왜 해야만 한다고 느끼시나요?"라고 묻는다. 이것은 부모로 하여금 다른 사람에게 이끌리고 통제되는 느낌을 살펴볼 수 있게 해 준다. 이러한 특별한 경우, 그녀 자신의 죄책감이 그녀를 이끌고 있다. '하지만'이라는 단어의 사용은 내재된 주저를 반영한다. 나는 "대중 앞에서 연설하고 싶지만 두려워요."라는 진술에 대해 다음과 같이 반응할 수 있다. "당신은 두렵더라도 대중 앞에서 말할 수는 없을까요?" 이것은 단지 공포를 인정함으로써 공포를 대면하여 행동할 것을 격려한다. '하지만'은 주저에 빠져 허우적거리게 한다. 나는 항상 모든 '그래요…… 하지만…….' 진술을 주의 깊게 검토한다. '……해야 한다.'와 '……할 의무가 있다.'는 죄책감, 결점, 실패의식을 반영한다. "나는 내 아이의 청력을 오진한 것에 대해 소아과 의사와 이야기를 해야 해요."와 같은 진술에 대해 "당신은 의사와 이야기하길 원하나요?"와 같은 반응을 할 수 있다. 또한 '……해야 한다.'와 '……할 의무가 있다.'는 외적 통제소를 반영하는 것으로 '……하기로 선택하다.' 혹은 '……하지 않기로 선택하다.'로 바꾸는 것이 내적 통제소와 행동에 책임지기를 격려하는 것이다.

우리는 내담자가 그들이 내리는 결정을 인식하도록 도와야 한다. 나는 항상 내담자가 어디에서 책임을 회피하고 있는지 알아보기 위해 내담자의 언어를 검토한다. "우리는 이 수업이 불만족스러워요."에서처럼 내담자가 '나' 대신 '우리'라는 대명사를 사용할 때 회피가 자주 발생한다. 이 경우 나는 "**당신**이 불만족스럽다는 의미인가요?"라고 반응할 수 있다. 통제소 변화의 지표는 '나' 형식의 자발적인 사용이며, 이는 행동의 소유권을 반영한다. 내담자가 그렇게 변화했을 때 나는 우리가 성공적인 상담의 상호작용으로 잘 진행하고 있다는 것을 알 수 있다.

누군가 자신에게 '행운이다.'라고 말하면 나는 '좋다'라는 단어로 바꾼다. 내담자가 "그가 남편인 것이 행운이에요."라고 말한다면, 나는 "당신은 단지 운이 좋았나요, 아니면 당신이 좋은 사람이라서 그가 당신과 결혼한 건가요?"라고 반응한다. 우리가 한 좋은 일에 대해 우리의 공으로 여기는 것은 매우 도움이 된다. 대부분 '운이 좋은' 사람은 나쁜 일에 대해 모든 책임을 지고, 좋은 일에 대해서는 자신에게 매우 적은 공을 돌린다. 이것은 살아가기 힘든 방식이다. 나에게 자신의 아이와 함께 있어서 얼마나 좋은지를 말하는 부모에게는 "아이가 좋은 부모를 가졌기 때문에 가능한 거지요?"라고 반응한다. 부모는 늘 그들이 한 좋은 일에 대해서 자신의 공으로 삼는 것을 꺼리면서 거부한다. 좋은 일을 자신의 공으로 여기는 것은 자존감을 높이고 내적 통제소를 고취시킨다.

나는 내담자가 '남성' '여성'과 같은 집합명사를 사용하도록 허락하지 않는다. "모든 남자는 형편없어요."와 같은 말을 들으면 나는 "당신의 인생에서 만난 남자들은 형편없었군요."로 바꾸고, 부드럽게 다음과 같이 말한다. "마치 당신이 좋은 남자를 만나지 못한 것으로 들립니다." (나는 또한 "당신은 굉

장히 화난 것처럼 들립니다."라고 언급할 수 있다.)

언어 변화는 부드럽게 이루어져야 한다. 많은 상담 기술과 함께 타이밍이 중요하다. 언어를 변화시키는 것은 내담자를 인지적인 입장으로 만들기 때문에, 나는 초기 단계나 감정이 고조되었을 때에는 좀처럼 언어 변화를 시도하지 않는다. 또한 전문가에 대한 내담자의 신뢰가 높아야 하는데, 그렇지 않으면 언어 변화는 방해가 되거나 성가신 것으로 여겨질 수 있다.

침묵

침묵은 치료관계의 중요한 구성요소이다. 길고 당황스러운 침묵은 임상의 상호작용 초기에 자주 일어난다. 내담자가 보통 나, 즉 전문가가 대화를 이끌기를 기대하기 때문에 내가 주도하지 않으면 침묵이 뒤따른다. 내가 이 침묵을 깨지 않는 것이 중요하다. 그것은 내담자에게 이 관계에서 뭔가 일어나길 원한다면 그들이 행동해야 한다는 것을 알려 준다. 침묵은 책임 인수에 중요한 도구이며, 내가 내담자로부터 책임을 떠맡지 않는 것이 중요하다. 많은 젊은 치료사가 침묵이 불편해서 행동하고 만다. 내담자가 앉아서 지켜보는 동안, 일이 일어나게 하는 역할에 얽매인다.

침묵은 일반적으로 전통적인 관계에서는 불편한 것이다. 임상에서 침묵에 따른 불편함은 내담자의 행동에 동기를 부여하는 데 이용될 수 있다. 나는 내가 하는 일에 대한 지식과 이 기술의 가치에 의해 강화되었기 때문에 대부분의 내담자보다 오래 기다릴 수 있다. 나는 내담자가 보조를 맞추기를 기다리면서 시작의 침묵을 기술로 인한 것이 아닌 정해진 주제가 없는 것에 대한 반성으로 보기 시작했다. 초기 침묵에 대한 일반적인 반응은 분노이며, 만약 이것이 표현된다면 역할 기대를 논의하는 데 유용한 도구가 될 것이다.

관계의 후반기에 일어나는 침묵은 본질적으로 더 성찰적이고 꽤 편안해진다. 친밀감이 커지면서 침묵은 내용을 처리하는 데 가치 있는 학습시간이 된다. 침묵이 있는 곳에 흔히 성장이 있다. Cook(1964)은 테이프로 녹음한 치료 회기 중의 침묵의 양을 분석했고, 더 성공적으로 평가된 회기가 덜 성공적이었던 회기보다 더 많은 침묵을 포함하고 있다는 것을 밝혔다. 가끔 말하는 것이 감정을 숨기는 연막으로 사용될 수 있지만, 침묵은 종종 자신을 직면하게 하고 느낌을 경험하게 한다. 지지 집단의 한 학생은 "나는 지금 배움이 침묵 속에 있다는 것을 깨달았는데 그 이유는 침묵이 성찰할 기회를 주기 때문이다."라고 말했다. (그녀는 A를 받았다.)

상담관계에서는 네 가지 종류의 침묵이 발생한다. 난처한, 주제 변화, 성찰적인 그리고 종결 침묵이다. 상담자가 각 침묵의 종류와 성격을 인식할 수 있는 것이 중요하다.

난처한 침묵

난처한 침묵(embarrassed silence)은 흔히 상호작용 초기에 발생한다. 내담자(혹은 집단)는 상담자가 행동하고 공백을 채워 주기를 기대하지만, 상담자는 기대한 대로 행동하지 않는다. **상담자가 침묵을 깨지 않는 것이 중요하다.** 이것이 난처한 침묵이 강화하는 측면이다. 이 침묵에 의해 내담자가 느끼게 되는 불편함은 내담자의 행동에 강력한 동기를 부여한다. 그것은 움직이는 힘이다. 집단의 한 부모가 예전에 나에게 다음과 같이 말했다.

나는 때때로 테이블에 큰 시간 덩어리가 있는 것 같은 느낌이 들고, 조용해지면 시간은 그저 흘러 사라지고 너무 불안해져요. 때로는 당신이 말도 안 하고 나에게 아무 얘기를 안 해 주는 것에 화가 납니다. 내가 지금 여기에서 무슨 일이 일어나길 원한다면 내가 행동해야 하고 그것이 나에게 좋은 것이라는 것을 깨달았습니다. 난처한 침묵은 관계의 수명에 걸쳐 거의 존재하지 않을 정도로 감소합니다. 잘 기능하는 집단에서는 참여자가 침묵을 성찰의 시간으로 즐기게 되지요.

주제 변화 침묵

주제 변화 침묵(topic-changing silence)은 집단상담과 개인상담에서 개인이 당면한 주제에 대해 할 말이 더 있는지 성찰하는 동안 발생한다. 상담자는 관심 주제를 시작하기 위해 침묵을 이용할 수 있지만, 집단이나 개인이 상담자에게 침묵을 채울 책임이 없다는 것을 알아차릴 만큼 충분한 침묵이 일어난 뒤에 하는 것이 좋다. 일반적으로 나는 관심 주제가 있으면 미팅을 시작할 때 이렇게 한다. 그렇게 하면 내 머리가 맑아져서 주제를 소개할 기회를 기다리지 않고 들을 수 있게 된다.

성찰적인 침묵

성찰적인 침묵(reflective silence)은 언제나 감정적으로 가득 찬 소재에 뒤따른다. 이 침묵은 밖으로 드러난 느낌에 대해 생각하고 경험할 수 있는 휴식을 준다. 성찰적인 침묵은 관계에서 매우 무겁고 뚜렷한 느낌이라 할 수 있는데, 이를 깨기 위해서는 노력을 많이 해야 한다. 가장 심오한 느낌은 침묵 속에서 일어나며, 실제로 중요한 작업은 침묵 속에서 행해진다고 생각한다. 나는 항상 사려 깊은 침묵의 교류를 즐긴다. 집단 미팅은 종종 이 침묵으로 끝나고, 이 침묵으로 생긴 느낌은 다른 날에 논의한다.

종결 침묵

집단이나 개인이 지치고 하루 일정이 끝났을 때를 제외하고, 내담자나 집단은 때때로 회기가 끝날 무렵 주제 변화 침묵의 성격을 띤 침묵에 빠진다. 가끔 나는 종결 침묵(termination silence)을 잘못 해석하고 새로운 주제를 시작하기 전의 쉼이라고 생각했다. 나는 이것이 집단에서 그들이 끝났는지를 결정하는 점검시간이라는 것을 알게 되었다.

계약과 상담

행동주의 상담 접근에서 광범위하게 사용되는 기술인 계약(contracting)에서, 치료사-내담자 관계에 내재된 가정은 분명하다. 내담자는 치료사에게 자신이 원하는 것을 분명하게 할 필요가 있고, 치료사는 내담자를 위해 그(또는 그녀)가 할 일과 하지 않을 일을 분명하게 해야 한다. 초기 회기는 거의 계약 문제로 사용하게 된다. 만약 관계가 주기적으로 흔들리면 그것은 보통 계약 문제이며 계약의 재협상을 해야 한다.

나는 내가 내담자에게 원하는 것을 신중하게 설명하는 것이 중요하다는 것을 알게 되었다. 많은 관계는 기대가 묵시적이고 상호 보완적이지 않기 때문에 실패한다. 예를 들어, 치료사가 그들을 구해 주길 기대하는 내담자와 내담자가 상황을 앞서 주도하길 바라는 치료사는 그 차이를 협상(계약)하지 않는다면 매우 힘든 시간을 보내게 될 것이다. 기대의 문제가 다뤄지지 않는다면 적절하지 않았던 원인에서 비껴가겠지만, 관계는 악화되고 분노가 커질 것이다.

기본적으로 내담자와의 계약은 특정 내담자와 치료사 관계의 질을 구체화한다. 기간, 내용, 그리고 목표에서 말이다. 계약은 특별히 자세하거나 형식에 얽매일 필요는 없지만 모든 사람이 이해할 수 있어야 한다. 특히 나는 시간 문제가 매우 분명해야 한다고 생각한다. 회기를 시작하기 전에 나는 항상 이 미팅시간이 얼마나 되는지 분명하게 하며, 이야기한 종료시간을 엄격하게 지킨다. 나는 웬만해서는 계약된 시간보다 회기를 연장하지 않는다. 제한된 시간은 내담자가 문제를 해결하려고 노력하도록 자극(사망 인식)하는 역할을 한다. 내가 끝이 정해지지 않은 책임이 있다면, 내담자는 미래의 어떤 날엔가 할 수 있다고 생각하면서 고통스러운 내용을 다루는 것을 피하려고 할 것이다. 회기 초기보다 종결 시기에 극히 감정적인 내용이 더 드러나는 것은 우연이 아니다.

나는 계약을 재협상하는 것에 개방적이다. 관계가 변화함에 따라 요구도 변화한다. 나는 절대로 관계를 일방적으로 변화시키지 않는다. 변화는 논의되어야 하며 동의되어야 한다. 가끔 내담자와 내가 서로 만족스러운 계약에 이르지 못할 수 있다. 이런 일이 발생하면 우리는 종결한다. 내담자가 요청하면, 보통 나는 내담자의 요구를 충족시켜 줄 수 있는 누군가에게 의뢰한다. 나는 종종 내담자가 선택할 수 있도록 한 가지 이상의 대안을 제시한다. 나는 모든 사람을 위해 모든 것을 하려고 노력하지 않게 되었는데, 그렇게 하는 것이 나의 개인적인 가치에 위반되어서 내가 도울 수 없거나 더 정확하게는 돕지 않기로 선택한 사람들이 있다는 것을 알게 되었기 때문이다. 변함없이 해결되지 않는 문제는 책임 인수 문제인데, 내가 내담자의 성장을 위해 신중하게 생각한 것보다 더 많은 책임을 내담자가 나에게 끊임없이 요구하는 것이다.

상담자의 피드백

내담자에 대한 상담자의 피드백은 내담자와 사려 깊게 공유되어야 한다. 이렇게 공유함으로써 내담자의 성장을 촉진할 수 있더라도 항상 지지의 맥락에서 이루어져야 하며, 타이밍이 정확해야 한다. 예를 들면, 학생치료사 집단의 한 참여자가 특히 말을 많이 하고 계속 같은 말을 되풀이했다. 그녀의 독백이 한 차례 끝나갈 때 나는 끼어들어서 말했다. "Anne, 나는 당신의 처음 진술과 생각이 매우 흥미롭다고 생각해요. 하지만 당신이 같은 말을 반복해서 지루해지고 당신에게서 감정적으로 멀어지는 것을 느껴요." 이 언급은 그녀로 하여금 다른 사람들이 어떻게 유사한 피드백을 주는지 그리고 그녀의 장황함이 외로움과 불안함을 반영하는 것이라는 사실을 말하도록 만들었다. 집단의 나머지 사람은 멍한 눈으로 앉아 있다가 그 주제에 대해 그녀에게 더 많은 피드백을 주기 시작했고, 이는 외로움과 사람들이 때때로 다른 사람들과 거리를 갖게 만드는 것에 대한 유익한 논의로 진전되었다.

　　피드백을 줄 때는 피드백을 주는 사람이 자신의 느낌에 대한 소유권을 갖는 것이 매우 중요하다. 그래서 나는 "당신은 말을 너무 많이 합니다."라고 말하지 않았는데, 이 말은 그녀를 방어적으로 만들 수 있기 때문이다. 나는 내 마음에 있는 것만 말했다. 이미 말했듯이 문제는 내 것이며, 그녀의 것이 아니었다. 내가 나에 대해 말하는 한 나는 항상 전문가이다.

상담의 효과

　　초보자가 하는 흔한 실수는 상담의 목표가 내담자의 고통을 사라지게 하는 것이라고 생각하는 것이다. 이 생각은 조력 전문가에게는 매우 자연스러운 것이다. 하지만 사람을 더 기분 좋게 만들려고 노력함으로써 다른 사람의 고통에 대해 책임지는 것은 유익하지 않다. 고통을 느껴서는 안 된다고 말하거나 암시하는 것은 별로 유용하지 않다. 그것은 느낌을 무효화한다. 이 전략은 일반적으로 사람들이 그들의 감정적인 고통에 죄책감을 느끼게 한다. 우리가 치료하는 사람들이 고통을 겪을 때 종종 우리가 실패한 것 같은 느낌이 들고, 그들이 우리의 불편함을 느낀다면 그들은 그들의 느낌을 우리와 공유하기를 꺼리게 될 것이다.

　　우리는 우리의 고통스러운 느낌이 다른 사람을 고통스럽게 만들기 때문에 그러한 느낌을 표현하는 것이 좋지 않다고 배워 왔다. 손자가 네 살 때 며칠 동안 내가 돌본 적이 있다. 첫날 우리는 운동장, 동물원, 패스트푸드 식당으로 점심을 먹으러 갔다. 집에서 우리는 〈라이언 킹〉을 봤고, 캔디 랜드를 했다. 취침시간에 이야기를 들려준 후 나와 손자는 지쳐서 잠들려고 하는데, 손자가 말했다. "엄마랑 아빠가 그리워요." 불안해진 나는 "우리가 오늘 얼마나 멋진 일을 했는지 생각해 보렴."(손자는 그것을 모두 알고 있었다) 하고 반응했는데, 이것은 손자에게는 그의 방식으로 느낄 권리가 없고 느낌을 솔직하게 표현하면 할아버지에게 고통스럽다고 말해 주는 것이었다. 불행하게도, 나의 기량 부족으로 인해 손자는 그의 고통스러운 느낌을 공유하는 것이 안전하지 않다는 것을 배웠다. 훨씬 더 촉진적인 반응은 "너는 엄마, 아빠를 많이 사랑하는구나." 혹은 "그래서 슬프구나."였겠지만, 그 당시에 나는 잘 몰랐고 그 일에 대해 성찰한 후에야 깨닫게 되었다.

감정적인 고통은 정상적인 것이다. 나는 사람들이 그들에게 나쁜 일이 일어나면 슬픔을 느낄 것이라고 예상한다. 내가 의사소통장애인이나 그 가족의 고통을 직면하지 않는다면 그들이 어떻게 이 재앙에 대처할 수 있을지 모르겠다. 처음 청각장애로 진단받은 아동의 어머니는 그녀가 날마다 몇 시간씩 울고 있기 때문에 자신이 '잘못하고 있다.'고 말했다. 나는 그녀가 잘못하는 것이 아니라 정상적으로 반응하는 것이라고 안심시켰다. 전문가로서 우리는 내담자의 고통을 제거할 수 없다는 것을 인식하는 동시에 그들이 경험하는 고통에 대한 부정적인 느낌을 사라지게 함으로써 내담자에게 큰 도움을 줄 수 있다. 고통의 핵심은 어떤 영구적인 장애를 다루는 누구에게든 남아 있을 것이다. 상담의 목표는 자기패배적인 행동과 느낌을 분리하는 것이다. 나는 절대로 느낌을 평가하려고 하지 않는다. 느낌은 단지 존재하며, 나는 그것을 수용한다. 하지만 나는 내담자와 건설적인 행동에 해당하는 것을 함께 작업할 수 있다. 그래서 나에게 "나는 죄책감을 느낄 수 있지만, 나 자신과 내 아이의 최선의 이익을 위해 행동할 수 있어요."라고 말한 부모는 성공적으로 성장했다. 내담자는 시간이 흐르고 세심한 전문가의 관심으로 느낌이 더 이상 그들을 통제하지 않는다는 것을 알게 되며, '죄책감을 느끼는' 부모는 그들의 아이를 과잉보호하지 않게 된다. 내담자의 행동이 우리가 상담의 효과를 평가하는 궁극적인 기준이 되어야 한다. 시간과 도움에 따라 느낌은 생산적인 행동으로 변화된다. 분노는 변화를 만드는 힘이 된다. 죄책감은 참여가 된다. 혼란은 학습에 자극제가 되며, 취약성은 가치를 개편하는 추동력이 된다. 특히 장애와 싸우고 있는 가족에게 고통은 연민으로 변화된다.

전문가의 겸손

인본주의 틀에 따른 상담을 한다면, 수용하고 처방하지 않으며 실패를 통해 전문가의 겸손을 배워야 한다. 다행스럽게도, 나에게 멋진 '금 덩어리'는 상담 경력 초기에 나타났다. 임상에서의 첫 번째 실패경험은 나의 전문가로서의 유아기에 각인되어 나에게 남아 있다. 나는 거의 50년이 지났지만 아직도 그 가족을 아주 생생하게 회상할 수 있다.

Johnny는 어린이집에 다니는 2세의 청각장애 아동이었다. 그는 엄지손가락을 입에 넣고 작은 손가락은 콧구멍에 집어넣은 채로 어린이집에 들어온다. 말-언어 개별치료 30분을 포함하여 어린이집 일과의 총 2시간 동안 입 안에 손가락을 그대로 넣고 있다. 엄지손가락을 입에 넣은 채로 누군가와 지내는 것은 어려운 일이고, 말하는 것은 거의 불가능하다. Johnny는 다른 아동들을 보는 것을 더 좋아하며 어린이집 활동에 절대로 참여하지 않았다. 교사들은 그가 정서적으로 불안하다고 확신하게 되었다. 치료의 한 가지 목표는 Johnny의 손가락을 입에서 빼도록 만드는 것이었다. 다른 목표는 Johnny의 부모가 전문적인 상담 도움을 구하게 만드는 것이었다. 나는 어린이집 활동과 언어치료가 이루어지는 동안 그의 어머니 옆에 앉아서 Johnny가 다른 아동들과 비교하여 어떤 결함이 있는지를 알려 줌으로써 두 번째 목표에 대한 책임을 맡게 되었다.

어머니는 아동이 참여하지 않는 것을 비정상적인 것으로 간주하기를 거부했다. 그녀는 이미 그 행동의 원인을 알고 있는 것 같았다. 결과적으로 우리는 두 가지 이유로 성공하지 못했다. 학기가 끝날 때까지 Johnny의 엄지손가락은 그의 입 안에 있었고, 실망스럽게도 Johnny의 부모는 우리의 관찰 때문에 Johnny를 청각장애 어린이집에 등록시켰으며, 개별 말-언어치료를 받게 했다. 많은 교사가 고개를 절레절레 흔들고 부모는 프로그램을 그만두었다. 몇 달 후 나는 Johnny의 아버지를 밖에서 만날 기회가 있었고, 당연히 나는 Johnny가 어떻게 지내고 있는지 알고 싶었다. 그는 나에게 활짝 웃으면서 "Johnny가 그의 선생님에게 뽀뽀를 했어요."라고 말했다. 하지만 나는 최소한 그들이 그의 입에서 손을 빼게 했다고 생각했다. 정말 그랬을까? 가족은 웨스트코스트로 이사했고 늘 그렇듯이 모든 연락이 끊겼다. 몇 년 후에 나는 웨스트코스트에 있는 모임에 가게 되었고, Johnny의 어머니를 만났다. (그녀는 언어치료사가 되기로 결심했다.) 그녀는 그의 학교 기록을 가지고 우리 모임에 왔는데, Johnny가 완전통합을 하고 있는 근처 학교에 다니고 있고, 최근 성취도검사에 따르면 학년 수준의 수행을 하고 있으며, 정상적인 사회 기술을 보여 주고 있다고 했다.

다행히도, 이 가족은 나의 권유에 저항할 만한 힘이 있었다. 나는 가끔 이 사례를 생각하면, 얼마나 많은 나의 초기 예언이 과녁에서 벗어났는지 궁금하다. 나는 꽤 많은 사례가 있을 것이라고 생각한다. 전문가는 관련된 모든 내용에 접근할 수 없다. 부모나 내담자는 삶의 결정을 내리는 데 실제로 중요한 내용을 훨씬 더 많이 알고 있으며, 비록 때로는 나의 전문적인 자아에게 고통스러울지라도 그들이 자기 자신의 결정을 내릴 수 있도록 신뢰해야 한다. 나는 그들이 그들 자신에게 가장 좋은 것을 알고 있다고 생각한다.

겸손은 상담자가 듣는 능력을 발달시키도록 도와준다. 상담자가 자신의 한계를 인식하게 되면 내담자가 해야 하는 것에 대한 개인적인 의견을 내려놓을 수 있다. 만약 상담자로서 우리가 의견을 가지고 있다면 경청은 중단된다. 우리는 우리의 주장을 제시하기 위해 오로지 약점에 대한 것만 듣는다. 나는 Johnny 어머니의 말을 듣지 않았다. 나는 그녀가 아이에게 중복장애가 있다는 사실을 부정하는 어머니라고만 생각했고, 그 인식을 통해 그녀의 모든 말을 걸러 냈다. 나는 그녀의 걱정이나 공포에 반응을 하지 않거나 그녀가 한 말의 내용을 신뢰하지 않았다. 우리는 성장하지 않았고, 더 중요하게는 그녀의 아이에게 도움이 되지 않는 적대적인 관계를 맺고 있었다.

상담자의 실수

나는 실수를 많이 한다. 대부분 이 실수는 매우 적절한 상황을 이용하고 상담 순간을 놓치는 실패처럼 그렇게 많은 임무의 실패는 아니다. 나는 거의 항상 나의 둔감함과 비난에서 회복한다. 나는 다음 회기에 그 문제를 그대로 다루거나, 내가 그것 때문에 정말 불편하다면 내담자에게 전화를 걸어 사과한다. 이런 사과는 내담자의 성장에(그리고 나의 성장에도) 기여하려는 나의 겸손함과 취약성을 전달해 주기 때문에 관계에 도움이 된다.

하지만 상황을 이용하지 못한 실패는 그 당시 부족했던 나의 능력에 대한 성찰이다. 나는 내담자에게 내가 항상 능숙할 것이라고 보장할 수 없다. 나는 단지 내가 그 당시 어떻게 해야 하는지 알고 있는 것에 대해 최선을 다할 것이고 전문가로서 배우고 성장하는 것을 지속할 것이라고 약속할 수 있다.

나는 나의 모든 부모 집단에 실습생 자격인 관찰자를 둔다. 매 회기 후에 우리는 내가 무엇을 다르게 할 수 있었는지에 대한 사후분석을 한다. 나는 이 시간이 도움이 된다는 것을 알았고, 비록 애초에 그렇게 행동한 것만큼은 아니겠지만 여러 번 실수를 돌이킬 수 있었다. 이것은 내 생각에 모든 전문가가 기억해야 하는 '하지 말았어야 하는' 것이다. 임상 초기에 나는 회기를 테이프로 녹음하고 다시 돌려서 주의 깊게 들었는데, 이는 내가 노력해야 할 필요가 있는 부분을 찾아내는 데 도움이 되었다. 50년 이상 이렇게 하면서 나는 내가 노력해야 할 영역을 여전히 찾아내고 있다. 그렇게 하는 것이 나를 계속 나아가게 하고, 항상 내가 전문적으로 도전하고 있다고 느낀다. 내가 마침내 모든 것을 매 순간 잘 해낸다면, 그건 내가 완전히 은퇴할 때일 것이다.

마음이 가지 않는 내담자

때로는 무조건적인 긍정적 존중을 갖기 어려운 내담자를 만나기도 한다. 이런 내담자는 정원의 잡초와 같고, "잡초는 그 덕목이 아직 발견되지 않은 식물이다."라는 Ralph Waldo Emerson의 인용구를 생각나게 한다. 나는 그 덕목을 발견하기 위해 이러한 '잡초'를 계속 자세히 살펴야 한다. 나는 사랑과 인내로 나의 가장 못난 잡초 중 일부가 아름다운 꽃으로 변한 것을 깨달았다. 일부는 아쉽게도 여전히 잡초로 남아 있다. 내가 그들을 어울리는 장소를 찾고 있는 잡초로 바라볼 수 없다면 그들을 교사로서 바라보려고 노력하는데, 이것은 보통 효과가 있다. 나는 또한 Dalai Lama의 "우리는 모두 행복을 추구한다."라는 말을 기억하려고 노력한다. 이것은 내가 내담자의 행동을 판단하지 않고 이해하려고 시도하도록 도와준다.

작자 미상인 다음 작품은 내가 생각하기에 상담에 대한 모든 것을 말해 준다.

내가 당신에게 내 말을 들어 달라고 부탁하면 당신은
내가 요청한 것은 하지 않고 조언을 시작합니다.

내가 당신에게 내 말을 들어 달라고 부탁하면
당신은 내가 왜 그렇게 느끼면 안 되는지를 말하기 시작하고
내 느낌을 짓밟습니다.

내가 당신에게 내 말을 들어 달라고 부탁하면
당신은 이상해 보이는, 내 문제를 해결하기 위해 해야 한다고 느끼는데

그건 나를 실망시킵니다.

들어 주세요! 내가 부탁한 것은 당신이 말하거나 행동하지 않고
듣는 것입니다. 그냥 내 말을 들어 주세요.

조언은 저렴한 것입니다. 10센트면 같은 신문에서
Dear Abby와 Billy Graham 둘 다 얻을 수 있습니다.

그리고 나는 나 스스로 할 수 있습니다. 나는 무력하지 않습니다.
아마 좌절하고 비틀거리겠지만 무력하지는 않습니다.

내가 할 수 있고 내가 스스로 해야 하는 무엇인가를 당신이 나를 위해 한다면,
당신은 나의 공포와 나약함에 기여하는 것입니다.

하지만 아무리 비합리적이라도 내가 느끼는 것을 느낀다는 간단한 사실을
당신이 수용한다면 나는 당신을 설득하려고 노력하는 것을 그만두고
이 비합리적인 느낌 뒤에 있는 것을 이해하는 일을 함께할 수 있습니다.
그리고 그것이 확실해지면 답은 명확해지고, 나는 조언이 필요 없게 됩니다.
비합리적인 느낌은 그 뒤에 무엇이 있는지를 이해할 때 이해가 됩니다.
아마도 신은 침묵하기 때문에, 때때로 어떤 사람들에게 기도가 효과가 있는
이유일 것입니다. 그리고 그는 조언을 주지 않거나 바로잡으려고 하지 않습니다.
'그들은' 단지 듣고 당신이 스스로 해결하도록 놔둡니다.

그러니까 제발 들으세요, 그냥 내 말을 들으세요. 그리고 당신이 말하고 싶다면
당신의 차례가 될 때까지 잠깐 기다리세요. 그러면 나는 당신 말을 들을 것입
니다.

제7장

집단상담

이 장을 시작하면서, 내가 집단상담을 매우 선호한다는 것을 알리고자 한다. 나는 집단상담시간이 효과적인 상담 수단이라고 생각한다. 사실 나는 공식적인 개인상담은 거의 하지 않는다. 개인상담시간에 나는 지혜로워야 하고 아주 집중해야 하며 어떤 도움도 받을 수 없다. 집단상담에서는 내가 리더 역할을 하지만 많은 자원을 활용할 수 있으며, 모든 것을 아우르려고 할 필요가 없다. 내가 당황하고 있으면 언제나 집단의 누군가가 나를 구해 준다. 집단 내에는 경이로운 건강함과 힘, 그리고 어느 한 사람의 지혜를 대체할 수 있는 집단 지성이 있다고 생각한다.

나는 주로 청각장애 아동의 부모와 집단상담 작업을 해 왔다. 그 외에도 다른 장애를 가진 아동의 부모, 청각장애 성인 집단, 만성질환 배우자 집단, 미국암학회(American Cancer Society)에서의 금연상담 집단, 학생 임상가 집단 그리고 언어치료사와 청각사 집단과 상담을 해 보았다. 집단상담은 의사소통장애 분야 밖에서 광범위하게 이루어지고 있다. Seligman(1982)은 암환자, 지체장애인, 노인, 약물 남용자, 수감자, 지적장애인, 시각장애인, 알코올 중독자와 같은 특정 집단의 집단상담에 대해 보고했다. 집단상담은 만성적인 질병을 앓고 있는 사람들에게도 적용될 수 있다(S. Cole, O'conner, & Bennett, 1979; Davies, Priddy, & Tinkleberg, 1986; Hinkle, 1991; McKelvey & Borgersen, 1990). 예를 들면, Nuland(1994)는 알츠하이머 환자의 가족을 위한 집단상담의 치유 속성을 강조했다.

알츠하이머병의 경우, 고생스러운 여정에서 동행이 필요하다고 인지하는 환자는 거의 없다. 아마도 우리 시대에 어떤 장애의 지지 집단도 붕괴에 가장 가까이 있는 증인의 정서적 생존을 지키는 것을 결정적으로 도울 수는 없을 것이다. 들어 주는 간단한 행동만으로도 괴로움을 완화시켜 줄 수 있는데, 그런 이해심 있는 사람이 비록 한두 명이라도 있다면 그 숫자에는 힘이 있다 (p. 106).

말-언어장애와 청각장애의 집단 유형

의사소통장애 문헌을 읽는 것으로는 얼마나 많은 집단이 활용되어 왔는지 (역주: 임상에서) 파악하기 어렵다. 문헌에 나타나는 것보다 훨씬 더 빈번하게 집단이 활용되어 왔을 것이다. 그리고 두 가지 유형의 집단이 있을 것으로 보인다. 의사소통치료 집단과 상담 집단이다. 말-언어장애인으로 구성된 의사소통치료 집단은 상당히 익숙한 편이며 오랜 역사를 가지고 있다. 이 집단 유형은 특정 말이나 언어 문제를 개선하기 위하여 구성된다. 65년 전 Backus와 Beasley(1951)는 말장애를 가진 아이들의 집단치료 결과가 개별치료에서의 결과보다 더 좋다는 것을 알아냈다. Albertini, Smith와 Metz(1983)는 집단에 속한 청각장애 청소년이 개별치료를 받는 통제 집단의 청각장애 청소년만큼 말하는 것에 노력을 기울인다는 것을 알아냈다. 이 두 연구 사이에, 치료사의 시간을 더 잘 활용하는 것 외에 다른 이유가 없다면 집단치료의 개념을 지지

한다는 많은 다른 연구가 발표되었다. 나는 많은 치료 집단이 의사소통치료사의 대기자 명단을 줄이기 위해 시작되고 유지되지는 않았을까 생각한다.

　여기서 우리의 한 가지 의문점은 집단상담(상담이 치료 집단의 일부가 아니라는 의미는 아니다)이 말-언어장애인으로 구성될 수도 있지만 그렇지 않을 수도 있지 않은가 하는 점이다. 이러한 집단 유형은 감정을 다루는 것이 암묵적인 조건이다. (그러나 나는 실제로는 많은 상담 집단이 치료사의 불안 때문에 유지되고 있다고 생각한다.) 집단은 사람들이 말-언어장애를 가짐으로써 혹은 말-언어장애를 가진 사람이 친척이라서 발생하는 감정에 대하여 이야기할 수 있는 장소로 이해되고 그런 이유로 만들어진다. 상담은 언어장애 아동의 부모(E. Webster, 1968, 1977), 청각장애 아동의 부모(Luterman, 1979), 실어증 환자의 배우자(Bardach, 1969; Emerson, 1980; Johannsen et al., 1999), 중풍 환자(Singler, 1982), 청각장애 성인(Schein, 1982) 그리고 유창성장애인(Ginsberg & Wexler, 1999)과 같은 다양한 집단의 맥락에서 사용된다. 이들 집단은 꽤 자주 활용되어 왔는데, 그 집단이 얼마나 의사소통 문제를 극복할 수 있는지에 따라 성공의 정도가 매우 다양하게 나타난다. Erdman(2009)은 청각재활 성인의 집단상담에서 사용될 수 있는 강력한 사례를 보여 주었고, Fry 등(2014)은 말더듬 청소년 대상의 집중 집단상담의 성과를 보고했다.

　아마도 집단상담기법이 가장 폭넓게 사용되어 온 분야는 심리치료 영역일 것이다. 지금까지 집단심리치료에 대한 결정적인 문헌은 Yalom(1975)에 의해 쓰였는데, 그는 집단치료의 열한 가지 상호 의존적인 치유 요소를 발견했다. 나는 이 중 여덟 가지 요소(다음에 제시된)가 의사소통장애 분야의 집단치료에 광범위하게 적용될 수 있다고 생각한다. (Yalom이 주장한 요소 중 나머지 세 가지 요소—사회화 기술의 발달, 모방행동, 원가족 집단의 교정적 재현—는 다른 요소에 포함되거나 심리치료 집단에 더 적절한 것 같다.)

집단의 치유적 요소

집단상담을 하는 가장 큰 이유 중 하나는 아마도 집단세팅이 제공하는 풍부한 치유적 요소 때문일 것이다. 집단은 희망, 보편성, 이타심, 응집력(결속력), 감정 정화 등의 느낌처럼 많은 치유적 요소를 주입하고 제공한다. 그리고 정보 교류, 대인관계 학습의 성취, 실존적 문제해결의 방법을 제공한다. 실제로 집단상담은 '수가 많은 편이 안전하다(그리고 치유력이 있다)'는 가정에 믿음을 부여한다.

희망

나는 개인적으로 집단 내에는 치유와 성장의 힘이 있다는 신비로운 믿음을 가지고 있다. 다른 사람들이 나아지는 것을 보면서, 내담자는 그들 스스로에게 희망(hope)을 느낄 수 있게 된다. 집단에는 항상 다른 이들의 마음을 북돋아 줄 수 있는 역경을 극복해 낸 누군가가 있다. 사실 믿음과 희망이란 것은 신앙적 치유와 위약효과의 효험에서 입증되고 있듯이 누군가가 필요로 하는 단 하나의 치유의 힘을 가진 요소일지도 모른다. 집단상담에 대한 치료사의 믿음 역시 내담자에게 전달될 수 있다.

보편성

집단의 일부가 되도록 한다는 것은 개개인의 감정과 생각이 혼자만의 것이 아님을 깨닫도록 도와주는 것이다. 장애를 가진 자녀의 부모는 종종 특정 방향(때때로 아이가 죽기를 바라는 마음을 포함한)으로 생각하면서 그들에게 문제가 있는 것처럼 느끼기도 하는데, 다른 부모가 자신과 같은 생각을 한다는 것을 알게 되는 순간 안도감을 느낀다. 즉, 그들은 혼자가 아니며 그들이 괴물이거나 미친 것이 아니라는 것이다. 보편성(universality, 집단 구성 안에서만 가질 수 있는 느낌)은 고독의 실존적 문제를 다루는 데 매우 중요한 요소이다.

이타심

집단참여자들은 정보를 교류함으로써 서로를 도울 수 있는 기회를 얻게 된다. 장애를 가진 사람들은 누군가를 도울 기회가 거의 없으며, 이는 자존 감을 손상시킨다. 집단 상황은 서로 도움을 주고받기 때문에 그들이 자존감 의 상실을 수반하지 않고 도움을 받을 수 있게 해 준다.

집단 내에서 내담자는 지지와 안도감 그리고 서로에 대한 통찰력을 제공 한다. 예를 들면, 나는 장애를 가진 자녀의 부모가 내가 말할 때보다 다른 부 모의 이야기를 훨씬 더 주의 깊게 듣는다는 것을 알아차렸다. 다른 부모는 내가 절대로 모방할 수 없는 신뢰를 갖는다. 집단상담에서 빈번한 성공적인 결과는 유사한 장애를 가진 사람들을 돕고자 하는 열망이며 그러한 열망을 행동으로 옮기는 것이다. 이것은 내담자가 병적인 자기몰두에서 벗어나 성 장할 수 있도록 하는 유익한 결과이다.

응집력(결속력)

집단의 기본적인 속성인 응집력(cohesiveness)은 완전히 이해하거나 정의 를 내리기는 매우 어렵지만, 성공적인 상담을 위한 필수 요소라고 생각한 다. 개별치료에서의 관계와 유사한 응집력은 그 자체로 치유적 요소가 되지 는 않지만 전제조건이 될 수는 있다. 응집력은 각각의 내담자를 집단으로 끌 어당기는 힘과 관련된다. 나는 한 회기의 시작을 고대하게 되거나 다른 집단 구성원을 즐거운 마음으로 기다리게 될 때 집단상담이 성공적일 것이라는 것을 알 수 있다. 응집력은 신뢰라는 개념과 복잡하게 얽혀 있다. 개별치료 에서와 마찬가지로 신뢰가 발전될 때, 집단은 하나로 모이게 되고 성장이 촉진될 수 있다. 집단 내 누군가가 드러낸 심오한 비밀이 집단 구성원에 의해 받아들여지고 증폭될 때마다 집단 응집력에는 비약적인 발전이 일어난다.

실체가 없는 또 다른 요소인, 일어날 수도 있고 일어나지 않을 수도 있는 사람과 사람 사이의 끌림도 응집력을 결정짓는다. 어떤 집단은 매우 쉽게 모일 것 같아서 내가 응집력을 위해 노력하지 않아도 된다. 내가 추측하기에 이런 집단의 구성원은 유사한 가치관과 그들의 경험에서 오는 어떤 감정 전이 때문에 서로에게 끌리는 것 같다. 이런 집단은 청자와 화자가 조화롭게 섞이고 개개인이 서로를 좋아하기 때문에 그들의 공감대(chemistry)가 좋아 보인다. 응집력을 찾기가 어려운 다른 집단은 구성원이 특히 서로를 좋아하지 않으며 서로 공유하려고 하지 않는다. 나는 이런 응집력의 부족함을 내 기술이 부족해서가 아니라 집단의 나쁜 공감대 탓으로 돌리고 싶어진다. 그러나 압박을 받게 될 때, 나는 기술의 문제를 인정한다. 나는 집단의 초기 단계에 신뢰와 응집력을 만들어 내기 위해 더 세심한 노력을 해야 하며, 집단이 신뢰와 응집력을 만들어 내지 않는 시점을 빨리 파악해야 한다.

나는 개개인이 응집되지 않는 집단 안에서도 무언가를 배울 수 있고 할 수 있다고 생각하지만, 배움은 응집된 집단에서 더 커지고 깊어질 수 있다고 생각한다. 평생 이어지는 돈독한 우정은 대부분 응집력의 정도가 매우 높은 집단에서 만들어지기 때문이다.

카타르시스(감정 정화)

카타르시스(catharsis)는 보편성과 밀접한 관련이 있는데, 의사소통장애를 둘러싸고 있는 중요한 감정의 표현이다. 거의 모든 내담자가 그들의 답답한 감정을 표현할 수 있는 안전한 공간이 없어서 집단을 찾아온다. 집단은 이런 감정을 공유하고 방출할 수 있는 방법을 제공해 줄 수 있다. 예를 들어, 뇌졸중 환자의 가족은 그들이 이해받을 수 있다는 것을 알기 때문에 언제든지 집단 내에서 이야기할 수 있다고 느낀다. 전문가 집단은 개인의 부족한 느낌을 전면에 내세우는 경향이 있는데, 그런 느낌을 표현할 수 있다는 것 그리고 다른 집단 구성원에게서 이해받고 경청받을 수 있다는 것에서 오는 큰 안도 감이 있다. 카타르시스가 그 자체로 치유적 요소가 되지는 않는데, 그저 단 순히 감정을 표현하는 것만으로는 성장을 촉진하기에 충분하지 않기 때문이 다. 그렇지만 카타르시스는 건강하지 않은 행동에서 생기는 느낌을 떼어 낼 수 있는 예비 단계라고 할 수 있다.

정보 교류

정보는 리더에 의해서 제공되기도 하지만(비록 많은 집단이 그렇게 이루어 지고 리더가 대부분의 내용을 전달하기는 하지만) 집단 내 다른 구성원에 의해 서도 제공된다. 나는 내담자가 이미 얼마나 많이 알고 있는지에 대해 항상 깜짝 놀라곤 한다. 가끔 집단 안에서 가장 논리적이지 않은 사람이 믿기 어 렵고 독특한 해결책을 제안할 때가 있다. 나는 조언이 집단 내에서 흔하게 제공되지만, 정작 집단 구성원에게 직접적으로 도움이 되는 경우가 얼마나 드문가에 대해 놀란다. 내 생각에 조언은 공동 관심사와 배려의 간접적인 전 달방법으로, 집단 내에서 중요한 기능을 한다. 그러나 지속적인 가치는 경 험을 공유함으로써 얻을 수 있는 지식이다. 모든 집단은 내담자에게 집단이 시작될 때보다 더 많은 정보를 반드시 그리고 거의 항상 제공할 수 있어야 한다.

대인관계학습의 성취

인간의 생존은 집단을 이루어 살아가는 능력에 달려 있다. 그런데도 나 와 마주한 많은 사람은 대인관계 기술이 부족했으며, 이러한 부족함이 그들 의 원가족으로부터 충분한 배움을 얻지 못했기 때문이라는 것을 알게 되었 다. 그들은 다른 이와 의사소통을 하는 것, 다른 이와 신뢰를 쌓고 진솔해지는 것, 충분히 사랑하는 것을 배우는 데에도 어려움이 있었다. 이들이 기능적이지 않아서 병적이라는 것은 아니다. 그렇지만 대인관계 기술을 더 발전시키면 모든 대인관계 상호작용에서 더 큰 기쁨과 만족감을 얻을 수 있게 된다. 집단은 내담자의 대인관계학습(interpersonal learning)을 향상시키는 데 매우 안전한 매개체가 되어 줄 수 있다. 그들은 어떻게 더 개방적일 수 있는지, 다른 이들을 어떻게 더 받아들일 수 있는지 배울 수 있으며(더 적절하게는 **다시 배울 수 있다**), 이러한 지식을 집단의 맥락에서 다른 관계로도 가져갈 수 있다.

실존적 문제 다루기

실존적 문제(existential issues)는 제2장에서 자세하게 설명했다. 집단은 개인에게 삶과 죽음(death/life), 책임 인수와 의존(responsibility assumption/dependency), 고독과 사랑(loneliness/love) 그리고 무의미함과 헌신(meaninglessness/commitment)의 문제를 포함한 그들의 질문을 다룰 기회를 제공한다. 내가 이끄는 집단에서 두드러지는 대부분의 개인적인 성장은 이러한 실존적 문제로 분류될 수 있다. 이런 실존적 문제는 개개인을 파악하고 개인적 성장을 평가할 수 있는 강력한 방법이다. 집단 그리고 집단 내 개개인이 이러한 실존적 문제를 직면하고자 할 때 성장과 변화가 시작된다.

의사소통장애의 집단목표

Yalom(1975)의 열한 가지 치유 요소는 의사소통장애 분야의 집단목표와 관련된 세 가지 넓은 범주에 모두 포함될 수 있다. 내용 전달, 정서 공유, 개인적 성장이 그것이다. 목표는 치유 요소와 요구에 포함되는데, 여기서는 의사소통장애와 관련하여 간단하게 논의할 것이다.

내용

모든 집단에는 어느 정도 내용(content) 제한이 있다. 즉, 집단 구성은 구성원들의 정보와 경험을 공유할 수 있게 해 준다. 비록 때로는 학습되는 것이 리더가 예상하거나 의도한 것이 아니더라도 학습은 집단 맥락 내에서 불가피한 것이다. 내 생각에 집단은 리더가 내용의 유일한 공급원으로 인식되지 않을 때 가장 잘 진행된다. 이것은 집단 구성원의 기대를 깨는 것 같지만, 결국 서로 가르치는 집단적 책임이 있을 때 집단경험으로부터 더 많이 배울 수 있다고 생각한다. 안타깝게도, 의사소통장애 분야의 많은 집단이 내용 제공을 유일한 목적으로 삼는 것으로 보이고 흔히 전문가가 그 내용을 제공한다. 이런 집단은 많은 것을 놓치고 있다.

감정 발산

장애 아동의 부모가 되는 것과 주요 가족 구성원이 비참한 질병을 앓거나 의사소통장애를 가지게 되는 것은 흔히 건강한 방식으로 표현될 수 없는 많은 감정을 낳을 것이다. 흔히 그 감정(특히 분노)은 억압되며 좌절을 야기하거나 대인관계를 손상시키는 다른 감정으로 대치(전치)된다. 집단은 그러한 감정을 이해하는 사람들에게 안전한 환경에서 감정 발산(affect release)을 하는 수단이 될 수 있다. 집단은 내가 아는 다른 어떤 수단보다 더 그 구성원이 수용적인 환경에서 그들의 느낌을 경험할 수 있도록 허가해 주고 느낌을 인정해 줄 수 있다.

개인적 성장

개인적 성장(personal growth)은 보통 의사소통장애 분야에서 책임으로 생각되지 않지만 우리는 전문가로서 더 효율적이기 위해 이 문제를 다루어야 한다. 예를 들면, 우리는 장애 아동의 부모가 전문가들과 아동의 교육계획을 세울 때 자기주장을 더 하고 불평을 덜 할 수 있게 도와야 한다. 이를 위해 부모(모든 의사소통장애인뿐만 아니라)는 높은 자존감과 내적 통제소를 가져야 한다. 의사소통장애인은 장애가 그들의 삶에 미치는 부정적인 영향을 최소화하기 위해 그들의 장애를 책임지는 것을 배워야 한다. 그들은 우리 사회에서 장애인에게 더 나은 혜택을 제공할 수 있도록 하기 위해 자조 집단과 정치적 행동 집단을 구성하는 것처럼 다른 사람을 돕기 위해 그들의 장애를 활용하는 방식을 배울 수 있다. 집단은 개인이 다른 사람을 돕도록 하는 것에 의해 강력한 개인적 성장의 수단이 될 수 있고, 리더가 기꺼이 '자신의 현명함을 드러내지 않는다면' 집단 구성원이 통제를 할 수 있고 책임 인수를 배울 수 있을 것이다. 이는 반드시 그들의 일상생활에 영향을 미치게 될 것이다.

집단 리더십

집단의 리더십은 집단의 성공을 결정짓는 중요한 요인이다. 집단은 그 자체로 독립체이다. 즉, 각각의 집단은 독특한 특징이 있기 때문에 어떤 집단도 동일하지 않다. 성공적인 개인상담에 내재된 원리는 집단상담에도 마찬가지로 적용될 수 있다. 상담자는 인본주의적인 관점에서 수용, 진실성, 공감, 배려의 태도로 집단을 대해야 한다. 리더는 배려하는 사람이 되어야 한다.

Yalom(1975)은 그가 만났던 집단에 대한 철저한 연구에서 상담결과와 직접적으로 관련되어 있는 네 가지 리더십 기능을 발견했다.

1. **감정적 자극**: 직면, 시범, 위험 부담, 자기공개를 통해 성취됨
2. **배려**: 지지 제공, 애정, 온정, 관심, 진실성을 통해 성취됨
3. **의미 자질**: 변화를 위한 인지적 틀의 탐색, 명료화, 해석, 제공을 통해 성취됨

4. **실행 기능**: 한계와 규칙 설정, 시간 조절, 절차 제안을 통해 성취됨
   (p. 477)

Lieberman, Yalom과 Miles(1973)는 높은 수준의 배려와 의미 자질을 보이고 중간 수준의 감정적 자극과 실행 기능을 보이는 리더가 가장 성공적인 리더이며, 그들의 성공은 그들의 이론적 지향과 별개라는 것을 밝혔다. 집단은 구성원을 배려하고 그들의 행동을 이해하는 인지적인 틀을 제공해 줄 수 있는 리더와 함께 성장한다. 감정적 자극과 실행 기능에서 너무 높거나 너무 낮은 수준을 보이는 리더는 집단의 성장을 제한한다. 너무 높은 실행 기능은 혼란스러운 집단을 만드는 반면, 너무 낮은 실행 기능은 소극적인 집단을 만드는 경향이 있다. 너무 낮은 감정적 자극은 무기력한 집단을 만드는 반면, 정서적으로 과충전된 집단은 혼란스럽다.

특히 부모 집단과의 경험을 통해 나는 감정적 자극을 제공할 필요가 별로 없다는 것을 알게 되었다. 집단이 안전하고 배려하는 분위기를 제공하여 감정이 충분히 고양되면 감정을 유발할 필요도 없이 감정이 저절로 나타난다.

리더의 가장 중요한 기능은 집단의 기준을 설정하는 것이다. 이것은 집단이 기능하기 위해 필요한 암묵적이고 때로는 매우 분명한 규칙이다. 집단의 기준은 아주 일찍 확립되며, 일단 확립되면 변화시키는 것이 매우 어렵다. 리더는 시범에 의해 기준을 확립하는데, 특히 절차 기준의 경우에는 분명하게 말해 주어야 한다. 집단에서 기준을 확립하는 데 흔하게 사용되는 기제는 강화 패러다임이다. 리더는 집단 구성원이 부여해 준 힘으로 집단 기준을 지키기 위해 강력한 강화제로서 사회적 인정을 사용한다. 따라서 인정하기로 선택된 행동이나 말은 집단에 의해 가치 있는 것이 되며, 인정받지 않은 행동은 평가 절하된다. 대부분의 리더는 깊숙이 자리 잡은 무의식적인 그들의 편견에 기초하여 부지불식간에 기준을 강화한다.

때로 집단에서 내가 실패한 가장 큰 원인은 건강하지 않은 집단 기준이 자리 잡도록 허용하고, 형편없는 기준이 유지되는 것을 막기 위해 신속하게 행

동하지 않은 것이었다. 내가 집단을 이끌고 있을 때 전화를 받으러 다녀오게 되었는데(더 이상 이런 일은 일어나지 않게 했다), 내가 돌아왔을 때 부모는 자신의 아이에게 사용할 수 있는 가장 좋은 기저귀가 무엇인지 열심히 얘기하고 있었다. 나는 잠시 듣다가 어리석게도 그들이 다른 장소에서도 나눌 수 있는 그렇게 사소한 주제를 논의하느라 시간을 쓰고 있는 이유를 집단에 물었다. 그 후로 그 집단은 거의 위험을 감수하지 않고 기여도가 낮은 집단, 내가 치료했던 집단 중 가장 지루한 집단 중의 하나가 되었다. 내가 마침내 무슨 일이 일어났는지 알아차렸을 때, 나는 리더로서 내가 주제를 시작할 것이라는 기준을 확립했다는 것을 깨달았다. 분명히 집단이 걱정하는 한, 특정 주제만이 모임에서 논의되기에 적합한 것이었다. 그렇지 않으면 내가 화를 낼 것이니까 말이다. 집단은 무엇이 수용 가능한지 추측해야 했다. 그들이 채택할 수 있는 가장 좋은 전략은 안전한 주제를 선택하고, 새로운 주제로 위험을 무릅쓰지 않는 것이었다. 집단이 논의하기로 선택한 주제는 절대로 부적절하지 않다. 다만 리더가 가끔 부적절한 것이다.

이 집단은 절대로 회복되지 않았다. 내가 다시 돌아갈 수 있다면(대부분의 전문가가 공유하는 한탄이다) 나는 "당신이 너무 선택할 수 있는 것이 많아서 힘들겠어요."라고 말할 것이다. 이 말은 그들의 아동을 고려해서 해야 하는 모든 선택을 바라보도록 집단을 움직였을 것이다. 최소한 나는 조용히 있는 것이 나았고, 다른 구성원들이 그들이 얼마나 시간을 낭비하는지 지적하도록 했어야 한다. 그랬다면 어떤 경우든 지루한 집단을 만들지 않았을 것이라고 생각한다.

상호작용 기준

집단 구성원이 서로 연결되고 배워야 한다면 그들은 서로 상호작용을 해야 한다. 대부분의 집단은 리더를 향한 질문으로 시작한다. 질문에 답을 하면 다른 질문-대답 교환도 촉진된다. 이것은 리더가 주어진 시간의 반 가까이 질문에 답하고 말하면서 내용을 제공하게 되는 함정에 빠질 수 있다는 것을 의미한다. 만약 집단이 집단으로서 기능하려면 리더가 질문에 답하는 것에서 신속하게 빠져나가고 모든 집단 구성원 간의 상호작용을 격려해야 한다. 나는 보통 내가 말하는 데 10% 이하의 시간을 쓰는 집단이 성공적인 집단이라고 생각한다. 상호작용 기준은 정보 공유와 구성원 간에 일어날 수 있는 도움을 허용한다.

주도권 기준

나는 주도권 기준이 성장에 중요하다고 생각한다. 집단 구성원은 그들이 어떤 일이 일어나길 원한다면 그들이 일어나게 할 수 있다는 것을 알아야 한다. 나는 어떤 안건이나 계획 없이 집단을 시작한다. 주제는 집단에 의해 결정될 것이며, 구성원이 앉아서 소극적이길 원한다면 아무 일도 일어나지 않는다. 처음 집단을 시작할 때 집단이 할 일과 진행방법을 말해 주기를 기다리는 동안 침묵이 내려앉는다. 만일 리더가 이 시점에 통제를 한다면 리더 통제 집단의 기준이 확립된다. 일단 이렇게 되면 구성원은 관객이 된다. 그리고 리더는 자신이 모든 일을 해야 하는 것에 대해 매우 분노하게 될 수 있다. 하지만 전문가와 내담자 모두의 암묵적 기대에 일치하기 때문에 전문가가 주도권을 잡지 않기란 매우 힘들다. 나는 집단의 초기에는 구조화된 경험이 리더주도 집단을 확립하기 때문에 거의 그렇게 하지 않는다.

자기노출

자기노출(self-disclosure)은 성장에 필수적인 요소이다. 집단 구성원이 자신을 공유하길 꺼린다면 그들이 어떻게 배울 수 있는지 알기 어렵다. 나는 그들이 자신을 드러낼 때 절대로 불이익이 없고 항상 지지받는 집단 기준을 확립해야 한다. 자기노출은 항상 안전해야 하며, 특히 구성원이 마침내 자신이 죄책감을 갖고 있는 비밀을 드러냈을 때 안전해야 한다. 어떤 부모가 "나는 항상 그렇게 느껴 왔어요."라고 말할 수 있을 때 또는 다른 집단 구성원이 그렇게 느끼지 말아야 한다고 말하거나 암시하지 않으면서 구성원의 비밀을 수용할 때, 부모 집단은 매우 결속될 것이다. '해야 하는 것들'이 많으면 집단은 매우 억제되며 자기노출이 이루어지기 어렵다.

내가 돕고 있는 한 집단에서 후두적출수술을 받은 한 남성이 당황스러운 일이 있었기 때문에 외출할 때 인공후두를 전혀 사용하지 않고 있다고 처음으로 고백했다. 다른 집단 구성원 중 아무도 그에게 인공후두를 '사용해야 한다'고 말하지 않았다. 그 대신 그들은 들었고, 그것이 비정상적으로 보여서 얼마나 힘들었을지 이해한다고 표현해 주었다. 잠시 후 그는 울기 시작했고, 집단에서 큰 정서적인 지지를 받았다. 몇 회기 후에 그는 자신이 공공장소에서 인공후두를 사용하기 시작했다고 알려 주었다. 내가 최근에 돕고 있는 집단에서 한 말더듬 아동의 어머니는 다른 어머니가 비유창성에 반응하지 않고 말을 더듬는 딸이 말하는 것을 듣고 있는 것이 얼마나 힘든지에 대해 말하는 것을 듣고 위안을 받았다.

자기노출을 강요해서는 안 된다. 참여자는 그들이 그렇게 원한다면(실제로 그 안에 다른 기준이 있다) 기꺼이 자신을 드러내지 않을 자유를 느껴야 한다. 리더가 자기노출을 촉진할 수 있는 한 가지 방법은 리더 자신을 드러내는 것인데, 이는 타이밍이 아주 정확해야 하기 때문에 까다로울 수 있다. 집단 초기에 중요한 문제는 리더의 신뢰성이다. 리더의 자기노출은 집단에 큰 도움이 될 수 있는데, 그것이 권위 문제를 떨쳐 버리는 데 도움이 되기 때문이다. 내담자는 전문가도 인간이고 때로는 집단이 제공할 수 있는 도움을 필요로 한다는 것을 알 수 있다. 하지만 나는 집단의 아주 초기에는 자기노출을 매우 꺼리며, 자기노출 기준이 인정에 대한 정서적 요구에서 발현되기를 그리고 자기노출이 형성되기 시작하는 신뢰와 수용의 기준에서 자생적으로 발현되기를 기대한다.

직면

집단 구성원이 어떤 것을 걱정하고 있을 때는 서로 함께 '점검하는' 것을 배우는 것이 중요하다. 대인관계에서의 많은 문제는 실제를 점검하지 않고 가정하는 것에서 발생한다. 예를 들면, 우리가 만났을 때 내가 웃지 않아서 내가 자기에게 화가 났다고 생각하는 학생은 우리 관계의 손상(detriment) 가정을 작동시킬 수 있다. 하지만 만약 우리가 직면(confrontation) 기준을 확립했다면 그 학생은 내가 그녀에 대해 어떻게 느끼는지를 주저하지 않고 질문했을 것이고, 그러면 내가 어떤 개인적인 문제에 사로잡혀 있었고 내가 웃지 않는 것이 그녀에 대한 느낌을 반영하는 것이 아니라는 것을 알게 되었을 것이다. 실제로 내가 그녀에게 화가 났다면 우리의 관계를 방해하는 것에 대해 논의할 수 있는 기회를 가질 것이다. 어느 쪽이든 직면을 통해 우리 둘 다 성공할 수 있다.

나는 일단 직면 기준이 설정되면 집단 내에서 편안해지는데, 그것이 나의 행동과 말이 오해받지 않을 것이고 혹은 문제가 되지 않는 것임을 의미하기 때문이다. 참여자는 필요하다면 나와 함께 그리고 서로 같이 실제를 확인할 것이다.

직면 기준은 역할 시범에 의해 가장 잘 확립된다. 리더는 이 행동을 보여줄 적절한 시간을 선택해야 한다. 직면은 큰 집단 신뢰가 요구되며 구성원에게 위협이 될 수 있다.

안타깝게도, 이 기준은 많은 대인관계에서 보편적이지 않으며, 참여자는 흔히 직면이 일어나면 겁을 먹는다. 모든 직면이 다른 사람과 관련된 자기노출을 포함하기 때문에 직면은 자기노출과 긴밀하게 관련되어 있다. 다른 사람과의 관계에서의 자신에 대해 말하는 것보다는 오직 자신에 대해서만 이야기하는 것이 더 안전하기 때문에, 자기노출은 일반적으로 처음에 나타난다. 집단을 자기노출로 이끌 때와 동일한 조건이 또한 직면 기준을 발현되도록 이끈다.

직면은 반드시 부정적인 감정에 대한 것은 아니다. 어떤 사람은 온정과 호감으로 다른 사람과 직면할 수 있다. 하지만 나는 처음 출현하는 직면 감정이 종종 화와 분노라는 것을 알게 되었다. 안타깝게도, 많은 사람은 그들이 사랑의 감정보다 분노의 감정을 표현할 때 위협을 덜 느낀다.

현시점 기준

집단에서 가장 치명적인 것은 구성원이 다른 사람들은 이해할 수 없는 일화를 길게 말하게 두는 경우일 것이다. 이런 경우 집단의 관심이 재빨리 감소한다. 촉진자는 자료에서 즉시성을 찾아내고 지금 여기로 즉시성을 가져와야 한다. 따라서 예를 들어, 보청기 판매상과 언쟁을 한 이야기를 말하는 참여자에게 나는 "화가 나서 어떻게 하셨어요?"(자기노출로 초대)라고 반응할 수 있고, "나에게 화가 나셨나요?"(직면으로 초대)라고 반응할 수도 있다. 경험이 더 즉각적이고 더 흥미로울수록 모든 사람에게 학습경험이 될 수 있는 잠재력은 더 커진다. 모든 사람이 접근할 수 있는 자료일 경우, 집단 모임에서 발생했던 사건을 회상할 때처럼 집단의 모든 구성원이 기여할 수 있고 피드백을 주고받을 수 있다.

현시점(here-and-now) 기준은 촉진자가 시기적절한 중재를 통해 집단 구성원을 현재로 이끌 때 확립된다. 작용할 역사가 없기 때문에 집단이 현시점 지향성으로 시작하지 않을 것이다. 참여자는 자신을 드러내야 하며 그들의 신뢰성을 확립해야 한다. 구성원 간의 상호작용이 이루어지기 위해 소요되는 시간도 필요하다. 현시점은 집단 내에서의 대인관계 상호작용을 촉진하기 때문에 개인적 성장목표를 성취하기 위해 지향하는 강력한 기준이다.

개인적 요구 존중

지켜보지 않으면 집단 기준은 매우 제한적이 될 수 있는데, 높은 수준의 순응을 장려하는 경우 특히 그러하다. 확립된 특정 기준을 엄격하게 고수하는 것은 모두에게 바람직하지 않다. 개개인이 자신의 행동을 통제할 수 있고 학습은 그들이 준비되었을 때 진행될 것이라고 느껴야 한다. 내가 이끄는 모든 집단을 시작할 때 설정하는 몇 가지 명확한 기준 중의 한 가지는 참여자는 원하지 않으면 말하지 않아도 되며 질문에 대답하지 않아도 된다는 것이다. 내가 자주 분명히 해 두는 다른 기준은 비밀유지에 관련된 것이다. 다른 기준은 집단이 진행됨에 따라 발현되도록 한다. 집단 결정이 필요할 때 반대자들이 기준에 따르도록 타협하거나 기꺼이 동의하는 것은 필수적이다. 나는 문제를 기꺼이 협상하고 논의하려고 함으로써 내가 개개인의 요구를 존중하려고 노력한다는 중요한 메시지를 집단에게 전달한다. 만약 집단의 기준이 무엇인지에 대해 할 말을 가지고 집단에 참석한다면 내 요구가 다른 구성원의 요구를 대신하게 되는 리더주도 집단을 만들게 될 것이다. 협상에 소요되는 시간을 잘 사용해야 한다. 그것은 강력한 집단 기준을 확립한다. 보기에는 사소한 일이 집단의 성공을 결정할 수 있다.

절차 기준

절차 기준은 집단이 기능하는 방법을 결정한다. 대개는 회기 수 및 각 회기의 진행시간과 같이 집단이 통제할 수 없는 많은 기정사실이 있다. 나는 항상 시간이 얼마나 가능한지를 시작할 때부터 아주 명확하게 한다. 시간이 집단과 협상 가능한 문제라면 나는 첫 회기에 협상을 시작해서 모든 사람이 그들이 전념해야 할 시간의 길이를 알고 그것에 동의하도록 한다. 또한 나는 집단 미팅을 반드시 정시에 시작하고 합의된 시간에 끝내도록 한다.

나는 내가 이끄는 거의 모든 상담 집단에서 비밀유지 기준을 확립하려고 한다. 나는 내가 그것을 강요할 방법이 없기 때문에 비밀유지를 강요할 수는 없다는 것을 알고 있다. 나는 다른 외부인에게 집단에 대해 말하지 않을 것이며 그들도 똑같이 해 주길 희망한다고 말한다. 나는 집단에 비공식적인 방문자를 허용하지 않는다. 나의 학교 강의에서는 비밀유지가 집단에 대한 자기노출 기준을 함축(혹은 거의 강요)하기 때문에 처음부터 비밀유지에 대한 이야기를 하지 않는다. 만약 학생 집단이 자기노출을 시작한다면 그때 나는 비밀유지에 대해 말하고 우리가 합의할 수 있는지 본다.

집단발달단계

비록 각각의 집단이 독특함에도 불구하고 모든 집단은 유사한 궤도를 따라 발달한다. 집단 진행자는 집단이 비정상적으로 기능할 때 신속하게 진단하고 바로잡을 방법을 마련할 수 있도록 집단의 발달 순서에 대한 인식을 가져야 한다. 어려움은 거의 언제나 집단의 성장을 제한하는 건강하지 않은 집단 기준에서 야기된다. 사실상 집단발달에 대한 통제된 연구가 발표된 적은 없다. 주로 비체계적인 임상 관찰이다(Yalom, 1975).

시작 단계의 집단

대개 나는 내 소개를 하고, 내가 여기에 어떻게 오게 되었고, 집단에서의 나 자신에게 어떤 기대를 하는지를 말하면서 집단을 시작한다. 그런 다음 나는 구성원에게 자신을 소개하고 왜 여기에 왔는지를 말하도록 초대한다. 모든 사람이 말한 후에 나는 절차 기준을 설명한다(회기의 시간, 질문에 대답하지 않을 권리 등). 대부분의 기준은 나의 행동과 내가 강화하는 집단행동에 대한 작용으로 발달하기 때문에 절차 기준을 최소화한다. 다음으로, 나는 모두의 경험이 가치가 있기를 바란다고 말한다. 이 시점에서 흔히 큰 침묵이 뒤

따르는데, 영원할 것처럼 느껴지지만 아마 지속시간은 30초를 넘지 않을 것이다. 거의 대부분 나를 향한 질문이 이 침묵을 깨는데, 이 질문은 보통 구성원이 리더를 집단의 체계를 제공하는 사람으로 여기기 시작하게 되는 절차 유형의 질문이다. 예를 들어, 참여자는 "우리가 여기에서 무엇을 할 건가요?"라고 질문할 것이고, 나는 흔히 다음과 같이 반응한다. "여기에서 무엇을 하고 싶은가요?"

시작 단계(inception stage)의 집단은 주로 체계를 발달시키고 신뢰성을 확립한다. 구성원이 내가 회기를 구조화하지 않을 것이라는 것을 알게 되면 그들은 행동하기 시작하고, 행동하면서 그들을 드러낸다. 모두들 여전히 최선의 '칵테일 파티' 행동을 한다. 부모 집단에서는 부모 중 한 명이 자녀의 장애 발견에 대해 말하기 시작하면 그녀가 집단에 속할 자격을 갖게 되고, 따라서 다른 구성원이 자기 이야기를 말하게 된다. 그들이 수용의 신호와 경험의 연결을 발견하기 시작하면 결속력이 형성되기 시작한다. 보통 많은 감정이 표현된다. 부모 집단의 시작 단계에서는 보통 부모가 전에는 표현하지 않았던 억눌린 느낌을 드러냄에 따라 매우 카타르시스를 느끼게 된다.

학생 집단이나 치료 전문가 집단은 보통 꽤 머뭇거리면서 길고 당황스러운 침묵으로 시작한다. 구성원은 어떻게 진행할지 확신이 없으며 어느 정도로 그들을 기꺼이 드러내야 할지 불명확하다. 흔히 집단 내에는 자기노출을 감당할 정도로 필사적인 누군가가 있다. 만약 그것이 수용된다면 친근감은 소용돌이처럼 발달하기 시작하고 점점 더 많은 자기노출이 발생한다. 전문가 집단은 일반적으로 내가 같이 일했던 집단 중에 가장 감정적으로 표현하지 않는 집단이었다. 이는 흔히 학생과 감독자 혹은 피고용인과 고용주와 같은 위계적인 구조의 집단일 때 나타난다. 이 집단을 움직이려면 엄청난 인내가 요구된다. 또한 이 집단은 숨겨진 의제를 가지고 있을 수 있다. 리더가 모르는 관계의 역사가 있고, 잠재적인 함정이 있다. 종종 리더는 집단이 무시하고 싶었던 바로 그 공공연한 고통스러운 주제를 다루도록 하면서 희생양이 된다.

예를 들면, 나는 한때 청각장애학교에서 일했다. 긴 침묵이 함께했던 지루한 두 회기가 지나고, 집단 구성원은 마음을 터놓기 시작했다. 수업에 계속 늦고 다른 교사가 유능하지 않다고 평가한 한 교사에게 많은 적대감이 향했다. 나는 "어떤 교사는 항상 늦습니다."와 같은 일반화를 허용하지 않음으로써 그들이 이 교사를 특정하게 만들었다. 나는 그들에게 누가 마음속에 있는지 질문했고, 마침내 그들이 한 교사를 특정했을 때 모든 사람이 그 흐름에 편승해서 비난했으며, 그 교사는 울음을 터뜨리면서 자리를 떠났다. 그러고 나서 집단은 나를 공격했고, 이 모든 것을 야기한 나를 탓했다. 집단은 결코 구성원이 자신을 더 드러낼 수 있을 만큼 편안한 장소가 되지 못했고, 나에게도 분명히 편안한 곳이 아니었다. 나는 집단과 내가 그 마주침에서 많이 배웠다고 생각하며, 궁극적으로는 그 교사가 떠남으로써 학교가 득을 봤다고 생각한다. 함께한 시간이 없는 낯선 사람들이 모인 집단과 함께하는 것이 더 수월한데, 이때 리더가 집단의 역사를 발전시키는 데 관여할 수 있기 때문이다.

집단발달의 시작 단계에는 충분한 신뢰가 없기 때문에 직면은 거의 발생하지 않는다. 직면은 항상 리더가 이 행동을 시범 보이는 것으로 발생하며 집단발달의 약간 후기에 필요하다. 집단 리더의 고전적인 딜레마는 초기 집단의 구성원이 집단에 해로운 기준을 확립하려고 할 때 나타나는데, 아무도 그 사람을 직면하려고 하지 않을 때 발생한다. 예를 들어, 최근의 학생 집단에서 한 참여자가 다른 사람이 말한 이야기와 아무 관계도 없는 길고 지루한 일화로 집단을 계속 독점하고 있었다. 그녀는 모든 침묵을 채웠고 침묵 사이의 여백까지 날려 버렸다. 집단에서 그녀에게 도전할 만큼 자신 있는 사람은 없어 보였다. 나는 그녀의 행동을 지적할 책임을 맡았고, 다른 구성원에게 그녀에 대해 어떻게 느끼고 있는지 피드백을 요청했다. '독점자'가 규칙적인 참석을 중단했고 참석하더라도 좀처럼 말을 하지 않았기 때문에, 나의 개입은 집단발달에서 너무 일찍 이루어진 것이었다. 그녀는 말하기를 두려워하는 것이 아니라고 했지만, 집단에 대한 흥미가 사라진 것 같았다. 하지만 집단의 나머지 사람은 내가 그들을 '곤경'에 처하게 할까 봐 걱정, 두려움까지 갖게 되었다. 집단은 전혀 위험을 감수하지 않았고, 불편한 침묵이 길었으며, 자기노출을 거의 하지 않는 참여도 낮은 집단이 되었다. 집단 구성원들은 더 이상 나를 조력자로 여기지 않았다. 비록 내가 그들이 그 사건과 나에 대해 어떻게 느끼는지 피드백을 요청했지만 집단은 결코 결속되지 않았다.

돌이켜 생각해 볼 때 나는 집단에서 독점자를 직면하기 전에 더 기다릴 필요가 있었다는 것을 깨달았다. 나는 집단이 결속되어 행동하는 것을 배울 만큼 시간을 허용하지 않았다. 집단은 충분한 신뢰를 발달시킬 시간이 필요하다. 친숙함은 우리가 겉으로 드러나는 행동 아래에서 얻을 수 있을 때 성장한다. 나는 발달 초기 단계에서 집단을 밀어붙이려고 시도한 것이 실수임을 깨달았다. 그들은 전개과정에서 작용한다. 너무 오래 기다리는 것 역시 집단 진행에 해롭기 때문에 직면의 타이밍은 집단 진행자에게 딜레마이다. 내가 맡고 있었던 부모 집단에서 청각장애 아동의 청각장애인 어머니가 다른 어머니들이 자녀의 청각장애를 비통해하게 두지 않으려고 했다. 다른 어머니들이 청각장애에 대해 부정적인 것을 말하려고 할 때마다 그 어머니는 그녀가 아내이자 어머니로서 잘 해내고 있고 청각장애에도 잘 적응하고 있다면서 "하지만 나를 봐요."라고 말하곤 했다. 하지만 다른 부모들은 그녀의 말이 실제로 알아듣기가 힘들고, 그녀가 집단에서 역할을 하기 위해서는 통역사가 필요하다고 생각을 할 뿐이었다. 그들은 아직 부정/저항의 대응 단계에 있었다. 내가 실제로 전혀 해결하지 못한 문제였다. 집단은 리더에 얽매여 있었고 리더가 직면시킬 필요가 있었으나, 나는 집단을 직면시킬 적당한 시간을 찾지 못했다. 당시 나는 집단이 일어나고 있는 일을 터놓고 다루는 것에 도전하도록 할 수 있는 전문가로서의 용기가 부족했다. 이것은 내가 성공적이지 못했던 집단 중의 하나이며, 나는 그로부터 많은 것을 배웠다고 생각한다. 안타깝게도, 우리의 내담자는 종종 우리의 배움으로 인해 고통을 겪는다.

집단 진행에 대한 저항도 초기에 발달하기 시작한다. 저항은 흔히 집단 구성원들이 그들 사이의 차이점에 초점을 맞추는 것에서 분명히 드러난다. 에머슨 대학에서 내가 맡았던 부모 집단은 어린 청각장애 아동 부모, 건청 아동 부모, 학생치료사와 때로는 집단에 대해 더 배우고자 하는 치료사로 이루어져 있었다. 전문가들과 나는 집단 회기가 끝나고 돌아보기 위해 모인다. 거의 항상 전문가와 학생은 집단에서 참여 수준이 낮다. 그들은 그것이 부모 집단이고, 그들이 부모가 아니기 때문에 기여할 것이 없다고 생각한다. (우리가 열심히 살펴본다면 우리는 우리가 다르다는 것을 항상 발견할 수 있다.) 이 지점에서 나는 늘 그들에게 느낌 차원에서 그것은 보편적인 것이라는 것을 상기시킨다. 우리는 모두 실망, 공포, 분노 등을 알고 있다. 그들이 더 편안해지면 그들은 그들과 부모 사이의 공통점을 알게 되고, 이제 집단을 가치 있는 개인적 성장 수단으로 자주 활용하게 된다.

작업 단계의 집단

　집단의 발달단계는 좀처럼 경계가 확실하지 않다. 집단이 시작 단계에서 작업 단계(working stage)로 이동할 준비가 되어 있다고 알려 주는 어떤 시점은 없다. 이 단계의 특징은 응집력, 갈등 그리고 리더의 재정의이다.

　집단이 응집력도 있고 갈등도 있다고 말하는 것은 모순적인 것처럼 보이지만 이 속성은 양립할 수 없는 게 아니다. 관계 내에서 개인이 안정감을 느낄 때만 직면을 할 수 있다. 집단 내에서 출현하는 갈등은 흔히 집단 내 응집력 수준의 표지이다. 초기 단계에서 구성원은 상황이 안전한지 확실하지 않기 때문에 최선의 행동을 한다. 구성원이 안전하다고 느낄 때 그들은 직면을 할 수 있다. 학생치료사가 아이가 없어서 아동을 이해하지 못한다고 부모가 비난할 때처럼, 직면은 흔히 외부인에게서 이루어진다. 만일 분명한 외부인이 존재하지 않으면, 그 행동은 어쨌든 그들을 실패시킨 리더를 향하게 된다 (리더가 어떤 의미로는 항상 외부인이고 집단 진행자라는 것은 리더가 계속 실존주의적 고독을 직면해야 한다는 것을 의미한다).

집단이 작업 단계로 이동하면 리더를 재정의하고 그 작업 구조에 자리 잡을 준비가 된다. 나는 집단에 무엇을 해야 하는지 말해 주지 않을 것이기 때문에 분노가 나에게 향하고, 부모는 내가 장애 자녀가 없기 때문에 그들을 이해하는 것이 가능할지 염려한다. 갈등은 인간의 상호작용에서 사라질 수 없다. 우리는 갈등을 통해 성장한다. 집단 구조를 결정하는 것은 갈등의 해결이다. 우리는 우리 사이에서 협상하고 타협하며 우리가 과제를 처리할 수 있는 구조를 발달시킨다.

내용은 또한 매우 소중해지며 구성원에게 쉽게 전달된다. 좋은 작업 단계 집단(working group)은 각 구성원의 강점과 약점에 대한 공동 지식과 집단에 있는 재능을 활용할 수 있는 능력이 특징이다. 이제 집단의 초기 단계에 나타났던 주제가 다시 나타나며 더 자세하게 다른 관점에서 논의된다. 따라서 이전에 논의할 때에는 공유할 준비가 되어 있지 않아서 그 이슈를 생각하기 어려웠기 때문에 거의 말하지 않았던 참여자가 목소리를 많이 내게 된다. 다른 구성원은 그들의 입장에 대해 다시 생각할 것이다. 나는 특히 부모 집단에서 설득력 있는 모든 문제가 처음 몇 회기에 출현하고, 그 이후에는 다른 새로운 주제가 나타나지 않는다는 것을 알게 되었다. 그것은 재순환 과정이다. 풍부함과 복잡성은 집단 구성원의 상호작용에 의해 만들어지며, 집단은 말할 거리가 절대로 떨어지지 않는다.

잘 기능하는 집단은 신뢰 수준이 높고 갈등이 출현할 때 개방적으로 다뤄진다. 구성원 사이의 긍정적인 느낌이 나타나고 어떤 느낌은 리더를 향하기도 하며, 리더는 이제 작업 단계 집단 구성원으로 받아들여진다. 나는 내가 작업 단계 집단의 이상적인 시각을 묘사하고 있다는 것을 알고 있다. 내가 다뤘던 모든 집단이 이런 기능 수준을 성취하지는 못했다. 많은 집단은 종결되지만 안타깝게도 어떤 집단은 절대로 종결되지 못했다. 그럼에도 불구하고 나는 집단에게 배우는 데 실패한 적은 없다.

집단 종결하기

종결은 집단과정의 필수적인 부분이고 하찮게 여겨지거나 최소화되어서는 안 된다. 종결 그 자체의 과정이 더 깊은 성장의 추동력이 될 수 있다. 나 자신의 죽음 회피 문제가 집단에게 만족스러운 종결 의식을 제공하는 것을 아주 자주 방해했다. 집단은 느슨한 종결(항상 느슨한 종결이 있다)을 멈추고 그들의 종결을 애도할 시간과 공간이 필요하다. 흔히 집단은 종결이 매우 고통스럽기 때문에 종결 과제를 회피한다. 리더는 작업을 끝마치는 원동력으로 종결 인식을 사용할 수 있다. 나는 가능한 한 마지막 순간까지 집단이 작업할 수 있게 하려고 한다. 종종 집단은 종결과정을 너무 빨리 시작할 수 있다. 만약 내가 이것을 허용한다면 어떤 좋은 작업은 사라질 수 있다. 리더는 타이밍 판단을 훈련해야 한다.

나는 각각의 구성원이 집단경험을 성찰하고 집으로 돌아가는 것을 상상하는 순간을 갖도록 제안하면서 집단을 종결한다. 나는 질문한다. "어떤 메시지를 전달했으면 좋겠습니까?" "내가 말했어야 하는 것이 있나요?" 그러고 나서 나는 우리가 남은 시간을 그 메시지를 전달하면서 보내기를 제안한다. Yalom(1975)은 종결과정에 대해 다음과 같이 말했다.

> 치료사는 내내 이별에 대한 그 자신의 느낌을 드러냄으로써 집단의 작업을 촉진한다. 치료사는 환자와 마찬가지로 집단을 그리워할 것이다. 그에게도 집단은 괴로움, 갈등, 공포 그리고 위대한 아름다움의 장소였다. 삶의 진실되고 가장 가슴 아픈 순간은 치료 집단의 작지만 무한한 소우주에서 일어난다(p. 374).

다른 고려사항

구조화된 경험의 활용

구조화된 경험은 일반적으로 흔히 리더가 만드는 활동으로 집단과정을 가속화하기 위해 계획된다. 그것은 자기노출을 격려하거나 관습적인 사회적 제한을 우회하게 하는 기술이다. 예를 들면, 새로운 집단에서 구성원을 두 명씩 쌍을 이루게 하고 한 명이 다른 한 명을 서로 인터뷰하게 할 수 있다. 집단이 다시 소집되면 각 구성원이 상대방을 집단에 소개한다. 처음 소개 단계를 통해 집단을 도와주는 많은 방법이 있다. (내 경험 초기에 나는 집단을 촉진하는 방법으로 사례 연구를 사용했다. 관심 있는 독자들은 부록 A를 읽어 보라.)

리더주도 연습의 문제는 그것이 집단 구성원의 주도권을 촉진시키지 않는다는 것이다. 그런 연습은 리더가 다음 연습거리를 주기를 바라면서 앉아서 기다리는 소극적인 집단을 만드는 경향이 있다. 그 연습은 개인의 행동에 대한 변명이 될 수 있으며, 책임 인수를 제한할 수 있다. 연습은 집단(실제적으로는 리더)을 구조하는 데 자주 사용되며, 장기적으로는 별로 도움이 되지 않는다. Lieberman 등(1973)은 연습을 아주 자주 활용하는 집단 리더가 구조화된 경험을 드물게 사용하는 리더보다 집단 구성원에 의해 더 유능하고 효과적이고 통찰력 있는 리더로 평가되었다고 했다. 하지만 더 분명한 것은 가장 고도로 구조화된 경험을 사용했던 집단의 구성원이 덜 구조화된 집단보다 훨씬 나쁜 결과(즉, 긍정적인 변화가 더 적었고, 시간이 흐름에 따라 긍정적인 변화를 유지하는 능력도 더 적었다)를 나타냈다는 것이다.

나는 여전히 워크숍에서 구조화된 경험을 가끔 사용한다. 드물게 사용하고 집단과정의 흐름 내에서 구조적으로 적합하게 해야 한다. 효과적일 때에는 그런 연습이 자연발생적인 것으로 보인다. 이전 책(Luterman, 1979)에서 나는 구조화된 경험에 전체 장을 할애했다. 이러한 활동에는 역할 놀이, 가상적인 가족, 상상 안내가 있다. 비록 도움이 되게 사용한 독자들에게서 긍정적인 피드백을 받았지만, 나는 항상 그런 활동의 사용에 대해 다소 불편함을 느낀다. 그런 활동이 집단과 집단 리더가 대처할 준비가 안 된 문제에 처하게 만들 수 있다고 생각한다. 비록 구조화된 경험이 신중하게 사용될 경우 가치 있는 것이 될 수 있지만 집단이 준비되기 전에 집단의 구성원들에게 시작될 수 있고, 집단 리더에게 내가 선호하지 않는 기술 지향성을 고취시킬 수 있다.

집단의 동질성

집단을 동질적으로 유지시키는 일반적인 경향은 흔히 진단명에서부터 드러난다. 그래서 후두적출수술을 받은 사람들, 말을 더듬는 사람들, 뇌졸중 환자의 가족 등의 집단이 있다. 집단과 일하기 시작했을 때, 나는 다른 장애가 없는 어린 청각장애 아동의 부모 집단으로 제한했다. 나는 매우 동질적인 집단이 되게 하려고 노력했는데, 당시 나는 예외적인 부모가 제시하는 추가적인 문제를 다루는 것에 불편함을 느꼈기 때문이다. 곧 나는 동질성이 신화라는 것을 알게 되었다. 비록 집단이 동일한 진단명을 공유함에도 불구하고, 구성원 사이에는 엄청난 차이가 있다. 사실 집단 진행에서 초기에 나타나는 저항은 구성원 사이에 존재하는 많은 차이를 알려 준다(예: "내 아이는 난청인데, 그들의 아동은 청각장애이기 때문에 그들은 나를 이해할 수 없어요."). 진행자의 중요한 과제 하나는 집단 구성원이 그들의 유사성에 집중하도록 하는 것이다(예: "당신이 여기 다른 사람들과 비슷하다고 생각하는 것을 말해 줄 수 있습니까?"라고 질문하기).

내 능력이 더 안정됨에 따라 나는 더 분명하게 여러 가지로 이질적인 사람들로 이뤄진 집단을 허용할 수 있었다. 나는 중복장애 아동의 부모와 청각장애 부모, 더 나이 많은 청각장애 아동의 부모와 건청 아동의 부모를 한 집단으로 구성하기 시작했다. 최근 나는 다양한 장애 아동의 부모 집단과 일했다. 내가 분명히 집단의 이질성을 증가시킬수록 집단은 더 풍부해진다. 건청 아동 부모는 아동 양육 문제의 동질성을 추가했고, 더 나이 많은 청각장애 아동의 부모는 그들의 경험을 추가했으며, 다른 장애 아동의 부모는 장애 아동 양육경험의 보편성 이해로 이끌었다. 이렇게 다른 부모들은 나를 전문적으로 더 신장시켰고, 이제 나는 나의 집단에서의 다양성을 환영하고 권장한다.

집단 규모와 환경

일반적으로 내가 일했던 집단의 구성원은 8~15명이다. 나는 이것이 좋은 집단 규모라고 생각하는데, 그 이유는 참여자들 사이에 충분한 상호작용을 하기에 적당한 인원이 있고, 구성원들이 신뢰를 쌓기에 지나친 시간이 필요할 만큼 인원이 많지는 않기 때문이다. 더 큰 집단은 신뢰를 쌓는 데 더 많은 시간이 필요하다. 나는 또한 학기 방학과 같이 명확한 구분이 있는 경우를 제외하고는 새로운 사람들을 집단에 참여시키지 않는다. 집단이 신입회원을 흡수하고 응집력을 재건하기 위해서는 시간이 필요하기 때문에 새로운 구성원들은 집단발달을 방해하는 경향이 있다. 또한 새로운 구성원들이 집단 기준을 이해하는 데에는 시간이 소요된다.

나는 항상 미팅을 편안한 공간에서 가지려고 하며, 참여자들이 원형으로 앉을 수 있게 한다. 따라서 구성원과 리더는 서로 눈을 맞출 수 있고 서로의 몸짓 언어를 읽을 수 있다. 대부분 집단의 최대 지속시간은 1시간에서 2시간이므로 의자도 편안해야 한다. 한 교수님은 앉아 있는 것을 참을 수 있어야 정신을 집중할 수 있다고 말했다.

가용시간 채우기

집단의 지속기간은 흔히 임의적으로 결정된다. 일정의 긴급함, 재정, 참여자의 효용은 치료 진전 정도보다 집단의 지속기간에 더 큰 영향을 미치는 것으로 보인다. 어떤 의미에서 집단은 절대로 종결되지 않는다. 항상 진행 중이며, 새로운 자료가 항상 나타난다. 그래서 집단은 인간과 유사하다. 나에게 집단 미팅은 그 시간을 즐기고 음미할 수 있는 마법 같은 순간이며, 절대로 복제될 수 없다.

집단에는 가용시간을 채우는 경탄할 만한 방식이 있다. 나는 집단이 얼마나 멀리 여정을 떠날 수 있는지에 대한 잠재적이고 집단적인 지식이 있다고 생각한다. Carl Rogers는 한때 이렇게 물었다. "당신에게 오직 20분의 시간만 있다면 비지시적인 치료로 얼마나 멀리 도달할 수 있습니까?" 그의 유명한 대답은 "20분만큼의 가치입니다."였다. 나는 총 2시간 지속되었던 멋지고 강렬한 집단을 경험해 보았다. 이 집단은 거의 동작 속도를 높인 영화와 같았다. 우리는 모두 2시간만 있다는 것을 알고 있었고, 따라서 모든 사소한 문제는 사라졌으며, 응집력이 매우 신속하게 발달했고, 자기노출이 매우 빈번했다. 나의 가장 만족스러웠던 전문적인 경험 중의 몇 가지는 매우 단기적인 집단에서 일어났다.

요약하면, 집단 환경은 치료과정에서 큰 의미를 가질 수 있다. 그것은 개별치료의 보충으로 의사소통장애인의 가족에게 사용되거나 치료 회기와 결합될 수 있다. 집단은 매우 융통성 있게 사용될 수 있다. 집단을 촉진하는 기술을 향상시키는 것은 학생훈련의 일부분이 되어야 한다. 나는 우리가 내담자에게 줄 수 있는 가장 큰 선물이 촉진을 잘하는 지지 집단이라고 생각한다.

제8장

가족상담

나에게 가족은 항상 매우 중요하다. 나는 이민 2세대이다. 나의 조부모 두 분은 모두 영어를 잘 하지 못하셨다. 우리는 타국에 살고 있는 이방인이어서 주류 문화에 아직 불편함을 느꼈기 때문에 서로 의지해야만 했다. 아버지는 우리에게 "피는 물보다 진하단다."라고 자주 말씀하셨는데, 이는 가족이 아닌 사람보다 가족에게 더 의지할 수 있음을 뜻하는 것이다. 우리 중 한 명이 이사하면 우리는 모두 이사했다. 나는 조부모, 고모, 삼촌 그리고 사촌이 아주 가까이에 거주하고 있는 확대가족에서 성장했다. 이러한 독특한 80년간의 관점에서 나는 우리 가족이 가족치료사가 속박(밀착)가족(enmeshed family)이라고 부르는 가족이었다고 생각한다.

'피는 물보다 진하다.'라는 가족의 수칙은 내 정신에 깊게 배어 있으며, 나의 전문가로서의 삶에도 이어져 왔다. 임상 청각사로서 수년 동안 일한 후, 나는 나의 내담자와 가족의 제한되고 한정된 참여에 극도의 불편함을 느끼기 시작했다. 나는 내가 '부족'하다는 생생한 임상적 경험을 기억한다. (이것은 행하기보다는 행하지 않은 '죄'에 근거한 또 다른 보물 같은 상황이다. 임상적으로 부족한 상황이라는 것은 우리가 학습할 준비는 되어 있으나 아직 갖추지는 못한 기술의 표식이다.) 60세쯤의 남자가 보청기 평가를 받기 위해 방문했다. 그는 배우자와 사별한 후 5년간 혼자 지내다가 최근에 재혼했다. 그의 새 아내는 그의 난청 때문에 매우 스트레스를 받았고 보청기를 착용하라고 끊임없이 잔소리했다. 그는 오래된 보청기를 서랍 안에 가지고 있었으며 열심히는 아니지만 아주 가끔 착용해 왔다. 그는 아내와 동행하지 않았지만 그의 태도와 말에서 그의 아내 때문에 보청기 평가를 원한다는 것을 분명히 알 수 있었다. 나의 임상적인 관점에서 내담자의 기대를 충족시켜 주는 것 외에 또다른 선택이 있다고 생각하지 않았기 때문에 그의 청각검사를 진행했고(그는 말 변별능력이 매우 좋지 않았고 가파르게 기울어지는 청력도를 나타냈다). 다양한 보청기를 착용해 봤다. 우리는 적당히 만족스러운 보청기를 찾았고, 나는 보청기 처방을 써 주었다(최근에는 우리가 보청기 처방은 내리지 않는다). 나의 '상담'은 보청기 작동법을 알려 주고 보청기를 사용하는 상황을 이야기해 주는 것으로 이루어졌다. 그는 다시 방문하지 않았다.

그를 검사하고 상담하는 내내 나는 내가 좀 다른 것을 해야 할 필요가 있다고 느꼈다. 이러한 상황은 기술자로서 청각사라는 전통적인 접근과는 다른 반응을 요구했다. 나중에야 당시 함께 오지 않았던 그의 아내도 역시 청력 문제가 있다는 것을 알게 되었다. 그녀 또한 남편의 청력 문제에 영향을 받았기 때문에 그녀를 평가에 참여시켜서 도움을 줄 책임이 있었다. 만약 내가 이 사례를 다시 만나게 된다면, 사례력 조사 단계에서 검사를 중단하고 그의 아내가 참석하도록 다음 약속을 잡을 것이다. 다음 미팅에서 평가하는 동안 그의 아내에게 그의 청력 문제와 보청기의 한계를 설명해 줄 것이다. 그리고 우리는 그의 감소된 청력을 보상할 수 있는 방법을 논의할 것이다. 그의 아내를 평가에 참여시키는 것이 환자만 치료했을 때보다 훨씬 효과적인 임상적 전략이 된다.

이 임상적으로 부족한 상황은 전문가에게 임상적 '진주'를 발달시킬 수 있도록 이끄는 '자극제 씨앗'을 제공한다. 나는 가족의 중요성에 대한 기존의 신념을 다시 확인했고, 만족스럽지 못한 임상적 만남에서 비롯된 지혜를 통해 어린 청각장애 아동을 위한 가족중심 간호 프로그램을 개발하게 되었다. 또한 그 시기부터 모든 성인 내담자에게 가족 구성원을 동반할 것을 요구했다. 가족에 기반을 둔 치료가 내담자만 치료하는 것보다 훨씬 더 효율적이고, 이는 임상적으로 부족한 상황을 해결하는 보편적인 결과가 된다고 생각하게 되었다.

더 효율적인 임상가가 되고자 하는 나의 열정은 나를 가족치료 연구로 이끌었는데, 가족치료는 우리 분야에 매우 유익하다고 생각되었고, 의사소통장애 분야에 이제 막 영향을 미치기 시작했다. 가족치료 분야의 개발은 단 한 사람에 의해서 이루어진 것이 아니다. 개별치료훈련을 받은 몇몇 이질적인 임상가에 의해 자연스럽게 발달한 분야이다. Virginia Satir, Nathan Ackerman, Don Jackson, Salvador Minuchin, Murray Bowen과 Carl Whitaker는 현재 행해지고 있는 가족치료의 선구자이다(Corey, 2013).

내가 참석했던 워크숍에서 Satir는 가족치료를 소개했다. 그녀는 정신병원에 배치된 훈련된 정신과 사회복지사였다. (나는 신임 교사나 치료사를 아무도 원하지 않고 경력이 많은 전문가조차 희망이 없다고 생각하는 환자 혹은 학급에 배치하는 것에 대해 궁금했다. 이러한 학급과 내담자에게는 신임이 아닌 가장 경험 많은 임상가가 필요하다고 생각했기 때문에, 신임이 배치되는 구조는 불합리하다고 생각했다. 그러나 다시 생각해 보면 아마 젊은 임상가는 이러한 사례가 희망이 없다는 것을 잘 알지 못할 것이고, 따라서 경험이 많은 임상가보다 더 나은 결과를 얻을 수 있다. 내담자는 임상적인 기대에 반응하는 경향이 있다.) Satir의 중증 환자들이 호전되면서 주말 외출이 가능해졌는데, 월요일에 그들이 돌아오면 지난 금요일에 나갈 때보다 상태가 나빠져 있었다. 그녀는 환자 차원에서만 치료하는 것이 효율적이지 않다는 것을 깨달았고, 상담 회기에 가족 구성원이 참석하도록 요구했다. 가족 구성원이 환자와 상호작용하기 시작하면서, Satir는 전체 가족이 제대로 기능하지 않고 환자의 질병이 가족 항상성(family homeostasis)을 유지하는 데 중요한 역할을 한다는 것을 알게 되었다.

예를 들어, 환자 문제는 부모로 하여금 결혼생활에서 오는 갈등에 신경을 쓰지 않게 함으로써 결혼을 유지시키는 데 매우 중요하게 작용하는 경우가 많다. Satir는 모든 가족을 치료에 참여시켜 매우 우수한 결과를 얻었다. 결혼생활에서의 갈등이 해결되면 환자는 장애를 포기할 수도 있다(Satir, 1967).

Minuchin, Roseman과 Baker(1978)는 심인성질환(psychosomatic illness)이 있는 아동의 가족을 검사했다. 천식, 거식증, 당뇨(적절한 혈당 수준을 유지하지 못하는 당뇨)가 있는 아동의 가족을 조사한 결과, 이러한 가족 내에서는 부부관계가 거의 좋지 않았고 아동의 증상이 이러한 가족을 유지시키는 요인이라는 것을 밝혔다. 각 가족 내에서 '아픈' 아동은 결혼생활의 갈등에서 삼각관계를 이루고, 아동에게 많은 비용이 소요됨에도 불구하고 아픈 아동은 가족을 유지시키는 역할을 한다. 만약 환자가 호전되면 가족 항상성은 위협을 받게 되며, 가족은 모두 환자가 계속 '아픈' 것을 유지하는 데 애쓰게 된다. Minuchin과 다른 가족치료사들은 아동 입장이 아닌 부모 입장에서 임상적인 노력을 기울이기 시작했다. 이러한 접근은 매우 만족스러운 결과를 낳았다(Hoffman, 1981).

가족치료에 내재되어 있는 기본 개념은 가족이 모든 요소와 상호 의존적으로 이루어진 체계라는 것이다. 모든 가족 구성원은 가족의 다른 모든 구성요소에 영향을 준다. 가족치료는 개별치료와는 전혀 다르다. 가족 구성원 중 한 사람에게 변화가 발생할 때 모든 가족이 영향을 받게 된다. 제대로 기능하지 못하는 가족에 속해 있는 환자의 개별치료는 환자 개인에게 가족 변화의 주체가 되어야 한다는 부담을 준다. 이는 종종 환자에게 너무 어려운 일이며, 특히 환자가 아동일 경우에는 더욱 그러하다. 가족치료사는 체계 차원에서 치료하는 것이 더욱 효과적이라는 것을 알고 있다. 따라서 많은 가족치료사가 개별치료를 거부한다.

우리 분야에서는 의사소통장애가 있는 사람 때문에 많은 스트레스를 받는 가족을 만난다. 이러한 가족이 반드시 기능에 문제가 있는 것은 아니며 단지 스트레스를 받고 있는 것이다. 그럼에도 불구하고 가족치료사가 개발한 많은 개념은 선행 연구에서 논의되었듯이 우리 영역에 깊이 시사하는 바가 있다.

Egolf, Shames, Johnson과 Kasprisin-Burrell(1972)은 어린 말더듬 아동을 치료할 때 아동만 치료하는 것이 부모-아동 쌍으로 치료하는 것보다 회복에 도움이 되지 않는다는 것을 밝혔다. 그들은 다음과 같이 썼다.

만약 아동이 말더듬에 의해 환경을 조정하고 있다면 부모는 말더듬을 지속시키느라 아동과 마찬가지로 환경을 조정하고 있는 것이다. 이렇게 한 쌍 (부모와 아동)은 균형을 이루고 있다. 만약 치료가 아동을 유창해지게 함으로써 쌍 중 한 사람(아동)을 변화시킨다면 아동과 부모 쌍은 불균형 상태가 될 것이다. 새로운 균형은 아동과 부모 모두에게 변화를 요구한다(p. 223).

Robertson과 Suinn(1968)은 뇌졸중 환자의 회복과 가족의 관심에 직접적인 상관관계가 있다고 했다. Edgerly(1975)는 부모 교육과 교육법을 제공하는 프로그램이 일반 교과과정보다 학습장애 아동의 학업성취를 높이는 데 많은 영향을 미친다고 했다. 그는 치료가 성공하기 위해서는 부모가 치료에 직접 참여하여야 한다는 결론을 내렸다. Berry(1987)는 보완대체의사소통을 사용하는 아동의 프로그램에 부모를 참여시키는 기술과 전략을 설명했다. 그녀는 보완대체의사소통 프로그램의 성공은 부모의 태도가 많은 부분을 좌우한다는 결론을 내렸다. Byrne(2000)은 학령기 청각장애 아동을 대상으로 언어학습의 세 가지 조건(부모, 부모와 치료사, 치료사)을 비교했다. 그녀는 가장 효율적이지 않은 경우가 치료사 혼자 교육하는 것이며, "부모는 아동이 목표언어를 경험할 수 있도록 모든 교육방법을 사용해서 치료사보다 더 많은 기회를 제공한다."(p. 217)라고 했다.

언어치료에서는 화용론으로의 변화가 의사소통 환경의 중요성을 대두시켰는데, 아동에게는 주로 가족이 의사소통 환경이다. 이는 언어치료사가 가족을 치료에 반드시 참여시켜야 한다는 것을 의미한다. Lund(1986)는 가족과 언어 중재에 대한 포괄적인 논문에서 다음과 같이 언급했다.

> 가족 환경에서 아동은 모든 이후의 의사소통 상황에서 사용될 어휘나 문법과 관련된 형태를 학습한다. 우리는 효율적인 의사소통을 지지해 주는 가족의 상호작용 측면을 강조하고 이러한 측면에서 배우기를 바라며 의사소통을 저해하는 측면은 감소시키도록 가족들과 함께 일한다(p. 417).

Superior와 Leichook(1986)은 학교기반 언어중재 프로그램에 부모를 참여시켜야 한다고 설득력 있게 주장했다. 그들은 언어장애에 대한 부모의 지식이 증가하면 아동이 접하게 되는 제한을 조금 더 수용하게 되고 민감해지게 되며, 부모를 참여시키는 것이 가정환경에서의 전이와 예방적인 교육에 더 효과적이라고 했다. 부모가 아동의 언어발달을 촉진시키는 강력한 모델이 될 수 있다면 추가적인 장애로의 진행을 예방할 수 있을 것이다. 저자들은 공교육 환경에서 시행될 수 있는 부모상담 모델을 개발했다. Girolametta, Greenberg와 Manolson(1986)은 아동과의 대화에서 부모의 기술을 향상시키는 부모 프로그램을 기술했다. 언어치료사와 함께 일하고 있는 가족치료사 Andrews(1986)는 가족중심 접근에서 언어장애치료에 사용할 수 있는 기법들을 설명했다. 인공와우이식 아동의 가족과 함께한 작업을 통해 DesJardin, Eisenberg와 Hodapp(2006)은 다음과 같이 결론지었다.

> 부모의 지식과 능력에 대한 감각을 활용하는 초기 중재는 아동의 발달을 지원할 수 있는 부모의 역량을 강화해 준다. 부모의 참여와 자기효능감은 전문가들이 인공와우이식 아동의 가족에게 언어학습을 지원할 때 고려해야 하는 중요한 측면이다(p. 186).

Millard, Nicholas와 Cook(2008)은 부모에게 아동 말더듬을 관리할 수 있는 역량을 강화하는 것이 목표인 부모-아동 상호작용 치료 프로그램에 대해 보고했다. 그들은 말더듬 아동 6명의 가족을 대상으로 연구했는데, 인지행동치료를 사용하고 집중적으로 부모와 함께 작업함으로써 아동의 비유창성이 감소했다고 보고했다. 하지만 치료사가 직접치료만 시행한 아동 통제 집단이 없었다.

Bowen과 Cupples(2004)는 고도로 구조화된 치료 프로그램에 부모를 협력자로 참여시키는 가족중심 말소리치료 모델을 기술했다. 그들은 치료하지 않은 통제 집단과 비교했을 때 가족중심 모델에 참여한 아동에게 의미 있는 향상이 있었음을 밝혔다. 그들은 그들의 연구에서 확실히 의미가 있었다고 생각되는 것은 부모에게 힘을 부여했고, 아동, 부모 및 치료사의 삼원관계에 유익한 영향을 미친 것이라고 결론지었다(p. 254).

중증 성인 환자의 가족에 대한 정보를 제공하는 문헌은 많지 않으며 실시 가능한 프로그램도 거의 없는 것 같다. Emerson(1980)은 실어증 환자의 가족에 관한 문헌을 주의 깊게 검토하고 "재활에 가족들을 참여시키는 것은 실제보다 이론적으로 더 강조되는 경우가 많다."(p. 23)라고 결론지었다. 그는 실어증 환자의 배우자 집단상담을 실시했는데, 집단상담 후 배우자의 자존감이 집단치료를 받지 않은 통제 집단에 비해 향상되고 스트레스도 낮아졌다고 밝혔다. 배우자 집단 내에서 감정을 탐색하고 확인하는 기회가 제공되었다. Bardach(1969)는 언어치료사와 협조하여 실어증 환자의 아내에 대해 집단상담을 시행했다. 그녀는 이 집단상담이 매우 도움이 되었고, 이 분야의 거의 모든 연구자와 마찬가지로 가족치료 프로그램에 대한 광범위한 지원이 부족한 실정을 안타까워했다. 뇌졸중 병력이 있는 M. Webster(1982)는 "나에게 가질 수 있는 기대에 대해 누군가 내 가족과 상담해 줄 수 있었다면 가족의 삶이 훨씬 더 수월해졌을 것이다."(p. 235)라고 말했다.

Malone(1969)은 실어증 성인 환자 20명의 가족을 면담했다. 그는 실어증이 가족에게 매우 심각한 스트레스를 발생시키고 그로 인해 환자의 상태도 악화된다는 것을 알아냈다. 가장 일상적인 변화로는 역할 전환이 언급되었다. 남편의 보호를 받았던 아내가 갑자기 그들의 보호자가 된다. 집안일을 전혀 하지 않았던 남편이 가장으로서의 역할뿐만 아니라 집안일도 해야만 한다. 자녀가 부모를 돌봐야 하는 경우도 있다. 가족은 재정적인 문제, 건강 문제와 사회적인 역할의 큰 변화로 인해 더욱 스트레스를 받는다. 이러한 변화가 죄책감과 분노감을 유발하는 것은 당연한 일이다. 죄책감은 실어증이 잘못된 행동에 대한 벌이라는 감정에서 기인한다. 분노는 통제 상실로 인해 나타난다.

Kommers와 Sullivan(1979)은 후두적출수술을 받은 남성의 아내를 대상으로 설문 자료를 수집했다. 그들은 가족에게 건강, 의사소통, 재정, 직업 문제가 있다는 것을 발견했다. 더 젊은 아내의 50% 이상이 후두적출수술 후 결혼생활의 변화를 보고했다. 이 연구는 어떤 면담 자료를 제공하는 것은 아니지만 실어증 성인 환자의 가족에게 영향을 미치는 많은 문제가 후두적출수술을 받은 환자의 가족에게도 동일하게 영향을 미친다는 것을 쉽게 가정할 수 있다(Malone, 1969).

Fleming(1972)은 청각장애 성인의 가족을 대상으로 한 상담 접근을 제안했다. 종합적인 청각검사 후 청각장애인은 가족 구성원과 집단치료에 참여하게 된다. 이 시간에 가족은 청각장애 대처 전략을 배우게 된다. 그들은 또한 감정을 환기하고 공유하는 기회를 갖게 된다. 예를 들어, 내가 참석했던 시간에 한 아내는 남편에게 '청각장애 안내견'이 되어 주는 것을 심하게 불평했다. 그녀는 전화를 받거나 농담을 설명하고 텔레비전 프로그램을 해석해 주는 데 지쳐 있었다. 그녀는 집단의 다른 배우자들에게서 그녀의 감정을 확인받았고, 그녀와 남편은 청각사의 도움을 받아 난청에 적응할 수 있는 몇 가지 전략을 세울 수 있었다. 이 부부는 전화와 텔레비전에 사용할 수 있는 증폭기를 마련했다. 그들은 또한 그의 의존성을 최소화할 수 있는 생활 전략들을 찾아낼 수 있었다. 그뿐만 아니라 집단 내에서의 카타르시스 경험은 그들의 부정적인 감정이 사라지고 문제에 건설적으로 대처할 수 있게 해 주었다.

Armero(2001)는 청각장애를 부정하는 결과가 주요 타인에게 미치는 영향에 주목했다. 그는 가족을 대상으로 한 면담과 설문지를 통해 환자의 부정이

타인과의 관계에 심각한 영향을 미친다는 것을 밝혔다. 그는 성인 환자를 대상으로 하는 청력평가는 가족의 참여 없이 시행되어서는 안 된다고 권고했다. 이것은 내가 진심으로 지지하는 결론이다.

우리는 또한 국가적인 차원에서 부모와 아동을 교육 프로그램에서 활용하고 가족참여에서 학생을 훈련시킬 수 있도록 구체적으로 맞춰진 지속적인 교육 워크숍을 활성화할 필요가 있다. 국가에 걸쳐 가족참여 프로그램의 양을 증가시키고 질을 향상시킬 필요가 있다. 나는 가족중심치료 프로그램에 대한 설명을 담고 있는 최근의 문헌들을 보고 고무되었다. 가족과 아동이 함께 참여하는 좋은 가족중심 프로그램은 눈덩이 효과를 지닌다. 이런 프로그램은 부모를 자신감이 있으며, 다른 전문가들과 동등하게 참여하고자 하는 긍정적인 자세를 지닐 수 있게 해 준다. 결과적으로 이러한 부모는 모든 전문가의 트레이너가 된다. 상당한 자신감을 가지고 있는 전문가라면 부모를 동료로 얻은 것에 대하여 안도하게 되고 아동은 개선된다.

Sass-Lehrer(2015)는 청각장애 아동의 조기중재에 대한 종합적인 저서에서 가족중심치료의 기본적인 원리를 열거했다. 그 원리 중에는 가족 역량 강화, 가족관계에서의 개방된 의사소통, 모든 의사결정 측면에서 적극적인 가족참여, 가족 문화를 인식하고 존중하는 제공자가 있다(p. 80). 이것은 신뢰할 만한 규칙이며 유용한 가족 프로그램의 특징이다. 하지만 그중 어떤 원리도 가족이 치료 범위 안에서 중심적인 역할을 하지 못한다면 효과가 없는데, 많은 치료가 여전히 환자 한 사람에게만 초점을 맞춰 시행되므로 그것은 쉬운 일이 아니다.

가족중심 프로그램이 발달하고 있을 때 그것이 실행되면서 발생하는 몇 가지 문제가 밝혀졌다. 종종 그것은 실제로 실행을 통해 지켜지지 않고 립서비스로 제공되는 것 같다. 아동중심치료에 부모관찰치료와 같은 부모요소를 추가하여 '부모중심' 프로그램이라고 칭하는 것은 충분하지 않다. Ingber와 Dromi(2010)는 이스라엘에서 청력손실 아동의 조기중재에 대한 부모중심치료를 보고했다. 그들은 프로그램 중 '가족중심'이라는 정의의 광범

위한 변형과 프로그램에 대해 부모와 전문가가 가지는 관점의 차이에 대해 언급했다. 나 또한 이러한 차이를 알고 있었다. 조기중재에서 내가 만났던 거의 모든 전문가가 가족중심이라고 주장하지만 실제로 시행할 때는 종종 실패한다. 예를 들어, 조기중재에서 순회 치료사 집단과 대화할 때 그들에게 "당신들 중 부모가 치료에서 가장 중요한 사람이라고 생각하시는 분은 얼마나 되나요?"라고 질문하면 거의 모든 치료사가 손을 든다. "장난감 가방을 들고 가정으로 방문하시는 분은 얼마나 되나요?"라는 질문에 대해서도 거의 모두 손을 든다. 그리고 나서는 "부모가 가장 중요한 사람이라고 생각하시면서 왜 장난감을 들고 가시나요?"라고 질문한다. 이러한 질문과 대답은 그들이 행하는 '가족중심'에 대한 논의를 불가피하게 유발한다. 만약 당신이 진정으로 가족중심치료를 한다면 부모를 협력자로 요청하고 당신은 능력과 열정만 가지고 가정을 방문해서 부모가 손에 들고 있는 장난감만 사용하여 치료를 해야 한다. 사실상 부모의 요구에 초점을 맞추는 것은 어렵다. 여기에는 개별 환자를 가족과 상호작용하는 구성원으로 변화시키는 패러다임 전환이 요구되는데, 많은 치료사는 아직 이러한 준비가 되어 있지 않다. 변화를 위해서는 치료사가 **부모**의 요구를 물어봐야 하고, 장난감 가방 없이 부모와 협력할 준비를 하고 가정을 방문해야 한다. 이와 동일한 방식으로 가족중심의 치료실 기반 프로그램도 가족 구성원을 치료의 주된 목표로 고안하여야 한다. 에머슨 대학 프로그램에서는 양육자가 출석하지 않을 경우 아동을 받지 않는다. 부모는 치료사와의 협력적인 관계에서 공조하며 치료를 제공하는 것을 포함하여 프로그램의 모든 측면에 적극적으로 참여하게 된다.

Bailey, Raspa와 Fox(2012)는 조기 특수교육 프로그램에서 부모중심 접근은 보편적으로 수용되고 있으나 가족중심치료의 효과를 지지해 줄 수 있는 연구는 많이 부족하며 더 많은 연구가 이루어져야 한다고 주장하고 있다. 나는 이러한 연구가 부족하다는 것에 진심으로 동의하지만 연구결과를 얻는 것은 어려운 일이다.

의사소통장애 분야에서 가족중심치료의 효율성에 대한 인식이 점진적으

로 높아지고 있다. 1986년 미국의 「장애인교육법(Education of the Handicapped
Act)」 개정과 같이 연방법은 가족 차원의 치료를 할 수 있는 권한을 주고 있
다. 우리가 전문가로서 성숙해지고 기술자라는 족쇄를 던져 버릴 때 가족중
심치료의 필요성에 대해 인식하게 될 것이다. 이것이 성공적으로 이루어지
기 위해서는 가족 구조가 어떻게 기능하는지와 가족 구성원이 맡은 다양한
역할에 대해 이해해야 한다.

가족의 구성요소

　치료에서는 가족의 개별적인 측면을 고려하는 것이 중요하다. 각 가족은
서로 다르며 가족 단위 내에서의 구조와 역동성을 이해하면 의사소통장애인
을 돕는 당신의 능력에 도움이 될 것이다. 여기에서는 장애인의 배우자, 장
애 아동과 아동의 부모, 조부모, 형제자매의 역할과 기능, 상호관계에 대해
논의하고자 한다.

배우자

　모든 결혼에는 계약이 포함된다(Sager, 1987). 계약은 배우자와 공유하는
또는 공유하지 않는 기대치와 약속으로 구성된다. 계약은 종종 함축적이다.
계약에는 세 가지 단계가 있다. ① 의식적이며 구두로 이루어진, ② 의식적
이며 구두로 이루어지지 않은 그리고 ③ 무의식적인 단계이다. 결혼 파트너
는 각자의 계약 기대에 따른 관계를 시작하게 되며, 하나의 공동 결혼 계약
을 발달시키는 데 협조하게 된다. 부부가 결혼 초기에 겪는 갈등은 흔히 공
동 계약을 구축하는 건강한 과정의 일부이다.
　결혼생활 갈등의 주요 원인은 계약이 지켜지지 않았을 때 발생한다. '아플
때나 건강할 때나'라는 결혼 서약에도 불구하고 배우자의 장기적이고 심각

한 장애를 예상하거나 그것에 잘 대처할 준비가 되어 있는 사람은 아무도 없다. 각각의 배우자는 실존적인 문제에 대처하여 불안을 누그러뜨리기 위해 우리 모두가 사용하는 안전성이라는 믿음에 따라 배우자의 장애에 대해 생각하거나 계획하지 않도록 심리적인 보호를 한다. 결혼과 결혼생활에 대해 각각의 배우자가 갖는 꿈에 배우자의 장애는 포함되지 않는다. 예를 들어, 배우자가 뇌졸중이나 심한 청력손실과 같은 장애를 갖게 된다면 계약은 위반되는 것이다. 배우자는 흔히 크게 분노할 것이며 사기당한 느낌이 들 것이다. 그들은 꿈이 상실된 것에 대해 비통해한다. 그들은 때로는 장애를 유발한 행동을 했던 것에 대해 죄책감을 가지기도 한다. 그들은 자신의 취약성을 인식하게 되고 놀라며 미래에 대해 걱정을 하게 된다. 무엇보다도 배우자는 함께 결혼생활을 공유하기로 계획했던 상대 배우자의 상실로 인해 극도의 외로움을 느끼게 된다. 장애인 집단 중 내가 애석하게 여겼던 한 남성은 "나는 가장 좋은 친구를 잃고 환자를 얻었습니다."라고 말했다.

대부분의 배우자는 장애가 있는 배우자를 돌보는 데서 오는 부담감을 공유할 수 있는 사람이 없다. 질병의 진단 시기 또는 질병의 초기 단계에서의 위기는 흔히 가족들을 끌어모은다. 단기간의 장애일 경우, 서로 돕기 위해 가족의 개인 일정이나 개인적인 문제를 미룬다. 대부분의 사람은 즉각적인 위기에 대처하기 위해 최선을 끌어낼 수 있는 방법을 찾는다. 최초의 위기 후 가족이 그 사람의 장애가 영구적이라는 것을 인식하게 되었을 때, 분노와 후회가 생기고 실망감은 가족 내에서 분열을 초래하는 요인이 된다. 외로움은 급작스럽게 나타난다. 많은 결혼이 배우자의 장애(또는 아동의 질병) 때문에 실패하는 반면, 위기로 인해 강해지기도 한다.

가족 내에서 결혼의 하위체계는 일반적으로 항상 평형을 유지하도록 정교하게 균형을 맞추는 구조이다. 계약뿐만 아니라 결혼은 균형을 맞추는 행위이다. 상대방은 일반적으로 그들이 좋아하고 자신에게는 부족한 특성을 가진 사람과 결혼한다. 예를 들어, 인지적 성향이 있는 사람들은 직관적이고 감정적인 자세로 세상에 대처하는 짝에게 매력을 느낀다. 이는 사회학자들이

'보완적 결혼(marrying complementary)'이라고 부르는 것으로, 가족 단위 내에서 배우자 중 한 사람은 갖고 있지 않는 조화(congruence)라는 것이 있다. 따라서 한 사람이 외향적이면 다른 한 사람은 내성적이다. 만약 그가 수다스러우면 그녀는 듣는 입장이다. 그가 검소하면 그녀는 소비적이다. 이러한 조화는 위기의 시간에 가족에게 유용하다. 부부 중 한 사람이 정서적으로나 인지적으로 피폐해졌을 때 다른 한 사람이 처리해야 할 필요가 있는 모든 정보를 다룸으로써 가족이 무너지지 않도록 유지시킨다. 균형은 거의 무의식적으로 유지된다. 만약 한 배우자가 감정적인 시소에서 '밑'으로 내려가 있다면 다른 한 사람은 '위'에 올라가 있다. 나는 남편에 대해 불평을 하던 아내가 자녀의 청각장애에 대해서는 전혀 한탄하지 않았던 것을 기억한다. 그는 그녀가 종종 '무력해지면' 항상 그녀를 기운 차리게 해 줬다. 그가 갑자기 나빠지고 울게 된 것은 1년 뒤였다. 그가 악화되면서 동시에 그녀가 스스로 대처할 수 있는 감정을 가지게 된 것은 우연이 아니다. 이제 그는 비통해할 수 있다. 안타깝게도, 몇몇 가족에서 한 사람이 '위' 역할에 갇혀 있으면 슬퍼할 수 있는 여유나 허가는 없다. 배우자가 그들의 감정과 역할에 갇혀 있을 때 각자가 성장할 수 있는 능력에 제한이 있으므로 불가피하게 결혼생활에서 오는 스트레스는 매우 커진다. 배우자 중 한 사람이 신경학적인 장애가 있는 부부에 대한 종합적인 연구에서 Ventimiglia(1986)는 관계 보존 요인을 열거했다. 일부 요인은 다음과 같다.

1. 장애가 경한 것
2. 풍부한 자산이 있는 것
3. 결혼 계약이 재협상되는 것
4. 상실된 활동에 대해 인내할 수 있을 정도의 대체가 가능한 것
5. 비극을 어떤 의미로든 받아들이는 것
6. 건강한 배우자가 잘 돌볼 수 있는 것(여성보다 남성이 장애가 있는 배우자를 떠나는 경향이 더 큼)

그는 어떤 경우에는 "이혼이 행복 추구가 아닌 존재의 문제가 된다."(p. 125)라고 언급했다. 만성질환이 있는 사람들의 건강한 배우자 집단을 치료한 경험에서 보면, 장애의 역경을 통해 성장하고 번영한 가족은 연령이 더 많은 사람들이었으며, 오랜 결혼생활을 통해 동료애를 시험받았던 부부였다. 성공한 다른 부부는 장애를 알고 갓 결혼한 부부이며 개방적이고 솔직하게 선택을 내렸다. 그러나 그들이 장애가 있는 사람과 결혼할 준비가 잘 되어 있다고 생각하는 것과는 상관없이 그들이 경험할 때까지는 어떻게 대처해야 하는지를 알 수 없다. 오늘 그리고 남은 삶의 고통은 궁극적으로 건강한 배우자를 약화시킨다. 단기간 또는 적은 노력으로 배우자를 돌보는 것은 상대적으로 쉽다. 얼마 지나지 않아 정상생활로 복귀할 수 있는 배우자라면 사랑하고 잘 돌봐 줄 수 있으나 장애가 남은 삶의 문제라면 대처하는 것은 훨씬 힘들어진다.

위기에 처한 부부는 대부분 결혼한 지 몇 년밖에 안 되었고, 외부적인 스트레스에 대항해 그들을 강화시킬 만큼 충분한 능력이 없거나 결혼생활의 의사소통에서 개방성을 아직 확립하지 못한 사람들이다. 이 결혼은 가중된 장애의 무게에 의해 무너지기 쉽다.

배우자에게 만성질환이 생긴다고 해서 필연적으로 이혼이나 별거를 하게 되는 것은 아니다. 장애는 결혼 계약을 변경시키고 기대치를 어김으로써 스트레스를 유발하고 스트레스에 견딜 수 없게 약화시킨다. 어떤 경우에는 분열된 틈이 너무 깊어서 토대가 무너진다. 다른 경우에는 장애로 인한 스트레스가 결혼이라는 결합을 더 강화시켜 틈을 더 굳게 메우게 되고 더 강한 토대가 자리 잡는다.

의사소통장애 전문가들은 건강한 배우자에게 많은 관심을 기울여야 한다. 이 시기를 잘 보낸다면 내담자에게 장기적으로 큰 영향을 줄 것이다. 배우자를 지지하고 교육시킴으로써 전문가는 내담자를 도울 수 있는 가정을 만드는 데 도움을 줄 수 있다. 안타깝게도, 이런 일은 자주 일어나지 않는다. 부부 집단에서 한 부인은 "나는 아무도 모르는 다발성경화증을 17년 동안 앓고 있습니다."라고 말했다. 다른 배우자는 "이 연주회에서 나는 항상 두 번째 바이올린을 연주합니다."라고 말했는데, 화용적으로 우리는 이 두 번째 바이올린에 주목할 필요가 있다.

우리는 건강한 배우자에게 우선순위를 두도록 하기 위해 우리의 임상적인 에너지의 방향을 바꿔야 한다. 만약 우리가 배우자를 잘 관리한다면 환자는 회복될 가능성이 더 많다. 우리는 치료뿐만 아니라 모든 진단평가에 환자와 함께 배우자를 포함시킬 필요가 있다. Rollins(1988)는 실어증 환자 배우자의 반응과 상담에 대한 의미를 설명했다. 그는 치료와 진단에 배우자를 적극적으로 포함시킬 것을 주장했다. 몇몇 배우자는 폐쇄적이어서 우리가 그들을 이해할 수 없는 것 같다고 하면서 거부하고 분노했다. 우리는 그들의 말을 듣고 지지해야 하며 그들을 평가하는 것이 아니라 다른 무엇보다 그들의 자존감을 향상시킬 수 있어야 한다. 이 세상에서 가장 외로운 사람 중 일부는 만성적으로 아픈 사람의 건강한 배우자이다. 나는 그들을 '그림자 배우자'라고 부른다. 우리가 그들에게 해 줄 수 있는 가장 큰 선물은 외로움을 약화시킬 수 있도록 지지 집단을 만드는 것이다. 배우자 집단과 집중적으로 치료를 하면서, 나는 치유 환경을 제공하는 데 있어서 지지 집단의 능력에 대해 확신을 갖게 되었다.

건강한 배우자 집단의 치료 초기에, 엄청난 안도감이 있고 오랫동안 갇혀 있던 감정이 댐이 터지듯이 분출된다. 이는 아주 뚜렷하다. 결국 집단치료는 건강한 배우자가 서로 이해하고, 죄책감 없이 또는 투덜대지 않고 그들의 문제에 대해 얘기하면서 서로를 수용할 수 있는 장소가 된다. 처음 몇 회기 후 그들은 대개 카타르시스와 같은 감정적인 부분에 초점을 맞추는 것에서 문제해결로 초점을 이동시키면서 정보를 공유하기 시작한다. 집단 구성원들은 지지받는 느낌을 가지고 떠난다. 그들은 만성질환이 있는 배우자와 살고 있는 것에서 오는 외로움을 떨쳐 내고 위로를 받을 수 있는 친구 네크워크를 형성하게 된다.

나는 만성질환이 있는 배우자를 포함하여 다양하게 섞여 있는 집단과도 함께해 왔다. 이 집단은 전혀 효과가 없었다. 건강한 배우자는 자신의 고통을 표현하지 못했으며, 아픈 배우자는 상대방이 고통을 나타낼 때마다 위협을 받았다. 아픈 환자가 가지는 가장 큰 공포는 버려지는 것이며, 나를 포함하여 아무도 만족스러운 경험을 하지 못한 것 같다. 섞여 있는 집단은 도움을 받을 수 있고 도움이 필요한데, 그 당시 내가 가진 능력 보다 더 많은 능력을 필요로 했다. 나 자신도 당시에 '그림자 배우자'였기 때문에 방해가 되었다고 생각한다.

부모

Minuchin(1974)에 의하면, 현대적인 부모가 되는 것은 본질적으로 불가능한 과업이다. 그도 느꼈고 나도 진심으로 동의하는데, "부모가 되는 것은 극도로 어려운 과업이며 누구도 만족스럽게 수행할 수 없으며 아무 탈 없이 거치는 사람은 없다."(p. 83) 부모의 역할 내에는 항상 갈등이 있다. 부모는 자산 없이 아동을 보호할 수 없으며 때로는 통제적이고 제한적이 된다. 다른 한편으로 아동은 부모의 통제 없이 성장할 수 없으며, 부모의 입장에서 볼 때 아동은 반항적이고 적대적으로 보인다. 부모는 아동뿐만 아니라 그들이 양육 기능을 잘 충족시키는지 또는 통제하고 안내하는 기능을 잘 수행하고 있는지에 대해 그들끼리도 갈등한다. 모든 부모의 만성적인 딜레마는 주어진 상황에서 그들의 아동을 얼마나 통제해야 하고 아동에게 얼마나 자유를 줘야 하는지를 결정하는 것이다. 부모가 할 일은 점진적으로 아동에게 통제를 양도하는 것이지만, 그 시점을 결정하기는 매우 어렵다. 만약 부모가 너무 빨리 통제를 양도할 경우, 아동은 무능력을 초래할 수 있는 부정적인 경험을 하게 된다. 만약 부모가 너무 오래 통제를 할 경우, 아동은 자신이 세상을 대처하는 능력이 없다는 메시지를 받게 된다. 통제 양도를 빨리 혹은 늦게 하는 것은 일반적으로 동일한 결과를 낳는다. 두려움이 많고 위험을 별로 감수하지 않는 아동이 된다. 부모가 해야 하는 통제는 상대적으로 허용 범위가 적고, 아동의 장애는 그 범위를 더 제한하기까지 한다.

　Satir(1967)에 의하면, "부모는 다른 모든 가족관계가 형성되는 중심축이다. 부부는 가족의 건축가이다."(p. 63) 결혼관계는 부모의 역할에도 영향을 미친다. 부모가 친밀하고 서로를 지지한다면 부모의 역할을 더 잘 수행할 수 있다. 부모가 감정적으로 가깝지 않을 때 아동은 '삼각관계(triangulated)'에 놓인다. 초반부에 논의했듯이, 아동은 부모의 결혼을 구조하기 위해 심리적인 증상을 나타내게 된다. 삼각관계에 놓이는 것은 흔히 아동이 장애를 가지고 태어났을 때이다. Mendelsohn과 Rozek(1983)은 청각장애 아동의 가족을 조사하며 다음과 같이 언급했다.

　　청각장애의 내재적인 특징과 양육과정은 아동을 쉽게 근심과 갈등 지대의
　　삼각관계에 놓이게 할 수 있다. 장애는 더 많은 관심과 주의가 필요하기 때문
　　에 더 쉽게 아동을 중심에 놓이게 만든다(p. 39).

　Pederson(1976)은 장애 아동의 가족을 조사하여 감정적으로 냉담한 남편이 있을 경우 아내도 감정적으로 냉담하다는 것을 알아냈다. 부모 역할을 잘할 수 있는 어머니의 능력은 그녀가 결혼생활에서 얻는 만족감의 큰 부분에서 기능한다. Gallagher, Cross와 Scharfman(1981)은 장애 아동의 출생에 성공적으로 적응했다고 평가된 부모의 특징을 밝혔다. 그 결과, 주된 원동력이 부모의 개인적인 성격과 남편과 아내의 관계라는 것을 제시했다.

　부모와 아동이 이루는 삼각관계는 냉담한 아버지를 발견하기 어려운 취학 전 프로그램에서 가장 확실하게 나타난다. 프로그램은 보통 아버지를 프로그램에 참여시킴으로써 아동과 아버지의 관계를 강화시키는 데 주력한다. 청각장애인의 교육자 콘퍼런스는 모든 회기를 가정 중재에 아버지를 참여시키는 것에 할애한다(SKI-HI, 1985). 개발된 제안 중에는 전문가가 초기에 아버지와의 라포를 형성하기 위해 노력하는 것과 그를 위해 기록하고 노트를 남겨 주고, 치료에 그를 부르고, 과제를 내주고, 항상 아동과 함께 치료에 오

도록 강화하는 것이 있다. 나는 이러한 전략들이 아동과 함께 치료에 참여하는 것을 꺼리는 아버지가 있는 가족에게 효과가 있다고 생각한다. 이것은 특히 매우 어린 아동을 둔 초보 아빠에게 효력이 있다. 하지만 유념해야 할 점은 체계이론이 아동-아버지 관계가 변형되면 아동-어머니 관계와 남편-아내 관계 또한 변형된다는 것을 예측한다는 점이다. 삼각형의 한 변은 다른 부분에 영향을 주지 않으면 변화하지 않는다.

하지만 아버지를 치료에 참여하도록 설득하는 것은 매우 자주 완전히 실패하기도 하거나 아버지가 그의 냉담한 행동을 다시 하기 시작하기 전까지만 일시적으로 성공한다. 전문가는 변함없이 아버지를 끌어들이기 위한 다른 술책을 찾기 시작하거나 아버지가 고립되고 소외감을 느끼도록 어머니와 미묘한 연합을 한다. 이것은 항상 실수이다.

원한다면 우리는 어머니-아동 쌍으로 또는 남편-아내 관계를 이용하여 아버지-아동 관계에 영향을 줄 수 있다. 냉담한 아버지가 있는 가족에서 어머니는 흔히 아동과 매우 친밀하게 결합되어 있으며, 때로는 비록 그들이 정반대로 주장하지만 아버지가 참여하지 않기를 바라기도 한다. 이러한 어머니 중 대다수는 해결되지 않은 죄책감을 가지고 있으며 나쁜 상황을 바로잡는 것이 그들의 책임이라고 생각한다. 또한 많은 어머니에게 장애를 가진 아동은 어머니의 자기가치를 실현하기 위한 수단이 된다. 그들은 아동과 치료하는 것에서 기쁨을 느끼며 잘 해내고 있다는 것에서 자신감을 얻는다. 아동은 그들의 삶에 방향성과 의미를 제공한다. 결과적으로 그들은 아버지가 일을 망치기를 원하지 않는다. 아버지는 매우 자주 그들이 해야 하는 일에 대해 불안해하고 무능하기 때문에 어머니는 차라리 스스로 한다. 그녀는 의식적으로 또는 무의식적으로 아버지를 배제하거나 겁을 준다. 장애 아동의 존재는 자주 결혼생활에 불화의 소용돌이를 촉발시킨다. 어머니가 아동에게 지나치게 관여할 때 결혼생활의 에너지는 줄어든다. 아버지가 결혼생활에서 만족감을 적게 가질 때 그는 다른 것에 참여하는 것을 추구할 것이다. 그것은 흔히 직장이다. 아버지가 직장에 더 열중함에 따라 어머니는 양육에 더 몰두하게 되고, 이는 결혼생활에 할애할 에너지가 하나도 남지 않을 때까지 그를 일에만 집중하게 만든다. 이것은 흔히 이혼이나 별거와 같은 결혼생활의 파국을 초래한다.

어떤 아내에게는 그들의 남편을 휘두르기 위해 모임이 필요하다. 아버지가 장애 아동으로부터 신체적·감정적 거리를 두는 것은 종종 무기가 된다. 어머니는 혼자서 '일을 해냄'으로써 '나쁜 아버지'에 대해 다른 가족 구성원으로부터, 때로는 전문가로부터 정서적으로 지지를 받는다. 아버지에 대항하여 언어치료사나 청각사가 어머니와 동맹을 맺는 것은 항상 나쁜 사례 관리이다. 만약 우리가 부모의 결혼생활을 면밀하게 들여다본다면 언제나 많은 갈등을 찾아낼 수 있을 것이다. 아동을 놓고 싸우는 것은 오랫동안 심화된 많은 논쟁 중 하나일 뿐이다.

고려해야 할 또 다른 문제는 어떤 가족들은 임상적으로 냉담한 아버지가 있어도 꽤 성공적일 수 있다는 것이다. 가족은 다양한 방식으로 작용하기 때문에 전문가는 가족이 기능하는 한 가족 개개인의 대처 전략을 존중할 필요가 있다. 가족이 장애 아동을 성공적으로 돌보고 있는 것으로 나타날 경우, 과도하게 몰두하고 있는 어머니가 포함된 대처 전략이 필요할 수 있다. 이 해결방안은 어머니가 자신이 지지받고 있고 그녀의 부담을 가족과 나눌 수 있다고 생각한다면 효과가 있다. 아이가 학교에 다니는 동안 가정에서 아버지가 어머니 일을 일부 맡고 있는 경우, 감정적으로 그녀를 지지하고 있으며 치료실에는 나타나지 않아도 매우 효율적인 아버지가 될 수 있다. 그가 치료실에 오거나 아동의 치료에 직접적으로 개입할 필요는 없다. 아버지가 아동을 위해 할 수 있는 최선의 일은 아내를 사랑하는 것이라는 말은 종종 사실이다.

아동의 어머니와는 다른 사회적 의식의 단계에 있는 여성 전문가는 가족이 전통적인 성 역할에 충실할 때 부족하다고 평가한다. 이 가족은 모든 구성원이 자신의 역할에 만족하는, 꽤 성공적이며 잘 기능하는 가족이다. 전문가들은 가족이란 **어떤 것이어야 한**다고 느끼기보다는 있는 그대로 받아들여야 한다고 말한다. 우리는 가족 내에서 항상 다문화적인 차이에 대해 민감성을 가져야 하며, 우리가 치료하는 가족에게 가치를 강요하면 안 된다. Matkin(1998)은 청각장애 아동의 가족을 치료할 때 전문가가 가족의 가치에 문화적으로 민감해야 한다고 반복적으로 예시를 보여 주었다.

에머슨 대학 프로그램에서 우리는 아버지를 항상 환영하지만 아버지를 참여시키려고 특별히 노력하지 않는다. 우리는 부모가 원할 경우 아버지를 위한 저녁 모임을 제공하거나 또는 직장인 부모를 위해 매 학기에 일요일 놀이방을 제공한다. 이것은 부모 모두 요청했을 때만 제공된다. 나는 아버지와의 만남이 없는 또는 아버지에게 제한적으로 연락하는 프로그램에서 많은 가족을 치료했다. 또한 많은 한부모 가족이 프로그램에서 성공을 거두었다.

장애 자녀를 키우는 것과 관련된 감정은 매우 강렬하다. Featherstone(1980)은 아동의 장애는 부모에게 강한 감정을 불러일으켜 결혼생활을 긴장시키며, 이는 "많은 갈등의 원인이 되고 장기적인 측면에서 가족 구조를 저해한다. 장애 아동은 항상 공유된 실패의 상징이다."(p. 172)라고 했다. Gath(1977)는 다운 증후군 아동 30명의 가족을 출생 후 5년 동안 통제 집단인 비장애 아동 30명의 가족과 함께 연구했다. 5년이 끝나는 시점에 통제 집단의 가족은 아무도 심한 어려움이 없었던 반면, 다운증후군 아동의 가족 중 아홉 가족은 심각한 결혼 불화를 경험했다는 것을 알아냈다.

분노는 결혼에 있어서 잠재적으로 가장 파괴적인 감정이다. 부모에게 분노에 대한 만족스러운 배출 수단은 없다. 많은 부모는 분노를 인식하지도 않으며, 분노를 억누르고, 이는 좌절로 출현한다. 분노의 표출이 허가되지 않는 가족에서 분노는 종종 대체된다. 부모는 요리의 질이나 세탁물의 백색에 대해 논쟁할 수 있다. 진단과 치료 초기 단계에는 실제로 그들을 화나게 하는 것에 대해서는 부모의 싸움이 좀처럼 일어나지 않는다. 공포, 통제 상실, 아동 장애의 실체에 대해 그들이 느끼는 무력은 많은 싸움을 부채질한다. 분노의 많은 부분도 또한 전문가에 의해 대체된다.

죄책감은 또한 인식되지 않거나 효과적으로 대처하지 않을 경우 잠재적으로 결혼생활을 파괴한다. 어머니들은 임신 기간 동안 아동을 품고 있기 때문에 비록 더 많은 죄책감을 지니지만 부모 두 사람 모두 죄책감을 느낀다. 죄책감은 불편한 감정이므로 부모는 이를 떨쳐 내려고 한다. 따라서 문제가 있는 친척을 찾기 위해 가족력을 탐색하며, 다른 배우자 쪽에서 찾고자 한다. 죄책감은 분노와 결합하면 분열을 초래하는 어마어마한 힘이 된다. 분노와 부모에 대한 책망은 많은 결혼생활을 파탄 낸다.

　죄책감은 흔히 장애 아동에게 '보상'해 주기 위해 노력하는 '대단히 헌신적인' 부모가 자주 나머지 가족을 희생시키게 만든다. 이는 남편-아내 관계와 비장애 자녀에게 관심을 덜 갖게 한다. 부모는 자주 자신의 욕구를 무시하고 일차원적이 된다. 거의 편집광적으로 말이다. 아동의 장애는 가족 내에서 다른 사람들을 소외시키고 분노하게 할 만큼 독점적으로 지배적인 힘이 된다. 만약 허락된다면 장애 아동은 과도한 양의 에너지를 소모할 수 있으며 가족 구조를 근본적으로 변형시킬 수 있다.

　대부분의 가족에서 부모는 그들의 감정을 동시에 드러내지 않거나 또는 그들이 강요한다고 느낄 수 있기 때문에 감정을 공유하기를 꺼린다. 예를 들어, 부모 집단의 어머니는 남편에게 그녀의 공포와 근심을 얘기하는 것은 남편의 '울음을 터뜨리게 하는' 것이므로 남편에게 얘기하는 것을 원하지 않는다고 말했다. 부모 중 한 사람은 심하게 괴로워하고, 나머지 한 사람은 그러한 감정을 전적으로 부정한다면, 서로를 대하는 일은 매우 어렵다. 부모 모두 서로에게 지지가 부족하다고 느끼며 각각은 배우자가 현재 일어나고 있는 상황을 이해하지 못한다고 느낀다.

　배우자는 상대방의 계획을 듣고 반응하는 것이 어렵다는 것을 알게 된다. 이는 특히 남편에게 해당된다. 남성은 흔히 가족의 보호자로서의 역할을 스스로 맡는다. 가족의 구성원이 고통을 느끼는 상황에서 그가 아무것도 할 수 없다면 책임감이 느껴지고 무력함을 느끼게 된다. 이 감정은 흔히 부정 반응을 촉발한다. 많은 남성은 자신의 느낌에 대해 말하는 것을 거부하는데, 그것이 그들의 부정 기제를 약화시키기 때문이다. 그들은 고통으로부터 아내의 주의를 산만하게 하여 아내의 기분을 좋게 만들려고 노력하는데, 이것은 흔히 비참한 결과를 초래한다. (사실상 그들은 그들 자신의 기분이 좋아지게 하려고 노력하는 것이며 이러한 필요성에 주목해야 한다.) 부모의 무능함, 그리고 감정을 얘기하길 꺼리는 마음은 분열을 초래할 수 있다. 전문가는 부모가 슬픔을 관리하는 문제를 해결할 수 있도록 도움을 줘야 하며, 부모가 그들의 감정을 부정하지 않고 함께 얘기하면서 울 수 있는 사람이어야 한다. 종종 부모를 함께 불러서 슬픔의 영향을 받을 수 있는 관계의 역동성에 대해 논의하는 것이 바람직하다. 남편을 보호자 역할에서 벗어나게 하여 아내의 슬픔에 대해 함께 슬퍼함으로써 관계에 여유를 주는 것이 필요하다.

Yalom(1989)은 슬퍼하는 부모에 대해 다음과 같이 언급했다.

치료는 슬퍼하는 부모에게 제공할 것이 많다. 부부의 치료는 결혼생활에서 긴장의 원인을 밝히며, 다른 이의 슬픔을 존중하고 재구성하도록 상대방을 돕는다. 개별치료는 제대로 기능하지 않는 애도를 조정할 수 있도록 도와준다. 나는 항상 일반화를 주의하지만 이런 경우 남성-여성 고정관념이 들어맞는다. 많은 여성은 자신의 반복적인 상실의 표현에서 벗어나서 자신의 삶에 의미를 부여할 수 있는 모든 것으로, 프로젝트로, 생활로 돌아가야 한다. 남성은 흔히 그들의 슬픔을 경험하고 나누는 것을 (억누르고 회피하기보다는) 배워야 한다.

장애 아동이 생기면 가족 구조에 많은 변화가 발생한다. 남편-아내 관계는 화학적으로 변한다. 아내는 자신의 일을 미루게 되고, 때때로 경제적인 어려움이 발생한다. 학습이 가능한 것을 중심으로 계획이 세워지고, 어려운 가족 선택이 내려진다. 가족은 흔히 이러한 변화와 스트레스에 대해 얘기할 장소가 필요하다. 많은 프로그램에서 부모 교육은 사실상 어머니 교육이 된다. 거의 대부분의 어머니는 교육 프로그램에 적극적으로 참여하면서 아동에 관한 더 많은 정보를 갖게 되며, 아버지보다 아동의 안녕과 관련된 결정을 내리기 더 좋은 위치에 있게 된다. 고정된 성 역할을 가진 어떤 가족에서 아내의 역할 변화는 결혼의 안정성을 위협할 수 있다. 에머슨 대학 프로그램을 통해 우리는 결혼의 토대를 봐 왔다. 인구 중 실패한 결혼이 국가적인 이혼 통계보다 더 클지는 확실하지 않지만, 장애 아동이 결혼생활에 더 많은 스트레스를 주는 것은 명백하다. 나는 이혼을 실패라고 간주하지 않는다. 어려운 상황에서, 비록 그것이 고통스러울지라도 종종 그것은 해결책이 된다. 또한 참여한 모든 사람에게 행복을 위한 기회가 된다. 아동은 의사소통이나 사랑이 없는 부모와 지내는 것보다는 이혼한 가족에서 더 잘 지낼 수 있다고 생각한다.

아버지는 좀처럼 감정적인 지지를 받거나 얻으려고 하지 않는다. 거의 모든 도움은 어머니에게서 나온다. 그러나 많은 아버지의 말은 경청되어야 하고 그들은 자신의 감정을 얘기할 수 있어야 한다. 이것은 그들은 깨닫지도 못하는 사실이다. 프로그램은 아버지가 결혼 계약에 스트레스를 주지 않으면서 참여할 수 있는 기회를 제공해야 한다. 아버지는 초대될 수 있으며, 그들이 참석하지 않는다면 이 또한 수용되어야 한다. Crowley, Keane과 Needham(1982)은 청각장애학교에 재학 중인 아동의 아버지를 대상으로 격월로 저녁 모임을 개최했다. 첫해 동안 그들은 구조화된 내용중심 프로그램을 제공했다. 그 후 그들은 비구조화된 집단 토의로 진행시켜 자기표출과 감정을 격려했다. 아버지와 관계자들은 프로그램이 매우 성공적이었다고 결론 내렸다. 나는 더 구조화된 내용중심 프로그램이 아버지에게 좋은 시작점이 될 수 있다고 생각한다. 대부분의 남성은 느낌에 대해 이야기하는 것을 어려워하기 때문에, 구조화된 내용을 다루면서 신뢰와 결속력이 집단에 생길 수 있으며 남성은 정서 영역으로 조금 더 수월하게 이동할 수 있게 된다.

경험적으로 봤을 때, 비록 가족에서 장애 아동이 스트레스를 양산하지만 장애 아동이 있는 것에 긍정적인 면도 있다. 스트레스는 성장을 위한 계기가 될 수 있다. Kazak과 Marvin(1984)은 이분척추 아동 56명의 가족 중 상당수의 부모가 아동으로 인해 결혼생활이 더 강화되었다고 보고했다. 이와 유사하게, 5세 청각장애 아동의 어머니는 다음과 같이 말했다.

> 나는 지난 몇 년간 나의 남편에게 진심으로 감사하는 마음을 갖게 되었어
> 요. 그는 진짜 많은 도움을 주고 있어요. 그는 나와 함께 모든 중요한 모임에
> 참석하고 있으며 매일 내가 맡은 일의 상당 부분을 도와주고 있어요. 나는 이
> 일이 있기 전까지 그가 나와 우리 아이를 이렇게 깊이 사랑하는지 몰랐어요.

세심하게 일하는 전문가는 가족이 장애 아동과의 경험으로부터 긍정적인 결과를 성취하도록 도울 수 있다. 내가 부모를 대할 때 가장 중요하게 여기는 열쇠는 우선 그들이 자신을 먼저 돌보도록 허용하는 일이다. 나는 비행기 승무원의 안전 수칙에 비유해서 말하는 것을 좋아한다. 산소 마스크가 필요할 때 아이와 함께 타고 있다면, 먼저 내 얼굴에 마스크를 쓰고 그다음 아이를 돌봐야 한다. 만약 내가 어딘가로 떠날 때 내 아이를 돌봐 줄 수 있는 사람이 아무도 없다면 이것은 매우 강력한 의미를 준다. 누군가를 돌봐야 한다면 먼저 자신을 잘 관리해야 한다. 부모는 이 단순한 사실을 알지 못한다. 그들은 주고 또 준다. 지치고 후회할 때까지 주는 경향이 있다. 그들은 자신을 위해 뭔가를 할 때 죄책감을 느낀다. 지난 40년간 행복한 부모가 잘 기능하는 자녀를 키운다는 것을 배웠다. 만약 그들이 자신을 위해 시간을 쓰고 결혼생활을 강화시킨다면 그들은 더 좋은 부모가 될 것이다. 상담 프로그램은 부모가 그들의 행복을 찾도록 방안을 제시해 줄 필요가 있다. 나는 부모 집단을 치료할 때마다 많은 고통과 괴로움에서 얼마나 많은 성장과 기쁨이 생기는지를 새삼 깨닫는다.

장애 부모를 가진 아동

자신의 부모가 매우 강하고 지적이며 능력이 있다는 아동기의 환상은 어떤 연령에서든지 바꾸기 어렵다. 언제 아동기가 끝나는지는 알기 어렵다. 우

리에게는 실제적인 지침이 없다. 나의 형제는 자라면서 가장 놀랐던 때가 그가 가족 문제에 대해 얘기하자 부모님이 예상과 달리 그의 말을 들어 주었을 때라고 말했다.

청소년기는 흔히 아동기의 정체성이 점진적으로 성인의 정체성과 병합되는 시기의 유예와 지연 기간으로 여겨진다. 궁극적으로 청소년은 성인 역할을 맡기 위해 유예를 포기해야 한다. 청소년기는 문화적이고 사회적인 사건이다. 생물학적인 특징은 뚜렷하다. 어느 순간에 아동이었다가 얼마 후에는 아이를 가질 수 있는 사람이 된다. 풍요로운 상황에서만 여유를 가질 수 있는 사회에서 때때로 청소년기는 사치이다. 결혼사회에서 청소년기는 가능한 한 빨리 사회에 기여하기 위해 노동에 참여하며, 풍요로운 사회의 빈곤한 가족에 속한 청소년은 잘 사는 주위 사람들보다 더 빨리 성인 역할을 맡게 된다. 예를 들어, 나의 아버지는 이민자 부모의 아들인데 노동에 참여하기 위해 8학년 후에 학교를 떠났고 가족에게 중요한 기여자가 되었다. 그는 결코 청소년기를 보내지 못했으며 내 청소년기에 잘 대처하지 못했다(그럴 수 있는 부모가 많다고 생각하지는 않는다). 우리는 그가 죽기 직전까지 매우 냉랭한 관계를 유지했다.

아마 성인기에 들어섰다는 것을 알 수 있는 가장 좋은 지표는 자신의 부모를 삶을 살기 위해 인간적인 문제에 대하여 최선을 다해 대항하고 투쟁하는 동료 성인으로 기꺼이 바라보려고 하는 시각이다. 우리가 부모보다 능력이 있다는 것을 깨닫게 되는, 예측 가능한 성인기 삶의 위기가 있다. 이것은 Mark Twain이 "15세에 나는 나의 아버지가 살아 있는 가장 멍청한 사람이라고 생각했다. 19세에는 그가 4년이라는 짧은 시간 동안 어떻게 많은 것을 배웠는지에 대해 놀랐다."라고 묘사했던 부분으로, 이는 청소년의 경험이 아니다.

위기의 시점은 흔히 우리의 청소년기에 우리가 부모보다 실제적으로 더 많이 안다고 생각할 때이다. 이때 역할 전환이 발생하며, 자녀가 부모를 가르치게 된다. 이러한 깨달음은 우리가 우리의 실존적인 외로움을 경험하고 보호해 줄 사람이 아무도 없다는 것을 깨닫게 하기 때문에 흔히 놀라움을 느끼게 한다. 우리 대부분에게 부모에 대한 지배가 흔히 반복적으로 발생하는데, 이는 부모의 가중되는 무능을 반영하는 많은 작은 사건에 의해 더 심화된다.

장애 부모를 가진 청소년기 아동에게 유예 기간은 단축되거나 또는 때때로 존재하지 않기조차 하는데, 그 이유는 이러한 아동이 '부모화(parentified)'되고 또래보다 더 이른 시기에 성인의 역할을 떠맡기 때문이다. 이 아동에게 성인기의 정상적인 위기는 가속화된다. 그들은 발달적으로 준비가 되기도 전에 이른 나이에 부모의 무능함에 대처해야 한다. 이는 부모를 자신의 자율성을 침해하는 원치 않는 존재라고 생각하거나 부모를 단지 부양해 주는 사람으로 간주하고 자신에게만 몰두하는 청소년에게는 상당히 공포스러운 일이다. 당신의 아버지가 별안간 더 이상 생계를 부양해 줄 수 있는 사람이 아니고 고통을 주고 공포스럽게 하며 당신에게 의지하게 될 수도 있는 사람이라면 매우 놀랄 것이다.

장애 부모가 있는 아동의 힘든 삶에 대한 정보를 담은 문헌은 거의 없다. Roy(1990)는 장애 부모를 가진 아동에 대한 문헌 고찰에서 "만성적인 질환이 있는 부모의 자녀에게 임상가가 얼마나 많은 관심을 가지는가? …… 상식적으로는 매우 많은 관심을 가져야 한다고 제안하지만 연구결과는 애매하다."(p. 120)라고 결론 내렸다. 그들의 가족을 전문적으로 인터뷰한 나의 경험에서 아동은 두 가지 길 중 한 길로 간다는 것을 발견했다. 그들은 책임감 있는 젊은 성인이 되면서 이른 시기에 부모화되고 청소년기를 상실하거나 또는 곤란에 부딪힘으로써 그들의 공포와 인식된 관심 부족을 드러낸다. 아동은 불리한 조건에서 생존하고 성장할 수 있다. 그들을 지탱하지 못하게 하는 것은 무관심이지만 그들의 부모에 의해 사랑받고 있다고 느끼는 한 그들은 반응하고 성장한다. 문제는 부모가 자신의 장애가 야기한 어마어마한 문제와 맞붙어 싸우느라 자녀의 문제에 대처할 에너지가 남아 있지 않다는 점이다.

우리는 아동이 가족 스트레스에 민감한 지표라는 것을 알고 있다. 그 주제를 다룬 모든 저자는 장애 부모를 지닌 아동의 삶이 힘들 것이라는 점에 동의하지만, 스트레스는 어느 쪽으로든 작용할 수 있다. 그것은 성숙 요인이 될 수도 있고, 매우 책임감 있는 아동을 길러 낼 수 있거나 방치와 범죄행동의 발판이 될 수도 있다. 아동의 성공 또는 실패는 거의 항상 부모가 장애과정에 얼마나 잘 대처하는지와 관련된 기능에 달려 있다. 부모가 긴 안목으로 장애에 대처할 수 있다면 더 이상 그들의 깨어 있는 모든 사고를 지배하거나 심리적 · 신체적인 에너지를 더 이상 소비하지 않게 되므로 결국 아동에게 시간을 할애할 수 있다. 이렇게 되기까지 아동은 (특히 진단 초기에) 그들 스스로 지내야 한다. 우선 가족에게 힘이 있다면 아동은 살아남을 수 있고 발전할 수 있다. 약화된 가족체계에서 아동과 가족 자체는 큰 상처 없이 살아남을 수 없을 것이다.

부모의 만성질환이 가족을 떠난 성인 자녀에게 미치는 영향은 가족 내에서 아동의 지정된 역할에 따라, 아동이 부모에게 얼마나 신체적이고 정신적으로 친밀한지에 따라 많은 측면에서 다양하게 달라진다. 가족 구조 내에서 어떤 아동은 이른 시기에 부양자가 된다. 이 역할은 흔히 장녀(뒤의 '형제자매' 절을 참조)에게는 이행되지 않는다. 나는 부양자가 아들인 가족을 만났는데 이는 상대적으로 매우 드물다. 장애인의 성인 자녀에 대한 대부분의 연구는 알츠하이머 환자의 가족을 대상으로 한다. 부모가 정신적으로 무능하기 때문에 연구자들은 가족을 사용할 수밖에 없다.

치매는 특히 인간성의 핵심을 공격하는 질병이며, 인격과 지능을 변형시키는 것을 주 특징으로 한다. 질병의 벌레는 환자를 깊게 파괴하고 타인이 보기에는 빈 껍질만 남긴다. 최소한 초기 단계에는 신체는 동일하게 남아있지만 정신과 인격은 가족이 기억하는 바에 의하면 사라진다. 신체적인 죽음 전에 심리적인 죽음이 있으며, 애도를 통해 가족을 돕기 위한 의식은 없다. 치매 환자의 가족은 그들이 알던 사람과 전혀 닮지 않은 현재 존재에 대처하는 동안 예전의 기억을 새롭게 하기 위해 끝없는 투쟁을 한다.

한 알츠하이머 부모의 성인 자녀는 다음과 같이 말했다.

2년 전 어떤 사람이 실제로 죽었는데 그들의 진짜 죽음은 여전히 끔찍한 과정이라는 것이 미칠 일입니다. 나는 당신이 무엇에 의지하고 버티는지 모릅니다. 당신은 무엇인가에 의존합니다. 어려움은 가장 마지막 단계의 기억을 당신의 마음 밖으로 몰아내는 것입니다. 인상은 매우 강력합니다. 그것은 당신이 그들에 대해 기억하고 싶은 것이 아닙니다. 예전처럼 그들을 되돌리는 것은 어렵습니다. 당신이 그들을 기억할 때 그들의 마지막 모습을 기억하지 않기 위해서는 긴 시간이 필요합니다. 결국은 할 수 있지만 시간이 걸립니다.

가족은 치매 환자를 입원시키는 결정을 두고 항상 갈등한다. 그들은 역할에 실패했다는 것에 대해 불가피하게 죄책감을 가진다. 많은 가족에게 입원에 대한 결정은 경제적인 문제이다. 대부분의 가족은 가족 구성원을 오랫동안 요양원에서 지내게 할 만큼 경제적인 여유가 없다. 따라서 그들 스스로 돌보기를 시도하는데 이럴 경우 흔히 보호자의 건강과 안녕을 많이 희생해야 한다. 요양시설의 비용을 충당할 수 있으려면 가족은 넉넉하지 못한 상태에 맞춰 씀씀이를 줄여야 하고, 부족하거나 고갈될 것이 예상되면 대부분의 가족은 지친다. 정신과 치료와 입원이 필요한 치매 환자의 건강한 배우자 사례가 많다. "우울과 소진은 보호자의 가장 흔한 증상이다."(Baumgarten et al., 1990) 입원 결정은 여러 변수를 포함하여 매우 복잡하다. 그중에서 가족의 피로 상태, 가족 재정, 가족 지원 구조 그리고 주 보호자의 건강 문제가 있다(Rabins, 1984).

어떤 경우라도 가족, 특히 성인 자녀는 부모의 죽음 다음에 그들의 생활을 어느 정도 복원할 수 있어야 한다. Nuland(1994)는 이 문제를 잘 설명했다.

알츠하이머 환자의 가족은 수년간 계속된 삶의 고통스러운 막다른 골목에서 빠져나갈 수 없으면서 넓은 양지 도로에서 샛길로 접어든 상태처럼 보인다. 유일한 구원은 그들이 사랑하는 사람의 죽음이다. 그리고 그때조차 그 기억과 어마어마한 비용 청구 때문에 해방은 아주 부분적으로만 경험할 수 있다. 살아온 삶과 공유된 행복 그리고 성취감은 지난 몇 년 동안 더러워진 안경을 통해서나 보일 뿐이다. 생존자에게 군중은 영원히 밝지 않고 직접적이지 않게 되었다(p. 105).

아마 아동기의 최후의 행동은 자신의 부모를 땅에 묻는 일일 것이다. 장애 부모를 가진 아동에게는 죽음이 일어났을 때조차 죽음은 명백하지 않다. 분명하게도, 아동은 너무 이른 시기에 부모를 돌보면서 연민을 느끼게 되는데, 이런 아동의 대다수는 잘 해내는 것으로 보인다.

조부모

현시점에서 조부모와 관련된 연구는 매우 적다. 우리가 만나는 가족 내에서 조부모가 자주 매우 중요한 역할을 함에도 불구하고 그들은 가족과 전문가에게 연구되지 않고 이용되지 않은 자원이다. 조부모의 손자 손녀에 대한 적극적인 개입 여부와 상관없이 조부모는 모든 가족에 존재한다. 우리는 가족의 근본을 새로운 핵가족으로 옮긴다. 결혼과 부모를 구성하는 개념은 우리 부모의 결혼과 부모를 경험하고 평가했던 우리 아동기 경험에서 유래한다. 우리는 결혼할 때 우리 부모를 모방하거나 또는 그들과는 다른 부모가 되기를 결정함으로써 그러한 이미지를 간직하게 된다. 어떤 경우든 우리는 그 이미지에 매우 큰 영향을 받는다. 우리가 우리의 직접적인 경험에 기초하여 결혼과 부모 역할을 스스로 찾아가기까지는 시간이 소요된다. 몇몇 변화는 배우자의 이질적인 패러다임을 새로운 가족 패러다임으로 혼합시키는 데서 오는 스트레스 때문에 생기는 초기 가족 구성 단계에서 발생한다. 어떤 것이 적절하고 정상적인가에 대한 우리의 생각은 가족 근본의 경험에서 기인하고, 조부모의 가치를 반영한다.

조부모는 부모의 궁극적인 발달단계이다. 그것은 책임감 없이 부모 역할을 가능하게 한다. 아마 아동이 무조건적인 사랑을 받게 되는 위치는 조부모와 함께 있을 때일 것이다. 부모는 문명화되고 지시적인 기능 때문에 흔히 아동과 갈등하게 된다. 반면, 조부모는 일반적으로 아동과 더 애정이 있고 수용적인 관계를 가진다. 나는 만일 경찰이 나를 미행한다면 나의 할머니가 나를 데려가실 거라는 것을 항상 알고 있었다. 나의 부모님도 또한 나를 데려가겠지만 그들은 경찰을 믿을 것이다. 내 할머니는 항상 나를 신뢰하실 것이다. 어떤 냉소적인 사람은 조부모와 손자는 동일한 적이 있으므로 자연스러운 동맹이라고 언급했다. 조부모와의 관계가 나쁜 사람은 거의 드물다.

안타깝게도, 조부모가 가족 구성원의 일에 참여하는 일이 급격하게 줄어들고 있다. 300명의 조부모와 손자를 인터뷰한 자료에 근거하면, Kornhaber와 Woodward(1985)는 오직 15%의 가족만이 가족사에 조부모가 적극적으로 참여하고 있다고 보고했다. 대부분(70%)의 조부모는 간헐적으로 참여하고 있으며, 15%는 전혀 참여하지 않는다고 보고되었다. 연구의 저자는 새로운 사회 계약이 부모로 하여금 조부모의 역할을 하도록 허락하게 하는 데 효력을 행사하고 있으며, 새로운 역할이 조부모의 참여를 감소시킨다고 느꼈다. (나는 경제적 여유 덕분에 조부모가 독립적인 생활을 영위하고 있으며 손자들과 멀리 떨어져 살게 되면서 참여가 감소되고 있다고 생각한다. 조부모가 은퇴 후 더 이상 자조능력이 없으면 확대가족이 필요했다. 사회보장제도가 이를 변화시켰다.)

손자와 조부모에 대한 심층 인터뷰에 기초하여 Kornhaber와 Woodward(1985)는 가족이 조부모와 가깝게 지냄으로써 이득을 얻는다는 것을 밝혔다. 조부모는 멘토, 양육자, 아동과 부모 간 중재자, 성 역할 모델, 가족 사학자로서 기능할 수 있다. 이 연구의 결과는 조부모의 참여가 부정적인 영향을 주지 않는다는 것을 제시했다. 만약 저자들이 부모를 인터뷰했다면 다른 결과가 나왔을 수도 있다. 왜냐하면 조부모는 가정에 스트레스를 줄 수 있고 또 자주 그러하기 때문이다.

Harris, Handiman과 Palmer(1985)는 자폐 아동 19명의 부모와 조부모를 인터뷰하기 위해 설문지를 사용했다. 그들은 조부모가 일관적으로 부모보다 아동에 대해 덜 비관적인 관점을 가진다고 밝혔다. 그들은 또한 조부모는 아동의 장애가 부모에게 수용되고 나서 오랜 시간이 흐른 후에도 아동의 장애를 거부하는 경향이 있다고 언급했다. Lowe(1989)는 Harris 등의 설문지를 수정하여 39명의 청각장애 아동의 조부모를 인터뷰했다. 그녀는 조부모가 일관적으로 더 낙천적이고 부모보다 더 장애에 대해 거부하는 경향이 있다는 유사한 결과를 얻었다.

이 연구들은 조부모가 아동의 장애를 수용하는 데 있어서 부모보다 일반적으로 뒤처져 있다는 우리 치료실 자체의 관찰을 입증해 주고 있다. 조부모가 손자에게 장애가 있다는 것에 대한 고통과 손자가 경험하는 고통에 대처하는 것은 매우 어려운 일이다. 조부모가 감정적으로 비상사태에 대처할 최소한의 준비가 되어 있는 시기에 그것은 두 배의 고통이 된다. 조부모는 대부분의 비전문가처럼 아동의 장애에 대한 정보와 지식이 부족하다. 결과적으로 그들의 자녀가 그들보다 더 잘 알게 되어 갑작스럽게 역할 전환이 일어나게 된다. 부모는 그들의 전문적인 계약과 매일의 생계 문제 때문에 조부모보다 더 빠르게 애도 단계를 통과한다. 우리가 상처받고 있는 동안 우리는 일반적으로 우리 부모에게서 지원을 원하며 필요로 한다. 종종 장애 아동의 부모는 그들의 부모로부터 지원을 받을 수 없다는 것을 알게 된다. 대신 조부모는 그들의 자녀로부터 정보와 지원을 구한다. 부모는 그들의 부모를 부모로 강요하면서 역할 전환을 하게 된다. 부모는 그들 자신이 제대로 양육되지 못했고 지원이 마련된 것이 아니므로 이러한 전환에 대해 속은 것 같은 느낌을 갖게 되고 분개하게 된다.

부모는 흔히 그들의 부모에 관하여 죄책감을 느끼는 것에 대해 괴로워한다. 자녀의 '과업' 중 한 가지는 부모를 위해 손자를 낳는 것이다. 이는 부모와 자녀가 가지는 암묵적인 또는 명백한 계약의 일부이다. 부모가 장애 아동을 가지게 되었을 때 조부모에게는 기쁨 대신 고통이 따르며, 부모는 죄책감을 느낀다. 분노의 감정은 부모가 느끼는 죄책감을 감추게 되는데, 이러한 건강하지 않은 역학관계가 부모-조부모 관계에서 발달한다.

조부모의 느낌은 부모의 반응과 밀접하게 유사하다. 그들은 애도, 분노, 걱정, 죄책감을 다양하게 느낀다. 그들은 가족의 문화 가치에 따라 자신의 감정을 손자와 전문가에게 표현한다. 흔히 조부모와 부모 사이에 솔직함은 하나도 없다. 흔히 아무도 자신의 고통이 상대방의 부담이 되는 것을 원하지 않는다. 그들은 서로 매우 방어적이다. 안타깝지만 이것은 무관심으로 해석될 수 있다. 조부모는 사실상 놀라고 걱정하고 있지만 그들의 감정에 대해 소심해할 때 냉담하고 비참여적인 것으로 잘못 간주될 수 있다. 부모와 조부모는 그들 사이의 틈을 없애기 위해서 흔히 도움이 필요하다.

에머슨 대학 프로그램에서 우리는 항상 흔히 가장 고립되어 있고 외로운 가족 구성원인 조부모를 위한 지지 집단을 제공하고자 노력한다. 많은 조부모가 그들의 자녀 및 손자와 멀리 떨어진 곳에 거주하고 있고 가끔 방문하기 때문에 집단을 이룰 만큼 조부모를 모으는 것은 어렵다. 그럼에도 불구하고 우리는 매년 봄이 오기 전 토요일에 돌봄의 날을 개최하는데, 그 시기에 조부모가 북쪽으로 돌아올 가능성이 높고 집단을 결성할 만큼 충분한 조부모를 모을 수 있다. 나는 우리가 생애주기에서 비슷한 시점에 있을 뿐만 아니라 조부모가 얼마나 외롭고 서로 얼마나 도움을 필요로 하는지 그들에게 잘 이야기할 수 있기 때문에 조부모 집단치료를 정말 열심히 했다.

가끔 모든 조부모가 같은 지역에 거주한다. 이런 경우 우리는 어항 형식(fishbowl design, 역주: 참여자 전체가 대화에 참여할 수 있도록 하는 방식)을 사용한 저녁 모임을 갖는다. 이런 집단은 거의 변함없이 많은 가족 이야기를 시작한다. 그들은 또한 내가 이끈 집단 중 가장 전문적으로 만족스러운 집단이었다.

장애 아동이 부모-조부모 관계에 미치는 영향은 반드시 부정적인 것은 아니다. 때때로 우리는 조부모가 부모보다 더 능력이 있고 그들이 주된 양육자 역할을 할 수 있다는 사실을 알아냈다. 부모와 비교했을 때 조부모의 유일한 차이점은 그들이 좀 더 늙고 현명하다는 점이다. 그들은 일반적으로 함께 일하기에 매우 즐거운 사람들이다. 그들은 그들의 자녀가 아이를 기를 책임을 지지 못하는 것과 관련된 죄책감과 맞붙어 싸운다. 그들은 흔히 그들의 입장에서 이것을 실패라고 간주한다.

부모는 그들이 고통과 분노를 겪은 후 아동의 조부모가 비록 그들이 원래 예상했던 방식은 아님에도 불구하고 그들을 위한 중요한 자원이라는 것을 자주 발견하게 된다. 조부모는 매우 필수적인 육아를 통해 돌봄을 제공함으로써 부모가 얼마간 쉴 수 있게 해 준다. 조부모는 또한 부모가 장애 아동의 요구로 압도되었을 때 가족 내의 다른 형제자매에게 필수적인 부모의 역할을 제공할 수 있다. 조부모의 대리 부모 역할은 비장애 형제자매의 정신건강에 매우 중요할 수 있다. 부모와 조부모 간에 재구성된 관계는 부모가 현존하는 위기를 일단 경험하게 되면 흥미로워질 수 있다. 처음으로 부모는 그들 자신의 부모와 함께 성인으로서 느끼고 반응하기 시작하며 결국 성인으로 대우받는 것을 느낀다.

형제자매

형제자매는 사회적 기술발달에 매우 중요하다. 형제자매 체계에서 아동은 갈등을 어떻게 해결해야 하고 서로서로 어떻게 도움을 줘야 하는지를 학습한다. 그들은 어떻게 친구와 협력을 이루는지를 배우며, 실패했을 때 어떻게 체면을 세우고 어떻게 그들의 능력에 대한 인정을 얻는지를 배운다. 형제자매 체계는 아동으로 하여금 협상하고, 협동하고, 경쟁하는 법을 가르친다. 가족체계 내에서 위치를 차지하기 위한 다툼은 아동을 성인의 모델로 형상화시키고 기본 틀을 만들어 준다. 아동이 가족 밖의 세상과 관계를 맺게 될 때 그들은 친구관계를 형성하기 위해 형제자매에게서 학습한 지식을 취한다(Minuchin, 1974).

형제자매 관계는 인생에서 잠재적으로 가장 긴 관계이다. 어떤 가족에서는 이 관계가 증진되고 강하다. 또 다른 가족에서는 매우 약하다. 형제자매는 또한 서로의 성장경험을 증명해 준다. 같은 가족이어도 똑같은 아이가 두

명 나올 순 없지만, 우리 문화적 유산과 역사를 가장 비슷하게 공유하는 사람도 형제자매밖에 없다.

장애 아동이 형제자매에게 미치는 영향에 대한 연구는 매우 적다. 아마 가장 명확한 연구는 Grossman(1972)의 연구인데, 그는 발달지체가 있는 형제를 가진 83명의 대학생을 인터뷰하고 검사했다. 그녀는 피험자의 90%가 발달지체 형제의 영향을 받는다고 했다. 영향을 받지 않는다고 한 피험자의 10%는 장남이었다. 장녀가 가장 영향을 많이 받았는데 아동을 양육하는 활동에 참여하고 많은 부모 기능을 맡도록 기대되기 때문이다. 대부분의 가족에서 그들은 장남과 장녀에 대한 다른 역할 기대치를 가진다. 모든 어린 형제자매가 지적장애가 있는 아동에 의해 어떻게 해서든지 영향을 받았다. 형제자매에 대한 영향은 부정적이기도 하고 긍정적이기도 하다. 사실상 피험자 집단은 균등하게 나뉘는데, 45%가 전반적으로 그것이 부정적인 경험이었다고 느끼고, 45%는 긍정적인 경험이었다고 느낀다고 했다.

Grossman(1972)은 다음의 부정적인 결과를 언급했다.

1. 발달지체가 있는 형제자매에 대한 부끄러움과 부끄러움에 대한 죄책감
2. 형제자매는 그렇지 않은데 자신은 건강하다는 것에서 오는 죄책감
3. 오염되고 결함이 있다는 느낌. 그들 자신도 지적장애가 있을 수 있다는 걱정 또는 장애 아동을 낳을 것이라는 걱정
4. 지적장애 형제자매에 대한 부정적인 감정에 대한 죄책감
5. 부모에 의해 방치되고 있다는 느낌
6. 너무 이른 시기에 책임을 맡은 것으로 인해 유년기를 상실했다는 느낌
7. 지적장애 형제자매가 부모관계에 스트레스를 주고 나머지 가족에게도 부정적인 영향을 준다는 신념

형제자매에 대한 긍정적인 결과는 다음과 같다.

1. 일반적인 사람들에 대한 깊은 이해심과 특히 장애인에 대한 이해
2. 더 많은 애정
3. 건강한 신체와 인지능력에 대한 감사
4. 편견에 대한 민감성 증가
5. 경험이 가족을 다 함께 이끌어 줄 수 있다는 인식
6. 직업목표와 직업관에 대한 인식(많은 형제자매가 특수학교 교사가 됨)

예상할 수 있듯이, Grossman(1972)은 부모가 아동의 장애를 수용하는 것에 대해 더 개방적이고 편안하게 이야기할수록 비장애 형제자매가 그것에 대해 더 잘 대처할 수 있다는 것을 밝혀냈다. 부모가 장애 아동을 받아들일 때 비장애 자녀 또한 장애에 대해 건강하게 수용하도록 도와주는 경향이 있다. 전문가가 부모를 치료할 때 체계이론이 예측하듯이 형제자매 체계 내에서 치료를 해야 하기 때문에 이러한 결과는 장애 아동을 치료하는 전문가에게 중요한 임상적인 의미를 함축한다. 강조되어야 할 다른 결과는 장애 아동을 가지는 것이 비극적인 것일수록 어떤 가족과 가족 내의 아동에게는 매우 긍정적인 영향이 있을 수 있다는 것이다.

Seligman과 Lobato(1983)는 특별한 도움이 필요한 비장애 형제자매에 대한 초기 연구를 재고했다. 그들은 차별화된 영향이 있고, 종단적이고 더 잘 통제된 연구가 필요하다는 결론을 내렸다.

의사소통장애 분야에서 형제자매에 대한 연구는 드물다. 내가 발견한 모든 연구는 청각장애 분야이다. 혹자는 말 언어장애 아동의 형제자매가 어떻게 더 잘하는지 궁금해한다. 나는 경험에 의해 장애 특수적인 반응은 없고, 모든 형제자매는 그들의 부모에게서 받은 단서에 기초하여 상당히 동일한 방식으로 반응을 할 것이라고 믿게 되었다.

Schwirian(1976)은 손위 형제자매가 있는 취학 전 청각장애 아동 29명의 어머니와 비장애 아동 28명의 어머니를 인터뷰했다. 그녀는 청각장애 아동의 비장애 형제자매가 동생을 돌보는 것에 대해 더 큰 책임감을 가지며 통

제 집단의 손위 형제자매보다 더 적은 사회적 활동을 한다는 사실을 밝혀냈다. 자매가 형제보다 아동을 돌보는 비율과 전반적인 책임감 점수가 더 유의하게 높았는데, 이는 부모가 아들과 딸에게 가지는 다른 역할 기대를 나타내 주는 것이다. 이 연구의 절차상의 주된 약점은 그녀가 형제자매를 인터뷰하거나 검사하지 않았다는 점이다. 그녀의 자료에서 어머니는 단지 자녀의 느낌과 행동에 대한 관찰자와 다름없다. 어떤 경우에는 어머니의 인식이 매우 정확하지 않을 수 있다. 어머니는 많은 경우 고통의 원인이 그녀가 도움을 제공하는 데 무능하기 때문이라는 것을 알고 있지만, 형제자매의 고통을 알려고 하지 않는 경향이 있다.

Israelite(1986)는 자기보고 설문지를 사용하여 청각장애 아동의 언니인 14명의 청소년(평균 연령 16세 3개월)과 비장애 형제자매가 있는 14명의 청소년 통제 집단을 조사했다. 그녀는 두 집단의 손위 자매가 자아개념의 정체성과 사회적 자아라는 두 가지 형질에서 유의하게 다르다는 것을 밝혔다. 연구 결과는 청각장애 아동의 자매는 그들 자신을 권리를 가진 개인으로서뿐만 아니라 청각장애 아동의 언니로서 정의하고 있다는 점을 지적했다.

Darius(1988)는 청각장애 아동의 형제자매를 인터뷰했다. 그녀의 자료는 소규모 가족에 속한 형제자매, 특히 오직 두 명의 아동만 있는 경우 사회적이고 정서적인 어려움을 지닐 위험이 있다는 것을 제시했다. 동일한 성별이고 청각장애 형제자매와 두 살 이내의 연령 차이가 있는 경우 또한 위험군이다. 그녀의 자료는 부모가 청각장애를 수용하고 채택하는 방식이 형제자매 수용의 주요 변인이라는 것을 알려 준다.

『가족의 청각장애(Deafness in the Family)』(Luterman, 1987)라는 책을 쓰기 위해 나는 에머슨 대학 프로그램을 이수한 가족 중 몇몇을 인터뷰했다. 한 가족의 장녀가 하와이에서 언어치료사가 되었다. 나는 그녀에게 청각장애 남동생과 함께 성장해 온 경험을 써 달라고 요청했다. 나는 그녀의 편지를 받았는데 청각장애 형제가 있는 어려움에 대해 다음과 같이 감동적으로 썼다.

Luterman 박사님께

　이번 봄은 하와이 대학교에서 2개의 특수교육수업과 새로 참여하게 된 수화표현(Sign Express)이라는 집단으로 인해 매우 바쁜 일정을 보내고 있습니다. 수화에 대해 다른 사람에게 교육하는 것을 도울 수 있도록 노래와 공연을 하는 15명의 집단입니다.

　나는 당신이 집필하고 있는 책이 매우 궁금하고, 당신이 우리 가족이 살고 있는 집을 방문할 때 이야기를 나눌 수 있으면 좋겠습니다. 나는 Robert의 청각장애가 나에게 미친 영향에 대해 여러 가지 느낌을 갖고 있습니다. 나는 내가 어릴 때 그의 장애에 대해 어떻게 느끼는지에 대해 얘기했을 때 엄마가 매우 흥분하거나 화를 냈기 때문에 엄마에게 나의 감정의 일부만을 말했습니다. 내가 그녀가 나한테 좋은 엄마가 아니라고 말하는 것으로 생각한 건지 아니면 엄마가 왜 화를 내는지 몰랐습니다.

　어렸을 때 나는 복합적인 감정을 가지고 있었던 것 같습니다. 나는 Robert에 대해 질투심을 느꼈지만 그가 또한 자랑스럽기도 했습니다. 나는 그가 모든 사람에게서 관심을 받았기 때문에 내가 매우 방치되었다고 느꼈던 것을 기억할 수 있습니다. 물론 지금 나는 내 어머니가 그를 더 잘 보살펴야 했고 그럴 필요가 있었다는 것을 알지만 어렸을 때는 이해하지 못했습니다. 나는 내가 더 많은 관심을 받을 수 있겠다는 생각을 하며 잠깐 동안 청각장애이기를 바란 적이 있습니다. 내가 아파서 병원에 간다면 모든 사람이 나에게 선물을 갖다 주고 더 많은 관심을 기울일 텐데라고 생각한 적이 있습니다. 심지어 나는 팔을 다치게 하려고 나무집에서 뛰어내린 적도 있습니다(하지만 실제로 그렇게 되지 않았습니다). 나는 이것을 어머니에게 절대로 말하지 않았습니다. 하지만 나는 Robert를 전혀 미워하지 않았습니다. 내가 질투심을 다룬 방식은 성장해서 청각장애 아동을 가르치기로 한 결정에 영향을 미쳤습니다. 나는 Robert를 에머슨 대학 프로그램에서 일방경을 통해 어머니와 함께 관찰했던 때 이후로 이러한 결정을 하게 되었습니다. 그리고 나는 청각장애 학생의 총체적 의사소통수업이 이루어지는 여기 학교에서 언어치료사로 있으며, 청각장애 아동(5~12세)을 치료하는 것이 좋습니다.

나는 또한 Robert를 매우 자랑스러워했던 기억이 있습니다. 나는 청각장애학교 연극을 보러 가서 그의 무대를 보고 눈물을 흘렸던 기억이 있습니다. 나는 거기에서 그의 친구가 되길 바랐습니다. 나는 또한 사람들이 청각장애에 대해 가령 그들은 전혀 말하지 못하고 모두 '귀머거리이고 벙어리이다.'라는 것처럼 일반적으로 얘기하는 잘못된 생각과 청각장애인을 옹호할 수 없는 것에 대해 마음 아파하고 겁을 먹었던 것을 기억합니다.

나는 Robert의 청각장애가 아마 우리 부모님의 결혼생활에도 더 많은 긴장을 야기했을 거라고 생각합니다. 나는 어머니가 그를 택시로 학교에 데려다 준 것과 어떤 학교 문제들 그리고 그 밖의 일에 대해 매우 화가 났던 것을 기억합니다. 나는 나의 아버지가 참여하길 원하지 않는다는 점에 대해 어머니가 매우 화를 냈던 것을 기억합니다. 나는 실제로 그것이 아버지에게 어떤 영향을 미치는지 전혀 이해할 수 없었지만 그것이 어머니에게는 정말 힘든 일이었다는 것을 알고 있습니다. 나는 Robert의 청각장애가 Lynda, Michael이나 Nicole(형제자매들)에게 어떤 영향을 미치는지 전혀 몰랐습니다. 나는 어릴 때 Lynda, Michael이나 Nicole과 그렇게 많이 어울리진 않았습니다. 지금 나는 가족의 모든 사람과 훨씬 더 친합니다.

아마 나는 너무 멀리 거주하기 때문에 수화를 유창하게 할 수 있도록 노력하는 것 같습니다. Robert는 지금 수화를 더 선호하며 할 수만 있다면 건청인들과 함께하지 않습니다. 내가 지난 여름 집에 갔을 때 Robert 그리고 그의 친구들과 우노 카드 게임을 했습니다. 처음에는 불편했지만 아주 재미있었고, 그가 친구들을 초대했을 때 그의 친구들과 관계를 쌓은 사람은 가족 중에 내가 최초였습니다. 나는 그와 시간을 더 보내고 싶었고 그를 진정으로 더 알고 싶었습니다. 나는 TTY(문자전화)를 몇 차례 할 수 있었고 그와 전화로 이야기하는 것을 좋아하게 되었습니다. 나는 항상 내가 휴일에 집으로 전화했을 때 다른 모든 사람과 이야기를 나눌 수 있는

데, 누군가에게 부탁해야만 Robert에게 인사를 전할 수 있어서 기분이 나빴습니다. 나는 그가 나에게 인사하기 위해 전화를 받았을 때 어머니가 전화를 바꾸고 내가 모르는 것처럼 "Robert란다."라고 말한 것을 몇 차례 기억합니다. 어렸을 때 TV를 시청하면서 Robert가 지금 방송 내용이 뭔지 우리에게 물어보면 우리는 항상 그에게 화를 내고 광고가 나올 때까지 기다리라고 했던 것을 기억합니다. 나는 우리가 수화를 할 줄 알고 그를 위해 해석해 주었더라면 그가 방영 중인 쇼를 이해할 수 있었을 거라는 생각이 듭니다. 나는 총체적 의사소통에 대한 강한 느낌을 갖고 있습니다. Robert는 항상 나에게 남겨진 것 같은 느낌이 든다는 말을 했고 이 것은 나를 매우 슬프게 했습니다. 만약 우리가 수화를 사용했더라면 그는 더 참여할 수 있었을 것이고, 어떤 일이 일어나는지 알았을 것입니다. 하지만 나는 그것이 절대로 해결될 수 없는 큰 문제라는 것을 알고 있습니다.

내가 장황하게 쓴 것 같습니다. 나는 이 정보가 당신에게 도움이 되길 바랍니다. 만약 질문이 있다면 주저하지 말고 나에게 편지 주세요. 나는 어떤 방식으로든 기꺼이 도울 것입니다. 다음번에 보스턴에 돌아갈 때 나는 당신을 방문할 것이며 에머슨 대학도 방문할 것입니다.

나의 느낌에 대해 물어봐 줘서 감사합니다.

얼마나 자주 우리의 형제자매에게 그들이 어떻게 느끼는지 또는 우리가 하는 일에 그들을 참여시킬지 물어보는가? 그들은 진단과 치료에 매우 큰 도움이 될 수 있다. 나는 종종 청각장애 형제의 검사 모델로 형제자매를 이용한다. 어린이집 프로그램에서 우리는 항상 형제자매를 위해 매 학기에 며칠을 비워 둔다. 이 기간 동안 건청 아동은 어린이집과 치료시간에 참여한다. 우리는 그들에게 청각검사를 해서 어떤 것을 검사하는지 알도록 한다. 우리는 항상 그들에게 알고 싶은 것이 있는지 조심스럽게 묻는다. 형제자매는 나중에 언어치료사나 청각사가 되는 경우가 많다.

형제자매 문제에 대한 해결책은 지적으로는 파악하기 쉽지만 실제적으로 실행하는 것은 매우 어렵다. 부모는 형제자매를 장애가 있지만 잘 기능하는 아동을 만들기 위한 수단 또는 그러한 임무에 대한 장애물로서가 아닌 한 사람으로서 주의를 기울여야 한다. 감정을 공유하기 위한 방법을 가족 내에서 찾아야 하며, 형제자매의 분노와 죄책감을 논의할 수 있는 기회가 제공되어야 한다. 안타깝게도, 균등한 평균은 획득하기 쉽지 않으며, 특히 이른 시기에는 부모로서 그들 자신을 위한 에너지와 시간이 충분하지 않다. 부모는 자주 문제를 확인할 수 있다. 하지만 제한된 자원으로 인해 그들은 해결책을 실행할 수 없다. 여기에서 조부모가 매우 유용할 수 있다. 또한 역설적으로 우리가 부모를 그들 자신을 돌볼 수 있도록 교육한다면 그들은 비장애 형제와 공유할 수 있는 에너지와 시간을 가질 수 있을 것이다. 항상 부모는 사용한 시간의 양이 아닌 질도 중요하다는 것을 잘 모른다.

최적의 가족

우리가 개별치료에서 가족치료로 관점을 넓힐 때 여기에서 제안하는 것은 우리가 결과적으로 가족의 구성원이 된다는 것이다. 가족의 구성원으로서 우리는 모델링을 통해 효과적인 행동을 알려 준다. 우리가 이것을 하기 위해서는 최적의 가족이 될 수 있도록 도와주기 위해 할 수 있는 일들을 파악해야 한다. 최적의 가족과 관련된 몇 가지 모델은 가족 문헌에서 찾을 수 있다(Beavers & Voeller, 1983; Epstein, Bishop, & Baldwin, 1982; Olson, Russell, & Sprenkle, 1983; Trivette & Dunst, 1990). 이 연구들에서 나는 최적의 가족이 갖고 있는 다섯 가지 특징을 다음과 같이 정리했다.

1. **모든 구성원 사이의 의사소통은 분명하고 직접적이다.** 가족에 대해 저술한 대부분의 가족치료사는 가족 내의 의사소통 패턴을 조사했다. 변함없이 제대로 기능하지 않는 가족은 망가진 의사소통 패턴을 가지고 있다. 치료사는 시범을 사용하여 분명한 의사소통을 격려했다. 최적의 가족은 문제를 숨기

거나 돌려서 이야기하지 않는다. 암묵적인 기대는 항상 명료해진다. 말은 항상 그들이 생각한 사람을 향한다. 대화는 효율적이고 솔직하다. 메시지는 적절하고 내용과 감정을 모두 포함한다. 공감과 유머는 가족 구성원 사이의 의사소통 특징을 형성한다.

2. **역할과 책임은 명확하게 파악되고 중복되며 유연하다.** 최적의 가족은 형제자매 체계뿐만 아니라 명확한 세대 사이의 경계가 있어야 한다. 부모는 확실한 권위를 가져야 하고 가족 내에서 다른 역할들은 연령이나 성별보다는 능력에 기초하여 할당된다. 또한 역할은 중복되므로 가족 내에 한 구성원이 없을 경우 다른 구성원이 채울 수 있다. 아동의 책임은 그들이 성장함에 따라 수정될 필요가 있으며, 책임감은 주기적으로 재조정될 필요가 있다. 역할 할당에 대한 근거와 구조가 있어야 한다. 최적의 가족은 잘 기능하는 단위를 유지하기 위해 필요시 역할 변화가 허용된다.

3. **가족 구성원은 갈등의 해결에 대한 한계를 수용한다.** 가족 내 갈등은 정상적이고 건강한 것이다. 갈등을 통해 성장과 변화가 일어난다. 부모-아동과 형제자매 관계는 선천적으로 대립적이다. 제대로 기능하지 않는 가족에서 갈등은 억눌린다. 가족은 조화롭게 보이지만, 갈등이 발생하면 파괴적이 된다. 최적의 가족에서 논쟁은 상호 만족스러운 방식으로 해결되고, '패배자'의 체면을 위한 공식이 항상 있다. 최적의 가족에서 갈등은 흔히 모든 사람의 승리를 포함한다. 예를 들어, 어머니가 케이크를 자르려고 하고 두 아동이 더 큰 케이크 조각을 가지겠다고 옥신각신하고 있다. 어머니는 한 아동에게는 케이크를 자르게 하고 다른 한 아동에게는 첫 번째 조각을 고르게 한다. 아동은 해결책이 공정하다는 것을 알아야 하고 각각의 요구는 항상 고려되어야 한다. 전문가가 부모에게 시범을 보여 주듯이 부모도 아동을 위해 갈등의 해결책을 시범으로 보여 줘야 한다.

4. **친밀감은 널리 퍼져 있고, 빈번하며, 동등한 힘을 가진 교류의 기능이다.** 가족의 기본적인 한 가지 기능은 구성원이 사랑받고 있다고 느끼는 환경을 제공하는 것이다. 가족이 사랑을 표현하는 방식은 다를 수 있다. 어떤 이들은 껴안고 키스하는 행동을 통해 신체적으로 애정을 표현하고 또 다른 이들은 미세한 애정표현을 한다. 사랑은 다른 가족 구성원이 받아들일 수 있는 방식으로 소통되어야 한다. 최적의 가족은 공간과 거리의 필요성을 존중하면서 친밀감을 나눈다. 최적의 가족은 속박하지(enmeshed) 않고 결속한다.

5. **건강한 균형이 변화와 안정성의 유지 사이에 존재한다.** 안정성 유지는 항상성(homeostasis)으로 알려져 있다. 가족은 마치 줄타기 선수가 줄 위에서 균형을 잡는 것처럼 미세한 조정을 함으로써 균형을 유지한다(Harvey, 1989). 가족은 생애주기에 부응하기 위해 변화해야 한다. 예를 들어, 가족 내 아동은 나이가 들면서 부모의 제약에 대해 새로운 요구를 한다. 한편, 부모는 나이가 들면서 그들의 생활을 하는 데 있어 차츰 서툴어지므로 다른 가족 구성원이 빈 공간을 채워야 한다. 그러한 상황에서 갑작스러운 일이 생길 때 가족 내 생활에 우여곡절이 발생한다. 이런 일은 부모가 아플 때 일어난다. 또는 아동이 장애를 가지고 태어났을 때 일어난다. 최적의 가족은 안정성을 유지하면서 필요한 변화를 할 수 있다. 제대로 기능하지 않는 가족은 변화에 부응할 수 없으며 종종 사라지거나 고장 나게 되어 많은 양의 외부적인 도움을 필요로 한다.

항상성과 변화에 부응하는 것 사이의 섬세한 균형은 최적의 가족에서 내재하는 모든 다른 요인을 포함한다. 변화는 가족 구성원 내에 개방적이고 명확한 의사소통이 있을 때 가장 잘 실현되며 역할 융통성은 다른 구성원으로 하여금 가족의 증가된 요구에 부응하는 것을 가능하게 해 준다. 가족 구성원 내에서 돌봄의 요구가 있으면 가족은 변화의 필요가 있을 때 불가피하게 생기는 갈등에 대처하는 수단을 가져야 한다.

　　최적의 가족은 장애 아동과 장애 성인을 최적으로 잘 기능하도록 해 준다. 의사소통장애를 가진 사람들을 치료하는 전문가로서 우리가 해야 할 일은 가족이 최적이 될 수 있도록 도와주거나 가능한 한 최적에 가까워지게 도와주는 것이다. 우리는 시범을 통해 갈등을 어떻게 관리하고 아동과 어떻게 개방적이고 솔직하게 의사소통해야 하는지, 아동에 대한 그들의 애정과 보살핌을 어떻게 드러내야 하는지를 가르쳐야 한다. 결과적으로 우리가 해야 할 일은 부모를 부모가 되게 해 주는 것이며, 이는 우리의 관계에서 최적의 임상 가족을 만든다. 그러면 부모는 우리의 최적의 임상 가족에게서 그들의 가정 상황에 필요한 정보와 기술을 배울 수 있다.

성공적인 가족

　　최적의 가족 개념의 이론은 기본적으로 제대로 기능하지 않는 가족을 치료한 가족치료사의 경험에서 기인한다. 성공적인 가족에 대한 몇몇 연구가 있다. 이 연구들의 설계는 기본적으로 동일하다. 가족치료를 하는 전문가들이 장애 아동에게 대처하는 데 있어서의 성공 정도에 따라 가족을 평정했다. 평정에 따라 가족은 '성공적인' '적절한' 또는 '부적절한'으로 분류되었다. 이 가족이 전문가의 판단을 이끈 두드러진 특징이 있는지를 판단하기 위해 인터뷰를 진행했다. Gallagher 등(1981)은 발달지체 아동이 있는 가족을 조사했다. Lavell과 Keogh(1980)는 당뇨가 있는 아동의 가족을 연구했다. 그리고 Venters(1981)는 낭포성 섬유증이 있는 아동의 가족을 연구했다. 이 연구들의 결과는 성공적인 가족의 네 가지 특징을 다음과 같이 제안했다. 이 특징들은 내가 청각장애 아동의 가족을 관찰한 것과 매우 많은 부분에서 일치한다.

　　1. **성공적인 가족은 역량이 강화된다고 느끼는 가족이다.** 가족은 자신이 하는 일이 영향을 미칠 수 있다고 느껴야 한다. 불치병인 낭포성 섬유증을 앓고 아동의 경우에도 부모가 아동과 함께하면서 아동의 생명이 연장될 수 있고

현재 생활을 더 편안하게 할 수 있다고 느껴야 한다. 나는 종종 이러한 부모에게 암울하고 절망적인 설명을 제시하는 전문가를 봤는데, 이런 경우 부모는 '이게 무슨 소용이 있나?'라는 느낌을 절대로 극복할 수 없다. 이러한 가족은 절대로 성공적일 수 없다. 우리는 희망을 빼앗는 일은 절대로 하지 말아야 한다.

부모는 흔히 전문가에게서 너무 많은 도움을 받음으로써 무능해진다. Sandow와 Clarke(1977)는 중증의 취학 전 다운증후군과 뇌성마비 아동을 대상으로 가정중재 프로그램의 효과를 연구했다. 이 연구에서 32명의 아동은 2개의 대응 집단으로 나뉘었다. 한 집단은 치료사가 2주에 한 번씩 방문하여 2시간의 회기를 진행했고, 다른 한 집단은 두 달에 한 번만 치료사가 방문했다. 연구는 3년 동안 진행되었고, 매해 연말에 아동은 인지 기능과 말-언어 발달검사를 받았다. 연구결과는 놀라웠다. 초기에는 치료사가 더 자주 방문한 아동이 덜 방문한 아동보다 인지 기능과 말-언어발달 향상에서 더 많은 점수를 나타냈다. 연구 2년째에는 결과가 역전되어 치료사가 덜 방문한 아동이 자주 방문한 아동보다 더 향상된 결과를 나타냈다. 3년째에는 그 차이가 더 커졌으며, 이는 전문가의 중재가 더 적었던 집단이 더 많았던 집단보다 수행이 더 좋다는 것을 나타내 준다. 연구자들은 치료사가 더 드물게 방문한 집단의 부모가 더 자주 방문한 집단의 부모보다 치료사에게 덜 의존적이라고 해석했다. 요약하면, 그들은 전문가의 도움을 최소한으로 받았기 때문에 그들 자신의 능력과 힘에 의지하게 됨으로써 역량이 강화된 것이다.

가정 프로그램에 대한 내 의견은 거의 전적으로 부모중심이어야 하고 교사는 아동과 최소한으로 상호작용해야 한다는 것이다. 부모가 수업을 해야 한다. 교사의 역할은 코치와 협력자 중의 하나이며, 교사는 부모가 잘할 수 있도록 하는 데에 초점을 맞춰야 한다. 교사가 부모에게 제공하는 도움은 부모의 역량이 강화되면 은밀해져야 한다.

2. **성공적인 가족에서는 자존감, 특히 어머니의 자존감이 높다.** 이 개념은 앞

서 논의한 역량 강화 개념과 많은 관련이 있다. 장애 아동을 돕기 위해 우리가 할 수 있는 가장 강력한 임상적 중재는 부모, 특히 어머니의 자존감을 강화하는 것이다. 이 개념을 입증해 주는 연구가 있다. 검증 연구에서 Schlessinger(1994)는 20년 동안 청각장애 아동 40명의 가족을 종단 연구했다. 그녀는 3학년 문해능력의 가장 좋은 예측 변수는 부모의 자존감이라는 것을 밝혀냈다. 이 변수는 청력손실과 방법론, 사회경제적 지위를 초월했다. 유사한 결과가 인공와우이식수술을 받은 아동의 가족을 연구한 DesJardin, Eisenberg와 Hodapp(2006)에 의해 보고되었다. 부모의 효율성은 성공의 핵심 요소였다. 이것은 우리가 행하는 모든 임상적 중재가 부모의 자존감을 향상시켰는지의 측면에서 평가될 필요가 있다는 것을 의미한다. 우리의 임상적 중재의 효과는 부모의 자존감의 문제일 것이다.

부모가 자신감을 느끼고 역량이 강화되었다고 느낄 때 그들은 더 이상 대처 전략으로 부정을 사용할 필요가 없다. 그들은 전문가와 동등하게 치료를 할 수 있고, 이는 아동에게 큰 도움이 된다. 같은 맥락에서 성인 내담자를 치료할 때 전문가의 관심은 비장애 배우자의 자존감 향상과 역량 강화에 초점을 맞출 필요가 있다.

치료사는 부모가 특히 부모-전문가 상호작용의 초기 단계에서 그들의 아동과 함께하는 것에서 성공을 경험할 수 있도록 환경을 조성할 필요가 있다. Featherstone(1980)이 설득력 있게 기술한 바와 같이, "어머니와 아버지가 그들이 상상했던 것과 다른 아동을 양육하는 실제적인 어려움을 배워 가면서, 경험이 환상을 불신하게 하면서 공포는 누그러진다. …… 이와 유사하게, 사적인 골칫거리를 극복하고 얻은 작은 성공은 그들의 자녀를 양육할 수 있는 그들 자신의 능력을 재확인시켜 준다."(p. 27)

3. **성공적인 가족에게는 부담이 공유되는 느낌이 있다.** 대부분의 가족에서 한 사람, 특히 어머니 또는 비장애 배우자가 장애인의 주 보호자로 정해진다. 나머지 가족이 도움을 주지 않고 돌봄을 중단할 경우, 주 보호자는 분노를

느끼고 다 죽어 가는 것처럼 굴게 된다. 이런 일이 발생하면 성공을 거둘 가능성은 매우 희박해진다. 다른 가족 구성원이 그들의 도움을 명시할 필요는 없지만 그들은 정서적으로 보호자를 지원하고 기꺼이 다른 가족의 책임을 맡아 줌으로써 주 보호자가 직접적인 도움을 제공하는 것에서 벗어나게 할 수 있다. 이런 일은 주 보호자 주변에 지지적인 네트워크가 있다고 느낀다면 한부모 가정에서도 발생할 수 있다. 친구나 다른 가족 구성원이 부재한 한쪽 부모를 대신해 역할을 채워 줄 수 있다. Dundun, Cramer와 Novak(1987)은 알츠하이머병에 대처하는 가족의 성공을 결정짓는 가장 중요한 두 가지 변인은 건강한 배우자의 건강과 가족이 이용할 수 있는 자원봉사의 양이라는 것을 발견했다. 건강한 배우자가 지역사회에서 도움을 받는다고 느낄 때 가족은 성공적으로 대처할 수 있다.

가족은 또한 더 큰 공동체가 지지적이고 짐을 분담한다고 느낄 수 있어야 한다. 어린 아동의 초기 진단 단계에서 부모는 전적으로 책임감을 느낀다. 나는 종종 그들에게 "이 일은 실제로 세 등분으로 나뉩니다. 삼분의 일은 당신의 책임이고, 삼분의 일은 전문가인 나의 몫이며, 삼분의 일은 아동의 몫입니다. …… 당신은 단지 당신의 몫인 삼분의 일을 확실히 하고, 나는 내 몫을 잘 할 겁니다. 그리고 우리 둘 다 아동이 그의 몫을 잘하는지를 지켜보면 됩니다."라고 말한다.

4. **성공적인 가족은 상황에 대하여 냉철한 감각을 가져야 한다.** 우리는 모두 일이 왜 그리고 어떻게 발생하는지, 특히 나쁜 일이 발생하는 경우를 설명하는 우리만의 방식인 세계관을 가지고 있다. 우리 대부분에게 무작위성 또는 우리가 의미 없이 세상에 살고 있다는 실존적인 개념을 수용하는 것은 어려운 일이다. 따라서 사람들은 "왜 나일까?"라는 질문에 대한 답을 찾는다. 그러나 우리는 결국 적절한 답을 얻을 수 없어서 고통과 분노에 사로잡히는데, 이는 성공적인 결과로 이어질 수 없다. 각각의 가족은 그들 자신만의 대답에 도달해야 하며, 때로는 우리도 전문가로서 그들에게 일어난 끔찍한 일의 이유를

그들 나름대로 설명하려고 할 때 불편하더라도 함께 논의할 필요가 있다. 예를 들어, 한 지지 집단에서 한 청각장애 아동의 부모가 "이 일이 일어난 이후로 나는 교회에 가는 것을 중단했어요."라고 말했고, 그녀의 반대편에 앉아 있던 어머니는 "이 일이 일어난 이후로 나는 매일 교회에 다니기 시작했어요."라고 말했다. 그때 매우 유익한 논의가 이루어졌는데, 부모가 종교적인 관점에서 그들의 감정을 처리한다는 것이다. 나의 임상경험에서 볼 때 최소한의 애도를 나타내는 부모는 매우 신앙심이 깊은 사람들이다. 그들은 장애를 신의 뜻으로 생각하고, 비록 그들이 신의 의도를 예측하진 못하지만 그들을 신의 도구로 간주하고 최소한의 애도로 생산적으로 헤쳐 나가려고 하는 것 같다.

두 명의 청각장애 아동과 자동차 사고로 중증의 뇌손상을 입은 한 아동의 어머니로서 잘해 나가고 있는 분이 다음과 같이 말했다.

나는 항상 내가 매우 평균적인 사람이라고 생각해요. 나는 특별한 재능이나 특별한 어떤 것도 없어요. 나는 매우 평균적인 유형의 사람이고 매우 특별한 세 자녀가 있어요. 때로는 신에게 "왜 이 아이들을 나에게 주셨나요? …… 왜 다른 사람에게 이 아이들을 주지 않으셨나요?"라고 얘기합니다. …… 그리고 나는 생각해요. 맞아, 나는 이 아이들을 받았고, 아마 이것이 내 인생에서 내가 해야 할 일이야. 아마 내가 내 인생에서 해야 할 모든 일은 이 아이들을 성인이 될 때까지 키우는 것이고 아마 이것이 나의 구원이 평가되는 방법일 거야.

설명과 함께 우리는 계속 나아갈 수 있다. 설명이 없다면 우리는 '왜'라는 질문을 영원히 곰곰이 생각할 것이다. 나에게 다발성 경화증이 있는 아내가 있는 것은 끔찍한 질병을 벗어나 좋은 일이 일어나게 할 도전을 선물해 주었다. 경이로운 선(Zen)의 말이 있다. "학습자가 준비가 되었을 때 선생님이 나타난다." 나와 아내에게 다발성 경화증은 우리의 선생님이었다.

사회적인 변화와 장애인에 의해 야기되는 변화를 반영하는 가족의 스트레스는 반드시 부정적인 영향만 있는 것은 아니다. 나는 이 스트레스의 결과로 인해 많은 성장이 일어나는 것을 봐 왔다. 많은 형제자매가 치료사가 되기로 결정한다. 비록 어떤 결혼은 실패하지만 다른 가족은 강화되기도 한다. 부모에게 장애 아동은 진부해진 관계를 재구성하는 기회를 제공할 수 있다. 남성은 종종 아내가 얼마나 많은 강점을 가지고 있는지 알게 되었을 때 매우 큰 기쁨을 느꼈다고 말한다. 아내는 남편이 보여 주는 뛰어난 양육에 대해 기쁨을 느낀다. 종종 부모는 부모 단체와 치료 프로그램에 열심히 참여하는 것에서 새로운 목표를 찾고 그럼으로써 둘 사이의 관계가 강화된다.

유사하게 부모-조부모 관계가 재구성될 수 있다. 처음으로 많은 부모가 성인으로서 그들 자신의 부모에게 반응하기 시작하고, 곧 그들 자신이 성인으로 대우받고 있다는 것을 알게 된다. 그들은 종종 그들의 부모를 상처받을 수 있는 동료 성인으로 바라보기 시작하게 되는데, 이는 매우 흥미로운 일이다.

나는 스트레스를 받을 때 항상 성장했다. 스트레스가 나로 하여금 그것을 줄이기 위해 능력을 더 개발하도록 노력하게 한다. 나는 보통 인생이 요구하는 것을 인생에게 준다. 인생이 더 많은 것을 요구하면 나는 더 확장해야만 한다. 그렇게 향상된 능력이 나의 성장이다. 나는 이것이 내가 치료했던 모든 가족에게서 일어나는 것을 지켜봤다. 비록 내가 고통을 공감하고 동정하더라도, 나는 그들이 버틸 수만 있다면 그들이 배우고 성장할 것이라는 것을 안다. 그들은 장애에서 강력한 선생님을 만나고, 우리는 전문가로서 성장과정이 일어나는 것을 허용해야 한다. 우리는 과도한 도움을 줄임으로써 성장을 촉진할 수 있으며, 항상 우리 내담자의 자존감과 능력이 성장할 수 있도록 존중해야 한다. 우리는 아주 자주 우리의 선입견을 놓아야 한다. 익명으로 쓰인 다음 시는 내가 꼭 해야 하는 놓아주기를 할 수 있도록 도와준다.

놓아주기

놓아주는 것은 돌봄을 멈추는 것이 아니라
다른 누군가를 위해 내가 할 수 없는 것을 인식하는 것이다.
놓아주는 것은 나 자신을 단절하는 것이 아니라
내가 다른 사람을 조종할 수 없음을 깨닫는 것이다.

놓아주는 것은 자연스러운 결과에서 배우는 것을
가능하게 하는 것이 아니라
허용하는 것이다.
놓아주는 것은 무력함과 싸우는 것이 아니라
결과가 내 손에 달려 있지 않다는 것을 수용하는 것이다.

놓아주는 것은 다른 사람을 변화시키거나 탓하려는 것이 아니라
나 자신의 최선을 다하는 것이다.
놓아주는 것은 돌보는 것이 아니라 관심을 갖는 것이다.
놓아주는 것은 고치는 것이 아니라 지지하는 것이다.

놓아주는 것은 평가하는 것이 아니라
다른 사람을 인간으로서 허용하는 것이다.
놓아주는 것은 결과를 조정하려 하지 않으며,
다른 사람이 그들 자신의 운명을 사랑하도록 허용하는 것이다.

놓아주는 것은 보호하는 것이 아니라
다른 사람이 그들 자신의 현실에 맞서도록 허용하는 것이다.

놓아주는 것은 누군가를 통제하는 것이 아니라

내가 될 수 있다고 꿈꾸는 것이 이루어지도록 애쓰는 것이다.

놓아주는 것은 두려움을 줄이는 것이 아니라 더 많이 사랑하는 것이다.

제9장

상담과 의사소통장애 분야

치료사 교육

1960년대에 언어병리학과 청각학 분야를 협소하고 기술적인 기반에 한정하여 정의하려는 눈에 띄는 시도가 있었다. 이러한 시도는 우리 분야가 굳건한 연구 전문성과 과학적 신뢰도를 바탕으로 독립적인 직업으로서 생존할수 있게 해 주었다. 이제 우리 분야의 기반이 안정되었기 때문에 우리는 심리학, 사회복지, 가족치료에서 많은 부분을 취하는, 보다 인본주의적이고 가족중심적인 분야로 변화되어 가고 있다.

현재 우리의 실습 프로그램은 이 분야의 요구에 뒤떨어져 있다. 제1장에서 언급했듯이, McCarthy, Culpepper와 Lucks(1986)는 미국언어청각협회(ASHA)에서 승인한 실습 프로그램을 조사했다. 실습 프로그램의 40%가 학과에서 상담수업을 제공하고 있고, 36%는 학과 밖에서 수업을 제공하며(이수업의 반 이상이 심리학과와 교육학과에서 제공되며, 말이나 청각과 관련된 내용은 없다), 23%는 상담을 다루는 수업이 없었다. 응답자의 70%가 상담이 프로그램 내에서 제공되어야 하는 매우 중요한 기술이라고 생각하고 있지만, 프로그램의 삼분의 일만 학생들에게 상담수업을 이수하게 했다. 이에 대해 연구자들은 다음과 같이 결론지었다.

청각학과 언어병리학 분야가 상담을 진단과 치료 절차의 필수적인 요소와 전문적인 책임으로 인식함에도 불구하고 실습 프로그램은 그 중요성을 반영할 만큼 상담을 강조하고 있지 않다. 학생들은 그들이 관련 과정을 선택해야만 상담이론과 기술을 훈련받는다. 그때조차 의사소통장애에 특화된 상담은 대개 포함되지 않는다. 이 연구의 응답자 중 오직 12%만이 실습 프로그램을 통해 학생들이 의사소통장애인의 상담을 충분히 준비할 수 있다고 생각한다 (McCarthy, Culpepper, & Lucks, 1986, p. 52).

이 연구의 후속 연구는 우리 분야에서 근본적인 변화가 없다는 것을 보여 주었다(Culpepper, Mendel, & McCarthy, 1994). 제1장에서 인용된 Crandell (1997), Phillips와 Mendel(2008)의 후속 연구는 상담 교육의 가능성에서 큰 변화가 없음을 보여 주었다. 나는 우리 분야에서 큰 움직임이 없었다고 느낀다. 나 역시 학생들이 조력 전문직(helping profession)의 정서적인 요구에 부응할 수 있도록 적절하게 실습시키지 못하고 있다고 생각한다. 인본주의적인 관점에서 내담자의 배움과 성장은 온정(warmth)과 수용(acceptance)이 있는 위협적이지 않은 환경에서 일어난다. 이러한 성장을 촉진하기 위해 치료사는 배려하고, 판단적이지 않으며, 일치된(congruent) 사람이어야 한다. 이러한 능력은 색다른 것이 아니다. 이 모두는 모든 사람의 능력 안에 있다. 실습 프로그램에서의 공부를 통해 학생치료사는 이러한 능력을 향상시킬 수 있다. 그러나 안타깝게도 거의 모든 대학원 실습 프로그램이 학생들의 대인관계 기술이 아닌 지적이고 인지적인 능력을 강조하는 경향이 있다. 예를 들어, 학생 선발은 일반적으로 대학원 입학 자격시험(GRE)이나 평균평점(GPA) 점수와 같은 지적인 능력에 기초한다. 추천서가 직접적으로 반영되는 경우를 제외하고 대인관계 기술이 고려되는 경우는 드물다. 하지만 전체 공개와 소송 위협이 있는 이 시대에 추천서는 거의 무의미하다. 평균평점은 대학원이 방어할 수 있는 객관적인 측정을 해 주는 것 같다. 대인관계 기술은 쉽게 측정할 수 없고, 화가 난 학생들이 이의를 제기할 경우 방어하기 어렵다. 우리 분야에서 대인관계 기술을 무시하는 위험성은 매우 크다. 학생들이 우리 분야에 관해서는 해박하지만, 임상과 대인관계에서는 서툴 수 있다.

　　대학원은 이성적으로 '정상적'인 학생들을 선발하고 있는 것처럼 보인다. Crane과 Cooper(1983)는 미네소타 다면적 인성검사(Minnesota Multiphasic Personality Inventory: MMPI)를 130명의 언어병리학 대학원 여학생에게 실시했다. 프로파일에 따르면, 학생들은 "명백하게 정상이나 다소 수용적이고, 순응적이었으며, 전형적으로 여성적이고, 민감하고, 불안했다."(p. 139) 그것은 우리가 그러한 자질을 여성에게 '정상적'인 것으로 기꺼이 수용한다는 것을 의미한다. 나는 우리가 '전형적으로 여성적(stereotypically feminine)'이라고 간주하는 많은 것이 실제로는 우리의 가르침과 여성에 대한 태도를 반영한다고 생각한다. 나는 이러한 태도가 변화하기를 희망한다. 나는 수동적이고 순응적이라는 인성 프로파일이 우리 전문직의 특성이 되는 것을 깊이 염려하고 있다. 공평하게 말하면, Crane과 Cooper는 학생들이 매우 상상력 있고, 창의적이며, 활동적이라는 것도 발견했다. 나는 확실히 이러한 유쾌한 성격을 지닌 학생들을 만났고 함께 일을 했다. 그러나 MIiler와 Potter(1982)의 연구를 통해 우리는 또한 이 학생들 중 다수가 급격한 속도로 소진될 것이라는 것을 알게 되었다.

학생들의 임상적 능력과 개인적 성장 훈련하기

　　나는 MMPI 점수가 임상적 능력에 영향을 미치는 중요한 인성 변수라고 확신하지는 않는다. 예를 들어, 'Annie Sullivan' 유형의 학생은 임상 초기에

판별이 되어야 한다. 이러한 유형의 학생은 감독하는 데 도움이 되는 에너지와 놀라운 추진력을 가진 배려심이 깊은 사람이지만, 우리는 필요한 요구 수준으로 자기인식을 증진시킬 수 있도록 실습 수준에 따라 경험을 제공해야 한다. Annie Sullivan 유형은 내담자의 자존감과 독립성이 손상되지 않는 방식으로 어떻게 도울 수 있는지를 배워야 한다. 전문가로서 우리는 다른 사람의 인정이 아니라, 우리가 한 것을 내면적으로 앎으로써 개인적 만족을 누릴 수 있어야 한다. 요약하면, 우리는 또한 학생들이 평가의 내적 귀인을 개발하도록 도와야 한다. 내가 만난 많은 학생은 다른 사람을 만족시키고 다른 사람에게서 인정을 받으려는 강한 욕구를 가지고 있는 것 같았다. 이것은 치료사로 하여금 직면을 회피하도록 이끄는데, 이는 효과적인 치료를 제한한다. 때로는 효과적인 치료를 위해서 치료사가 내담자를 기꺼이 좌절시켜야 한다. 사실 나는 가벼운 좌절은 내담자의 성장에 필수적인 요소라고 생각한다. 나는 가끔 학생들에게 "당신은 성공적인 치료사가 될 수 있고 내담자가 당신에게 화를 내도록 할 수 있나요?"라고 묻는다. 나는 그 대답이 우렁찬 '예'라고 생각한다.

가끔 대인관계 기술은 서툴지만 매우 지적인 학생들이 있다. 이러한 학생들에게 우리가 할 일이 있다. 구조화된 대인관계경험은 학생들이 더 능숙해지는 데 도움이 된다. 그들은 또한 좋은 연구자이다. 이따금 우리는 학생들을 선별해 낸다. 바로 다른 사람을 돌보기에는 어려움이 있는 학생들이다. 나는 돌보는 능력을 제외하고 거의 모든 것을 가르칠 수 있다고 생각한다. 우리가 기술적인 능력을 가르칠 수 있더라도 이 학생들은 전문가로는 실패할 것이다. 우리 직업에서 그러한 학생들을 선별할 수 있는 더 나은 체계가 필요하다.

만약 누군가가 언어치료사와 청각사의 실습을 자세히 들여다본다면, 분명히 허술하게 짜인 행동 노선을 따라 실습이 진행되는 것으로 보일 것이다. 통제는 일반적으로 학생들에게 외재적인(external) 것이다. 교사는 학생들이 알아야 할 것을 결정하고 그들이 자료를 학습했을 때 보상을 준다. 학생치료사는 또한 감독자를 만족시키는 방법을 배우며, 이는 또한 외적인 평가 귀인의 발달을 촉진한다. (그들이 수동적이고 순응적인 것은 당연하다!)

한편으로, 의사소통장애 문헌은 아주 초기부터 감독관계에서 인본주의적인 우려를 표명했다. Ward와 Webster(1965)는 우리가 학생들을 인간으로 대하고 그들의 자아실현이 실습 프로그램에서 중요하게 고려되어야 한다고 했다. 그들은 교육과정에 인간행동을 설명하고 학생들에게 적용할 수 있는 수업이 갖추어져야 한다고 했다. Van Riper(1965)는 때때로 고통스러운 감독자의 역할에 대해 다음과 같이 설명했다.

> 그는 어떤 일이 일어나는지 흥미롭게 관찰하고, 성공을 따뜻하게 공감하며, 실패를 문제 삼지 않는 친절한 사람이다. 학생들이 아주 태만하고 잘못을 저지를 때조차 감독자는 고삐를 죄지 않는다. 그는 고요히 견뎌 내고, 포커페이스를 유지하며, 나중에 치료사에게 할 말을 계획한다(p. 77).

Van Riper는 우리가 학생치료사를 대할 때 학생들이 내담자에게 보이기를 기대하는 것과 마찬가지로 애정 어린 존중으로 대해야 한다고 믿었다.

Pickering(1977)은 학생들이 분야에 대한 지식뿐만 아니라 관계 기술을 가져야 한다고 했다. 그녀는 감독관계란 학생이 관계에 대해 배울 수 있는 도구이자 감독자와 학생치료사 모두의 개인적인 성장과 변화를 촉진하는 도구가 될 수 있다고 했다. 감독관계는 학생의 성장을 촉진하기 위해 진실성, 토론, 위험 감수, 갈등의 요소를 가질 필요가 있다.

Caracciolo, Rigrodsky와 Morrison(1978)은 감독자가 학생들에게 지시적이지 않은 역할인 로저리안(역주: 인본주의 상담가, Rogerian)을 시범 보여야 한다고 했다. 로저리안의 관계는 높은 수준의 무조건적인 존중, 공감, 일치성을 가질 것이다. 학생들은 감독자와 이러한 인본주의적 관계 내에서 성장을 경험하고, 그 결과로 내담자와도 이러한 관계를 강화할 수 있게 된다.

나는 인본주의적 관계를 경험하는 것이 그것을 학습하는 가장 좋은 방법이라는 Caracciolo 등(1978)의 전제에 동의한다. 하지만 그들이 "개인의 그리고 전문가로서의 성장에 기여하는 데 필수적인 감독자의 태도와 능력을 개발시킬 수 있도록 하기 위해 조작적으로 정의된 특정 실습 절차를 구성해야 한다."(p. 290)라고 했을 때 나는 불편해졌다. 나에게는 '조작적 정의'와 '특정 실습 절차 개발'을 시작하는 것이 인본주의적 접근의 진수를 상실하는 것처럼 보인다. 근본적으로 인본주의는 말로 표현하기 어렵다. 진정한 학습은 전복되는 과정이다. 우리는 학생들을 진정한 학습으로 이끌어야 하고, 성장 촉진적 관계에 적절한 조건을 창출함으로써 학생들이 그것을 발견하기를 바란다. 기술을 가르치기 위해 의도적으로 학습 환경을 구성하는 것은 문제에 영향을 미치는 인지적인 해결책을 강요하는 것이다. 학생들은 본질이 아닌 인본주의적 접근의 형식을 학습하는 경향이 있다. (누구든 로저리안의 반영적 경청이 상대방이 한 마지막 말을 반복하는 것이라고 생각하는 학생들과 대화를 해 보면 살인의 원인을 통찰하게 될 것이다.)

Klevans, Volz와 Friedman(1981)은 학생들의 대인관계 기술을 훈련하고자 했다. 한 실험 집단은 교실 밖 과제에서 말-언어-청각장애인 역할을 맡는 확장된 역할 연습을 통해 기술을 배웠다. 두 번째 집단은 임상적 상호작용을 관찰하고 행동을 분석하도록 했다. 연구자들은 가상의 조력관계에서 평가했을 때 실험 집단의 학생들이 분석 관찰 집단의 학생들보다 더 촉진적인 구어 반응을 의미 있게 더 많이 할 수 있었다고 했다. 저자들은 두 집단에 할애된 8시간 45분이라는 시간이 대인관계능력을 숙달하기에 충분하지 않다고 생각했다.

나는 이 연구가 면밀하게 살펴봐야 할 몇 가지를 강조하고 있다고 생각한다. 만약 우리가 학생들의 대인관계 기술을 훈련시키려고 한다면 경험은 가르치는 것이 아니라 직접 해 보는 것이어야 한다. 우리는 학생들이 강의를 통해서 혹은 상호작용을 관찰함으로써 대인관계에 능숙해지기를 바랄 수 없다. 우리는 분명히 교육과정 내에서 대인관계 기술을 교육하는 데 많은 시간을 할당해야 한다. 이 연구에서 할당된 8시간 45분은 임상실습수업 1학점의 일부였으며, 안타깝게도 대부분의 전형적인 실습 프로그램으로는 근본적인 임상능력을 가르치기에 부족하다.

나는 또한 개인적인 성장 측면에서 문제를 공략할 필요가 있다고 생각한다. 엄격하게 기술적인 관점에서 대인관계 기술을 가르치려는 노력을 제한할 수는 없다. 나에게는 상담을 가르치고 학습하는 가장 좋은 방법은 우리의 개인적인 성장경험의 맥락에 있으며, 이는 워크숍 출석, 민감성 집단 참여 그리고 암벽 타기나 항해를 하는 외부 학습경험과 같은 다양한 활동을 포함한다. 후자의 경험이 특히 유익했다. 그 경험의 내재적인 주제는 '우리는 적을 만났고, 그것이 우리라는 것을 알았다.'이다. 나는 생각하고 느끼고 생산적이 되도록 스스로 허용하는 것을 배웠다. 최근 나는 주기적으로 불교 수련회에 가서 많은 시간을 자아성찰에 할애하는데, 이는 나에게 매우 가치 있는 휴식(time-out)이다. 나는 나 자신을 더 수용할수록 다른 사람을 더 수용하고 가치 있게 여긴다는 것을 알게 되었다.

학생들과 인본주의적 관계를 발달시키는 데 있어서 임상이나 교육관계의 딜레마는 교사가 평가를 해야 한다는 것이다. 감독자 또는 교사가 점수를 매기는 힘을 가지고 있는 한, 통제소는 학생들에게는 외재적인 것이고, 학생의 입장에서 감독자와의 진실된 관계는 성취하기 어려운 것이 된다. 학생들은 학년을 통과하기 위해 어느 정도 그리고 언젠가 교사를 만족시켜야 한다. 관계의 진실성을 발달시키기 위해서는 매우 높은 수준의 신뢰가 필요하다. 개인의 권력 수준이 본질적으로 다르기 때문에 진정한 평등은 가능하지 않다. Van Riper(1965)는 우리가 감독자라기보다는 학생들의 협력자가 되어야 한다고 주장했다. 감독자가 학생들에게 점수를 주거나 결과적으로 추천서를 써 줘야 할 때 이 생각은 이루어지기 어렵다. 비록 감독자가 그들을 협력자라고 생각하더라도 누구나 예상하듯이 학생들은 다르게 느낀다. Culatta, Colucci와 Wiggins(1975)는 감독자와 학생들이 그들의 관계에 대한 견해에서 불일치가 크다는 것을 발견했다. Pickering(1990)은 감독자와 학생들의 서면 응답에 주목했다. 그녀는 학생들이 가장 필요하다고 한 것이 감독자가 그들의 기대를 분명하게 하는 것이라고 했다. 혹자는 학생의 점수에 대한 관심과 감독자를 만족시키는 것이 졸업에 합리적이고 필수적인 것이지만, 불행하게도 그것이 학생치료사의 임상적이고 개인적인 성장을 방해할 수 있다고 해석했다. 어떻게든 우리는 이 딜레마를 해결해야 한다. 상담수업이 없는 프로그램에서 상담은 감독자와의 관계에서 가르쳐지는데, 감독자가 점수를 부여하는 권력을 갖고 있는 힘의 불균형이 있는 상황에서 진정한 관계는 형성되기 어렵다. Geller와 Foley(2009)의 논문에서는 학생의 감독에 인본주의적 심리학의 틀에서 학생과 감독자의 성장을 촉진하는 정신건강 관점을 적용했다. 그들 또한 점수 문제를 해결하는 데 실패했다.

나는 감독자로서 학기 초에 학생들에게 잘하지 않아도 된다고, 그래야 우리가 그들을 도울 수 있다고 격려해 준다. 학기 말에는 그들이 잘하기를 기대하며 그들의 점수가 학기 말에 그들이 얼마나 잘하는지를 보여 줄 것이라고 장담한다. 나는 역시 학생들이 실수를 두 번 하더라도 그것이 실수일 뿐이라고 말해 준다. 어떻게든 우리는 학생들이 기꺼이 위험을 무릅쓰고 그들의 부족함을 드러낼 수 있도록 안전한 환경을 조성해야 한다. 특히 대학원생일수록 그렇게 하기가 어려운데, 이 시기의 학생들은 '척하는' 방법을 잘 알고 있다.

내용 차원 수업을 가르칠 때 나는 인지학습과 대인관계학습의 요구를 절충하려고 시도한다. 수업을 시작할 때 나는 학생들에게 기말시험지를 주는데, 그것은 학생들이 습득해야 하는 내용에 대한 나의 의견을 반영하는 에세이 질문 목록으로 구성되어 있다. 나는 거기에서 많은 질문을 실제 기말시험에 출제한다. 그리고 나는 학생들이 그 질문에 대한 답을 찾을 수 있도록 참고문헌을 제공한다. 그러면 이제 학생들은 내용을 습득하기 위해 그들의 시간을 조정할 책임이 생긴다. 수업 점수는 오로지 시험결과에 따르므로 학생들은 수업 중에는 몰라도 된다고 격려해 준다. 나는 그들이 몰라야 한다고 했으며, 그것이 그들이 수업을 수강하는 이유이다. 그들이 유일하게 '몰라서는' 안 되는 때는 기말시험 때이다. (이 책에 딸린 강사 지침서는 내가 이 수업을 가르치는 방법에 대한 세부사항을 제공한다.)

나는 보통 수업시간의 반을 강의, 영화, 비디오, 또는 초청 강사로 구성한다. 나머지 반은 학생들이 구성해야 한다. 비구조화된 시간은 보통 학생들이 하지 않으면 아무 일도 일어나지 않는다는 것을 깨달을 때까지 고통스러운 침묵으로 시작된다. 우리는 주기적으로 수업을 평가하고 나를 포함하여 모든 사람은 일이 어떻게 되고 있는지 이야기할 기회를 가진다. 이 구성방식에서 학생들은 그들이 학습하는 것을 어느 정도 통제할 기회를 갖는다. 그들은 내용을 습득할 책임이 있고 무엇이든 읽도록 강요받지 않는다. 비록 시험기간에 가까워질수록 그들의 불안이 증가하고 그들이 누린 자유를 후회하게 될 수 있지만 일반적으로 학생들의 수업평가는 열렬하다. 보통 학생들이 많은 책임을 져야 하는 학습 상황에 친숙하지 않기 때문에 그들은 종종 다른 수업의 요구에 부응하기 위해 시간을 사용하며, 우리 수업에 한참 뒤처져 있는 것을 알게 된다. 종종 시험 범위를 줄이고, 기말시험을 늦추고, 재택시험(take-home exam)으로 하자고 간청하는 협상이 진행된다. 나는 이렇게 오고 가는 협상을 좋아하는데, 이는 우리 관계의 평등과 진실성을 반영하기 때문이다. 나는 일반적으로 엄하다. 만약 학생들이 책임 인수를 학습해야 한다면 그들의 책임을 가볍게 봐 줘서는 안 된다.

이런 방식으로 가르치는 것에 대한 내 생각은 나 혼자서 수업 내용에 대한 책임을 가질 때보다 학생들이 더 많은 내용을 습득한다는 것이다. 나는 또한 학생들의 관심에서 파생되는 내용의 흥미로운 곁가지에 깜짝 놀란다. 예를 들면, 청각재활수업 중에 Mark Medoff(1981)의 희곡『작은 신의 아이들(Children of Lesser God)』을 읽기로 결정했는데, 그것은 청각장애 여성과 건청인 남성 언어치료사의 관계를 다루고 있다. 수업에서 읽고 희곡에 대해 토의하면서 학생들은 청각장애-건청인 관계와 청각장애 성인 사이의 현재 이슈에 대한 풍부한 통찰력을 기를 수 있다. 교과서적인 문헌만 검토하여 얻을 수 있는 것보다 더 심오한 측면의 이해를 성취하는 것이 가능했다.

문헌에 의하면, 학습 또는 교수경험의 결과로 통제소가 더 내적인 방향으로 이동한다고 설명한다. Johnson과 Croft(1975)는 개별화 교수 시스템 (personalized system of instruction: PSI) 수업을 수강한 학생들이 종강 후에 Rotter 통제소 척도(Rotter Locus of Control Scale)로 평가한 결과, 통제소가 통계적으로 유의하게 내적인 방향으로 변화했다고 했다. PSI 수업은 중간시험 이나 기말시험이 없다. 그것은 전적으로 스스로 진도를 조절하고 평가하는 과정이다. 수행은 주로 개인 면담으로 평가한다. 이러한 유형의 수업은 행동 주의자와 인본주의자의 개념을 절묘하게 혼합하도록 수정할 수 있다. 유사한 근거로 인본주의적인 관계에서 교사와 보다 많이 교류하는 수업이 의사소통장애 분야에서 학생들이 자기관리능력을 향상시키고, 교사와 임상적으로 그리고 개인적으로 유용한 관계를 경험할 수 있도록 개발될 수 있다.

소진 비율이 높아지고 학생 등록이 감소하고 있어서 직업적으로 위기인데, 우리는 내적 통제소를 촉진시키는 인본주의에 바탕을 둔 교육을 시행할 수 있도록 창의적인 해결책을 찾아야 한다. 이는 우리가 인지적이고 평가적인 기능을 포기해야 한다고 말하는 것이 아니다. 우리는 대인관계학습으로 내용을 보충해야 한다. 형편없게 여겨지는 행동주의 모델의 교육과정에서 훈련받은 학생들이 그들 자신과 그들의 전문성에 대한 책임을 쉽게 맡기를 기대하는 것은 모순이다. 외적인 통제소와 외적인 평가소를 강조하는 행동주의 모델은 기술적으로 일하면서 심오한 전문인으로서의 책임은 맡지 않고, 열악한 근무 조건을 수용하는 전문가를 빚어내는 경향이 있다. 그들은 있는 그대로를 수동적이고 순응적으로 수용하는 사람들이다. 만약 우리가 변화와 행동을 기대하지 않는다면 우리는 압도될 것이다. 나는 현재 우리 교육의 실제를 좀 더 인본주의적 기초를 포함하도록 수정함으로써 우리 직업의 미래가 의사소통장애인을 치료하는 데 있어서 더 효율적이고, 더 자신감 있으며, 더 자립적이고, 적극적인 전문가를 빚어낼 수 있을 것이라고 생각한다. 우리는 우리의 내담자와 우리의 직업에 대한 의무가 있다.

만약 현재의 부모-전문가 관계에서 어떤 의미 있는 변화가 일어난다면 그것은 전문적인 실습 차원에서 일어나지 않을 것이다. 너무 많은 젊은 치료사가 내담자 부모와의 관계에서 최소한의 또는 매우 부족한 경험을 하고 그들의 실습 프로그램을 떠났다. 나는 문제의 일부분이 실습 프로그램에서 감독자와 이론 교사가 부모 실습을 강조하는 것이 부족했기 때문이라고 생각한다. ASHA(2003)의 규정은 자격 요건으로 학생들이 부모와 함께해야 하는 활동시간 375시간을 25시간으로 허용했다. 가족상담에 대한 강제적인 요구사항은 없다. 이것은 수정될 필요가 있다.

또한 국가 차원에서 특히 전문가를 대상으로 한 보수교육 워크숍을, 부모를 자녀의 치료에 참여시키고 부모참여를 촉진하도록 학생들을 실습시키는 것에 관한 학문적인 프로그램으로 활성화해야 한다.

부모-전문가 관계가 향상되기 위해서 그들은 문제중심 방향에서 자유로워져야 한다. 대부분의 부모-전문가 만남은 특별히 문제가 있을 때에만 이루어진다. 문제가 항상 관계의 중심이 될 때 생산적 관계를 형성하기는 매우 어렵다. 나는 청각재활수업에서 청각장애 학생의 교사가 부모를 학교로 불러서 자녀가 '구화에 실패'했으며 총체적 의사소통 프로그램에 들어가야 한다고 말하는 역할 연습을 한다. 부모가 열심히 구화 교육에 전념하고 있다는 점에서 문제는 대립적으로 설정된다. 상황은 대개 재앙으로 끝나는데, 이것이 첫 번째 부모-전문가 만남이라면(일반적으로 그러하듯이) 이미 너무 늦었기 때문이다. 부모와 전문가가 아동의 의사소통방법을 변화시키는 것과 같은 무거운 주제를 다루기 전에 필요한 신뢰, 자율성, 주도성을 발달시킬 시간이 없었던 것이다.

어떤 학생들은 이 문제를 잘 해결한다. 그들은 문제가 있는 사람이 부모나 아동이 아닌 교사라고 인식한다. 교사가 자신에게 문제가 있다고 말하고 부모의 도움을 요청할 수 있을 때 관계는 대립적이 되지 않고 보다 협조적이 된다. 학생들은 또한 역할 연습 후에 어떤 문제가 발생하기 전에 교사가 학교 밖에서 부모를 만나야 하고, 그들의 관계를 확립해야 한다는 것에 동의하게 된다.

언어병리학에서 부모와 전문가는 당연한 동맹이다. 그들은 모두 매우 열렬한 말로 똑같은 것을 원한다. 바로 아동이 더 나은 의사소통능력을 갖게 되는 것이다. Murphy(1981)는 부모에 대한 서정적이고 사랑스러운 책『특별한 아동, 특별한 부모(Special Children, Special Parents)』에서 "부모와 치료사는 아동이 바야흐로 될 무엇인가를 형상화하도록 도와주는 조각가이다. 모두에게 기회가 있다. 지금 그들의 모습보다 더 나은 어떤 것으로 존재할 기회, 그렇게 될 기회, 배우고 춤추고 노래 부를 기회 말이다."(p. ix)라고 썼다.

전문가의 소진

소진(burnout)은 직업에서의 감정적인 고갈, 자아 상실, 개인적인 성취의 감소로 정의될 수 있다. 이것은 보건전문직에서 고질적인 것으로 보인다. Zellars, Perrewe와 Hochwater(2000)는 188명의 간호사를 인터뷰해서 소진이 직업 스트레스뿐만 아니라 성격 요인과도 관련이 있다는 것을 알아냈다. 여러 연구에서 입증된 두 가지 개인적 요인은 낮은 자존감과 외적 통제소였다.

Meadow(1981)는 청각장애 아동의 교사 240명을 대상으로 소진검사를 실시했다. 그녀의 연구결과 중 일부는 다음과 같다.

- 청각장애 아동의 교사들은 건청 아동의 교사보다 높은 소진 비율을 나타냈다.
- 7~10년 근무한 교사의 소진 비율이 가장 높았고, 11년 이상 근무한 교사와 신입 교사의 소진 비율이 가장 낮았다.
- 소진은 근무 상황에 영향을 미치는 인식능력과 직접적인 관련이 있었다. 자신의 일에 영향력이 있다고 느끼는 교사에게는 좀처럼 소진이 나타나지 않았다.
- 그들의 일에 개인적으로 가장 열심히 몰두했던 교사가 소진 비율이 높았다.

이 결과는 매우 흥미롭다. 가장 큰 스트레스는 비장애 학생과 일하는 전문가보다는 장애 학생을 가르치는 전문가에게 나타나는 것 같다. 젊은 교사는 초기에 이상과 열정으로 일을 완수한다. Meadow(1981)의 자료와 나의 관찰에 따르면, 많은 젊은 초임 교사가 학생들에게 지나치게 관여되어 있는 것 같다. Mattingly(1977)는 아동 보육 교사에게서 이러한 현상을 발견했다. 소진은 상황 및 그들 자신과 그들의 삶을 병합하기 시작하는 교사에게 나타난다. 이러한 병합이 발생하면 개인은 다른 사람에게 줄 자원을 잃는다. 조력 전문가는 흡사 사람들이 기름을 넣으러 오는 주유소와 같다. 어느 시점에 트럭이 오고 주유소의 탱크를 채운다. 그가 가르치는 사람들과 어우러지는 전문가는 항상 정서적으로 도움이 필요한 사람으로 '그들 자신의 탱크를 채울' 기회는 없다. 나는 이들이 7~10년 주기 내에 소진되는 사람이라고 생각한다.

10년 주기를 넘어 생존한 전문가는 직업경험 밖에서 개인적인 요구를 충족시키는 것을 배웠기 때문에 더 나은 대처 전략을 알고 있다. Meadow(1981)의 자료에 따르면, 그들은 소진으로 괴로워하는 사람들보다 내적 통제소를 더 많이 가지고 있는 것으로 보이는데, 소진은 환경에 영향을 미치지 못한다고 지각하는 무능함과 관련이 있기 때문이다. 내적 통제소를 가진 교사는 열악한 근무 조건을 수용하도록 '내몰리지' 않고 또한 그들 자신을 관리자에게 더 확고하게 주장할 가능성이 있다.

이 책의 맥락과 용어에서 소진은 주로 외로움과 사랑이라는 실존적 문제에 대처하는 문제로 간주될 수 있다. 사랑받고자 하는 욕구 때문에 교사가 학생과 병적이고 과다개입하는 관계를 형성하게 될 수 있다. Erikson 모델을 사용하면 소진은 개인적인 삶과 직업의 융합이 일어나는 친밀감의 문제로 간주될 수 있다. 나는 전반적으로 소진이 통제소 문제라고 생각하는데, 그 이유는 자기가 '바람 속의 나뭇잎'처럼 힘이 없다고 느끼고 다른 사람의 요구를 단순히 충족시켜 주기만 하는 사람들은 내담자를 위해 자신의 모든 느낌을 상실하고 정서적으로 고갈되고 메말라서 소진되기 때문이다.

나는 전문가에게 지속적인 워크숍과 현직 연수를 제공함으로써 소진현상을 변화시킬 수 있다고 생각한다. 나는 이 문제를 다루는 보다 나은 방법은 대학이 학생들이 자신을 가치 있게 여기고, 자신의 요구를 자각하고, 진실된 관계를 유지할 능력이 있고, 내적 통제소와 평가소를 가질 수 있도록 가르치는 데 초점을 맞춰야 한다고 생각한다. 또한 모든 전문가가 소진을 방지하기 위해 융통성을 갖추고 유머 감각이 자기 자신에게 스며들게 하는 것도 좋은 생각이다.

공립학교에서의 상담

공립학교 환경은 상담이 이루어지기 힘든 환경이다. 공립학교에서의 전형적인 치료 모델에서는 개별치료를 위해 아동을 교실 밖으로 데리고 나온다. 업무량으로 인해 치료사는 때로는 소집단으로 치료를 한다. 부모와의 접촉은 종종 최소화되고, 아동에 의해 메시지로 전달되는 경우가 더 많다. 이 치료 모델 기저의 가정은 지나치게 단순해서 놀랍다. 치료사는 결과적으로 1주일에 1시간 동안(어떤 경우는 1주일에 단지 30분간) 아동과 따로 치료함으로써 아동의 의사소통능력을 크게 변화시킬 수 있다고 가정한다. 그것은 개별치료의 엄청난 효과를 전제로 한다. 그것은 또한 아동에게 전체 가족체계를 위한 변화의 주체가 되어야 하는 부담을 준다.

나는 많은 공립학교 치료사가 그들의 직업생활의 부조리를 직관적으로 인식한다고 생각하는데, 업무량은 지나치게 많고 지원과 시설은 부실하기 때문이다. 그들이 수용한 한계는 그것이 외부에서 부과되었기 때문이든 그들 자신을 변화시키는 위험에 대해 내면적으로 저항하기 때문이든 상관없이 치료사가 효율적인 업무를 수행하기 어렵게 만든다. 그런 일이 발생하면 그들은 자리에서 신속하게 떠나거나 소진되어 그들이 쓸모없다고 생각하면서 일하는 흉내만 내게 된다.

나는 치료사가 효과적인 변화의 주체가 될 수 있도록 일을 재구성하는 방법이 있다고 생각한다. 치료사는 그들 자신을 직접적인 치료의 수여자보다는 자문가/상담가로 생각할 필요가 있다. 치료가 더 효과적이기 위해서는 가능하다면 보호자에게 방향성이 맞춰져야 할 필요가 있다. 공립학교 환경에서 교사는 부모의 역할을 한다. 치료사로서 우리가 교실 환경(집은 아니지만 또 다른 집과 같은 환경)을 변화시킬 수 있다면 치료가 더 효율적으로 이루어질 수 있으며, 그렇게 됨으로써 학교는 아동에게 집 같은 곳이 되고 모든 아동에게 양질의 의사소통능력 향상을 촉진할 수 있다. 이것은 우리가 학급에서 교사와 시간을 보내야 한다는 것을 의미하며, 부모가 교사를 돕고 의사소통장애가 있는 아동을 돕는 것을 의미한다.

나는 이러한 언어병리학의 상담 모델이 서서히 자리 잡고 있으며 주도적인 치료 모델이 될 것이라고 생각한다. Superior와 Leichook(1986)은 공립학교 환경에서의 부모상담 모델을 강력하게 옹호했다. 그들은 다음과 같이 제안했다.

> 부모 미팅은 아동 치료 회기 대신 계획될 수 있으며, 부모상담의 목표는 개별화된 교육계획 내에서 언급될 수 있다. 몇 번의 부모 미팅이 실제로 여러 번의 치료 회기보다 훨씬 더 효과적일 것이다(p. 402).

나는 일반적으로 부모나 교사와 보내는 시간이 가장 유익한 시간이라고 생각하며, 치료의 추진은 교사나 부모 차원에서 이루어져야 한다고 생각한다. 나는 **자문**(consultative)과 상반되는 **협력**(collaborative)이라는 용어를 사용하는 것을 더 선호한다. **협력**은 관계와 권한의 동등성을 의미하고 **자문**은 그와는 반대로 권위자(expert)로서의 전문가를 의미한다.

협력 모델을 시작할 때, 아동과 직접 치료를 시작하기 전에 치료사가 학급 교사 그리고 아동의 부모를 만나는 것이 중요하다. 이 시기에 모두의 기대를 명시하는 분명한 계약을 맺어야 한다. 나는 치료사가 교사와 부모가 치료과정에서 직접적인 참여를 하도록 요구하는 계약을 지향할 필요가 있다고 생각한다. 계약은 융통성이 있어야 하며, 재협상의 기회가 제공되어야 한다. 계약에 따른 기대를 충족시키는 데 실패한다면 교사 또는 부모는 그것을 인식하고 책임을 져야 한다. 반드시 치료 시작 전에 실행 가능한 협력관계를 확립해야 한다. 이것은 계약상의 의무 또는 아동을 직접적으로 포함하는 것에 대한 지속적인 논쟁의 기초를 확립하는 것이다.

부모와 교사가 상호작용하게 되는 주된 기회 중의 하나는 아동의 개별화 교육 프로그램을 개발하는 동안 주어진다. 열악하게 운용되는 학교 프로그램에서, 부모는 경기장 같은 회의에서 전문가들의 보고 대상이 되기 때문에 그 과정은 일반적으로 부모에게 고통스럽다. 부모는 종종 회의를 마칠 때쯤이면 회의에 올 때보다 더 겁을 먹게 되고, 더 혼란스러워지게 되며, 정말로 힘이 빠지게 된다. Andrews와 Andrews(1993)는 부모의 역량을 강화하는 데 도움이 되는 교육계획의 개발 모델을 제시했는데 나는 이 모델이 폭넓게 채택되어야 한다고 생각한다. 그들의 가족중심 접근에서는 모든 가족 구성원의 참여를 권장한다. 가족의 말을 경청하고, 가족이 아동의 평가에 적극적으로 참여하도록 권장한다. 저자들은 가족치료 접근에서 사용되는 실제 기법을 제시했는데, 이는 의사소통장애인을 치료하는 전문가가 쉽게 이해할 수 있다.

다문화주의

Van Kleeck(1994)은 둔감한 언어치료사가 빠질 수 있는 많은 문화적 함정을 설명했다. 예를 들면, 언어치료사가 아동에게 의사소통을 더 많이 시작하게 하는 것은 아동이 성인과의 대화를 시작하게 하는 것을 의미하는데, 이것은 언어치료사 자신도 모르게 가족 규범을 위반하는 것이다. 많은 문화에서는 아동이 성인과 의사소통을 시작하도록 권장되지 않는다. 우리의 문화적 가치를 다른 사람에게 강요할 수 있는 위험이 있다. 그것은 우리가 문화적 차이를 인식하는 데 실패하게 만드는 자기민족중심적인 관점에서 발생하기 쉽다.

다른 한편으로는 집단 사이의 문화적 차이를 찾는 데 있어서 문화적 고정 관념의 함정에 빠질 수 있는 또 하나의 위험이 있다. 모든 문화적 집단화에서 행동에는 항상 다양성이 있으며, 어떤 집단에 대한 일반화는 우리가 치료하는 내담자 개인에게 적용되지 않을 수 있다. 어떤 점에서 우리는 모두 다문화적이라는 점을 이해해야 한다. 각각의 가족은 놀라운 하나의 실험으로 접근되어야 한다. 가족이 우리에게 그들이 학습하는 가장 좋은 방법을 가르쳐 주기 때문에 우리는 각각의 가족과 가족 내에서의 각각의 개인을 받아들여야 한다. 우리는 항상 우리가 만나는 가족의 품위를 존중해야 하며, Van Kleeck(1994)이 지적했듯이 가족을 우리의 프로그램에 맞추는 것이 아니라 우리가 가족에게 적합한 교육 프로그램을 개발해야 한다. 이 개념이 이 책에 있는 모든 것을 뒷받침해 준다. 내담자의 말을 경청하고 가치 있게 여김으로써 우리는 항상 그들의 독특한 문화유산을 존중할 것이며, 내담자와 가족은 그들이 배울 수 있는 최선의 방법을 우리에게 알려 줄 것이다.

상담의 한계

Stone과 Olswang(1989)은 정성을 들인 논문에서 언어치료사와 청각사에 의해 이루어지는 상담의 범위를 정의하려고 했다. 그들은 우리에게 많은 경우 문제는 더 나은 상담능력이 필요한 것이 아니라 내담자를 정신건강 전문가에게 의뢰해야 하는 것이라고 주장했다. 이 의뢰의 범위를 정의하기는 매우 어려우며, Stone과 Olswang은 명확한 지침을 제공하는 데 실패했다. 나 또한 분명한 지침이 있다고 확신하지 않는다. 나는 나 자신에게 그리고 나의 관계에서의 감정에 더 편안해짐에 따라 내 일의 영역이 확장되고 전문적인 관계에서도 더 많은 자유를 기꺼이 허용하게 된다는 것을 알게 되었다. 나는 더 이상 내담자를 의뢰하지 않는다. 대신 나는 그들에게 우리가 내 치료 영역 밖에 있고 거기에 남아 있다는 것을 알려 준다. 그렇게 하면 일반적으로 내담자가 스스로 의뢰를 한다. 극도의 불안을 유발하지 않는 방식으로 내담자를 정신건강 전문가에게 의뢰하는 것은 매우 어렵다. 내담자에게 전달되고 있는 메시지는 아무리 좋은 말로 표현되더라도 문제가 너무 커 다른 누군가를 만나야 한다는 것을 의미한다. 많은 가족에게 감정적인 문제가 있다는 생각은 심각한 오명을 남기기 때문에 이것은 종종 내담자에게 매우 위협적인 것이다.

나는 많은 경우 언어치료사 또는 청각사가 내담자를 정신건강 전문가에게 의뢰하고 싶은 유혹에 빠지지 말고, 자신의 능력을 향상시켜야 한다고 생각한다. 나는 치료실에서 근무하는 심리치료사와 사회복지사가 언어치료사와 청각사의 상담능력을 향상시키고 내담자와의 정서 차원에 관련된 능력에 있어 자신감을 발달시킬 수 있도록 지속적인 현직훈련을 제공해야 한다고 생각한다. 이것은 정신건강 전문가들이 전문적으로 안정되고 자문 역할을 수용할 것을 요구한다.

의심할 여지없이, 의사소통장애인과 그들의 친척 중에는 정서장애(emotional disturbance)가 있는 사람들이 있다. 이들이 비록 초기에는 늘 화가 나 있는 것으로 보이겠지만, 정상적으로 화가 나 있는 것은 아니다. 그보다 이들은 진짜로 정서장애를 가지고 있고, 다수의 생활적응 문제를 겪고 있다. 나는 언어치료사와 청각사가 이러한 내담자를 발견하고 분명한 경계를 설정할 책임이 있다고 생각한다.

상담능력은 내가 하는 모든 것에 스며들어 있다. 나는 나의 일이 '상담' 비용을 받는 직업이 되기를 원하거나 기대하지 않는다. 그것은 정신건강 전문가가 하는 일이고 우리가 그렇게 한다면 부적절하게 전문성을 침해하는 것이 될 것이다. 우리가 해야 할 일은 내담자와의 만남에 상담의 개념을 스며들게 하는 것이다.

상담의 핵심은 상담자의 일치성(congruence)이라고 생각한다. 내가 더 일치될수록 기술은 사라지고, 좀 더 정확하게는 내가 하는 모든 것에 연관될 수 있다. 상담자가 도움관계에서 줄 수 있는 가장 중요한 것은 자기 자신이다. 일치하는 전문가의 중요성은 어떤 진단검사나 구체적인 상담기법의 가치를 훌쩍 뛰어넘는다. 상담자의 바람직한 성격 특징에 대한 문헌을 살펴보면, 성자의 자격을 받지 않는 한 아무도 적합하지 않을 것이다. May(1989)는 성공적인 상담자의 두드러진 특징 한 가지를 '불완전함의 용기'라고 했는데, 이는 실패할 수 있는 능력을 의미한다. 그는 또한 성공적인 상담자는 그들 자신을 위해 사람들에게 관심을 갖는 사람이라고 했다. 효율적인 상담자가 되기 위해 반드시 전적으로 자아실현을 이룬 사람이 될 필요는 없다. 오히려 사람들에 대해 깊은 관심이 있고 다른 사람에 대해 민감성이 있는 사람이어야 한다고 생각한다. 다른 사람에게 신념을 강요하지 않고, 자기 자신에 대해 끊임없는 자각을 유지하는 배려하는 사람이어야 하며, 전문가의 부자연스러움 뒤에 숨지 않는 사람이어야 한다. Carl Rogers는 내담자와의 만남 전에 "제발 제가 충분해지게 해 주세요."라고 기도하곤 했다. 그리고 그렇게 충분한 사람이 되었다. 전문가로서 우리의 성장은 개인으로서 우리의 성장에 따라 평가될 것이다. 우리는 우리의 일과 내담자를 위해 우리 분야뿐만 아니라 우리 자신에 대해 배워야 할 책무가 있다. 우리는 할 수 있다.

제10장

요약

이 장은 이전 판 이후에 쓴 세 편의 글로 구성되어 있다. 이 책에 소개된 설득력 있는 개념들을 요약한 글을 출판을 위해 수정했다. 임상 실제에 관한 글은 내가 썼던 몇 편의 글과 워크숍 내용을 묶은 것이다. 치료사로서 다양한 성인 가족 집단을 치료하며 배운 것의 진짜 요약이라 할 수 있다. 부모에 대한 글은 내가 한 번만 만나는 가족 집단에 제공하는 유인물이다. 나는 장애에 따라 글을 수정했다. 대부분의 경우 말을 더듬는 아동과 청각장애 아동의 부모를 위한 것이지만 여기에서는 특수 아동을 위해 수정했다. 임상 금언은 최근 『ASHA 리더(ASHA Leader)』 블로그에 실렸다 (Luterman, 2015). 나는 7개의 새 금언을 추가했고, 새 금언이 생기면 계속 수정할 것이다.

50년간의 임상활동을 돌아보며

나는 1960년에 보스턴에 있는 에머슨 대학의 조교로 이 직업을 시작했다. 가르치는 임무와 함께 공동체에 봉사하고 학생들을 훈련시키기 위해 청각치료실을 발전시키는 책임을 맡았다. 나는 1965년에 청각장애로 처음 진단받은 아동의 가족을 치료하면서 조기중재 프로그램도 함께 실시할 수 있도록 치료실을 확장했다. 나는 점진적으로 나의 일에서 진단 역할을 줄이고 어린이집에 더 많이 관여하게 되었다. 나는 프로그램을 감독하는 일뿐만 아니라 가족 집단을 도왔으며 내 일생의 일을 발견했다.

내 첫 아내가 다발성 경화증을 진단받은 뒤 나는 다발성 경화증 학회에서 배우자 집단을 이끄는 것에 자원했고, 에머슨 대학에서 전일제로 근무하면서 10년간 그 일을 했다. 나는 2000년에 아내가 매우 위중해져서 집중치료가 필요하게 되면서 전일제로 가르치는 일에서 은퇴했다. 그 후 그녀는 2001년에 사망했다. 하지만 나는 어린이집을 운영하는 일을 계속 했고, 시간제로 부모 집단 일을 하고 있다. 나는 여전히 때때로 워크숍에서 부모 집단을 돕는 일을 했으나 2010년에 완전히 은퇴했다.

나는 은퇴 파티를 몇 번 열었는데, 이것은 기념행사보다 내가 더 선호하는 것이다. 하지만 자녀들은 더 이상 은퇴 파티에 가지 않겠다고 했다. 나는 내 인생의 일에 우연히 참여하게 되어 나를 성장시킴과 동시에 다른 사람에게 이익이 되는 전문적인 일을 발견하게 되어 매우 행운이라고 생각한다. 내 인생의 여정을 들여다보면 일관성이 없어 보인다. 하지만 50년이라는 세월을 지나 보니 그것이 불가피해 보이기도 한다. 인생의 현시점에서 나는 내 임상 경험을 회고하고 그 정수를 추출해 현재와 미래의 치료사 세대에게 전수하고자 하는 강한 소망으로 나 자신을 더 성찰하게 되었다.

1. 상담은 내담자의 기분을 더 좋게 만드는 것이 아니다

상담의 목적이 반드시 내담자의 기분을 더 좋게 만드는 것일 필요는 없다. 그것은 연예 산업이 하는 일이다. 상담의 목표는 내담자가 그들과 가족을 위해 자기증진을 하도록 내담자의 역량을 강화시키는 것이다. 상담과정에서는 화를 포함하여 고통스러운 감정이 출현할 것이다. 나는 항상 고통스러운 느낌의 출현을 긍정적인 증상으로 간주했는데, 그 이유는 내담자가 부정 상태에 있지 않으므로 내가 내 역할에 유념한다면 그들이 의사소통장애에 대한 주인의식을 가지게 되기 때문이다. 의사소통장애에 대한 주인의식 없이는 의미 있는 변화가 있을 수 없다. 내담자는 전문가가 장애를 '고쳐 줄' 것으로 바라고 기대하면서 교육과정에서 수동적인 역할을 선호하기 때문에, 내담자에게 양도된 역할은 흔히 그 자체로 그들에게 고통스러울 수 있다.

2. 지나친 도움은 무력감을 가르친다

진단 초기에 내담자는 흔히 장애에 대처하는 것에 대해 부족함을 느끼고 압도된다. 치료사는 내담자가 느끼는 실제적인 부족함에서 그를 구하려는 경향이 있으므로 이것이 치료사에게 중요한 시점이다. 만약 우리가 내담자에게 조언을 해 주고 책임을 맡음으로써 구해 줄 수 있다면, 우리는 그들의 공포와 부족감에 도움을 줄 수 있다. 무력감을 가르치고 의존적인 내담자를 만드는 것은 매우 쉽다. 나는 그들을 **위해** 책임을 지는 것이라기보다는 그들**에게** 어떻게 책임을 질 수 있는지를 배워 왔다. 치료의 기준선을 발견하는 것은 쉽지 않은데, 그 이유는 각각의 내담자와 함께 끊임없이 변화하기 때문이다. 나는 궁극적으로 그들을 위한 최선의 결정을 내릴 수 있도록 내담자를 신뢰하는 것을 배웠다. 정보를 가장 잘 활용할 수 있도록 해 주는 지혜는 내가 아닌 내담자에게 있다. 나의 역할은 내담자가 원하는 대로 현명하게 정보를 공유하고 요청하는 것이다. 나는 기어코 내담자를 위해 충고를 하고 책임을 맡는 일을 회피한다. 내담자의 자존감을 강화시키는 것은 최고의 치료목표이며, 그럼으로써 더 이상 치료사가 필요하지 않은 독립적인 내담자를 만들 수 있다.

3. 경청은 우리의 가장 중요한 임상적 도구이다

초보 치료사 시절에 나는 나의 전문적인 역할이 내담자에게 정보와 방향을 제공하는 것이라고 가정했다. 그것은 치료과정에서 내가 매우 적극적인 참여자가 되는 것이다. 내 마음속에는 구체적인 목표인 '수업계획'이 있었으며, 나의 짧은 설명은 내가 생각하기에 내담자에게 필요한 정보를 가지고 헤어질 수 있도록 계획되었다. 돌이켜 생각해 보면, 내가 제공했던 사전에 준비된 말과 충고는 나 자신의 불안함을 반영하는 것이었다. 내용중심 방식으로, 내가 관리할 수 있고 예상할 수 있는 임상적 상호작용을 제한한 것이다. 예상한 '수업계획'을 갖지 않고 내담자의 말을 경청하는 것은 내담자로 하여금 치료행위에 더 완전하게 참여하게 만든다. 그것은 내담자가 관계에 더 적극적이 될 수 있도록 힘을 준다. 내담자를 위한 경청과 그것을 다시 돌아보는 것은 내담자의 느낌을 발견하게 해 주며, 안전한 관계에서 그들을 표현하도록 해 준다. 이것은 내담자의 고립을 약화시키고 그들의 느낌을 인정해 준다. 내담자의 말을 깊이 경청하는 것은 우리가 그들에게 줄 수 있는 가장 큰 선물이다.

스스로의 치료능력에 자신감을 가질수록 치료과정의 통제권을 내담자에게 더 줄 수 있다. 학습자가 과정에서 적극적인 참여자가 될 때 학습은 가장 좋은 방향으로 나아간다. 경청은 내담자로 하여금 그들을 드러내게 해 주고, 내가 가장 도움이 될 수 있는 방법을 발견하게 해 준다. 우리가 그들을 경청한다면 내담자는 우리에게 가르쳐 줄 것이다. 나는 나의 내담자를 위해 함께 있어 줌과 동시에 행동하지 않는 기술을 배워야 했다. 아이러니한 것은 내가 덜 행할수록 내담자가 더 배울 수 있다는 것이다.

4. 감정적인 요소를 무시하는 것은 위험할 수 있다

사람은 감정적으로 속상할 때 정보를 잘 처리할 수 없다. 나는 이것을 청각사로서 진단실습을 하면서 어렵게 학습했다. 당시 나의 상담 개념은 아동의 청각장애를 진단한 뒤 정보를 제공하는 것이었다. 나는 신속하게 청력도와 청각 보조기 유지, 교육적인 선택에 대해 사전에 준비된 말을 준비했다. 나는 부모의 감정적 상태에 주의를 기울이지 않고 정보를 제공했다. 차후의 평가를 통해 내가 배운 것은 실망스럽게도 그들이 내가 말했던 것 중 알고 있는 것이 거의 없다는 점이었다. 그들은 속상한 감정으로 인해 많은 내용을 기억하지 못했고, 나는 정보로 그들을 압도하고 공포와 불안을 가중시켰다. 특히 진단 초기 단계에 그들이 적극적으로 슬퍼할 수 있도록 허용하는 것은 가장 큰 도움이 된다.

나는 대부분의 사람이 기분을 좋게 만들려고 노력하기 때문에 슬퍼하도록 허용되지 않는다는 것을 알았다. 그들은 희망을 불어넣거나("그들이 치료법을 발견할 거예요.") 또는 긍정적인 비교를 함으로써("그가 만약 ……했다면 더 나빠졌을지도 몰라요.") 기분을 좋게 만들려고 한다. 이 모든 것은 감정적으로 사람들을 고립시키고 슬퍼할 권리를 부정하게 한다. 정서적 고통을 겪고 있는 사람들이 가장 필요로 하는 것은 경청해 주는 것과 그들의 느낌을 인정받는 것이다. 문제를 해결하는 것 또는 그들의 주의를 다른 데로 돌리는 것으로 고통을 없애려는 경향이 있기 때문에, 이것은 대부분의 사람에게 반직관적인(counterintuitive) 것이다. 나는 내가 고통을 제거할 수 없다는 것을 배웠다. 내가 어떤 것을 말하거나 행함에도 불구하고 이 장애는 상실에 해당되며, 그 상실은 항상 거기에 있을 것이다. 내가 제거할 수 있는 것은 '나쁜 느낌에 대해 나쁘게 생각하는 것'이다.

언젠가 처음 청각장애로 진단받은 아동의 부모를 위한 지지 집단을 돕기 시작했을 때 한 어머니가 나에게 "당신은 나를 울게 만드네요."라고 말했고, 나는 그녀에게 "아니요, 나는 당신이 울어도 된다고 허용해 드릴 거예요."라고 말했다. 그러자 그녀는 울기 시작했다. 과거에 나는 부모를 울게 만든 것에 대해 죄책감을 느꼈다. 내가 감정을 주입한 것이 아니라 감정을 표출할 수 있는 상황을 만들어 주었다는 것을 이해하게 되었다. 또한 나는 감정은 단지 **존재**할 뿐이라는 것을 배웠다. 당신은 당신이 어떻게 느끼는지에 대해 책임을 질 필요가 없으나 어떻게 행동하는지에 대해서는 항상 책임을 져야 한다. 이 개념은 나로 하여금 내담자를 따라 감정의 영역에 들어갈 수 있게 하는데, 비판단적 경청을 통해 고통스러운 감정에 영입되는 것이 치유의 첫 단계이기 때문이다. 나는 우리가 전문가로서 내용상담과 정서상담의 균형을 맞추는 것과 두 가지를 동등하게 가치 있게 여기는 것을 배울 수 있기를 희망한다.

5. 애도는 병적인 측면이 아니며, 고쳐야 할 문제도 아니다

우리는 마음으로 애도를 다루는 사람들이다. 우리는 생각했던 삶을 상실하고 삶에서 이행을 경험하는 사람들―자폐 아동의 부모나 실어증 환자의 배우자 또는 가정에서 돌봐야 하는 환자의 성인 자녀이든 간에―을 만나고 있다. 애도는 문화에 따르거나 장애특수성을 띤 것이 아니다. 그것은 장애의 고유한 것이다. 그것은 또한 일생을 가는 것이다. 우리의 직업에서 많은 것이 변화해 왔지만 인간 동일시는 변함이 없다. 우리가 감정적으로 **마음을 다친** 내담자를 다루고 있을 뿐, 그들이 **감정적으로 불안한 사람**은 아니다. 누구든 준비되지 않은 인생의 모험에 갑자기 직면했을 때 수반되는 애도와 같은 감정을 갖게 되는 것은 정상적인 반응이다. 전문가로서 우리는 우리에게 애도 작업에 필요한 일을 할 수 있도록 허용해야 한다.

6. 확언은 모든 경우에 해당되는 말이다

감정 없이 그리고/또는 맥락에서 벗어나서 기술적으로 말해진 단어는 도움이 되지 않을 것이다. "이 또한 지나가리라."라는 말은 현명한 사람이 모든 경우에 어떤 말을 원하는 왕을 위해 생각해 낸 말이다. 내가 확언 (affirmations)이라고 부르는, 동등하게 유용한 상담 단어가 있다. "많이 힘드시겠어요."는 내담자의 경험을 인정해 주는 이해심 있는 발언이며, 반면에 "괜찮아요."는 내담자의 느낌을 인정해 주는 것이다. 아마 가장 유용한 단어는 "그렇군요."일 것인데, 이는 내담자에게 "나는 당신 말을 듣고 있어요. 더 말하세요."라고 말하는 것이다. 오랜 상담 경력을 통해 보았을 때, 내담자에게 가장 효과적이었던 말은 아마도 내가 하지 않았던 말이었을 것이다.

7. 지지 집단은 매우 유용한 임상적 도구이다

나는 지지 집단을 포함하지 않는 프로그램을 상상하기가 어렵다. 인생에서 재앙 같은 사건을 겪으면 감정적으로 고립되는데, 내담자가 일상생활에서 접하는 대부분의 사람이 내담자의 고통을 이해하고 공감하기보다는 고통을 무효화하려고 하기 때문이다. 지지 집단은 개인이 이해되는 장소이다. 개인의 느낌은 허용될 수 있고, 도움이 주어지거나 받아들여질 수 있다. 전문가는 비판단적 경청을 통해 내담자의 감정을 허용할 수 있지만, 지지 집단의 구성원들보다 즉각적인 신뢰감을 주지는 못한다. 지지 집단은 특정 장애에 한정되지 않는다. 나는 지지 집단이 흔히 치료 서비스의 주변부에 있는 가족에게 특히 유용하다고 생각한다. 내담자와 가족 구성원이 섞여 있는 지지 집단을 돕는 것은 매우 위험 부담이 크지만 가족 단위를 돕는 데 매우 도움이 된다.

8. 가족중심 협력 모델은 가장 효과적인 치료 모델이다

훈련 프로그램에서 학생들이 가족중심 모델을 별로 경험하지 못한다는 것은 안타까운 일이다. 개별 풀아웃 모델은 선택받은 모델처럼 보인다. 치료사가 진단된 내담자에게만 초점을 맞추면 되므로 나는 이 모델이 초보 치료사가 선택하기 쉬운 모델이라고 생각한다. 그렇지만 안타깝게도 이것은 내담자를 치료하는 데 있어 가장 효율적이지 않은 방식이다. 가족 단위로 작업함으로써 우리는 가정으로 치료목표를 확장할 수 있고, 변화에 지지적인 환경을 만들 수 있다. 이 모델은 외현적인 의사소통장애가 없는 가족 구성원과 함께하기 때문에 더 큰 능력이 요구된다. **가족**은 또한 병원 환경이든 교실이든 내담자의 환경을 포함할 수 있도록 넓게 정의되어야 한다. 훈련 프로그램은 풀아웃 모델의 훈련을 시작하는 방법으로 간주되지만 학생들은 가족중심 접근의 더 넓은 모델을 더 빨리 접하고 훈련받아야 한다. 가족중심치료는 표준이 되어야 한다.

9. 자기돌봄은 임상적 작업의 중요한 요소이다

표면적으로 상담관계는 두 사람이 대화한다는 점에서 전통적인 것으로 보인다. 실상은 한 사람, 즉 상담자가 사심 없는 심층적 경청을 통해 다른 한 사람을 돕고 있는 것이다. 상담자를 위한 주문은 '그것은 나에 대한 것이 아니다.'이어야 한다. 심층적 경청은 상담자 자신의 모든 개인적 문제를 제쳐 두고 다른 사람을 위해 존재할 것을 요구한다. 이것은 쉽지 않은 일이며, 상담관계를 제외하고는 거의 경험하기 어렵다. 다른 사람을 위해 있어야 한다는 것은 매우 큰 부담이 되며, 많은 사례에서 기술이 임상적 풍경을 바꿨음에도 불구하고 가장 중요한 임상적 '도구'는 여전히 치료사이다. 임상적 도구를 주기적으로 정비하고, 청각사가 오디오미터의 눈금을 재조정하는 것처럼 치료사는 그들 자신을 재조정하기 위해 주기적인 휴식을 취해야 한다. 사심 없는 청자가 되려면 개인의 생활을 충만하게 해 주는 개인적 집중이 필요하다. 우리는 내담자에게 우리 자신의 충만함에서 전달할 수 있어야 한다.

우리는 내담자가 상담자를 필요로 하도록 하기 위해 상담자가 상황을 조작하는 것을 자주 목격한다. 의존적인 관계를 통해서 상담자 자신을 충족시키려는 것이다. 임상적 소진은 상담자가 자기돌봄(self-care)을 잘하지 못한 결과이다.

10. 실수는 금덩어리이다

나는 임상적 실수가 필연적이라는 것을 알게 되었다. 50년이나 지났는데도 나는 여전히 가끔 실수를 한다. 나는 나에게 너그러워지는 법을 배웠으며, 실수가 임상적 성장의 필연적 결과라는 사실을 수용하게 되었다. 나는 치료사에게 어떤 학습과 성장이 필요할 때 그들을 안전지대의 경계에서 벗어날 수 있게 한다고 생각한다. 하지만 그 경계 영역에는 실수가 따른다. 나는 '실수'가 내가 배울 필요가 있는 것에 대한 유용한 표지라는 것을 알았다. 나는 나의 실수에서 가장 잘 배웠으며, 만약 내가 실수를 두 번 한다면 그것은 단지 실수가 된다. 운 좋게도, 우리는 신경외과 의사가 아니다. 내담자는 흔히 실수에서 회복되며, 사과하고, 실수를 수정하고 나아갈 수 있는 기회가 자주 있다. 만약 근본적인 관계가 튼튼하다면 실수를 견뎌 낼 수 있다.

특수 아동의 부모 되기

지난 50년 동안 나는 처음 청각장애로 진단받은 아동의 부모와 일하는 특전을 가졌다. 1965년에 나는 아동을 위한 어린이집과 개별치료 그리고 부모지지 집단을 특징으로 하는 가족중심 조기중재 프로그램을 시작했다. 부모는 프로그램의 모든 측면에서 적극적으로 참여해야 했으며, 나는 지속적으로 지지 집단을 도왔다. 정상적으로 말을 하는 나의 네 자녀처럼 부모는 수년 동안 나에게 많은 것을 가르쳐 주었다. 이제 은퇴 전날 특수 아동의 부모를 위해 내가 배운 것을 짧은 글로 나누고자 한다.

여기에 Luterman 10이 있다.

1. 양육은 본질적으로 갈등적인 것이다

부모가 해야 하는 일은 거시적 차원(사회)과 미시적 차원(가정)에서 문화의 규칙을 아동에게 가르치는 것이다. 이 규칙들은 학습되는 것이다. 아동은 규칙에 대한 선천적인 지식이 없으며, 부모에 의해 강요되는 한계를 시험하면서 학습한다. 따라서 가장자리에서부터 아동이 경계를 시험하게 되면서 갈등이 생긴다. 한계를 정하는 것이 부모의 책임이지만 많은 시간과 노력이 드는 일 이상으로 그들은 아동의 성장을 수용해야 하며, 마침내 아동/성인에게 전적으로 통제를 양도해야 한다. 나는 종종 부모에게 "당신이 당신의 아이와 싸우고 있지 않다면 당신은 그것을 잘하고 있는 것이 아닙니다."라고 말한다. 그러면 흔히 다음과 같은 대답을 듣게 된다. "걱정할 것 없어요. 우리는 그것을 잘하고 있습니다."

2. 실수를 하는 것은 양육의 일부분이다

특수 아동을 양육하고자 할 때 부모가 내려야 하는 중요한 결정이 많이 있다. 그러한 것을 실수 없이 하려고 시도한다면 실패할 것이다. 안타깝게도, 아동에게는 일련의 지시가 통하지 않는다. 당신이 그것을 두 번 한다면 그것은 단지 '실수'가 된다. 첫 번째에 그것은 자료이다. 부모는 아이에 대해 실수가 없는 결정을 내릴 수 없다. 그들이 아이에게 해 줘야 할 일은 최선의 가능한 자료에 근거하여 결정을 내리는 일이며, 그것이 해결되지 않으면 행동을 변화시켜야 한다. 부모가 범하는 실수는 그들이 잘못되었다는 것 혹은 현재 프로그램에서 전문가와 멀어지고 있다는 것을 인정하기 두려워 프로그램을 더 오래 지속하는 것이다. 학령기 아동에 대한 부모의 역할은 그들의 결정을 모니터해 주고 아동을 옹호해 주는 사람이어야 한다. 우리는 우리의 결정에 대한 어떤 피드백도 거의 받지 못한다. 나는 우리가 옳은 일을 했다고 말해 주는 편지를 받고 싶어 하지만, 그런 일이 실제로 일어나지는 않는다. 내

가 들었던 가장 멋진 말은 막내아들이 대학교로 떠날 때 나에게 "아빠, 아빠
는 잘 해내셨어요."라고 했던 말이다. 아들이 나에게 그 말을 하기까지 왜 18
년이나 기다렸는지 아직도 모르겠다.

3. 실패를 가르치는 것이 아동을 도와준다

아동은 역경에 대처하는 방법을 배워야 하고, 그러므로 성장하면서 실패
를 경험해야 한다. 특수 아동의 부모는 과잉보호하는 경향이 있으며, 실패로
부터 그들을 보호하고자 하지만 성장하기 위해서는 실패를 경험해야 한다.
성인은 우리가 하는 일에서 항상 성공할 수 없다는 것을 경험하기 때문에,
실패에 대한 대처능력 없이 성장하는 것은 아동을 심하게 제한한다. 좌절을
극복하는 것은 우리가 성장할 수 있게 해 주며, 가벼운 좌절은 성장을 위한
원동력이 된다. 부모가 하는 가장 힘든 일 중 하나는 뒤로 물러서서 아동이
실패를 경험하도록 하는 일이다. 우리가 아동에게 너무 많은 실패를 경험하
게 한다면 그들은 위험을 회피하게 되고, 그들이 충분한 실패를 경험하지 못
한다면 그들은 좌절을 견딜 수 없게 되기 때문에 신중할 필요가 있다. 특수
아동의 부모는 할 수 있는 선택의 폭이 좁으며, 언제 놓아야 할지와 언제 보
호해야 할지를 인식하는 것이 양육의 기술이다.

4. 아동이 주인의식을 가지도록 도와주라

장애는 궁극적으로 아동의 문제이며 부모는 장애에 대한 모든 통제를 궁
극적으로 아동에게 양도해야 한다. 시작 단계에서 부모는 치료 시행과 전이
에 대한 모든 책임을 맡는다. 아동이 성숙해짐에 따라 부모는 서서히 아동에
게 책임을 양도한다. 치료는 아동의 선택이 되며 청소년 중반에서 후반기까
지 장애와 관련된 모든 결정은 아동에게 있어야 하고, 부모는 아동의 주도를
따라야 한다. 아동에게 "우리가 어떻게 하면 너를 제일 잘 도울 수 있을까?"

라고 질문하는 것은 부모중심에서 아동중심적인 주인의식으로 전환하는 유용한 시작점이 될 수 있다.

5. 장애는 가족의 일이다

가족치료사는 가족의 모든 부분이 복잡하게 연결되어 있어 체계의 한 부분이 망가지면, 외견상으로 멀리 있는 것처럼 보이는 것조차도 모든 부분이 영향을 받는 체계라고 우리에게 말한다. 형제자매와 조부모 역시 그러한 문제를 가지고 있으며, 그들은 전문적인 관심을 필요로 한다. 부모 집단에서 흔히 출현하는 첫 번째 주제 중 하나는 비장애 형제자매에게 주어지는 관심의 불균형이다. 조부모 또한 마음이 아프다. 그들은 이중으로 고통을 경험한다. 그들은 자신의 손자뿐만 아니라 자녀 때문에도 슬프다. 그들은 좀처럼 자신의 느낌에 대해 말할 기회를 갖지 못한다. 간호 프로그램 내에서 우리는 조부모만을 위한 지지 집단을 만들도록 노력한다. 그들은 내가 치료했던 집단 중 흔히 감정적으로 가장 강렬한 집단이다. 형제자매를 위한 프로그램에 신경 쓰는 것도 마찬가지로 중요하다.

6. 가장 가까운 관계를 돌보라

아동, 특히 특수 아동의 양육은 매우 부담스러운 일이다. 그것은 늘 깨어 있어야 하는 연중무휴의 책임이며, 때로는 많은 생각과 주의가 요구되는 어려운 결정을 요하는 일이다. 그것은 책임이 공유되는 지지적 관계 내에서 가장 잘 이루어지는 일이다. 한부모도 잘 기능하는 아동을 기를 수 있다. 잘 해낸 이들은 결혼 파트너 대신 지지해 주는 다른 사람을 찾았다. 너무 많은 에너지가 양육에 할애되고 결혼 유지를 위해 필요한 에너지를 쓰지 못하기 때문에 관계가 손상되기 쉽다. 나는 부모에게 자주 양육은 비록 치열하지만 상대적으로 단기간의 과제라고 말한다. 동반자관계는 장기적이며, 따라서 지속적인 관심이 필요하다.

7. 좋은 부모 되기는 훌륭한 자기돌봄에 달려 있다

부모가 그들을 가족의 핵심으로 간주하기는 어렵다. 가장 중요한 가족 구성원은 장애 아동이 아닌 부모이다. 부모가 먼저 자신을 돌볼 수 있어야만 리더십이 존재할 수 있다. 흔히 부모가 할 수 있는 최선의 일은 그들을 위해 시간을 갖는 것이다. 힘을 잃으면 해낼 수 없다. 긴 산책이나 차 한 잔은 양육과정의 긴 여정을 가능하게 한다. 행복한 부모가 흔히 행복하고 잘 기능하는 아동을 기를 수 있다.

8. 최종적으로는 '정상'이 되는 것이 아니라 행복해지는 것이다

부모는 자녀의 장애를 '고치는' 데 동기가 있다. 자녀가 '그랬어야 할' 모습이 되도록 만들려고 한다. 아동이 정상적으로 행동하게 하려고 노력하는 것이 주된 목표가 될 수 있다. 하지만 이것은 아동의 장애를 부인하는 것이며 아동의 있는 그대로의 모습을 거부하는 것으로 아동을 행복하지 않게 만들 수 있다. 부모가 힘들어하는 아동을 지켜보는 것은 매우 어려우며, 흔히 그들은 해결방법을 제공하거나 아동을 즐겁게 해 줌으로써 고통을 없애려고 한다. 이때 아동의 느낌은 무효화되며, 의사소통은 저지된다. 반직관적이지만 다음과 같이 말함으로써 아동을 승인하는 것이 가장 좋다. "전형적이지 않다는 것은 어렵구나." 이것은 의사소통을 개방적으로 유지해 줄 것이며, 함께 해결에 이를 수 있게 해 줄 것이다. 나에게 핵심은 아동의 피부색에 대해 편안해지고 대인관계가 행복한 아동을 갖는 것이다. 아동은 그들이 되어야 하는 것이 아니라 그들이 현재 누구인가를 수용할 수 있어야 한다. 부모는 그들 자신의 요구와 아동에게 최선인 것을 구분할 수 있어야 한다.

9. 놓아주기를 향해 노력하라

부모의 일은 그들을 더 이상 필요로 하지 않는 독립적인 성인을 만드는 것이다. 그 목표를 성취하기 위해 부모는 점진적으로 그들의 삶에 대한 통제를 아동에게 양도해야 한다. 이것은 초기에 시작해야 하며, 놓아주기는 지속적이어야 한다. 아동에게 자신이 선택할 책임을 가지도록 가르치는 것이 가장 중요하다. 아주 어릴 때부터 부모는 경계를 구분하고 세상에서 아동에게 실제적인 선택권을 주어야 하며, 아동이 자신의 선택에 따른 결과를 견딜 수 있도록 해야 한다. 궁극적으로 부모는 모든 통제를 포기하게 될 것이다. 성인에게 어머니와 아버지는 없으며, 오직 형제와 자매만 있다. 만약 부모가 양육에 너무 매여 있으면 일차적인 관계는 부정적인 영향을 받게 되고, 부모는 양육에 참여하기 위해 그들 삶의 다른 측면을 무시하게 되어, 결국 놓아주기는 매우 어렵게 된다. 성취감을 느끼는 부모는 아동이 집을 떠나기만을 기다리지는 않으며 그들 삶의 다른 측면에 에너지를 더 쏟을 수 있다.

10. 재능을 인식하라

장애 아동을 성공적으로 양육하는 과정에는 고통, 불안 등 순전히 고된 일이 매우 많다. 그러나 이상하게 보일지 모르지만 그 고생에는 즐거움과 성장을 위한 많은 기회가 있다. 우리는 인생이 요구하는 것을 인생에게 주며, 장애는 장애가 없다면 드러나지 않았을 기술과 능력을 발달시킴으로써 우리에게 강력한 교사가 된다. 나는 항상 부모와 아동이 갖고 있는 탄력성에 놀란다. 그들은 해야 할 일을 계속 하며, 지속하는 과정에서 성장한다. 나는 절대로 부모를 불쌍하게 여기지 않는다. 나는 고통에 공감할 수 있고, 성장을 축하할 수 있다. 장애는 강력한 교사이며, 또한 장애 아동이 갖고 있는 재능이다. 나는 당신이 장애 아동을 양육하면서 아동이 가지고 있는 재능을 발견하길 희망한다.

임상 금언: 면도하면서 생각하기[1]

1. 증거기반치료는 임상적 무형성(intangibles)을 고려해야 한다. 수행이 능력을 보증해 주지는 않는다.

2. 침묵을 두려워하지 말라. 그것은 가장 좋은 친구이다!

3. 가장 강력한 임상적 중재는 가족의 역량을 증진시키는 것이다.

4. 가족중심은 가족을 우리의 내담자로 보는 것이다.

5. 행하지 않는 것이 행하는 것이다. 그것은 자주 가장 강력한 행동이다.

6. 가장 중요한 임상적 도구는 치료사이다. 모든 '도구'는 점검과 재조정이 자주 필요하다.

7. 의존적인 내담자는 누구에게도 도움이 안 된다.

8. 은밀한 도움이 가장 좋은 도움이다. 기적적인 사람은 최선의 도움이 필요치 않다.

9. 애도는 해결해야 할 문제가 아니다(Sairey Luterman, 「애도상담자」에 기고됨).

10. 이혼은 행복을 위한 또 다른 기회이다.

11. 불행은 당신이 당신의 실수와 약점에만 치중하여 성공을 생각하지 않을 때 반드시 나타난다.

12. 상담자가 필요하기를 바라는 욕구는 무기력감을 느끼는 내담자와 함께할 때 치료에 있어서 죽음의 무도가 된다.

13. 임상적 성공은 내담자가 장애에 대한 주인의식을 가지는 정도에 달려 있다.

14. 당신의 능력의 경계에서 움직여 보라. 만약 당신이 조금도 무섭지 않

---

[1] "Clinical Aphorisms: Thoughts While Shaving"[Blog post], In ASHA Leader blog, July 2, 2015에서 인용함. http://blog.asha.org/2015/07/02/clinical-aphorisms-thoughts-while-shaving/에서 검색함.

다면 당신은 아무것도 배우고 있지 않은 것이다. 바꾸어 말해서, 만일 당신이 항상 안전지대에서 움직이고 있다면 당신은 아마 아무것도 배울 것이 없을 것이다.

15. 지식은 지혜가 아니다. 그 차이를 반드시 알고 있어야 한다.

16. 의사소통은 감정과 인지가 함께 관여할 때 가장 잘 성취될 수 있다.

17. 연민의 시선으로 내담자를 바라보라. 당신이 그렇게 할 때 비난하지 않을 수 있다.

18. 그림자 배우자는 직장에 가기를 고대하고 집에 오는 것을 두려워하는 사람이다.

19. 가끔은 내담자의 말을 경청하는 것이 가장 필요한 일일 수 있다.

20. 고통을 표현함으로써 고통을 수용하는 것이 종종 치유의 첫 단계이다.

21. 우리가 내담자에게 줄 수 있는 가장 큰 선물은 지지 집단이다. 그것은 강력한 치유 수단이다.

22. 까다로운 내담자는 종종 우리에게 가장 좋은 교사가 된다.

23. 당신이 그것을 두 번 한다면 그것은 단순히 실수이다. 능력은 실수에서 생겨난다.

24. Dalai Lama가 한 말을 항상 기억하라. "모든 사람은 행복을 추구하지만 행복의 원인을 실천하는 일은 거의 없다." 이 말은 하루를 이겨 내는 데 도움이 된다.

서문에서 말했듯이, 이 책의 목적은 상담경험을 분명히 밝힘으로써 의사소통장애 분야의 전문가들이 치료 영역을 감정과 가족을 포함하여 확장시키도록 하는 데 있다. 나는 이 책을 통해 전문가와 내담자 모두를 위하고자 하는 목표가 성취되기를 바란다.

부록

사례 연구: 가상의 가족

여기에 제시된 가상의 가족은 특별한 문제를 드러낼 수 있도록 계획된 가상적인 사례이다. 나는 이 사례들을 언어병리학 전공과목을 가르칠 때 수업에서 사용했고, 재직 중의 워크숍에서 그리고 가끔은 부모 집단에서도 사용했다. 나는 이 사례들이 리더로서의 내 역할에 있어서 집단의 구조와 목적에 따라 집단치료 초반에 매우 유용하다는 것을 알게 되었다. 나는 훨씬 덜 구조화된 경험을 선호하기 때문에 지금은 그것들을 좀처럼 사용하지 않는다.

다음 사례 연구들 중 앞쪽의 10개는 『볼타 리뷰(Volta Review)』에 실린 논문(Luterman, 1969)을 수정한 것이다. 제시된 사례들은 모두 청각장애를 포함하지만 사례에 나타난 문제는 보편적이다. 관심 있는 독자들은 사례를 있는 그대로 사용할 수 있고 또는 특정 집단의 필요에 맞게 다른 장애를 반영하도록 수정할 수도 있다.

사례 연구 1

A 부인은 매우 혼란스럽다. 그녀는 말을 하지도 않고 소리에 반응을 하지 않는 것처럼 보이는 2세 6개월 된 아들을 여러 의사에게 데려갔다. 소아과 의사는 그녀의 아들에게 청각장애가 있지만 그가 4세가 될 때까지는 아무것도 해 줄 수 없다고 말했다. 한 의사는 아이에게 지적장애가 있다고 생각한다고 말했다. 반면, 그녀의 남편과 시댁 식구는 그녀의 아이에게 이상이 없고, 그가 '좋아질' 것이라고 생각했다. 그들은 삼촌이 4세까지 말을 하지 못했는데 지금은 완벽하게 정상이라고 그녀에게 말해 줬다. A 부인은 어떻게 해야 할까?

사례 연구 2

B 부인은 때때로 혼잣말을 한다. "왜 이런 일이 나에게 일어났을까?" 그녀는 말했다. "나는 이런 식으로 느껴서는 안 된다는 것을 알고 있지만 정말 내게 청각장애 아이가 있다는 것에 화가 나요. 그 아이는 나의 에너지와 시간을 너무 많이 빼앗아요. 그 아이는 내가 통제하기 너무 어려워요. 나는 그 아이에 대해 너무 많이 걱정해요. 가끔 나는 그 아이가 사라지는 순간을 바라곤 하는데 그러고 나면 그렇게 생각한 것에 대해 죄책감을 느껴요. 나는 또한 그 아이의 비명소리 때문에 그리고 지나가는 행인이 보청기를 쳐다보는 것 때문에 아이와 밖으로 외출하는 것이 싫어요. 나는 낯선 사람들의 질문과 선의로 하는 충고를 더 이상 참지 못하겠어요." B 부인의 감정에 대해 무엇을 할 수 있는가?

사례 연구 3

C 부인은 그녀의 청각장애 아이가 그녀의 과거 '죄' 때문에 그녀에게 보내

졌다고 생각한다. 그녀는 그녀의 아이를 돌보는 데 전념한다. 그녀는 더 이상 사회적으로 외출하지 않고 대부분의 친구와 관계를 끊었다. 그녀는 아이와 함께하고 치료에 데리고 가는 일로 하루 중 대부분의 시간을 보낸다. 그녀는 저녁시간을 청각장애에 대해 읽고 말하면서 보낸다. 그녀는 어떤 보모도 신뢰하지 않는다. C 씨는 방치되었다는 느낌에 대해 불평하기 시작했고, 그녀는 어머니로부터 관심을 별로 받지 못하는 손위 두 아이에 대해 걱정이 된다고 말한다. C 부인의 가족에 대한 당신의 느낌은 어떠한가?

사례 연구 4

의사인 D 박사는 아버지와 할아버지도 의사이다. 그는 항상 의사가 될 아들을 갖길 원했다. 그의 외아들이 청각장애이고 그로 인해 결코 의사가 되지 못할 것이라는 사실을 알게 된 이후로 D 박사는 아들에게 많은 관심을 쏟게 되었다. 그는 말했다. "나는 그 아이를 위한 많은 계획을 가지고 있습니다. 하지만 아이의 보청기를 볼 때마다 내 아이가 내가 바라는 사람이 될 수 없을 것이라는 생각이 떠오르고, 아이와 함께 있는 것이 나에게는 정말 힘듭니다. 나는 내가 그런 식으로 느끼지 않아야 한다는 것과 그러한 생각이 아이에게 해로울 것이라는 것을 알고 있지만 청각장애 아들이 있다는 것은 나에게 매우 큰 실망을 안겨 줍니다." 이 아버지는 무엇을 할 수 있을까?

사례 연구 5

E 씨 부부에게는 세 아이가 있다. 막내는 2세의 청각장애 아동이다. 다른 두 아이는 6세와 10세이다. 부모는 2세 아이의 평가를 받으러 여러 클리닉에 데려가느라 매우 바빴고, 그들은 가정에서 주 2회 치료 프로그램과 수업을 시작했다. 둘째 아이는 그의 동생 문제에 매우 잘 반응했고 사실상 첫째 아이보다 더 잘 이해하는 것처럼 보인다. 첫째 아이는 심하게 질투를 하며 반

응했다. 첫째 아이를 다루는 것은 매우 어려웠다. 첫째 아이는 심하게 짜증을 내고 종종 꽤 긴 시간 동안 말수가 없다. E 씨는 첫째 아이의 그런 행동에 대해 엄격한 징계 조치로 반응했다. E 부인은 분노 혹은 애원을 하거나 뇌물을 주는 등 다양하게 반응했다. 동시에 그녀는 그녀와 남편 모두 10세인 첫째 아들을 효과적으로 다룰 수 없다는 것을 알게 되었다. 그들은 어떻게 해야 할까?

사례 연구 6

F 씨 부부에게는 2세의 청각장애 아들이 있다. F 부인의 부모는 그들과 매우 가까이 사는데, F 부인의 어머니인 Z 부인은 그녀의 손자가 청각장애이고 절대로 들을 수 없을 것이라는 사실을 수용하지 않고 있다. 그녀는 신문과 잡지에 실린 청각장애 수술과 치료에 관한 글을 딸에게 계속 보내고 있다. 그녀는 끊임없이 딸에게 여러 의사에게 가 보라고 설득하고 있다. F 부인은 "우리 아이의 청각장애를 수용하는 것도 우리에게 너무 어렵지만, 우리의 말을 진정으로 듣지 않는 다른 사람들에게 반복해서 설명해야 하는 일이 특히 어려워요."라고 말한다. 반면, F 씨의 부모는 멀리 떨어져 살고 있어 손자를 자주 만나지 않았다. 그들은 손자를 만날 때 손자가 벌을 받아서는 안 된다고 느꼈다. "어쨌든 그 아이는 청각장애잖니." 그들은 F 씨와 F 부인이 그들 앞에서 청각장애 손자를 야단칠 때마다 당황스러워했다. 이러한 갈등을 감소시키기 위해 이 가족은 어떤 도움을 받을 수 있을까?

사례 연구 7

Timothy G는 3세 6개월의 청각장애 아동으로 형제자매가 없다. 그는 조용한 교외의 거리에 거주하고 있음에도 불구하고 부모 중 한 명이라도 그와 동반하지 않는 한 집 밖으로 나가는 것이 허용되지 않았다. 그의 어머니는 그가 들을 수 없기 때문에 자전거나 자동차에 치일까 봐 매우 걱정한다. 부모는 또한 그가 넘어지고 보청기를 착용한 귀를 다칠까 봐 두려워한다. 결과적으로 그는 좀처럼 집을 나가지 않고, 또래 아동과 어울려 놀지도 않는다. 이러한 상황이 바뀌어야 할까? 왜 그런가 또는 왜 그렇지 않은가? 만약 그렇다면 부모에게 어떤 제안을 해 줄 수 있는가?

사례 연구 8

　H 씨 부부는 보스턴에서 40마일 떨어진 중소 도시에 거주한다. 그들은 모든 생활을 도시에서 해 왔다. H 씨는 그곳에서 작은 사업을 소유하고 운영하고 있다. 그들은 지역사회에서 가정을 유지하고 있고 둘 다 지역사회 일에 매우 적극적이다. 그들에게는 10세, 8세, 5세 된 세 아이가 있고, 막내는 청각장애가 있어 보스턴 근방의 교외에 있는 청각장애학교에 입학했다. 거리상의 문제로 아동을 학교 기숙사에 머무르도록 할 것이다. 그녀는 딸이 학교 기숙사에 머무르는 것보다 학교와 가까운 지역으로 이사해서 그녀의 딸이 매일 학교에 통학할 수 있기를 원했다. 그러나 H 씨는 이사를 반대했다. 그는 새로운 곳으로 이사하는 것은 전체 가족에게 지장을 준다고 생각했다. 이 가족은 어떻게 해야 할까?

사례 연구 9

　I 씨 부부는 그들이 3세의 청각장애 아들을 다루는 데 매우 어색하다는 것을 알게 되었다. I 부인은 청각-구어 접근을 해야 한다고 확신했고, 아들에게 독화와 구어 의사소통을 가르치려고 했다. 반면, I 씨는 극소수의 청각장애인만이 좋은 구어 의사소통능력을 습득한다고 확신했다. 그는 아들이 최소한 다른 청각장애인과 쉽게 의사소통할 수 있도록 수화를 배우는 것을 원했다. I 씨는 아들 곁에 많이 있지는 못하지만 같이 있을 때마다 아들과 수화

로 의사소통했다. 이 부모는 어떻게 할 수 있는가?

사례 연구 10

J 씨 부부는 3세 된 청각장애 자녀가 있다. 가족은 섬에 거주하는데, 아이에게 필요한 전문적인 도움과 시설이 부족해서 J 부인은 그녀의 딸을 가르쳐야 하는 책임을 혼자 떠맡고 있다. 아이는 잘 하고 있다. 그 당시 30개 단어에 대한 독화가 가능했고, 맥락 단서에 잘 반응했으며, 15개 단어를 표현할 수 있었다. J 부인은 딸을 청각장애 아동 어린이집에 입학시켰으며, 거기에서도 아이는 잘하고 있다. J 부인은 앞으로 딸이 육지에 있는 청각장애학교에 다닐 수 있다는 말을 들었는데, 이는 4~6주에 한 번씩만 집에 올 수 있다는 것을 의미한다. J 부인은 어떻게 해야 할까?

사례 연구 11

K 씨 부부는 최근 이혼했다. K 부인은 자폐아인 3세 아들의 양육권을 가지고 있다. 법원은 K 씨가 일주일에 한 번씩 아들을 방문하도록 허락했다. K 부인은 전남편의 방문이 그녀와 아들 모두를 매우 불안하게 만든다는 것을 알게 되었다. 그녀는 아이가 아버지가 왜 떠나는지 그리고 주중에는 왜 집에 없는지를 이해하지 못한다고 생각한다. 아이는 모든 상황에 매우 혼란스럽다. 또한 K 씨가 집에 오는 날에는 매우 많은 선물을 가지고 왔고, 아이를 재미있는 장소로 데리고 간다. 대조적으로 K 부인은 매일매일 훈육을 하기 때문에 아들이 보기에는 그녀가 매우 '나쁘게' 느껴지고, 합의의 불공평함에 대해 속상해한다. 이 가족이 긴장을 완화시키기 위해 무엇을 할 수 있을까?

사례 연구 12

L 씨 부부는 최근 개별화 교육계획 회의에 참석했는데, 참석한 교육자들이 그들의 3세 자녀가 청각장애학교에 가야 한다는 의견을 만장일치로 표명했다. 하지만 그 학교는 오직 총체적 의사소통 프로그램만 제공한다. 아이는 청각-구어 어린이집에 다니고 있으며, 말-언어능력에 있어서 꽤 잘해 오고 있다. 부모는 아이가 구화방법으로 계속하길 바라고 있고, 건청 어린이집에 다니면서 개별지도를 받길 원하고 있다. 그들은 교육자들이 청각장애학교가 그들의 아이에게 가장 좋은 시설이라서가 아니라 편리하기 때문에 청각장애 학교를 제안한다고 생각한다. 첫 번째 개별화교육 회의는 교착 상태로 종결되었고, 모두 2주 내에 다시 만나기로 했다. 다음 회의에서 이 부모는 무슨 전략을 사용할 수 있을까?

사례 연구 13

M 씨 부부는 최근 그들의 2세 자녀가 청각장애라는 것을 알았다. 그들에게는 정상 청력을 가진 아들이 하나 더 있다. M 부인에게는 청각장애 오빠와 청각장애 삼촌이 있다. 결과적으로 그녀는 아이의 청각장애에 대해 얼마간의 책임을 느끼고 있다. 이런 상황에서 M 씨는 도움이 되지 못하고 있다. 또한 그는 아이의 청각장애에 책임이 있다고 M 부인을 비난하며, 아이의 교육에 대한 모든 책임을 그녀에게 맡기는 한편, M 부인은 그것을 그녀의 '벌'로 수용한다. M 부인이 이러한 건강하지 않은 가정 상황을 변화시키기 위해 무엇을 할 수 있을까?

사례 연구 14

N 씨 부부의 11세 된 아이는 뇌성마비인데, 아이는 자신의 장애에 심하게

분노하고 있다. 아이는 끊임없이 N 씨에게 왜 자기에게 장애가 있는지 물으며, 자신이 나아질 수 없다고 생각하지 않는다. 아이는 현재 통합학교에 다니고 있으며, 학업은 꽤 잘 하고 있다. 하지만 같은 반 친구가 적고 다른 사람들과 장애와 관련된 어떤 일도 하길 원하지 않는다. N 씨 부부가 그들의 아들을 도와주기 위해 무엇을 할 수 있을까?

사례 연구 15

O 씨 부부는 30대로, 최근 입양한 18개월 아이에게 중복장애가 있다는 것을 알게 되었다. 입양은 아직 공식적인 것은 아니며, 부부는 그 아이를 입양 단체에 되돌려 보낼 권리가 있고, 다른 아이의 입양을 기다릴 수 있다. O 부인은 그녀가 아이에게 애착을 가지게 되었고, 그녀가 장애 아동에게 좋은 부모가 될 수 있다고 생각하기 때문에 입양을 유지하길 원한다. O 씨는 아이에게 애착이 더 생기기 전에 아이를 기관으로 되돌려 보내야 한다고 생각한다. 그는 부모가 되는 것이 어렵고, 장애 아동의 부모가 되는 것은 너무 많은 어려움이 있다고 생각한다. 그는 그 아이에게 좋은 부모가 되기 위해 필요한 자원을 가지고 있는지에 대해 확신이 없고, O 부인은 남편의 전적인 지원 없이는 아이를 양육할 수 없다고 생각한다. 이 가족은 어떻게 할 수 있을까?

참고문헌

Aazh, H., Moore, J., & Roberts, P. (2009). A patient-centered management tool: A clinical audit. *Journal of Audiology, 18*, 7-13.

Albertini, J., Smith, J., & Metz, D. (1983). Small group versus individual speech therapy with hearing impaired young adults. *Volta Review, 85*, 83-87.

American Speech-Language-Hearing Association. (2003). *Knowledge and skills acquisition(KASA) summary form for audiology.* Rockville, MD: Author.

American Speech-Language-Hearing Association. (2006). *Roles, knowledge, and skills: Audiologists providing clinical services to infants and young children birth to 5 years of age.* Retrieved from http://www.asha.org/policy/KS2006-00259/

Andrews, M. A. (1986). Application of family therapy techniques to the treatment of language disorders. *Seminars in Speech and Language, 7*, 347-358.

Andrews, M., & Andrews, J. (1993). Family-centered techniques: Integrating enablement into the IFSP process. *Journal of Childhood Communication Disorders, 15*(1), 41-46.

Arbuckle, D. S. (1970). *Counseling: Philosophy, theory and practice* (2nd ed.). Boston, MA: Allyn & Bacon.

Armero, C. (2001). Effects of denied hearing loss on the significant other. *The Hearing Journal, 54*(5), 44, 46-47.

Backus, O., & Beasley, J. (1951). *Speech therapy with children.* Cambridge, MA: Houghton Mifflin.

Bailey, D., Raspa, M., & Fox, L. (2012). What is the future of family outcomes and family-centered practices? *Topics in Early Childhood Special Education,*

31(4), 216-223.

Bardach, J. (1969). Group sessions with wives of aphasic patients. *International Journal of Group Psychotherapy, 119*, 361-366.

Baumgarten, M., Battista, R., Infante-Rivard, M., Hanley, J., Becker, R., & Gauthier, S. (1990). The psychological and physical health of family members caring for an elderly person with dementia. *Journal of Clinical Epidemiology, 45*(1), 61-70.

Beavers, R., & Voeller, M. (1983). Comparing and contrasting the Olson Circumplex Model with the Beavers Systems Model. *Family Process, 22*, 85-98.

Berry, J. O. (1987). Strategies for involving parents in programs for young children using augmentative and alternative communication. *Augmentative and Alternative Communication, 3*(2), 90-93.

Bodner, B., & Johns, J. (1977). Personality and hearing impairment: A study in locus of control. *Volta Review, 79*, 362-368.

Bowen, C., & Cupples, L. (2004). The role of families in optimizing phonological therapy outcomes. *Child Language Teaching and Therapy, 20*(3), 245-260.

Bryden, C. (2002). A person-centered approach to counseling, psychotherapy and rehabilitation of people diagnosed with dementia in the early stages. *Dementia, 1*(2), 142-156.

Bynner, W. (Trans.). (1962). *The way of life according to Lao Tzu.* New York, NY: Capricorn Books.

Byrne, M. (2000). Parent-professional collaboration to promote spoken language in a child with severe to profound hearing loss. *Communication Disorders Quarterly, 21*(4), 210-223.

Caracciolo, G., Rigrodsky, S., & Morrison, E. (1978). A Rogerian orientation to the speech-language pathology supervisory relationship. *Asha, 20*, 286-290.

Chodron, P. (2002). *The places that scare you: A guide to fearlessness in difficult times.* Boston, MA: Shambhala Press.

Chodron, P. (2009). *Taking the leap freeing ourselves from old habits and fears.* Boston, MA: Shambhala Press.

Cienkowski, K., & Saunders, G. (2013). An examination of hearing aid counseling implemented by audiologists. *Sig 7 Perspectives in Aural Rehabilitation and Its Implementation, 20*(2), 67-76.

Cima, R., Anderson, G., Schmidt, C., & Henry, J. (2014). Cognitive-behavioral treatments for tinnitus: A review of the literature. *Journal of the American Academy of Audiology, 25*(1), 29-61.

Cole, S., O'Conner, S., & Bennett, L. (1979). Self-help groups for clinic patients with chronic illness. *Primary Care, 6*(2), 325-339.

Coles, R. (1970). *Erik H. Erikson: The growth of his work*. Boston, MA: Little, Brown.

Cook, J. (1964). Silences in psychotherapy. *Journal of Counseling Psychology, 11*, 42-46.

Cooper, E. (1966). Client-clinician relationships and concomitant factors in stuttering therapy. *Journal of Speech and Hearing Disorders, 9*, 194-199.

Corey, G. (2013). *Theory and practice of counseling and psychotherapy* (9th ed.). Belmont, CA: Brooks/Cole.

Cottrel, A., Montague, J., Farb, J., & Throne, S. (1980). An operant procedure for improving vocabulary definition performance in developmentally delayed children. *Journal of Speech and Hearing Disorders, 45*, 90-95.

Craig, A., Franklin, J., & Andrews, G. (1985). The prediction and prevention of relapse in stuttering. *Behavior Modification, 9*, 422-442.

Crandell, C. (1997). An update on counseling instruction within audiology programs. *Journal of the Academy of Rehabilitative Audiology, 30*, 77-85.

Crane, S., & Cooper, E. (1983). Speech-language clinician personality variables and clinical effectiveness. *Journal of Speech and Hearing Disorders, 48*, 140-147.

Crowley, M., Keane, K., & Needham, C. (1982). Fathers: The forgotten parents. *American Annals of the Deaf, 127*, 38-45.

Culatta, R., Colucci, S., & Wiggins, E. (1975). Clinical supervisors and trainees: Two views of a process. *Asha, 171*, 152-156.

Culpepper, B., Mendel, L., & McCarthy, P. (1994). Counseling experience and training offered by ESB-accredited programs. *Asha, 36*, 55-64.

Dale, P. (1991). The validity of a parent report measure of vocabulary and syntax at 24 months. *Journal of Speech and Hearing Research, 34*, 565-571.

Darius, B. (1988). *A study of siblings of hearing impaired children: How they were affected by the handicap* (Unpublished master's thesis). Emerson

College, Boston, MA.

Davies, H., Priddy, M., & Tinkleberg, J. (1986). Support groups for male caregivers of Alzheimer's patients. *Clinical Gerontologist, 5*, 385-394.

DesJardin, A., Eisenberg, L., & Hodapp, R. (2006). Supporting families of young deaf children with cochlear implants. *Infants and Young Children, 19*(3), 179-189.

Dowaliby, E., Burke, N., & McKee, B. (1983). A comparison of hearing impaired and normally hearing students on locus of control, people orientation, and study habits and attitudes. *American Annals of the Deaf, 128*, 53-59.

Duchan, J. F. (2004). Maybe audiologists are too attached to the medical model. *Seminars in Audiology, 25*(4), 347-354.

Dundun, M., Cramer, S., & Novak, C. (1987). *Distress and coping among caregivers of victims of Alzheimer's disease.* Paper presented at the annual meeting of the American Psychological Association, New York, NY. Retrieved from https://archive.org/details/ERIC_ED290107

Edgerly, R. (1975). *The effectiveness of parent counseling in the treatment of children with learning disabilities* (Unpublished doctoral dissertation). Boston University, Boston, MA.

Egolf, D., Shames, G., Johnson, P., & Kasprisin-Burrell, S. (1972). The use of parent interaction patterns in therapy for young stutterers. *Journal of Speech and Hearing Disorders, 37*, 222-227. doi:10.1044/jshd.3702.22

Ekberg, K., Greenness, C., & Hickson, L. (2014). Addressing patient's psychosocial concerns regarding hearing aids within audiology appointment for older adults. *American Journal of Audiology, 23*, 337-350. doi:10.1044/2014_AJA-14-0011

Ellis, A. (1977). The basic clinical theory of rational-emotive therapy. In A. Ellis & R. Grieger (Eds.), *Handbook of rational-emotive therapy* (pp. 11-19). New York, NY: Springer.

Emerick, L. (1988). Counseling adults who stutter: A cognitive approach. *Seminars in Speech and Language, 9*, 257-267.

Emerson, R. (1980). *Changes in depression and self-esteem of spouses of stroke patients with aphasia as a result of group counseling* (Unpublished doctoral dissertation). Oregon University, Eugene.

English, K. (2000). Personal adjustment counseling: It's an essential skill. *Hearing Journal, 53*(10), 10-14.

Epstein, M. (2013). *Thoughts without a thinker: Psychotherapy from a Buddhist perspective.* New York, NY: Basic Books.

Epstein, N., Bishop, D., & Baldwin, L. (1982). McMaster model of family functioning: A view of the normal family. In E. Walsh (Ed.), *Normal family process* (pp. 148-172). New York, NY: Guilford Press.

Erdman, S. A. (2009). Therapeutic factors in group counseling: Implications for audiological rehabilitation. *Sig 7 Perspectives on Aural Rehabilitation and Its Instrumentation, 16*(1), 15-28.

Erikson, E. H. (1950). *Childhood and society* (2nd ed.). New York, NY: Norton.

Farran, C., Keane-Hagerty, E., Salloway, S., Kupferer, S., & Wilken, C. (1991). Finding meaning: An alternative paradigm for Alzheimer's disease family caregivers. *The Gerontologist, 31*(4), 483-489.

Featherstone, H. (1980). *A difference in the family.* New York, NY: Basic Books.

Flahive, M., & Schmitt, M. (2004, February 16). Counseling and the school based speech-language pathologist. *Clinicians in the Classroom: Advance Healthcare Network for Speech & Hearing.* Retrieved from http://speech-language-pathology-audiology.advanceweb.com/Article/021604-Counseling-and-the-School-Based-Speech-Language-Pathologist.aspx

Flahive, M., & White, S. (1982). Audiologists and counseling. *Journal of the Academy of Rehabilitative Audiology, 10*, 275-287.

Fleming, M. (1972). A total approach to communication therapy. *Journal of the Academy of Rehabilitative Audiology, 5*, 28-35.

Friehe, A., Bloedow, A., & Hesse, S. (2003). Counseling families of children with communication disorders. *Communication Disorders Quarterly, 24*(4), 211-220.

Fromm, E. (1941). *Escape from freedom.* New York, NY: Holt, Rinehart & Winston.

Fry, J., Millard, S., & Botterill, W. (2014). Effectiveness of intensive, group therapy for teenagers who stutter. *International Journal of Communication Disorders, 49*(1), 113-126.

Gallagher, J. J., Cross, A., & Scharfman, W. (1981). Parental adaptation to a young handicapped child: The father's role. *Journal of the Division for Early Childhood, 3*, 3-14.

Gath, A. (1977). The impact of the abnormal child upon the parents. *British Society of Psychiatry, 130*, 405-410.

Geller, E., & Foley, G. M. (2009). Broadening the "ports of entry" for speech-language pathologists: A rational and reflective model for clinical supervision. *American Journal of Speech-Language Pathology, 18*(1), 22-41.

Ginsberg, A., & Wexler, K. (1999). Understanding stuttering and counseling clients who stutter. *Journal of Mental Health Counseling, 22*, 228-239.

Girolametta, M. E., Greenberg, J., & Manolson, A. (1986). Developing dialogue skills: The Hanen Early Language Parent Program. *Seminars in Speech and Language, 7*(4), 367-382. doi:10.1055/s-0028-1085235

Gravel, J., & McCaughey, C. (2004), Family-centered audiologic assessment for infants and young children with hearing loss. *Seminars in Hearing, 25*(4), 309-317. doi:10.1055/s-2004-836133

Gregory, H. (1983). *The clinician's attitudes in counseling stutterers (Publication No. 18).* Memphis, TN: Speech Foundation of America.

Grenness, C., Hickson, L., Laplant-Levesque, A., & Davidson, B. (2014). Patientcentered care: A review for rehabilitative audiologists. *International Journal of Audiology, 53*(Suppl. 1), S60-S67.

Grossman, E. K. (1972). *Brothers and sisters of retarded children.* Syracuse, NY: Syracuse University Press.

Haggard, R., & Primus, M. (1999). Parental perceptions of hearing loss classification in children. *American Journal of Audiology, 8*, 1-10.

Hallahan, P., Gasar, A., Cohen, S., & Tarver, S. (1978). Selective attention and locus of control in learning disabled and normal children. *Journal of the Learning Disabled, 11*(4), 47-52.

Hansen, J., Stavis, R., & Warner, R. (1977). *Counseling theory and process.* Boston, MA: Allyn & Bacon.

Harris, R. (2009). *ACT made simple.* Oakland, CA: New Harbinger.

Harris, S., Handiman, J., & Palmer, C. (1985). Parents and grandparents view the autistic child. *Journal of Autism and Developmental Disorders, 15*, 125-135.

Harvey, M. (1989). *Psychotherapy with deaf and hard of hearing persons: A systemic model.* Hillsdale, NJ: Erlbaum.

Hinkle, S. (1991). Support group counseling for the caregivers of Alzheimer's disease patients. *The Journal for Specialists in Group Work, 16,* 185–190.

Hoffman, L. (1981). *Foundations of family therapy.* New York, NY: Basic Books.

Holland, A. (2006). Living successfully with aphasia: Three variations on the theme. *Top Stroke Rehabilitation, 13*(1), 44–51.

Holland, A. (2007). *Counseling in communication disorders: A wellness perspective.* San Diego, CA: Plural.

Holt, J. (1964). *How children fail.* New York, NY: Dell.

Hornyak, A. (1980). The rescue game and the speech–language pathologist. *Asha, 22*(2), 86–94.

Ingber, S., & Dromi, E. (2010, Winter). Actual versus desired family–centered practice for children with hearing loss. *Journal of Deaf Studies and Deaf Education, 15*(1), 59–71.

Israelite, N. K. (1986). Hearing impaired children and the psychological functioning of their normal hearing siblings. *Volta Review, 88,* 47–54.

Jewell, G. (1983). Asha interviews Geri Jewell. *Asha, 25*(5), 18–22.

Johannsen, H., Crone, M., & Wallesch, C. C. C. (1999). Group therapy for spouses of aphasic patients. *Seminars in Speech and Language, 20*(1), 73–82.

Johnson, W., & Croft, R. (1975). Locus of control and participation in a personalized system of instruction course. *Journal of Educational Psychology, 67*(3), 416–421.

Jones, J., & Passey, J. (2004). Family adaptation, coping and resources: Parents of children with developmental disabilities and behavior problems. *Journal on Developmental Disabilities, 11*(1), 31–46.

Kazak, A., & Marvin, R. (1984). Differences, difficulties and adaptations: Stress and social networks in families with a handicapped child. *Family Relationships, 33*(1), 67–77.

Klevans, D., Volz, H., & Friedman, R. (1981). A comparison of experimental and observational approaches for enhancing the interpersonal communication skills of speech–language pathology students. *Journal of Speech and Hearing Disorders, 46*(2), 208–212.

Kommers, M. S., & Sullivan, M. D. (1979). Wives' evaluation of problems related to laryngectomy. *Journal of Communicative Disorders, 12*(5), 411–430.

Kopp, S. (1972). *If you meet the Buddha on the road, kill him!* Palo Alto, CA: Science and Behavioral Books.

Kopp, S. (1978). *An end to innocence.* New York, NY: Bantam.

Kornhaber, C., & Woodward, L. (1985). *Grandparents/grandchildren: The vital connection.* New Brunswick, NJ: Transaction Books.

Kübler-Ross, E. (1969). *On death and dying.* New York, NY: Macmillan.

Land, S. L., & Vineberg, S. E. (1965). Locus of control in blind children. *Exceptional Child, 31,* 257–263.

Lash, J. V. (1980). *Helen and teacher.* New York, NY: Delacorte.

Lavell, N., & Keogh, B. (1980). Expectation and attribution of parents of handicapped children. In S. S. Gallagher (Ed.), *Parents and families of handicapped children* (pp. 48–72). San Francisco, CA: Jossey-Bass.

Lear, M. (1980). *Heartsounds.* New York, NY: Simon & Schuster.

Lerner, W. (1988). *Parents' and audiologists' perspectives regarding counseling* (Unpublished master's thesis). Emerson College, Boston, MA.

Lieberman, M., Yalom, I., & Miles, M. (1973). *Encounter groups: First facts.* New York, NY: Basic Books.

Lloyd, L., Spradlin, J., & Reid, M. (1968). An operant audiometric procedure for difficult-to-test patients. *Journal of Speech and Hearing Disorders, 33*(3), 236–245.

Lobato, D. (1983). Siblings of handicapped children: A review. *Journal of Autism and Developmental Disabilities, 13*(4), 347–364.

Lowe, T. (1989). *Grandparents view the hearing impaired child* (Unpublished master's thesis). Emerson College, Boston, MA.

Lund, N. J. (1986). Family events and relationships: Implications for language assessment and intervention. *Seminars in Speech and Language, 7*(4), 415–431. doi:10.1055/s-0028-1085239

Luterman, D. (1969). Hypothetical families. *Volta Review, 71,* 347–351.

Luterman, D. (1979). *Counseling parents of hearing-impaired children.* Boston, MA: Little, Brown.

Luterman, D. (1987). *Deafness in the family.* Boston, MA: Little, Brown.

Luterman, D. (1995). *In the shadows: Living and coping with a loved one's chronic illness*. Boston, MA: Jade Press.

Luterman, D. (2015, July 2). Clinical aphorisms: Thoughts while shaving [Blog post]. *ASHA Leader Blog*. Retrieved from http://blog.asha.org/2015/07/02/clinical-aphorisms-thoughts-while-shaving/

Luterman, D., & Kurtzer-White, E. (1999). Identifying hearing loss: Parents' needs. *Journal of Audiology, 8*(1), 8-13.

Madison, L., Budd, K., & Itzkowitz, J. (1986). Changes in stuttering in relation to children's locus of control. *Journal of Genetic Psychology, 147*(2), 233-240.

Malone, R. L. (1969). Expressed attitudes of families of aphasics. *Journal of Speech and Hearing Disorders, 34*(2), 146-151.

Margolis, R. H. (2004). What do your patients remember? *Hearing Journal, 57*(6), 10-12. doi:10.1097/01.HJ.0000292451.91879.a8

Martin, E., Krueger, S., & Bernstein, M. (1990). Diagnostic information transfer to hearing-impaired adults. *Texas Journal of Audiology and Speech Pathology, 16*(2), 29-32.

Maslow, A. H. (1962). *Towards a psychology of being*. Trenton, NJ: Van Nordstrand.

Massie, R., & Massie, S. (1973). *Journey*. New York, NY: Knopf.

Matkin, N. (1998). The challenge of providing family-centered services. In T. Bess (Ed.), *Children with hearing impairment: Contemporary trends* (pp. 299-304). Nashville, TN: Vanderbilt University Press.

Matson, D., & Brooks, L. (1977). Adjusting to multiple sclerosis: An explorative study. *Social Science and Medicine, 11*(4), 245-250.

Mattingly, M. A. (1977). Sources of stress and burnout in professional child care work. *Child Care Quarterly, 6*(2), 127-130.

Maxwell, D. (1982). Cognitive and behavioral self-control strategies: Applications for the clinical management of adult stutterers. *Journal of Fluency Disorders, 7*(4), 403-432.

May, R. (1989). *The art of counseling*. Lake Worth, FL: Gardner Press.

McCarthy, P., Culpepper, N., & Lucks, L. (1986). Variability in counseling experiences and training among ESB accredited programs. *Asha, 28*(9), 49-53.

McKelvey, J., & Borgersen, M. (1990). Family development and the use of diabetes groups: Experience with a model approach. *Patient Education and Counseling, 16*(1), 61–67.

Meadow, K. (1981). Burnout in professionals working with deaf children. *American Annals of the Deaf, 126*(1), 13–19.

Medoff, M. (1981). *Children of a lesser god.* New York, NY: James T. White.

Mendelsohn, M., & Rozek, E. (1983). Denying disability: The case of deafness. *Family Systems Medicine, 1*(2), 37–47.

Millard, S., Nicholas, A., & Cook, F. (2008). Is parent–child interactive therapy effective in reducing stuttering? *Journal of Speech, Language and Hearing Research, 51*, 636–650. doi:10.1044/1092–4388(2008/046)

Miller, M., & Potter, R. (1982). Professional burnout among speech–language pathologists, *Asha, 24*(3), 177–180.

Minuchin, S. (1974). *Families and family therapy.* Cambridge, MA: Harvard University Press.

Minuchin, S., Rosman, B., & Baker, L. (1978). *Psychosomatic families.* Cambridge, MA: Harvard University Press.

Mitford, J. (1963). *The American way of death.* New York, NY: Simon & Schuster.

Moore, P. (1982). Voice disorders. In G. Shames & E. Wiig (Eds.), *Human communication disorders* (pp. 312–346). Columbus, OH: Merrill.

Moustakes, C. (1961). *Loneliness.* Englewood Cliffs, NJ: Prentice Hall.

Munro, J., & Bach, T. (1975). Effect of time limited counseling on client change. *Journal of Counseling Psychology, 22*(5), 395–406. doi:10.1037/0022–0167.22.5.395

Murphy, A. (1981). *Special children, special parents.* Englewood Cliffs, NJ: Prentice Hall.

Murphy, A. (1982). The clinical process and the speech–language pathologist. In G. Shames & E. Wiig (Eds.), *Human communication disorders* (pp. 386–402). Columbus, OH: Merrill.

Nuland, S. D. (1994). *How we die.* New York, NY: Knopf.

Olson, D., Russell, C., & Sprenkle, D. (1983). Circumflex model of marital and family systems: VI. Theoretical update. *Family Process, 22*(1), 69–83.

Orenstein, E., Basilakos, A., & Marshall, S. (2012). Effects of mindfulness meditation on three individuals with aphasia. *International Journal of Communication Disorders*, *47*(6), 673-684.

Pearlin, L., & Schooler, S. (1978). The structure of coping. *Journal of Health and Social Behavior*, *19*(1), 2-21.

Peck, S. (1978). *The road less traveled*. New York, NY: Simon & Schuster.

Pedersen, F. (1976). Does research on children reared in father absent families yield information on father influences? *Family Coordinator*, *25*(4), 459-463.

Perkins, W. P. (1977). *Speech pathology: An applied behavioral science* (2nd ed.). St. Louis, MO: Mosby.

Phillips, D., & Mendel, L. (2008, Spring). Counseling training in communication disorders: A survey of clinical fellows. *Contemporary Issues in Communication Sciences and Disorders*, *35*, 44-53.

Pickering, M. (1977). An examination of concepts operative in the supervisory process and relationship. *Asha*, *19*(9), 697-770.

Pickering, M. (1990). The supervisory process: An experience of interpersonal growth. *Journal of the National Student Speech-Language Hearing Association*, *17*(17), 17-28.

Poost-Foroosh, L., Jennings, M. B., Shaw, L., Meston, C. N., & Cheesman, M. F. (2011). Factors in client-clinician interaction that influence hearing aid adoption. *Trends in Amplification*, *15*(3), 1-13. doi:10.1177/1084713811430217

Post, J. (1983). I'd rather tell a story than be one. *Asha*, *25*(4), 22-25.

Prizant, B. M. (2015). *Uniquely human: A different way of seeing autism*. New York, NY: Simon & Shuster.

Rabins, P. (1984). Management of dementia in the family context. *Psychosomatics*, *25*(5), 369-375.

Rimm, D. C., & Cunningham, H. M. (1985). Behavior therapies. In S. J. Lynn & J. P. Garske (Eds.), *Contemporary psychotherapies* (pp. 44-70). Columbus, OH: Merrill.

Robertson, E., & Suinn, R. (1968). The determination of rate of progress of stroke patients through empathy measures of patient and family. *Journal of Psychosomatic Research*, *12*(3), 189-193.

Rogers, C. (1951). *Client-centered therapy*. Boston, MA: Houghton Mifflin.

Rogers, C. (1980). *A way of being*. Boston, MA: Houghton Mifflin.

Rollins, W. (1988). Counseling spouses of the communicatively impaired. *Seminars in Speech and Language, 9*(3), 269–277. doi:10.1055/s-0028–1082471

Rotter, S. (1966). Generalized expectancies for internal versus external control of reinforcement. *Psychology Monographs: General and Applied, 8*(1), 1–28. doi:10.1037/h0092976

Roy, R. (1990). Consequences of parental illness on children: A review. *Social Work and Social Sciences Review, 2*(2), 109–121.

Sabbeth, B., & Leventhal, J. (1988). Trial balloons: When families of ill children express needs in veiled ways. *Children's Health Care, 17*(2), 87–92. doi:10.1207/s15326888chc1702_5

Sager, C. (1978). *Marriage contract and couple therapy.* New York, NY: Rawson, Wade.

Sandow, S., & Clarke, D. B. (1977). Home intervention with parents of severely subnormal, preschool children: An interim report. *Child Care, Health and Development, 4*(1), 29–39. doi:10.1111/j.1365–2214.1978.tb00069.x

Sass-Lehrer, M. (Ed.). (2015). *Early Intervention for deaf and hard-of-hearing infants, toddlers, and their families: Interdisciplinary perspectives.* New York, NY: Oxford University Press.

Satir, V. (1967). *Conjoint family therapy.* Palo Alto, CA: Science & Behavior Books.

Saunders, G. H., & Frostline, A. (2013). Hearing aid counseling: Comparison of single-session informational counseling with performance-perceptual counseling. *International Journal of Audiology, 51*(10), 754–764.

Schein, J. (1982). Group techniques applied to deaf and hearing-impaired persons. In M. Seligman (Ed.), *Group psychotherapy and counseling with special populations* (pp. 41–60). Baltimore, MD: University Park Press.

Schlessinger, H. (1994). The elusive X factor: Parental contributions to literacy. In M. Walworth, D. Moones, & T. O'Rourke (Eds.), *A free hand* (pp. 37–66). Silver Spring, MD: TS.

Schlessinger, H., & Meadow, K. (1971). *Deafness and mental health: A developmental approach* (Rep. No. RD283–S). Washington, DC: U.S. Department of Health, Education, and Welfare.

Schwirian, P. (1976). Effects of the presence of a hearing impaired preschool child in the family on behavior patterns of older "normal" siblings. *American Annals of the Deaf, 121*(4), 373–380.

Seligman, M. (1982). *Group psychotherapy and counseling with special populations*. Baltimore, MD: University Park Press.

Seligman, M., & Lobato, D. (1983). Siblings of handicapped persons. In M. Seligman (Ed.), *The family with a handicapped child: Understanding and treatment* (pp. 3–27). New York, NY: Grune & Stratton.

Shames, G., & Florance, C. (1982). Disorders of fluency. In G. Shames & E. Wag (Eds.), *Human communication disorders* (pp. 86–110). Columbus, OH: Merrill.

Shirlberg, L., Diabless, D., Carlson, K., Filley, F., Kwiatkowski, J., & Smith, M. (1977). Personality characteristics, academic performance and clinical competence in communication disorders majors. *Asha, 19*(5), 311–315.

Shlien, J., Mosak, H., & Dreikors, R. (1962). Effects of time limits: A comparison of the psychotherapies. *Journal of Counseling Psychology, 9*, 31–36.

Silverman, E. M. (2012). *Mindfulness and stuttering*. North Charleston, SC: Create Space.

Simmons–Mackie, N., & Damico, J. (2011). Counseling and aphasia treatment missed opportunities. *Topics in Language Disorders, 31*(4), 336–351.

Singler, J. (1982). The stroke group: Planning for success. In M. Seligman (Ed.), *Group psychotherapy and counseling with special populations* (pp. 170–196). Baltimore, MD: University Park Press.

SKI–HI Communicative Disorders Institute [National Summer Conference]. (1985). Ogden: Utah State University.

Skinner, B. F. (1953). *Science and human behavior*. New York, NY: Macmillan.

Spillers, C. (2007). An existential framework for counseling. *American Journal of Speech Language Pathology, 16*, 191–197. doi:10.1044/1058–0360(2007/024)

Spivak, L., Sokol, H., Auerbach, C., & Gershkovich, S. (2009). Newborn hearing screening follow–up: Factors affecting hearing aid fitting by 6 months of age. *American Journal of Audiology, 18*(1), 24–33.

Starkweather, C. (1974). Behavior modification in training speech clinicians: Procedures and implications. *Asha, 16*(10), 607–612.

Stech, E., Curtiss, J., Troesch, P., & Binnie, C. (1973). Clients' reinforcement of speech clinicians: A factor analytic study. *Asha, 15*(6), 287–291.

Stone, J., & Olswang, L. B. (1989). The hidden challenge in counseling. *Asha, 31*(6/7), 27–30.

Superior, K., & Leichook, A. (1986). Family participation in school based programs. *Seminars in Speech and Language, 7*, 395–414.

Sweetow, R. (1999). *Counseling for hearing aid fitting.* San Diego, CA: Singular Press.

Tanner, D. C. (1980). Loss and grief implications for the speech-language pathologist and audiologist. *Asha, 22*(11), 916–922.

Tattersall, H., & Young, A. (2006). Deaf children identified through newborn hearing screening: Parents' experiences of the diagnostic process. *Child Care, Health and Development, 32*(1), 33–45.

Thomas, S., & Lincoln, N. (2006). Factors relating to depression after stroke. *British Journal of Clinical Psychology, 45*(1), 49–61.

Trivette, C., & Dunst, C. (1990). Assessing family strengths and family functioning style. *Topics in Early Childhood Special Education, 10*(1), 16–20.

Vance, B. (1998). Stroke! This isn't the script I was writing! In W. Sife (Ed.), *Enhancing the life* (pp. 149–160). New York, NY: Haworth Press.

Van Kleeck, A. (1994). Potential cultural bias in training parents as conversational partners with their children who have delays in language development. *American Journal of Speech-Language Pathology, 35*, 67–76. doi:10.1044/1058-0360.0301.67

Van Riper, C. (1965). Supervision of clinical practice. *Asha, 7*, 75–78.

Venters, M. (1981). Familial coping with chronic and severe childhood illness: The case of cystic fibrosis. *Social Science and Medicine, 15A*, 289–297.

Ventimiglia, R. (1986). Helping couples with neurological disabilities: A job description for clinical sociologists. *Clinical Sociology Review, 4*(1), 123–139.

Wachter, R. (2016, January 17). How measurement fails doctors and teachers [Opinion article]. *The New York Times.* Retrieved from http://www.nytimes.com/2016/01/17/opinion/sunday/how-measurement-fails-doctors-and-teachers.html?_r=0

Ward, B., & Webster, E. (1965). The training of clinical personnel: A concept of clinical preparation. *Asha*, *27*(4), 103-106.

Webster, E. (1966). Parent counseling by speech pathologists and audiologists. *Journal of Speech and Hearing Disorders*, *31*, 331-340. doi:10.1044/jshd.3104.331

Webster, E. (1968). Procedures for group counseling in speech pathology and audiology. *Journal of Speech and Hearing Disorders*, *33*(2), 27-35.

Webster, E. (1977). *Counseling with parents of handicapped children*. New York, NY: Grune & Stratton.

Webster, M. (1982). *Hear Here Newsletter of the Canadian Speech and Hearing Association*, *6*, 235-237.

White, K. (1982). Defining and prioritizing the personal and social competence needed by hearing impaired students. *Volta Review*, *84*(6), 266-273.

Williams, D. M. L., & Derbyshire, J. O. (1982). Diagnosis of deafness: A study of family responses and needs. *Volta Review*, *84*(1), 24-30.

Wright, D. (1969). *Deafness*. New York, NY: Stein & Day.

Yalom, I. (1975). *The theory and practice of group psychotherapy*. New York, NY: Basic Books.

Yalom, I. (1980). *Existential psychotherapy*. New York, NY: Basic Books.

Yalom, I. (1989). *Love's executioner*. New York, NY: Basic Books.

Yarnell, G. (1983). Comparisons of operant and conventional audiometric procedures with multi-handicapped (deaf-blind) children. *Volta Review*, *85*(2), 69-74.

Zeine, L., & Larson, M. (1999). Pre-and post-operative counseling for laryngectomees and their spouses: An update. *Journal of Communication Disorders*, *32*(1), 51-71.

Zellars, K. L., Perrewe, P. L., & Hochwarter, W. A. (2000). Burnout in health care: The role of the five factors of personality. *Journal of Applied Social Psychology*, *30*(8), 1570-1598.

찾아보기

인명

Ackerman, N. 219

Beck, A. T. 61
Bowen, M. 219

Corey, G. 67

Ellis, A. 60, 62, 174
Epstein, M. 69
Erikson, E. 71

Frankl, V. 45
Freud, A. 71
Fromm, E. 45, 49

Jackson, D. 219

Kierkegaard, S. A. 45
Kopp, S. 41
Kübler-Ross, E. 98, 164

Lieberman, M. 199, 213

Maslow, A. 41
May, R. 45
Minuchin, S. 219, 220, 232

Peck, S. 50
Prizant, B. 163

Riper, V. 271, 273
Rogers, C. 41, 42, 162, 216, 285
Rotter, S. 170

Satir, V. 219, 233
Skinner, B. F. 36

Watson, J. 36
Whitaker, C. 219

Yalom, I. 46, 47, 52, 66, 191, 196, 198, 199, 212, 238

내용

저자 소개

David M. Luterman (EdD).

Luterman 교수는 보스턴에 있는 에머슨 대학의 명예교수이며, 청각장애 아동을 위한 Thayer Lindsey 가족중심 어린이집의 원장을 역임했다. 그는 청각장애의 심리·정서적 영향과 양육자의 역할에 대한 연구에 헌신했다. 이러한 연구를 통해 내용과 감정의 전달을 중시하는 상담 모델을 성공적으로 개발했다. 그의 상담이론은 저서와 강연을 통해 미국, 캐나다 및 여러 나라에 알려졌다. 미국언어청각협회(ASHA)의 특별회원이며, 2011년에 Frank Kleffner 평생공로상을 수상했다. 이 책 이외에 집필한 저서는 다음과 같다.

『Hearing Loss in Children: A family Guide』(2006, Auricle Ink Press)
『Early Childhood Deafness』(Ellen Kurtzer-White 공동편집, 2001, York Press)
『When Your Child is Deaf』(2001, York Press)
『The Young Deaf Child』(1999, York Press)
『In the Shadows』(1995, Jade Press)
『Deafness in the Family』(1987, College Hill)
『Deafness in Perspective』(1986, College Hill)
『Counseling Parents of Hearing Impaired Children』(1979, Little Brown)

역자 소개

심현섭(Sim Hyun Sub)

이화여자대학교 대학원 언어병리학과 교수로 재직 중이며 유창성장애와
음성장애 등을 가르치고 있다. 미국 아이오와 대학교(University of Iowa)
에서 유창성장애 전공으로 박사학위를 받았다. 주요 저서, 역서 및 검사로
는『의사소통장애의 진단과 평가』(2판, 공저, 학지사, 2019),『의사소통장
애의 이해』(3판, 공저, 학지사, 2017),『Dr. Manning의 유창성장애』(3판,
공역, 시그마프레스, 2013),『조음·음운장애: 아동의 말소리장애』(6판, 공
역, 박학사, 2012),〈파라다이스-유창성검사 II〉(공동 개발, 파라다이스복
지재단, 2010) 등이 있다.

이은주(Lee Eun Ju)

단국대학교 특수교육과 교수로 재직 중이며 대학원 언어병리학과 및 특수
교육대학원 언어치료 전공에서 유창성장애, 의사소통장애 상담 등을 가르
치고 있다. 이화여자대학교에서 유창성장애 전공으로 박사학위를 받았다.
주요 저서, 역서 및 검사로는『의사소통장애의 진단과 평가』(2판, 공저, 학
지사, 2019),『의사소통장애 연구방법과 실제』(공역, 시그마프레스, 2018),
『임상근거기반 의사소통장애』(공역, 시그마프레스, 2014),『Dr. Manning
의 유창성장애』(3판, 공역, 시그마프레스, 2013),『언어치료 임상실습: 이
론과 실제』(공저, 학지사, 2010),〈파라다이스-유창성검사 II〉(공동 개발,
파라다이스복지재단, 2010) 등이 있다.

의사소통장애 상담(6판)

Counseling Persons with Communication Disorders and
Their Families (6th ed.)

2019년 8월 25일 1판 1쇄 인쇄
2019년 8월 30일 1판 1쇄 발행

지은이 • David M. Luterman
옮긴이 • 심현섭 · 이은주
펴낸이 • 김진환
펴낸곳 • (주) 학지사

04031 서울특별시 마포구 양화로 15길 20 마인드월드빌딩
대표전화 • 02)330-5114   팩스 • 02)324-2345
등록번호 • 제313-2006-000265호

홈페이지 • http://www.hakjisa.co.kr
페이스북 • https://www.facebook.com/hakjisa

ISBN 978-89-997-1894-6 93370

정가 18,000원

이 도서의 국립중앙도서관 출판시도서목록(CIP)은 서지정보유통지
원시스템 홈페이지(http://seoji.nl.go.kr)와 국가자료공동목록시스템
(http://www.nl.go.kr/kolisnet)에서 이용하실 수 있습니다.
(CIP 제어번호: CIP2019031704)

출판 · 교육 · 미디어기업 학지사

간호보건의학출판 학지사메디컬 www.hakjisamd.co.kr
심리검사연구소 인싸이트 www.inpsyt.co.kr
학술논문서비스 뉴논문 www.newnonmun.com
원격교육연수원 카운피아 www.counpia.com